商业分析

全攻略

用数据分析解决商业问题

接地气的陈老师◎著

电子工业出版社

Publishing House of Electronics Industry

北京·BEIJING

内容简介

商业分析有用吗？当然有用！商业分析是行走职场、创业启航的一项必备技能。作者结合自己多年的工作经验，用生动的语言介绍如何用数据分析解决商业问题。

本书分为 6 篇，共 17 章，其中第 1 篇是概念篇，讲述商业分析的基本概念；第 2 篇是基础篇，讲述如何用基础的分析方法评估企业经营状况；第 3 篇是进阶篇，讲述如何构建分析体系解决较复杂的问题；第 4 篇是高阶篇，讲述如何应对复杂的商业难题；第 5 篇是基础实践篇，通过案例讲述如何解决更复杂的商业问题；第 6 篇是高阶实践篇，通过案例讲述如何解决商业分析中的疑难杂症。

本书的讲解思路是层层递进的，从简单场景到复杂场景，从基础的方法到复杂的方法。因此，无论读者是否有数据分析基础和经验，都建议从头开始阅读，这样可以一步步提升认知，更快地掌握商业分析的方法。

图书在版编目（CIP）数据

商业分析全攻略：用数据分析解决商业问题 / 接地气的陈老师著 . —北京：电子工业出版社，2022.7

ISBN 978-7-121-43645-1

Ⅰ . ①商… Ⅱ . ①接… Ⅲ . ①商业信息－数据处理 Ⅳ . ①F713.51

中国版本图书馆CIP数据核字（2022）第093410号

责任编辑：王　静　　　　特约编辑：田学清

印　　刷：中国电影出版社印刷厂

装　　订：中国电影出版社印刷厂

出版发行：电子工业出版社

　　　　　北京市海淀区万寿路 173 信箱　　　　邮编：100036

开　　本：720×1000　　1/16　　印张：30.75　　字数：728 千字

版　　次：2022 年 7 月第 1 版

印　　次：2024 年 7 月第 10 次印刷

定　　价：148.00 元

凡所购买电子工业出版社图书有缺损问题，请向购买书店调换。若书店售缺，请与本社发行部联系，联系及邮购电话：(010) 88254888，88258888。

质量投诉请发邮件至 zlts@phei.com.cn，盗版侵权举报请发邮件至 dbqq@phei.com.cn。

本书咨询联系方式：(010) 51260888-819，faq@phei.com.cn。

前言

为什么要写这本书

商业分析有用吗？当然有用！企业想获得商业成功，个人想实现创业梦想，都少不了"分析一下这件事情能不能做成"这一步。商业分析是行走职场、创业启航的一项必备技能。

然而，市面上大部分名为"数据分析"的图书，都是在介绍如何操作 Python、Excel、Power BI、Tableau、SQL 等工具，没有系统地介绍如何使用这些工具进行分析。市面上还有名为"企业管理"的图书，大多数止于说文解字，虽然在理论层面有详细介绍，但是没有结合数据分析方法做量化说明。

上述原因使得人们很难将"数据分析方法"与"商业问题的解决"联系起来，这也是本书想填补的空白。在本书中，作者结合自己多年的工作经验，认真和读者探讨：如何用数据分析来解决商业问题。本书从最简单的商业模式入手，逐步深入复杂的实际问题。

本书内容概要

本书分为 6 篇，共 17 章，其中：

第 1 篇：概念篇（第 1、2 章），讲述商业分析的基本概念；

第 2 篇：基础篇（第 3~5 章），讲述如何用基础的分析方法评估企业经营状况；

第 3 篇：进阶篇（第 6、7 章），讲述如何构建分析体系解决较复杂的问题；

第 4 篇：高阶篇（第 8、9 章），讲述如何应对复杂的商业难题；

第 5 篇：基础实践篇（第 10~13 章），通过案例讲述如何解决更复杂的商业问题；

第 6 篇：高阶实践篇（第 14~17 章），通过案例讲述如何解决商业分析中的疑难杂症。

本书适合的读者

- 数据分析师、数据挖掘工程师、数据科学家、数据运营专家等专业数据岗位的工作者。本书可以让他们理解商业逻辑，以便更好地服务业务部门，不做"取数机器"。

- 销售管理者、运营人员、营销策划、产品经理等，以及平时工作中对数据分析技能有需求的人。本书提供了大量简单、可行的方法，可以让他们快速将其运用到工作中，进而产生效果。

- 在校学生、自由职业者、个体经营者。本书通俗地介绍了数据分析方法如何在商业场景中应用，使读者可以快速建立认知，拓宽视野，避免盲目凭感觉。

本书在写作时，尽可能少地使用专业的统计学、数据概念，因此适合不同类型的读者阅读，包括对如何用数据分析方法解决企业问题感兴趣的读者。

本书学习建议

本书的讲解思路是层层递进的，从简单的场景到复杂的场景，从基础的方法到复杂的方法。因此，无论读者是否有数据分析经验，都建议从头开始阅读，这样可以一步步提升认知，更快地掌握商业分析的方法。

当然，在实际工作中，商业场景千变万化，作者在有限的篇幅里，不能穷举所有问题的分析思路。如果读者觉得自己所处的商业场景很特殊，想要和作者进一步交流，那么可以关注公众号"接地气的陈老师"，联系作者，直接获得指导。

作　者

Contents

目录

第5篇　基础实践篇：面对更复杂的商业问题

第 1 篇

概念篇
认识商业分析

第1章

什么是商业分析

1.1 商业分析的含义

1.1.1 商业分析是什么

在大数据、人工智能、物联网等技术与商业结合越来越紧密的今天，商业分析的概念也在社会上广为传播。"商业分析"这个词在下面这些场景中很常见：

- 在国外大学中，学校设立了一个专业叫商业分析（Business Analysis）。

- 在企业职位设置中，经常能看到一个职位叫"商业分析师"。

- 在企业招聘中，经常出现的一个要求叫"商业分析能力"。

- 在日常工作中，我们使用的 Tableau、Power BI 等工具，也被冠以"商业分析"的头衔。

然而，以上场景中的"商业分析"的含义却各不相同：

- 明明 Tableau、Power BI 只是一个软件，它怎么就可以进行"商业分析"了呢？

- 很多名为"商业分析"的书，里面大多是讲述描述性统计分析、回归分析、聚类分析这些统计学概念的，和商业一点关系都没有呀！

- 职位都叫商业分析师，可 A 企业的要求与 B 企业的要求完全不同。想准备求职，也不知道从哪里做起。

种种困扰让"商业分析"这个看似含义清晰的词，变成了"雾里看花"。因此，在正式介绍商业分析方法之前，下面先用一些篇幅追本溯源，讲清楚商业分析到底是什么。

简单来说，商业分析就是用数据分析的方法解决商业问题，其中有以下两个要点：

第一，解决问题用的是数据分析的方法。

第二，要解决的问题是商业问题。

1.1.2 理解商业分析中的"分析"

商业分析的第一个要点：解决问题用的是数据分析的方法。数据分析是一个基础方法，可以用在政治、科学、教育、体育等多个领域，当然也包括商业领域。然而，正是"商业"二字，让数据分析有了完全不同的含义。从目标、方法、结果来看，商业分析都和其他领域的数据分析有着本质区别。

商业分析的目标很单纯：提升企业的经济效益，使企业获得最大的商业价值。相比之下，应用于行政方面的数据分析，要综合考虑政策、民生、经济、环境等多个方面，不见得要追求经济利益最大化；应用于科研方面的数据分析，更多考虑探索事物的本质，也不见得要实现经济效益。

目标不同，导致了方法和结果的巨大区别。在行政分析方面，往往强调严谨、客观、准确，需要企业做大量的实地调研、科学论证，甚至组建高级别智囊团队反复论证；在科研分析方面，不但强调严谨、客观、准确，而且注重方法本身的创新，企业会刻意使用复杂的、高科技的分析方法，提升学术价值等。

在商业分析领域则完全不是这样的！实用性压倒一切是商业分析的最大特点。

企业里的真实情况往往表现在以下几个方面：

- 数据建设跟不上企业的发展。
- 经营问题错综复杂、相互纠缠。
- 分析结论要和完全不懂数据的同事共同探讨。
- 业绩、收入等问题容错空间小，由不得反复试验。

这些客观条件都限制了复杂的高科技分析方法的使用。在这种环境下，想要梳理清楚问题就已经非常困难了，至于还要分析产生问题的原因，乃至推动业绩提升，更是难上加难。这时候，不管是复杂的高科技方法，还是不那么复杂的普通方法，管用就行！

总之一句话：在科学领域，数据分析做得越多，离真理就越近。在商业分析领域，可能企业一直也没弄明白：到底真理是什么？但是，企业通过努力克服了经营困难，赚到真金白银了，这就足够了。这种思路看起来也确实很符合普通大众对"商业"的想象——物质、现实、追求结果。

1.1.3 理解商业分析中的"商业"

商业分析的第二个要点：要解决的问题是商业问题。商业问题不同于科学问题，它可能包裹着各种概念新奇的外衣，如 B2C、O2O、C2M 等。但其本质是由具体的、细节的现实问题组成的，如：

- 为什么今年利润不达标？

- 为什么新上市的产品销量不好？

- 为什么会有客户接二连三地来专卖店退货？

- 为什么明明微博上都在称赞我们的 App，可每天登录的用户在不断减少？

这些问题可能很宏大，也可能很细碎，但每个问题都和具体的商业场景有关。如果不采用一套框架性思维模式，就很容易陷入各种细节而无法自拔。

这也是过往商业分析类图书、课程、文章最大的局限之处——缺少对商业场景的具体剖析，缺少一套系统性思考框架。过往的商业分析类图书，要么是"穿着"商业分析"外衣"的 Tableau、Power BI 操作教程；要么是"穿着"商业分析"外衣"的统计学教程。往往花大段篇幅介绍软件操作步骤、统计学知识，说到商业场景，就只剩下开头的只言片语，或者一个孤零零的案例，缺少系统化、具体化、深度化的思考和介绍。而真实的商业场景，则是一个个简单、通俗、具体的问题（见图 1-1）。

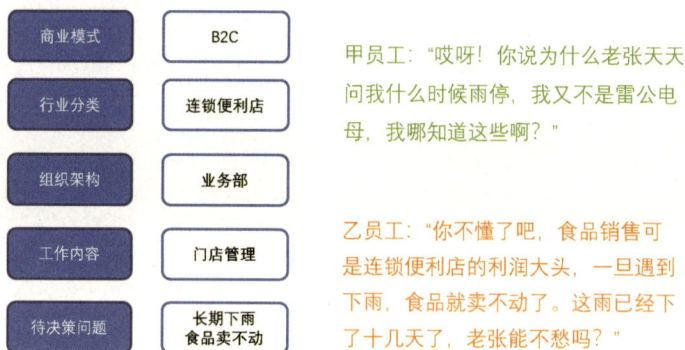

甲员工："哎呀！你说为什么老张天天问我什么时候雨停，我又不是雷公电母，我哪知道这些啊？"

乙员工："你不懂了吧，食品销售可是连锁便利店的利润大头，一旦遇到下雨，食品就卖不动了。这雨已经下了十几天了，老张能不愁吗？"

图 1-1

这也是本书会着力解决的问题。想要真正做好商业分析，就得对商业场景有系统化的了解。本书采用"商业模式→行业分类→组织架构→工作内容→待决策问题"的讲解框架，层层深入。教会大家如何梳理商业场景，理解企业在经营过程中有哪些真实问题，这样才能选择好的方法来解决问题。

其中，商业模式是讲解的第一步。商业模式指企业与企业、企业与客户之间的交易关系和联系方式。通俗地说，就是企业要挣谁的钱。

传统的商业模式有以下 4 种：

- B2B（Business to Business）：企业对企业进行服务，挣企业的钱。

- B2G（Business to Government）：企业对政府进行服务，参与招标采购。

- B2C（Business to Customer）：企业对个人进行服务，服务消费者。
- B2B2C（Business to Business to Customer）：企业不直接服务消费者，通过中间经销商或代理商服务消费者。

如今，互联网时代又催生出一种新商业模式，即 B2VC（Business to Venture Capital）。众所周知，很多互联网公司其实本身并不直接获得收入，其通过不断占领市场份额，增加用户数和交易流水，通过不断融资获得赖以生存的资金，最后上市。这种模式往往伴随着新兴业务和大量的用户补贴，计普通消费者难以理解："他们这么'烧钱'请我坐出租、喝咖啡，他们是怎么生存下来的呢？"不用担心，这是 B2VC 模式的正常操作。

下面用一个通俗的故事来讲解这些模式，可以参考表 1-1。

表 1-1

商 业 模 式	通 俗 解 释
B2C	你做了一张饼，卖给客户，客户自己吃一张饼
B2G	政府集中招标食堂大饼供应商，你经过层层筛选过关，每天为食堂供应 500 张饼
B2B	你做了 5000 张饼，卖给张记饭店 500 张、李记饭店 500 张、王记饭店 500 张……
B2B2C	你从城东某个大饼铺批发了 5000 张饼，在城西开了一家大饼店卖饼，客户都在你这里买饼
B2VC	你做了"吃饼吗" App，成为最大的互联网饼店，努力融资 1 亿元，并成功上市

这 5 种模式构成了最基本的商业模式形态。随着多元化的大集团出现，往往一个集团内部会同时运作几种模式，或者将不同的模式相互嫁接，形成更复杂的商业模式。因此，在大企业中，虽然名字还是同一个名字，但部门、小组不同，都有可能是不同的商业模式。在后面的章节中本书会系统地教读者如何识别各种商业模式。自己掌握了识别能力，才能认清要具体分析的企业情况，才能进一步思考到底要分析什么问题。

理解商业模式只是开始商业分析的第一步，具体考察后大家才明白还有行业的区别。一个行业，代表的是行业生产产品、销售模式、客户群体的集合。行业的分类非常细致，比如互联网行业的范围非常广泛，其分类就包含电商、游戏、广告、新闻、社交、O2O、VR、团购、消费贷、小额贷、保险等众多子领域，每个领域之间差异巨大。

而所谓传统行业，比如快消品、耐用品、零售、家具、美容产品、金融、餐饮等，也在积极"拥抱"互联网。它们不但开辟电商渠道销售产品，而且在大力建设自己的社交媒体矩阵，开设自己的小程序以吸纳会员、开展直播等。

可以说，随着互联网的发展和大数据技术的应用，行业边界变得越来越模糊，具体形态也越来越多元化。如果我们仅仅大概地比较一下互联网行业和传统行业，是不利于分析具体问题的。而且，一个大型企业集团内部，常常包含多种行业分类，如图 1-2 所示。

脱离具体的"商业模式＋行业分类"，就没法谈商业分析。因为在不同的"商业模式＋行业分类"下，商业组织、经营目标、产品形态、运作手段、用户群体、竞争态势、政策法规完全不同。具体到数据分析上，数据的产生方式、可采集到的数据类型、数据丰富程度、从业人员对数据的认知程度、使用的分析手段、数据分析落地的渠道都不一样。

图 1-2

因此，必须进一步具体思考：企业到底是"什么模式 + 行业分类"，企业到底在面对什么样的需求和问题，同时企业又有什么数据可以用来分析。这就像医生看病要根据病人的病情开具不同的药方一样，而不是卖一颗"包治百病丸"。所以，我们要仔细思考才能有所收获。

除了"商业模式 + 行业分类"，还有商业分析必备的第三样要素：组织架构。企业都是按组织架构运行的，销售、产品设计、营销、运营、供应链、风控、人力等部门共同合作，才能让企业运转正常。每个部门内，又有具体的任务分工与职位，所以就有了责任、权力、分工的问题。

虽然笼统地讲，可以把组织架构内所有人的问题统称为"商业问题"，但具体到某一个部门的某一个人，他所思考的问题、解决问题的手段、想达成的目标都有所不同。因此，想要分析做得有用，就得具体考虑每个人的情况，如图 1-3 所示。

图 1-3

特别是分工复杂的大型集团企业，内部差异更大。集团总裁与子公司→市场部→品牌线→

自媒体平台小组→文案编辑，想要分析的问题肯定差异巨大。脱离组织谈分析，很容易变成不切实际的高谈阔论，或者缺乏宏观视野，陷入"鸡毛蒜皮"的细节之处，不能达到好的效果。

综上所述，商业分析的三大基本要素已基本介绍完毕。这里还没涉及任何分析方法，但这些看似与分析无关的东西，恰恰构成了商业分析与科学分析的最大区别。不论在什么企业中做分析，使用的统计学的知识是一样的，同一软件的操作方法也是一样的。但每个企业的商业模式、行业分类、组织架构都有差异。这就使得商业分析可以基于基础的统计学方法，但在应用时必须考虑企业的实际情况。

特别是在互联网飞速发展、各行各业都在努力实现数字化转型的今天，旧的模式不断被打破，新形态不断涌现，在这个时候就更得掌握分析具体场景商业问题的能力，这样才能更好地适应形势。不然只会被动地接受新知识，等别人总结好了，企业也早已被时代远远甩在后面了。

既然商业分析如此重要，为什么时至今日，还有很多企业没有充分地开展商业分析活动呢？因为商业分析本身的发展，也有一个从小到大的过程，而不同企业的发展阶段，也有所不同。

1.1.4　商业分析发展的历程

确实，商业分析曾经不受重视。商业领域的"地毯式轰炸"曾经流行过很多年。特别是在2003—2013 年，在地产行业大发展的带动下，建材、家具、汽车、零售、母婴用品、快消品等行业都经历了高速的、野蛮式的增长阶段。在那个年代，多开一家专卖店，多招募一个代理经销商，企业业绩就立竿见影地增长。

在这个背景下，企业的数据建设是严重滞后的。当时的企业领导之间很流行一个问题："建设你这个数据系统，要花我几百万元，但是你能为企业带来多少利润呢？有这几百万元，我能新开 5 家加盟店，只要半年就能盈利了！我为什么要搞数据建设？"这种"大干快上"的态度，直接导致了大部分企业数据建设的滞后。

并且，当时的技术条件也非常有限，完善的数据采集、清洗、使用机制往往需要花费大量的人力、物力去搭建。因此数据的使用仅属于少数大型垄断企业，或者对数据有迫切需求的互联网企业，如电信公司、银行、航空公司、互联网游戏公司、互联网广告公司等。

从 2013 年开始，商业分析越来越受到企业的重视：

- 2013 年，《大数据时代》出版并广为流传，引发了人们对大数据、数据分析的第一轮关注。
- 2016 年，阿里巴巴提出了"小前台，大中台"战略并付诸实践，引领了数据中台建设潮流。
- 2017 年，人工智能围棋程序"阿尔法狗"战胜了棋手柯洁，让人们第一次真实感受到"人工智能"的强大力量。

- 新冠肺炎疫情影响着人们的生产和生活，让最保守的企业也不得不思考数字化转型。

这些年来，企业和社会对数据的认识越来越深入，对数据的关注度也越来越高，使得商业分析有了充分的发展空间。企业纷纷新增部门，招募专业的商业分析师，或者要求数据分析从业者，如销售、产品设计、运营、研发、生产、物流等岗位从业人员都要具备商业分析能力。越来越多的企业已不满足于只看到数据，更希望读懂数据背后的含义，真正用数据解决经营问题，这才是大家的终极诉求。

可问题也随之而来了，数据的建设、数据方法的积累、数据分析的能力，都不是一朝一夕可以完成的。一方面，在国内企业中，类似阿里巴巴、腾讯、字节跳动等企业已经有大量的数据资源，形成了相对完善的数据体系，其在算法、BI、数据中台等方面，有大量先进的、远远超过其他行业的经验。另一方面，相当多的行业还停留在"刀耕火种"的阶段——手工记录数据、内部数据凌乱、外部数据无从接入。基础数据建设都还没有起色，企业领导们却急着通过数据实现价值。

这种巨大的反差是引发本书开头所述种种乱象的根源。各类企业对"商业分析"的含义定义深浅不一，期望值也有大有小，实际上可以开展商业分析的基础参差不齐，因此引发了各种混乱。

而传统商业分析类图书，过多地把重点放在介绍统计学方法或软件操作上，没有对商业场景做细致剖析和结构化梳理，因而加剧了这种混乱。这种情况让很多对软件熟悉，但是对具体问题一窍不通的人，进了企业后反而觉得自己所学的商业分析知识都用不上。

为了清晰讨论问题，本书会严格把控讨论范围，限定在如何诊断商业场景，以及如何找到能解决问题的商业分析思路上。由于其他图书中已有大量的软件操作、统计学概念的介绍，本书不做过多赘述，在具体问题需要使用时会给出指引方向。希望读者读完本书，能够开拓自己的思路，让自己在企业工作中定义清楚问题，找到对的方法。

不过有的读者可能有疑问：不是说商业分析的作用很大吗？怎么听起来不能"包治百病"。商业分析到底有什么意义？首先，没有任何东西能"包治百病"；其次，学习商业分析的意义是要区分人还是企业，下面详细来介绍一下。

1.2　商业分析的意义

站在企业的角度来说，商业分析是众多解决问题手段中的一种。**掌握商业分析的第一重意义就是提升科学决策能力。**

举个例子，小明在一家做洋酒进口生意的企业打工。受新冠肺炎疫情的影响，当年

1～4 月的销售业绩几乎为零，库存积压严重，销售部的领导急得团团转，故让小明出谋划策来改变现状。

如果小明采用商业分析方法，则可以做以下工作：

- 评估销售、库存、成本、利润的情况，修订考核目标，制订更适合当前环境的计划。
- 评估各渠道销量，以及推广成本与销量之间的关系，果断裁掉低性价比渠道，集中资源。
- 评估直播带货、微商城销售效果，避免在见到效果前盲目投入，浪费有限的资金。
- 分析在现有情况下仍然有需求的客户特点，找到规律，制定有针对性的营销策略。

这样一手控成本，一手增收益，可以逐步帮助企业恢复销量，也能缓解销售员的紧张情绪，避免病急乱投医。

但是，解决问题不仅可以用商业分析方法，还可以用如下的方法：

- 魅力——小明凭借自己的人格魅力，成功打动了大客户。
- 创造力——小明机灵、聪明，琢磨出网络销售的模式，做一场销售直播，订单如流水般涌入。
- 协调力——小明积极找上游企业协商，成功争取到资源支持，渡过难关。
- 执行力——小明带着所有下属，一家家拜访老客户或通过微信沟通，每个客户都不放弃。

如果举措得当，则上述几种方法都能解决眼前的问题，但聪明的读者一眼就看出其中的区别了：

- 魅力——天生我才，与生俱来，普通人一般没法实现。
- 创造力——不是所有人都有悟性，也不是所有方法都"百试百灵"。
- 协调力——依赖集体力量，万一没有这么强大的协调力，也就无计可施了。
- 执行力——只要肯吃苦，人人能做到。但万一方向不对，努力全部白费。

只有商业分析能力，是不依赖天赋、不依靠灵感、不需要队友支援，只要通过练习就能掌握的，一旦掌握了，则对其他工作也有帮助。**掌握商业分析的第二重意义就是助力其他工作顺利开展，提升个人的基础办公能力。**

商业分析的第二重意义能帮助个人在职场中成长，具体如下：

- 假如你是数据分析师、数据运营师、商业分析师、市场研究人员等专业分析人员，通过学习商业分析，可以系统提升个人的分析能力，从而获得更多的升职机会。
- 假如你是计划入行数据分析的新人，通过学习商业分析，可以了解企业数据分析的工作内容，看清职业发展方向，找到自己的提升点，更好地赢得面试。

- 假如你是产品设计、运营、销售、营销、供应链管理等业务岗位人员，对数据分析感兴趣，通过学习商业分析，可以掌握分析问题的思路，提高工作效率。
- 假如你是数据工程师、爬虫工程师、数据架构师等，通过学习商业分析，可以了解商业场景的基础知识，与业务方更好地沟通及开展工作。

总之，商业分析方法对每一个职场人都有帮助。特别是目前数字化转型的大潮如火如荼，用数据说话，依数据办事，是整个职场的发展方向。掌握商业分析技能，能更好地把数据运用到工作中，适应时代的发展。

商业分析的第三重意义就是能帮助个人创业者躲开创业陷阱。很多人想自己创业，但既没有已经在独立经营公司的亲戚朋友帮扶，也没有任何创业经验。在这种情况下，个人创业者们只能依靠自己能接触到的信息，如网络帖子、朋友圈文章、招商加盟广告等渠道获得信息。

这些信息常常是不准确的，表面充满诱惑，实则暗藏危险。信息不准确，可能误导创业者匆匆进入一个不熟悉的领域，最后亏得血本无归。更有甚者，专门有针对个人创业者的骗局，通过编造一个一夜暴富的故事，诱导个人创业者加盟，最后使其被骗得倾家荡产。

以上种种现象，都指向一个问题：个人创业者缺少信息鉴别能力。因此，掌握基础的商业分析方法，可以帮助个人创业者提升信息鉴别能力，识别出明显具有欺骗行为的创业故事。虽然掌握商业分析方法，不一定能让人成功，但至少能让人们躲开明显的骗局，大大减少上当的概率。

因此，无论于公还是于私，商业分析都是一个值得掌握的好技能，特别是在数字化转型的大潮中，商业分析的作用会越来越重要。

1.3 数字化时代的商业分析

数字化转型已是时代趋势，特别是在新冠肺炎疫情发生以后，各行各业的数字化转型都明显加速，形成了数字化转型大潮。

数字化转型并非单一的内容，它包含了多个层面的内容。

工具层面：如今 WMS、ERP、CRM、CDP、OMS、OA、BI 等系统，取代了沿用多年的手工记事及纸质文档，极大地提升了工作效率，也让用户行为、员工行为、物流仓储等业务环节的情况，从无法记录变得有数据可查，如表 1-2 所示。

表 1-2

数字化工具缩写	全　称	主　要　作　用
WMS	Warehouse Management System	货仓信息、库存数字化管理

续表

数字化工具缩写	全　称	主　要　作　用
ERP	Enterprise Resource Planning	供应链上资源的全流程管理
CRM	Customer Relationship Management	用户信息、积分、权益等管理
CDP	Customer Data Platform	用户筛选分群、精细化管理
OMS	Order Management System	交易订单的全流程数字化管理
MA	Marketing Automation	根据既定策略，进行自动化营销
OA	Office Automation	自动化办公
BI	Business Intelligence	数据基础管理与报表呈现

渠道层面：原有的实体门店、业务员推广、电话销售等渠道，变成了企业微信、微信公众号、小程序、App、天猫/京东店铺、直播带货等数字化渠道；以前只能靠门店督导偶尔抽查、检查门店情况，现在可以通过数据观察所有渠道；以前只要占领一个黄金铺位就能旱涝保收，现在每个渠道都需要细心经营，认真分析数据。

方法层面：来自渠道和工具的巨大变革正在把传统的"按老规矩办事"转化为"按数据办事"，当业务流程变得可记录、可监控、可分析时，它所带来的变化不仅仅是让办公室里的纸张更少了，也让线下签字变成了线上签字。进一步说，它让原先潜伏于"水下"的业务动作，变得公开、透明，变得可以追溯结果，变得可以量化改进。

这些变化深刻地影响了企业的方方面面，也包括商业分析。对商业分析而言，数字化转型带来的最大变化就是分析数据与分析工具的转变。传统商业分析诞生于数字化技术并不发达的时期，因此通过系统能完成的分析任务很少，系统记录的数据也很少。这时候，更多使用纸质问卷、一对一访谈、座谈会等传统工具，采集相对简单的、抽样的数据，再基于这些数据进行简单的分析。

时至今日，大数据技术、人工智能技术、信息科技的大力发展，使得数据采集的方法越来越多样化，我们能采集到的数据类型也越来越丰富。因此，分析数据的重点也从基于调研的数据分析转向基于内部的、系统采集的数据分析为主。分析思路、分析模型、分析方法，都有了重大的变化。

但无论时代如何变化，商业分析的工作内容并没有变化。商业分析的具体作用可以用 5 个大方面来概括：

- 量化展示商业经营状况。
- 量化判断商业问题。
- 从数据角度寻找问题原因。
- 利用数据预测商业趋势。

- 利用数据综合判断经营效果。

这 5 句话听起来文绉绉的，比较晦涩，通俗地讲，可以概括为下面 5 个短语：

- 是多少。

- 是什么。

- 为什么。

- 会怎样。

- 又如何。

对于这 5 个短语，读者可以通过表 1-3 对这 5 个方面快速记忆。

表 1-3

问题类型	问题含义	举 例	关 键 问 题
是多少	某个指标数值是什么	昨天的销售金额是多少	不了解情况，先问是多少
是什么	判断单指标好 / 坏	昨天的销售金额是否达标	好 / 坏的标准要分清楚
为什么	分析问题原因	为什么昨天的销售金额没有达标	原因分层级，由浅入深
会怎样	预测未来情况	明天的销售金额会不会达标	预测分手段，有简有繁
又如何	多指标下好 / 坏综合评估	最近销售部表现如何	表现分很多层面，一一梳理

这 5 个小问题之间是有逻辑关系的：

- 所有问题的起点，都是"是多少"。

- "是多少" + 标准 = "是什么"。

- 有了"是什么"的判断，才会进一步问"为什么"。

- 有了"是什么"的判断，很想知道未来"会怎样"。

- 从一个角度评价"是什么"太片面了，会问"又如何"。

这其实很符合普通人在生活中遇到问题时的处理过程：

- 遇到问题，先客观、量化评估它的大小 / 多少。

- 之后根据环境，建立评价标准，判断问题是一般、严重，还是非常严重。

- 对于评价标准为严重/非常严重的问题，会追溯原因，预测它的发展趋势，寻找解决办法。

- 对于评价标准为一般的问题，会一笔带过，或者定时看一眼有没有恶化。

- 最后跟踪评价标准为严重 / 非常严重问题的解决效果。如果问题已解决，就作为经验积累下来；如果问题未解决，就继续想办法。

商业分析的思路也大致如此，只是企业面对的经营环境错综复杂，只靠简单的思考不能解决所有问题，因此需要建立复杂的分析体系来应对。

　　商业分析就是在错综复杂的商业场景里，不断循环回答上面的 5 个问题，把不清晰的问题清晰化，找到真正的"病根"，选择有效的方法，推动结果实现。通过量化分析、判断、预测、总结，提高决策效率，从而实现经营效益的提升。

　　打个形象的比方，商业分析就是一个"给大炮配雷达，给导弹配卫星"的工作。虽然用大炮、导弹只要大概瞄准方向就能击中敌人，但是太过费时、费力。通过精确定位，就能提高打击效果，达到事半功倍的效果。

　　还有一些问题可能商业分析方法无法解决，如：

- "我想做这件事，行不行呀？"
- "我不会做这件事，怎么办呢？"
- "我做的这件事好像不太对，怎么改呢？"

　　这一类问题都是具体的业务行动，无法直接从分析中得到结论，但可以通过转化，变成可分析的问题，在第 5 章中将有详细的介绍。

　　在数字化转型的大潮中，商业分析不但能做出更多成果，而且其本身对数字化转型也有重要的作用。

1.4　必须具备的商业分析能力

　　在数字化转型中，商业分析成为数字化时代的基础能力。

　　在工具层面：掌握商业分析方法，才能读懂各种工具中的数据，才能基于数据做工作。

　　在渠道层面：掌握商业分析方法，才能看懂渠道的各种数据，从而基于数据做判断。

　　在方法层面：掌握商业分析方法，才能把"按数据办事"落实到位，用分析思维解决问题。

　　商业分析让人们能读懂数据、用好数据，更好地适应数字化时代的工作。但遗憾的是，并不是所有人都意识到了这种转变。

　　相当多的业务人员觉得：只要和"分析"二字沾边的，都是数据部门同事的事，和自己没有关系。在做业务的时候我行我素，依然停留在"拍脑袋做决策、拍胸脯做保证"的状态。这样，数字化工具的作用并没有发挥出来，同时在数字化时代的竞争压力中会日渐衰落。

　　不只是业务人员思维滞后，数据从业者的思维也会滞后。很多数据从业者会本能地觉得：公司这么重视数字化，那么数据部门肯定是核心部门。结果经历波折后才发现：数字化的目的还是为利润服务的，如果不能产生商业价值，那么数据的作用还是不能被认可。

　　还有的数据从业者会陷入"唯技术论"怪圈，觉得方法越难越好，技术越复杂越好，知识点越复杂越好。结果输出的成果和业务需求大相径庭，业务人员不理解、不支持、不配合，落地自然会失败。

种种乱象，都是源自产品、工具、流程已经数字化了，但员工的思想还停留在"上一个年代"，还以为商业分析只是少数精英人士，甚至是老板才应该具备的能力，没有察觉到商业分析已经成为数字化时代的基础能力了。

在新时代，业务部门的同事需要明确以下几点：

- 分析能力是数字化时代的基础能力。
- 分析不只是数据部门同事的事，也是我的事。
- 分析并不复杂，只要认真学习就能掌握。
- 分析需要我的配合，只有同心协力才有产出。

在新的时代，数据部门的同事需要明确以下几点：

- 数据分析必须结合商业场景才能开展。
- 数据分析必须符合商业目标才有价值。
- 数据分析必须产生商业价值才有意义。

因此，在业务和数据之间迫切需要建立起一座桥梁：让业务部门的同事简单明了地理解分析的思路，让分析部门的同事快速清晰地了解业务需求，这样才能让两个部门的同事走出各自的象牙塔，共同为公司效力。

在本书中，尽量避免使用复杂的统计学、数学、编程概念，避免局限于某一种开发工具，避免使用花里胡哨的业务词汇，而是用最简单平实的语言介绍业务和技术概念，争取让所有人都能建立清晰的认识。本书还包含了大量现实生活中的故事，辅助读者理解复杂的分析原理。

1.5　本书说明与使用指南

本书没有穷尽所有商业场景。商业场景实在是博大精深，并且时时刻刻都在变化。因篇幅有限，本书更多地是提供基础的分类方法与每个大类的思路。因此，如果读者发现有些商业场景没有涵盖，请见谅。

本书没有穷尽所有商业场景中的可能性。即使在一个商业场景内，会出现的情况也是多种多样的，很多公司会根据自身特点，设计独特的分析方法。限于篇幅，本书已提炼出一个场景下核心的分析方法，并且由浅入深地介绍。

本书没有穷尽所有方法，特别是没有深入讲解传统的统计学、计算科学、机器学习方法如何运用。主要原因是已有太多的统计学、计算科学、机器学习的图书在讲解此方面的内容，本书不再重复，并且，这些统计学、计算科学、机器学习的图书，往往是站在科学的角度，先讲一个专业概念，再讲如何使用，没有站在商业场景的角度思考。在商业场景下要如何思考，颇有拿着锤子找钉子的感觉。本书恰恰尝试修复这个问题，站在商业场景的角度介绍分析的方法。

因此，如果仅仅指望阅读一本书，就能够掌握所有商业分析的奥秘，实在是不现实的。本书的作用在于以清晰、简洁的方式，介绍一套商业分析的基本体系，帮助缺少此方面认识的读者建立认知。

第2章

商业分析的原动力：从追求商业成功开始

2.1 生活案例："分析一下这样做能不能成功？"

亲爱的读者，不知道你是否在生活中会有这么一刻：

- 你听到某个朋友做生意成功了，向往不已。
- 你看到楼下的店铺门庭若市，心生羡慕。
- 你在网上看到一个帖子，其中详细描述了作者成功的经过，怦然心动。

然后，你萌生了一个想法："我要是做这个，也能成功！"人们天生都有成功的欲望。作为一名商业分析课程讲师，陈老师每次开讲座被问到最多的问题都是："老师，您说我做这个能不能成功？！"还有的同学很殷切地望着陈老师："您服务过这么多行业，肯定知道成功的十大秘诀吧！"或者问："商业分析这么厉害，学了以后我一定能成功吧！"

既然这是大家都很关心的事，那么，本书的第一个生活案例，就从这个问题讲起。

2.1.1 想要成功，从统一口径做起

如果要认真讨论"成功"的问题，那么该从哪里开始呢？当然是从"什么叫成功"开始。如果我们认真了解，就会发现不同人口中的"成功"，含义完全不同。

比如，在某高校讲课时，陈老师随机向 6 名 20 岁左右的同学提问："你认为什么是成功？"结果，得到了 6 个迥然不同的答案：

- A 同学："我觉得，到 30 岁，我要是一年能挣 100 万元，就是成功了！"
- B 同学："我觉得，到 30 岁，我要是有 1 亿元的存款，就是成功了！"
- C 同学："我觉得，到 30 岁，我要是持有 10 万元大公司的股票，就是成功了！"
- D 同学："我觉得，到 30 岁，我要是拥有 5 套房子，就是成功了！"
- E 同学："我觉得，到 30 岁，我要是自己有 1 家上市公司，就是成功了！"

- F 同学："你们都醒醒吧，我觉得，到 30 岁那年，我不比同龄人差，就是成功了！"

几乎每个人都有不同的答案！这就是人们很难学习成功经验的核心原因：在源头上，不同的人对"成功""胜利"的定义不一样。有可能 A 同学分享的成功心得，在 B 同学那里根本不值得一提！用商业分析的专业词语说，这叫：**口径不统一**。口径不统一会导致不同的人在讨论同一个问题时，出现"鸡同鸭讲"的情况，从而引发很多错误的认识。

进一步观察这 6 名同学的"成功"目标能发现：这 6 种说法的量化程度是不同的，至少有3 类。

1. 第一类：完全不量化型

例如，"不比同龄人差"就是完全不量化型的说法。

- 到底什么算"不差"？什么算"差"？
- 从哪些方面比较"差 / 不差"？
- 差多少算"差"？差多少又算"不差"？
- 多少岁算"同龄人"？

对于这些，他们统统不清楚。

同样，"自己有 1 家上市公司"这种说法也很模棱两可。在讨论目标时，要尽量避免完全不量化的目标。并且，**越是不量化的目标，越难执行落地**。在执行时人们就会迷茫："到底怎样就算差不多了呢？"

在实际生活中，人们脱口而出的往往是这种不可量化的目标，如："我要成为更好的自己"。人们习惯上会用这种豪迈的口号抒发情感，但是真要把这些当作目标去执行的时候就会不知所措了。这可能是为什么某位企业家在接受采访时，会感慨道："你先别说大话，先定个小目标，比如挣 1 亿元！"确实，相比"我要成为更好的自己"，"挣 1 亿元"可量化的程度就高得多了。

2. 第二类：部分量化型

例如，"拥有 5 套房子"就是部分量化型的说法。

5 套房子是一个清晰的概念，可到底是什么样的房子呢？

- 是一线城市的房子还是县城的房子？
- 是 200 平方米的大房子还是 30 平方米的小房子？
- 是郊区的新房子还是老市区的学区房？

对于以上情况，他们并不清楚。

比如，"持有 10 万元大公司的股票"也是部分量化型说法。要知道，从 20 岁到 30 岁，商业环境会发生巨大的变化，"大公司"的标准也会变化，甚至有的大公司会破产倒闭。到底什么才算"大公司"，有待进一步量化。

部分量化型说法，可执行程度高了一些，但仍需要进一步量化才可以执行，否则很容易产生"画虎不成反类犬"的后果。

3. 第三类：完全可量化型

例如，"一年能挣 100 万元"是一个完全可量化型的说法，因为它包含了数据指标的三大要素。

- 统计对象：现金收入（没有歧义，不用细化解释）。
- 统计时间：1 个自然年（1 月 ~ 12 月）。
- 计算公式：年度所有现金收入总和。

凡是具有这三大要素的目标，都是完全可量化的，比如"账户上一共有 1 亿元存款"，也是完全可量化的。在商业分析里，这种完全可量化的说法叫数据指标。通过这 3 种说法的对比可以看到：**并非有个数字就算是数据指标**。一个数据指标，其对象必须是清晰的，不需要再用修饰词限定。同时，统计时间与计算公式也很具体，可以进行准确的计算，随口而出的数字是不能算数据指标的。

基于数据指标设定目标，比没有数据的目标更清晰、具体。设定的目标还能进一步分解，分解到每一个责任人、每一个阶段，从而更好地落地执行。

有时候，同学们会提出一些更复杂的"成功"目标，比如 G 同学提出了下面的目标：

- 要拥有 5000 万元的银行账户存款。
- 同时，还要持有 10 万元某企业的股票。
- 同时，还得拥有 3 套一线城市的房产。
- 同时，还要拥有 3 辆价值 1000 万元以上的顶级跑车。

在这种情况下，需要多个数据指标才能描述清楚目标。**这种多个数据指标描述一个问题的情况，叫作指标体系**。比如，把 G 同学的成功标准写成下面的形式。

指标 1：银行账户的存款数。

指标 2：可交易的企业股票数。

指标 3：一线城市的房产证数。

指标 4：价值 1000 万元（以购买时为准）的跑车数。

这样就构建了一个"G 同学成功标准的评估指标体系"，当满足以下条件时，就可以知道 G 同学已达成"成功"的目标了。

指标 1：银行账户上存款数 ≥ 5000 万元。

指标 2：可交易的企业股票数 ≥ 10 万元。

指标 3：一线城市房产证数 ≥ 10 本。

指标 4：价值 1000 万元（以购买时为准）的跑车数 ≥ 3 辆。

从这个简单的例子可以看出，指标体系是针对一个问题的多个指标的描述。当人们想要详细、全面、多角度地描述问题时，就会用到指标体系。

当然，指标数量越多，在评估问题、分析问题、解决问题时，考虑的方面也就越多，就得做更多的工作，所以达成目标的难度也就越大。

因此，指标体系并非越复杂越好，如何保证目标的全面性与指标体系的简洁程度，是一个深刻的话题。

有了清晰、可量化的数据指标做目标，就可以开始讨论"成功"的问题了！不过在此之前，还要解决 3 个小问题，我们在 2.1.2 节介绍。

2.1.2 在成功之前，先厘清增长路径

还是前面的例子，如果 G 同学的详细目标是"10 年内净收入 5000 万元，全部存到银行卡上"。这个数据指标已经很清晰了，下一步开始讨论"怎么在 10 年内挣到 5000 万元"。

1. 问题一：G 同学目前有多少现金

很早之前人们就知道：本金越多，越容易获得商业成功。因此，现状是什么，非常重要。

- 如果 G 同学已经有 5000 万元，甚至更多，那么这个目标就很容易达成了。
- 如果 G 同学只有 3000 万元，那么要达成这个目标未来至少每年要挣到 200 万元。
- 如果 G 同学一分钱都没有，那么要达成这个目标未来至少每年要挣 500 万元。

这种现状和目标差距，在商业分析上习惯被称为 GAP 值（缺口值）。GAP 值直接决定了方法的选择与成功的难度，因此要提前梳理清楚，如图 2-1 所示。

2. 问题二：G 同学是否有达成目标的方法

光有目标肯定是不够的，方法更重要。假设 G 同学目前一分钱都没有，那么意味着 GAP 值高达 5000 万元。在理论上，他有以下 4 种方法可以达成目标。

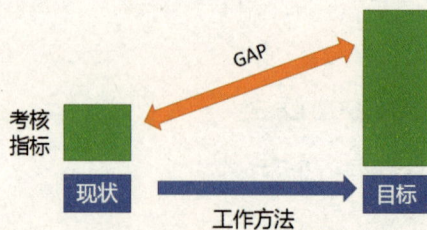

图 2-1

第一种，他掌握了一种每年能挣 500 万元的方法。这样坚持 10 年，他就能挣到 5000 万元了。在商业分析中有个术语叫**线性增长模式**，指的就是这种保持一个固定节奏的增长模式（见图 2-2）。

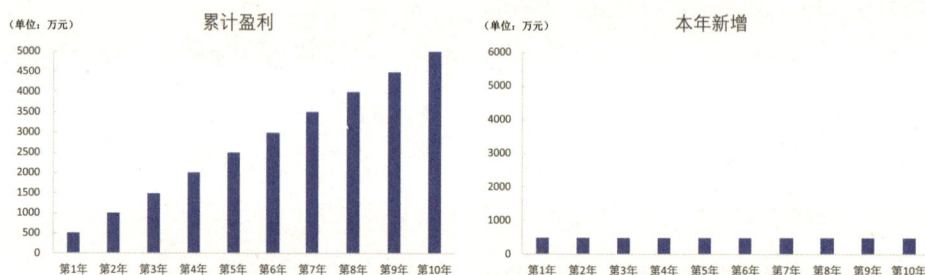

图 2-2

第二种，他掌握了一种先慢后快的爆发式增长方法。这种方法在最初的几年产出很少，但突破临界点以后就能带来大量收入。在商业分析中有个术语叫**指数式增长模式**，指的就是这种厚积薄发式的增长模式（见图 2-3）。

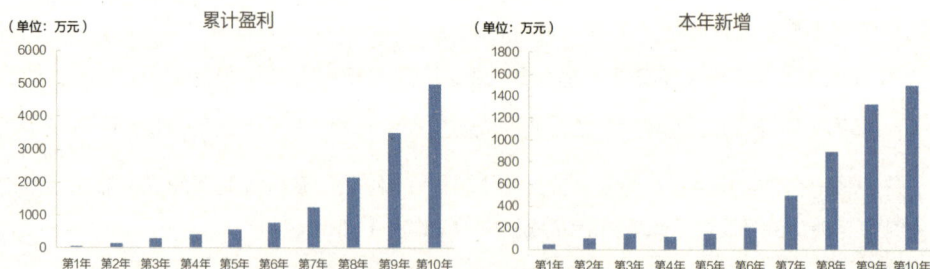

图 2-3

第三种，他掌握了一种不稳定的增长方法。这种方法分"大年 / 小年"，"大年"突然会有很多很多收入，"小年"就很平淡。在商业分析中有个术语叫**周期性增长模式**，指的就是这种忽大忽小式的增长模式（见图 2-4）。

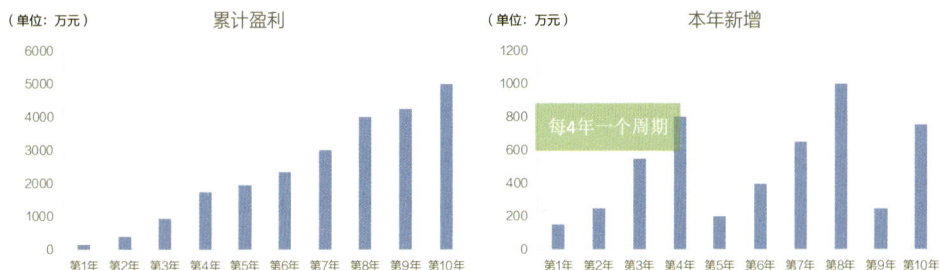

（单位：万元） 累计盈利

（单位：万元） 本年新增

每4年一个周期

图 2-4

第四种，他掌握了很多种增长方法。这些方法都可以赚钱，但维持不了多久，做两三年就得换另一种模式，所以需要换几种模式才能达成目标。在商业分析中有个术语叫**流行式增长模式**，指的就是这种短期内火爆一时，无法持久的模式（见图 2-5）。

（单位：万元） 累计盈利

（单位：万元） 本年新增

每个模式火不过3年

流行模式A 流行模式B 流行模式C

图 2-5

虽然真实的商业形态不一定就是每年收入 500 万元整，但是这 4 种形态代表了 4 种典型的增长路径。

线性增长模式：传统的线下实体店模式，开店后进入稳定期，收入相对固定。增长靠扩大门面、新开店铺。

指数式增长模式：互联网模式，一开始没有收入，通过疯狂"烧钱"补贴来获取用户，等到规模扩大，利润丰厚。

周期性增长模式：很多行业都有大/小年之分，比如大宗原材料，机械、钢铁、船舶，以及服务他们的乙方公司。这些行业受经济大周期的影响，周期性也很明显。

流行式增长模式：近年来流行的"网红店"就是典型，往往流行的时候风靡一时，但是流行期一过就闭店了。

在思考成功方法的时候，人们往往容易陷入以下细节中：

- 创业者如何辛勤劳作，经常工作到深夜。

- 拜访客户如何艰难，系统开发如何烦琐。

- 市场机遇如何转瞬即逝，需要向"高人"寻求帮助。

专注太多细节，就容易迷失在过程里，反而忽视了最基本的：这个业务模式的基本规律是什么？最好的观察基本规律的方法，就是看其收入的增长趋势。明白了增长趋势，就能顺势抓住具体操作的细节。

对于线性增长模式：如何满足增长的基本条件，持续运营过程中有哪些误区需要避免。

对于指数性增长模式：如何挺过前期漫长的投入与等待，实现爆发的临界点。

对于周期性增长模式：当前处于旺季/淡季，下一个周期的启动条件是否已具备。

对于流行性增长模式：当前的风口是什么，预计持续周期多久，下一个风口在哪里，是不是该换模式了。

这样才能从众多的机遇中找到真正适合自己的项目，不然很有可能错失良机，比如，在淡季做周期性增长的业务；想实现指数式增长，却无力突破前提屏障等。总之，不抓重点，其他机遇再多，还是会失败的。

3. 问题三：G 同学是否有执行方法的资本

只有方法，没有启动资金肯定不行，很多人就是被启动资金挡在了商业成功之外；只有启动资金，没有持续的投入也不行，很多的商业失败，就是资金不够导致的。因此，投入和产出同样重要。

产出有 4 种形态，投入也有固定的形态。

规模经济型：一开始需要一大笔启动资金，等规模起来了，成本就降下来了。

线性成长型：投入与产出是成比例增长的，一分投入带来一分产出。

小而美型：小规模可以快速经营，一旦做大成本会暴增。

同问题二一样，虽然实际投入情况很复杂，但是掌握了基本形态，对于剖析复杂问题非常有帮助。

在回答"我做这个能不能成功之前"，除了定义清楚"成功"，第二步要做的关键动作，就是把"我做这个"4 个字具体化、细节化、量化。**用商业分析的专业术语来说叫厘清增长路径。**其中，有待厘清的问题有 3 个：

- 对自己的现状是否清楚。

- 对方法的投入是否清楚。
- 对方法的产出是否清楚。

同定义目标一样，这里对方法的定义也要具体到一个个的数据指标上。不仅有数据指标的量化，更有对每种数据指标形态的详细了解。如果没有计算过自己到底可以挣多少钱，不清楚投入 / 产出在每个阶段的关系，那么付诸行动以后，就很容易选择过于激进或过于保守的方法，控制不住成本，不注意调整方法，最后一败涂地。

更何况，很多人根本不知道怎么能挣钱，也根本不熟悉每个具体的商业模式运作。很多人只是单纯地不服："我某个同学以前还不如我呢，他开网店能成功，我肯定也能。"或者很多人只是单纯地眼馋："我听某个同事说，只要炒了数字货币，至少会涨 10 倍。"这些人连仔细研究的想法都没有，自然不会成功！

当然，一般的情况是 G 同学根本不知道做什么事情能在 10 年内挣 5000 万元，因此就得先学习方法。一个新的问题就产生了：市面上兜售成功方法的图书那么多，到底哪本书所讲的方法是真的？哪本书所讲的方法是假的呢？

2.1.3 避免被欺骗，用数据识别商机

想学习成功方法的人很多，兜售成功方法的图书更多，如何区分方法真假是一个大问题。如果兜售方法的人所讲的"做什么"都是假的，那么"做了以后"的结果，也肯定是假的。信了这种方法，是铁定不能成功的。

需要说明的是，并非所有的成功方法都是骗局。有些说法只是单纯的因为讲述者水平太低，讲不清楚情况，比如以下 3 种类型。

1. 类型一：不清晰目标就直接讲过程的

网上的很多帖子打开之后会看到下面的叙述：

- "讲一下我的开店心得吧。"
- "讲一下我的转行经历吧。"
- "讲一下我的创业心路吧。"

然后通篇的真情流露，唯独没有跟读者讲清楚细节：

- "我开店，到底开了多久，投入多少钱，赚了多少钱。"
- "我转行，到底转了多久，转之前挣多少钱，转之后挣多少钱。"
- "我创业，到底坚持了多久，收入多少钱，融资了多少钱。"

以至于经常有转行后月收入 5000 元的人，在教目前月收入 1 万元的人如何转行；月收入

3000 万元的互联网公司教月收入 30 亿元的传统企业怎么进行互联网转型。

2. 类型二：没搞清楚现状空设大目标的

这一类人网上也有很多：讲起来行业发展、投资计划、国内形势、国际风云头头是道，最后自己却一事无成，被人反问"既然你有那么大的本事，为什么自己不能做出点成绩"这些人的回答只有 4 个字"怀才不遇"并且信誓旦旦地称"只要我有 1 亿元启动资金，就能××""只要领导肯重用我做 CEO，就能××"。

3. 类型三：不提具体的、可量化的方法论，空谈精神

这一类文章有个俗称叫"鸡汤文"，比如《你见过洛杉矶凌晨四点钟的太阳吗》《40 岁重生的老鹰》一类。在这种文章里，出现频率最高的是"毅力""精神""执着""自律""思维模式""觉醒"之类的词——就是没有具体的方法讨论。

上面这 3 种类型，可能出发点是好的，只是表达太片面，或者讲故事的能力有限，而没有达到预期的效果。而下面这 3 种类型可能就是真的在故意误导大家了。

4. 类型四：提方法，但是不提投入 / 产出，旁敲侧击地讲故事

这一类人会到处炫耀自己很有钱，然后有人问他的时候，就神秘兮兮地跟别人讲，自己做的是 ×× 生意（其讲述风格，颇有传销的感觉）。

这是典型的因果混淆，制造"我很有钱，所以我的方法很管用"的错觉。然而，恰恰是这么简单的骗术，能骗到的人有很多。纯粹的物质刺激，能让人们忘记思考事件真正的前因后果。

5. 类型五：提方法，只提产出，不提投入

这一类人中最典型的是"晒单党"，先在朋友圈晒订单、工资单、银行卡流水单、微信收支单等单据，然后说"这是我赚到的钱"来吸引人们的关注。

这种做法在本质上和类型四没有什么区别，都是混淆因果，只制造"我很成功"的感觉。但是比起类型四看起来更真实一点，因此更容易骗到受过教育的年轻人。通过晒单，让大家忘记：这只是其经营的一部分结果，不是全部。更不用说，很多人的收入单都是残缺不全的，没有完整月份，甚至有可能整个订单都是伪造的。

6. 类型六：提方法，提投入 / 产出，但是不提过程

这一类最典型的就是光算总账，不看细节。在一些加盟品牌招商的时候，这种做法最常见："只要投入 10 万元就能赢取百万元的回报！"标题听起来很诱人，可实际上，它说的是已经渡过初创期难关，正在正常运转的店铺。至于没有挺过初创期的店铺，当然不会出现在这种案例里。

还有一类，就是在一个企业或个人成功以后来总结成功的原因，完全不看其奋斗过程，不看发展阶段，不看成本和收入的变化形态。大而笼统地总结成《×× 企业成功的八大原因》《×× 名人十大信条》之类。这种做法，会忽视真正的成功原因，也会忽视历史机遇与特征条件，无脑吹嘘成功案例，参考意义自然不大。

总之，没有认真厘清目标、现状、方法、投入 / 产出过程的方法论，都是有问题的。那么，靠谱的经验从哪里来呢？在观察了很多创业公司与个人的发展路径以后，作者总结了一个非常实用的秘诀，真正能回答"我做这个能成功吗"的问题。

2.1.4　商业成功的秘诀：基于清晰的思考

综合以上 3 节内容的梳理可以看出，想保证自己"做这个能成功"，关键在于以下 4 点。这样才有可能不误入歧途，找到真正的方向。

- 有清晰的目标。
- 有清晰的现状评估。
- 了解通往目标的方法。
- 对方法的投入 / 产出情况有具体的了解。

当然，大家想成功仅仅有方向还是不够的，还要考虑以下 3 个问题。

- 外部的环境变化：多一点正向变化，少一点意外危机。
- 内部的执行力度：自己有能力、胆识、精力把方法执行到位。
- 尽可能多的好运气：越多越好，多多益善。

只是，相比前边 4 点的评估，这 3 个问题都是辅助动作。外部环境随时在变化，一个孤立的个体很难改变，对于运气好 / 坏个人也无法掌控。至于个人的执行力度，要取决于方法的选择。如果从源头上就没有找到合适的方法，很有可能个人越努力，越是南辕北辙。因此，进行清晰的评估与详细的了解信息是基础，个人努力是保障，运气与环境是催化剂。

正是由于这一点，在十几年的工作中，陈老师发现凡是问"我做这个能成功吗"且最后真正成功的人往往有以下特征。

- 自己的家人、同乡在组团创业，其中涉及很多行业，比如红酒、茶业、玩具、家具等，有的是一家人或几个同乡一起创业办厂的。
- 自己在某个行业有深耕，经历过基层操作，也做过店长等管理岗位。
- 自己继承家族企业，且没有脱离过往的经营模式，也没有很激进地追求上市，继续守业。

这 3 类人往往对某个行业或某种商业模式有非常深刻的了解，完全能制定清晰的目标、选择合适的方法，因此成功概率非常高。这一类人对于一间门店、一个工厂、一个品牌的经营

- 宣传（需要公关公司、广告公司等服务）。

- 其他的专业服务（比如咨询公司、法务、财税等）。

就以卖包子为例：小明从卖包子的张大妈手里买来了一个包子，这就是典型的 B2C 业务。但在张大妈的包子铺背后，有一整套 B2B / B2B2C 模式的服务链条在支持，在图 2-8 中，所有 B2B 模式均是由黄色线引领的，而 B2C 模式仅是最后的两步流程（绿色线引领的）。

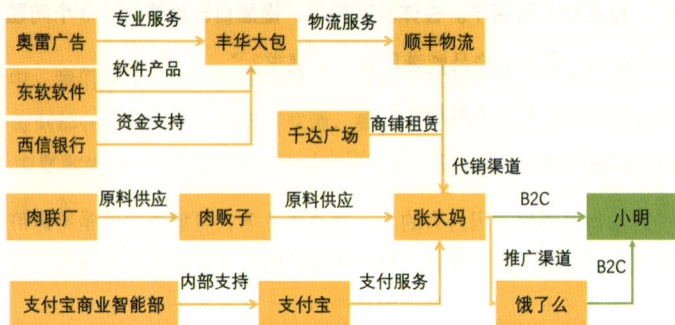

图 2-8

5. 快速理解 B2VC 模式

B2VC 模式难以理解，是因为用户很难直观地理解："它到底是怎么盈利的"。互联网公司采用最多的就是这种模式，细分之下又有 4 种模式。

（1）以 B2C 模式为基础，以 B2VC 模式为目标

典型的比如直营电商网站，自己生产产品，在贴上商标后卖给用户。这样看起来还是以 B2C 模式的形式在卖货，但其根本目的是上市，所以很多直营电商公司可以一直亏损经营。当然也有挣钱的 B2C 互联网公司，比如手机游戏公司，如果游戏受欢迎，则经常赚得盆满钵满。

（2）看似提供免费服务的 B2C 模式，实则为盈利的 B2B 模式，最终以达到 B2VC 模式为目标

比如搜索网站，看起来是免费向用户提供搜索业务，可用户实际搜索出来的内容是其他企业花了广告费投放的。比如视频、短视频、社交平台、微博、UGC 平台，基本都是以广告的形式赚钱。这种模式的独特之处在于不需要用户实际消费，甚至不需要用户点击广告，只要用户活跃，就能以展示广告（展示 1 次即向企业收费）的形式赚钱。

（3）为交易双方提供中介

这种模式还有一个更简单、通俗的名称：平台型公司。比如外卖平台、出租车平台、团购平台。这种模式经常双向收费：对用户收取会员费、服务费等，对入驻商家收平台管理费、广告费等。

（4）提供 B2B 技术服务

这一类和传统的软件公司没有本质的区别，但为了提高其"互联网"身份，一般采用 SaaS 形式提供服务（Software-as-a-Service），建一个平台，让用户登录平台获取软件服务。

理解商业模式是最基础的工作，可以有效地避免各种误解。如：

- "我天天免费用软件，它是怎么挣钱的？"
- "为什么电商 App 可以一元换购，实体店就没有类似的活动呢？"
- "咖啡可以买 1 送 1，房子为啥不可以？"

不过，认知商业模式也仅仅是第一步，第二步还要了解行业的区别。

2.2.2　常见的行业分类

1. 传统企业及其分类

传统意义上的行业都是基于企业卖的产品来进行划分的，比如下面的例子。

- 企业卖的是大件、耐用品，买一次能用很多年的耐用品：房子（房地产业）、汽车（汽车行业）、家用电器（家电行业）、房子装修（装修行业）等。
- 企业卖的是小件、日常消耗品，买一次用几天又得买的快消品：食品、饮料、酒水、洗发水、洗衣粉（快消行业）。
- 企业卖的是"销售场所＋市场推广服务"的渠道产品：类似 7-11、全国的连锁店或沃尔玛、大润发的大型商超（零售行业）。
- 企业卖的是软件开发、广告设计、市场调查、人力资源等专业服务产品：广告行业、咨询行业、软件开发行业等（专业服务）。
- 企业卖的是资金，提供给需要资金的人进行周转的金融产品：银行、证券、消费金融品等（金融业）。

以上这些都是传统企业。传统企业多是以"卖一份货、挣一份钱"的模式进行交易的。因此，商业模式大多是 B2C、B2B、B2G、B2B2C 这 4 种。虽然从 2010 年起，传统企业也开始向数字化、互联网化方向转型，入驻了天猫商城、京东商城、微商城、App、手机银行等平台，可对它们来说，这些新兴的互联网渠道只是多了一个卖货场景而已，其经营的本质是没有变化的。

所属行业决定了企业业务的成本和收入的规模、形式，这也是我们深入理解商业模式的关键。

- 快消品、耐用品行业：需要配置大型生产线来生产产品。

- 零售行业：需要有足够的店面才能吸引足够的客人。

- 专业服务需要有足够的技术力量与人才储备。

在深入研究业务时，对行业产品、生产、销售的研究是必不可少的。但行业细分种类有数百种之多，受限于篇幅，不能一一介绍。读者可以先熟悉一下图 2-9 所示的这张分类表，快速理解传统行业。

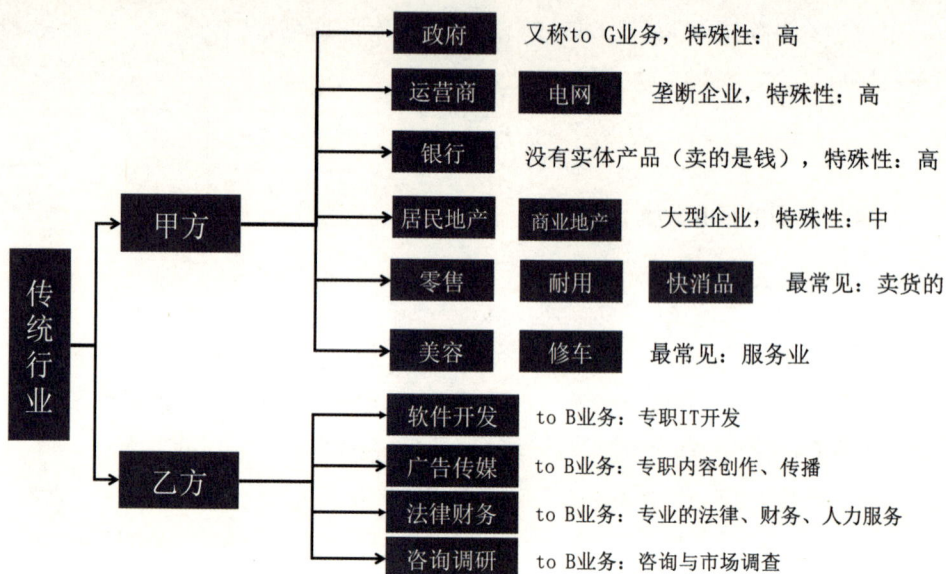

图 2-9

备注：一般把提供软件/广告/法务/数据等专业服务的公司称为"乙方"，把采购这些服务的公司称为"甲方"。传统行业的专业服务一般都是外包出去给乙方做的。

> • 注意：单纯从企业名字，很难区分一个企业的所属行业，比如一个名为 ×× 医疗的企业，
> 至少有 6 种可能：
>
> - 为某医疗企业提供软件等技术服务的公司。
>
> - 生产医疗器械、药品的厂家。
>
> - 医疗器械、药品的经销商。
>
> - 零售医疗器械、药品的连锁药店。
>
> - 打着"医疗"旗号的各种私营机构。
>
> - 打着"医疗"旗号，实则提供普通美容整形服务的美容院。

因此，想区分一个行业，关键要看以下几个要点。

- 要点 1：甲方还是乙方？

- 要点 2：是否直接接触最终消费者？

- 要点 3：卖的是产品还是服务？

以上 6 种类型，与整个供应链的对应关系如图 2-10 所示。

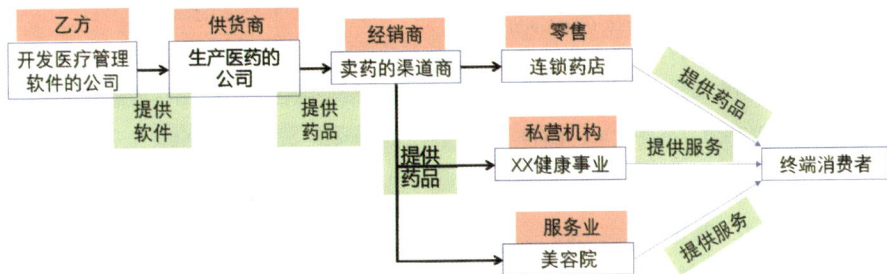

图 2-10

通过以上 3 个要点的确认，可以快速理解行业的真正内涵。

2．互联网行业及其分类

互联网行业也可按产品进行简单的划分，比如：手机游戏、PC 端游戏、视频、音乐、电商、社交、O2O、出行、卖菜、团购……有些互联网业务发展较早，在 3G 互联网时代已经普及，有些则是在 4G 时代才开始兴起的。因此，读者可以进行简单的区分，如图 2-11 所示。

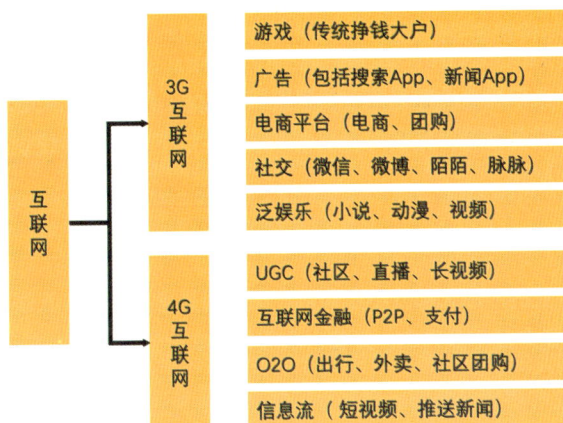

图 2-11

互联网行业的特点在于大型互联网公司几乎什么业务都做，比如腾讯，旗下覆盖了从游戏、

- 收取用户的会员费，这是 B2C 模式的零售业务。
- 向缺资金的用户提供消费贷，这是 B2C 模式的贷款业务。
- 向商家提供发布广告的机会，这是 B2B 模式的广告业务。
- 向商家索取交易抽成，这是 B2B 模式的店租业务。

因此，在讨论互联网企业时，最忌讳"一锅炖"："我们来分析一下互联网企业的案例"——**互联网企业之间的差异，远远比互联网和传统企业之间的差异更大。**因此，得具体到这个企业内的某个部门，以什么渠道、把什么产品、卖给了什么人，才能真正搞懂它的商业模式。

2.2.3 企业内的部门架构

企业内的部门架构会随着企业规模的扩大而扩大。以餐饮业为例，如果只是一个老板摆路边摊卖牛杂，可能只要他一个人就够了。买菜、洗菜、煮汤、推着小车出摊，给客人煮食物，打包，一个人就可以做到了。一旦生意做大了，比如租了一间门店，则至少得有一个收银员、一个厨师、一个服务员，才能把这间门店撑起来。当然，这种门店可能大部分是"夫妻店"，再招一个服务员。此时架构仍然非常简单。

当门店继续做大，真正形成饭店的规模时，就开始有了部门的划分，并且延伸出前台、中台、后台职能（见图 2-14）。

- 前台：服务用户，有大堂经理、传菜工、保洁员。
- 中台：维持内部运转，有收银员、采购员、财务人员等。
- 后台：提供食物，有备菜工、配菜工、厨师。

当门店继续做大，成为连锁店时，就得有更多的部门。

- 前台：分公司、分区域管理部门、加盟管理部门。
- 中台：系统开发部门、营销部门、运营部门。
- 后台：菜品研发部门、标准供应链部门、采购部门。

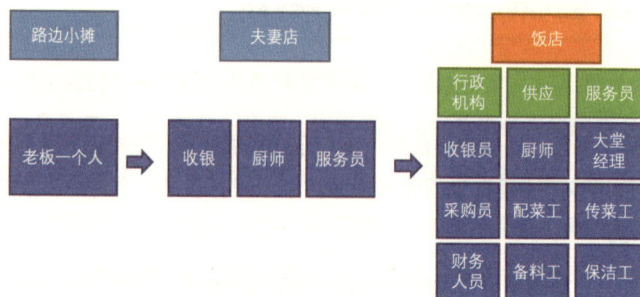

图 2-14

1. 传统企业常见的组织架构

一般而言，传统企业常见的组织架构如图 2-15 所示。

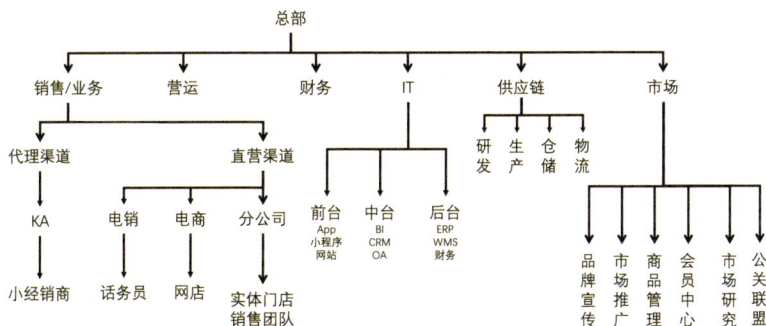

图 2-15

其中，常备的部门如下。

- 负责销售的销售部/业务部，根据销售渠道不同，又能分为代理、电话销售（电销）、电商、实体门店。

- 负责运营策略设计的市场部，包括品牌宣传、市场推广、公关联盟、会员中心等，主要负责策划营销活动，助力销售开展。

- 负责供应的部门，研发、生产、仓储、物流等。

- 负责技术支持的部门，比如营运（客服、门店管理）、财务、IT（系统开发与维护）。

在具体部门之上，还可能有事业部的概念。一般跨多个行业领域的大企业，会先编制事业部，再在每个事业部内配置对应的部门。事业部一般按所属行业划分，比如，美的集团内部有制冷、机电、日用家电等事业部。

2. 互联网企业常见的组织架构

互联网企业常见的组织架构与传统企业常见的组织架构有四大不同之处。

第一个区别：开展业务的方式不同。 互联网企业大多基于 App、小程序、H5 页面开展业务，因此 IT 开发部门的工作非常重要，不同于传统企业中销售部门是龙头部门。在互联网企业的架构中，产品、开发、运营是"三驾马车"，一同驱动业务向前。

- 产品：洞察用户需求，提出开发意见。

- 开发：实现开发需求，支持系统运维。

- 运营：通过内容、活动、促销，维持用户使用，支持业务开展。

因此，互联网企业常见的组织架构常呈现出如图 2-16 所示的布局。

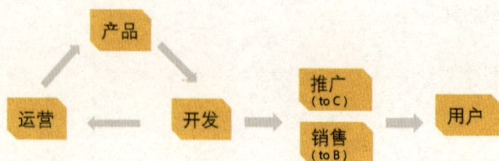

图 2-16

第二个区别：产品经理身份不同。传统企业讲产品，一般指的是一件具体的产品（如汽车、电风扇、冰箱、衣服、手机）；但互联网企业讲产品，一般对应的是传统企业的 IT 产品（如 App、小程序、H5 页面）。互联网企业的产品运营对应的才是传统企业的"产品"概念，这一点要注意区分。

第三个区别：互联网企业的运营与传统企业管理范畴不同。互联网企业运营的含义非常广泛，几乎非产品、非开发的都可以叫运营。可实际上，标准的运营只有 4 项工作：

- 活动运营（搞促销、大转盘）。
- 用户运营（发优惠券、送积分）。
- 产品运营（收集数据，给产品经理提意见）。
- 内容运营（创作文章、视频）。

其他的运营大多是工作量变大以后增加的工作，因为不属于产品或开发，就冠名"××运营"了。如果读者实在不明白，面对的"××运营"是做什么的，可以根据他们的工作性质，拿他们的岗位与传统企业对照。这样，读者基本能看明白这些运营到底是做什么的了。图 2-17 所示简要列出了各种互联网企业与传统企业的岗位对照关系，供参考。

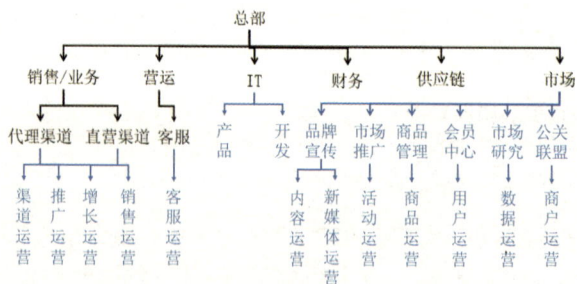

图 2-17

第四个区别：互联网企业的"销售"与传统企业不同，特别是 B2C 互联网业务。在 B2C 互联网业务中，用户交易在 App 内完成，是不需要某个销售员在用户身边进行推销的。因此，B2C 互联网业务中没有传统意义的"销售"概念。

但是，B2C 互联网业务的 App 需要推广才能让用户安装，因此会产生推广工作及推广费用。

有的企业不选择自建 App，而是入驻天猫、京东等商城。即使如此，虽然省掉了自己推广 App 的费用，但在各大商城内购买流量也得花钱，并且购买方式五花八门。所以，可以简单地把 B2C 互联网企业的渠道推广、渠道运营、流量购买、渠道投放视作"销售"。

至于 B2B 互联网企业，在推广业务的过程中，还需要销售员跟用户一对一商讨，才能签订合同，因此和传统销售的概念是一致的。

3. 理解企业常见的组织架构的意义

企业常见的组织架构有三重意义。

第一重意义：能深入理解商业模式与行业。各个部门直接承担商业模式中具体经营任务的角色，通过对部门的了解，能直观明白这个组织的主要产品与分工。

第二重意义：是深入理解业务过程的线索。每个部门有具体的工作流程，因此先弄清楚职责划分，才能深入理解具体流程。

第三重意义：快速了解成本 / 收入任务分工与构成。部门是花钱和创造价值的具体角色，明白了部门划分，可以更清楚地知道钱到底花在了哪里，以及产生了什么效果。

因此，比起一点点去了解庞大的商业运作细节，不如先了解部门划分，更能提纲挈领，抓住重点。

到这里，基本上把商业分析中"商业"二字，给读者做了一个层层深入的简单介绍。不懂商业，谈不上经营，更谈不上分析，而商业本身包罗万象。因此，在这里作者整理了一套通俗易懂的深入方法，从商业模式→行业分类→部门架构→工作流程→成本 / 收入，可以简单清晰地看出业务主线（见图 2-18）。限于篇幅，暂不做更多深入介绍，之后会结合具体的分析问题和案例做进一步的讲解。这套深入方法，也适用于商业模式诊断、商业洞察等领域，读者可以自行应用。

理解步骤	通俗解释	获取信息的方式
商业模式	挣谁的钱	行业报告、作为消费者体验、融资说明
行业分类	用什么挣钱	产品体验、行业新闻
部门架构	谁来挣钱	基本组织架构理解，组织架构图
工作流程	怎么挣的	实体体验、流程梳理、SOP学习
成本/收入	挣钱了没有	内部数据观察、行业新闻、业内人士交流

图 2-18

理解了商业相关的基本概念后，现在可以开启商业分析的第一步：成本/收入分析。在正式开始分析之前，照例先介绍一下，常见的成本/收入内容。

2.2.4 企业成本/收入的基本形态

1. 企业成本

企业成本一般分为五大部分。

- 渠道成本：开门店或开网店时买流量的费用，付给渠道的进场费，付给经销商、业务员的钱。
- 营销成本：广告、促销活动、返利等，额外补贴给用户/渠道的钱，以及宣传费。
- 生产成本：单个产品的生产原材料/配套资源/研发投入的成本（如果是 B2B2C 模式，就是经销商的进货成本）。
- 固定投资：为了上生产线而进行的单笔大规模投资（厂房、设备、用地）。
- 经营成本：日常经营人员的工资，房租水电费，办公设备费用等经营性开销。

如果企业经营规模比较小，则成本很容易算清楚。比如，一个老板在路边摆个摊卖麻辣烫，成本构成可能只有以下几种，因此比较容易算清楚。

- 摊位费。
- 小推车、锅（类似固定投资）。
- 日常买的蔬菜、煤气、调料（生产成本）。

规模越大的企业，成本构成越复杂，并且成本往往是被分散在各个部门进行管理的。

- 供应链：物料、仓储、物流、生产。
- 研发中心：研发投入。
- 运营中心/市场部：营销、活动、品牌宣传。
- 销售部：渠道费用、客户拜访费用。
- 集团投资/融资部：大型基础投入。

此外，在财务上，企业还经常对账目做各种复杂的处理，造成了一般业务部门根本不清楚到底成本是多少。这种状态显然是有问题的，因此需要一套相对简单的方法来解决。

最常用的手段是把供应链、投资等成本，折算成固定比例，给到市场部、销售部、运营部、营销中心等前台部门。比如产品的固定成本率是 30%，意味着前台部门的营销 + 销售底线，就是 30%，再低的话就会赔本。

首先，在日常经营中，最大的成本来源是实体企业的销售成本/互联网企业的推广成本（或称流量成本）。市场竞争是非常残酷的，如果产品销售不出去，那么所有固定成本都得赔进去，所谓"酒香也怕巷子深"，抢占优质的销售渠道至关重要。而优质的销售渠道从来不便宜，因此如何平衡销售渠道的成本和收入，常常是核心的问题。

其次，大份额的成本是营销成本。特别是在依赖营销制造品牌声望的白酒、化妆品等行业，大量的广告、促销活动、市场推广活动会消耗巨额成本，甚至出现天价广告费拖垮企业的问题。平衡营销的成本和收入，也是重点要解决的问题。并且，比销售渠道更难的是，营销互动经常是叠加在销售渠道之上展开的，想要完全区分清楚，非常困难。

2. 企业收入

企业收入，直接表现为用户付费收入。用户付费常常是一手交钱，一手交货的方式，因此观察收入指标比观察成本指标容易。如果想要观察一个麻辣烫老板的收入，只要自己去买一碗麻辣烫先了解单价，然后站在他身边数客人，就能大概推算出来他的日营业额。还可以看他准备的物料使用了多少，来反推收入。

在大企业里，收入一般是直接由销售部实现的，因此销售部日常关注的就是收入指标。销售收入是大部分企业的核心 KPI，因此各个部门都会关注，远比成本指标容易看到。因此想做商业分析，最好先从收入指标入手。

观察收入指标的难度主要因为收入本身有各种波动。比如，销售有淡季、旺季，促销会有额外拉动，市场行业有起有伏，竞争对手的销售手段变化，都会让收入曲线变得曲折。因此，如果没有好的观察方法，很容易以偏概全。比如前面所说的观察麻辣烫老板的收入，很有可能刚好去的时间点是一个淡季时间，一个小时也没几个客人。这时候即使亲眼看到了，也不能下结论"老板生意不好"。**观察与分析的方法非常重要**。

因此，商业分析最简单、最容易上手的方法，就是从分析收入指标开始。

第 1 篇

概念篇小结

本篇是做好商业分析的第一步，也是商业分析与统计学、数学、运筹学等方法的最大区别。想做好商业分析，肯定得从"商业"入手。一方面，要了解商业模式、行业特点；另一方面，要了解这个商业模式＋行业之下，常见的数据有哪些，特别是基础的投入／产出指标。

这是很有难度的一步。

一是，因为商业本身的形态是很丰富的，正如 2.2.2 节中所举的例子一样，很有可能同一个"医疗行业"下，包含着很多种商业形态。读者刚开始理解时，可能会有些难度。因此，本篇的方法需要读者在平时工作、生活中多加利用，多具体观察一些行业的特点才能掌握。如果一开始觉得识别起来有难度，则可以通过前言部分的公众号联系作者，一起探讨。

二是，对数据的认知难度。正如 2.1 节所举的例子一样，在日常生活中，人们就是很容易被眼前所见、脑中所想的场景迷惑，忽视对具体数据的思考。想解决这个问题，也需要长期的训练才能建立起使用数据的良好习惯。

理解商业＋建立数据认知是商业分析的基础，有了这个基础，下一步就能正式开始分析了。

第 2 篇

基础篇

全面认识现状

第 3 章

商业分析的起跑线：数据指标与指标体系

3.1 建立数据指标：商业分析的前提

想开展商业分析，第一步就得用数据说话。我们要将纷繁复杂的商业现象转化为数据，即可以衡量和计算的数据指标。

1. 数据指标类型

数据指标有 3 种类型：分类变量、定序变量、数值变量（见表 3-1）。

表 3-1

指标类型	特 点	举 例
分类变量	类型之间不可比较，每个类型代表一种特点	颜色指标：红色、黄色、蓝色、绿色、紫色
定序变量	有先后顺序之分，但绝对值难以明确评估大小	喜爱程度：喜欢，一般，讨厌
数值变量	有大小之分，且可以直接进行加减乘除计算	身高：180.5cm；体重：82.2kg；每月收入 1.52 万元

分类变量与定序变量的存在非常有意义，它们可以把不能直接用数字衡量的特征，也作为变量记录下来，用于分析。

比如，用户喜欢的颜色：红色、蓝色、黄色……无法直接用数字表达大小。此时，可以把颜色做一个分类，对比各分类（红色、蓝色、黄色等）商品的购买率，通过购买率的高低来识别用户的爱好。

再比如，用户在商品评论区留下的满意程度：喜欢，一般，讨厌。通过字面反馈，商家只能大概知道用户对商品的喜欢程度，但到底差多少，很难衡量。通过设定定序变量，可以对比这 3 种类型之间的购买率差距（见表 3-2）。

表 3-2

	发表评论的人数（人）	实际购买人数（人）	购 买 率
喜欢	200	160	80%
一般	1000	300	30%
讨厌	400	100	25%

通过量化分析可以看出：只有表示喜欢的用户，才是真正高意愿的购买者，其他用户群体差异没有想象中（或者说字面上表达出来的）那么大，要努力把用户的满意度做到"喜欢"的程度才能提高购买率。

所以，不要觉得商业现象太复杂，难以量化。通过配合使用 3 种变量，能够把如态度、意愿、身份、需求、体验等主观指标一并量化分析。

以人的态度为例。态度是驱动行为的深层次原因，可态度指标是很难被采集到的。即使是直接用问卷调查"您的满意度是多少"回答也不见得完全准确。因为很多时候，人们自己都说不清楚自己的感觉，更不用指望别人能说清楚。

而人的基础属性（如性别、年龄、受教育程度）、行为是相对容易采集的，所以在真实商业分析中，更主要的方法是通过"基础属性 + 行为"，反推用户的态度，再加以少量问卷调查辅助。这一点在后续章节讲到宣传内容、用户需求、产品特点分析时，会频繁地被使用。

通过上面的例子，读者会注意到：只有数值型变量能够被计算，而分类变量和定序变量一般都是用来区分类型的，比较不同类型时使用。**习惯上，一般将关于描述一个商业问题的数值变量称为数据指标；将关于分类对比的变量称为分类维度**。这两者一般是结合使用的，为了方便理解，先介绍一下什么是数据指标。

2. 数据指标的定义

数据指标能直接反映商业经营的结果。在商业经营中，最重要的指标就是成本 / 收入指标。如之前列举的例子，其中各种错误皆是因为没有量化成本 / 收入，盲目听信别人口中的"发财机会""致富之道""成功心得"所致。所以，做商业分析，要将注意力集中到一个具体业务的成本 / 收入上。

> **注意：** 成本 / 收入只是一个笼统的、概括性的描述。一个完整的数据指标描述需要包括以下 4 项：
>
> - 统计时间。
> - 统计对象。
> - 数据来源。
> - 计算公式。

比如，计算一个采用 POS 机（又称收银机）收款的超市的产出指标，可以这样定义。

- 指标名称：月销售收入。

- 统计时间：最近一个自然月，从 1 号至月底。

- 统计对象：整个超市的销售记录。

- 数据来源：POS 机销售记录。

- 计算公式：在统计时间内，所有对象的交易金额总和。

这样就算实现了一个完整的指标定义。同样投入指标，一般是指对一定时间内（如一个月）的经营成本进行统计，比如，商品进货成本、人员工资、房租、水电费等，也能得到完整的定义。

当然，这种完整的描述比较复杂，不适合在书中讲解或在日常工作中使用。因此，一般在编写图书或日常沟通的时候，会用简略称呼（仅保留时间 + 指标），比如月销售金额代替这种复杂的定义。而这种复杂的定义会记录在数据字典里，供专业的数据分析师或系统开发人员使用。

3. 数据指标的分类维度

上面例子里的产出指标：月销售收入，是以整个超市为对象的整体指标，它包含整个超市一个月内所有的销售收入。如果想要了解下面的 3 个问题：

- 不同类型的商品，哪一种卖得更好？

- 从本月 1 号到月底，每一天的销量是否有区别？

- 办了会员卡的客户和没办会员卡的客户，是否有差异？

这时候就需要使用分类维度了。上述 3 个问题刚好是常用的几种分类维度，如表 3-3 所示。

表 3-3

分 类 维 度	分 类 方 式
客户属性	性别、年龄、VIP 等级
日期	日、周、月、年、假期、非假期
商品	商品分类（日用品、百货、零食……）
组织架构	区域、分公司、门店
地理地区	省、市、县

> ● 注意: 分类维度之间是有层级关系的。比如，一个在全国范围内开门店的企业，要管理遍布各地的门店，常常会设立大区（如华南、华中、华东）、城市分公司、城市内各区域分公司，分层级进行管理。这样，对一个门店归属哪个管理部门，就有了各层级的划分（见图 3-1）。

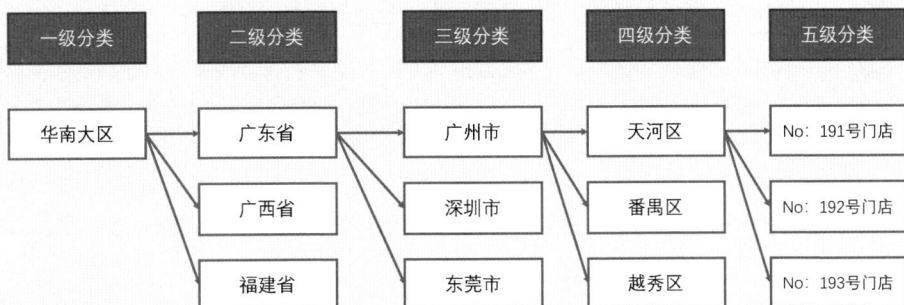

图 3-1

其他的分类维度，如商品属性、用户群体，都有类似的分类层级。在做分类对比时，一定要厘清各个维度之间的层级关系，避免胡乱比较导致错误的结论。

很多时候，人们并不知道导致问题的直接原因，但可以通过有问题的个体，与没有问题的个体对比，发现问题所在。如果分类维度设计得合理，就能很容易通过分类对比发现问题。

还以超市为例，如果用周销售总收入来衡量产出，那么可以用周经营总成本来衡量投入。经营成本的构成可能很复杂，房租、水电费、人员工资、商品进货成本、新购买的冰淇淋机等，都会构成成本。

这时候，一个整体指标：总成本，是由多个子指标组成的，比如店铺成本、订货成本、固定投资成本、用工成本等这种关系习惯上被称为一级、二级、三级指标（见图 3-2）。

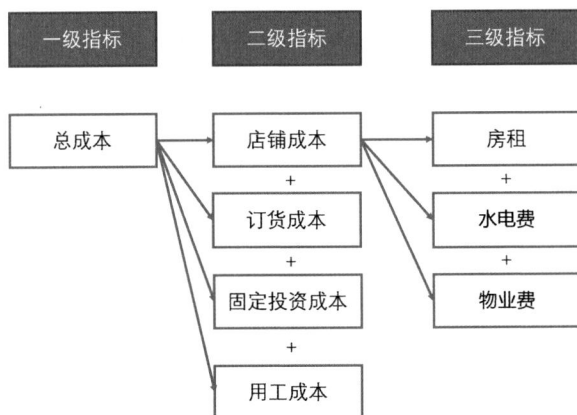

图 3-2

二级指标是一级指标的内部构成，二级指标之和等于一级指标的数值；三级指标是二级指标的内部构成……以此类推。想要更细致地了解内部构成，还可以有四级、五级、六级指标。

了解指标的内部构成，对于精细化管理，以及深入了解内部情况很有帮助。

从经营的角度看，成本/收入都是结果型指标，能直接反映经营成果。除这种结果型指标外，还有过程类指标。比如电商销售，其流程很长，用户需要经历数个步骤才能实现购买，如：

- 登录网站。
- 浏览产品。
- 浏览流量产品详情。
- 加入购物车。
- 付款。

在这里，每一个步骤都能用数据指标来衡量，因此形成了众多的过程指标：

- 登录人数。
- 浏览产品人数。
- 进入详情页人数。
- 加入购物车人数。
- 付款人数。
- 付款金额。

过程指标之间很可能有层层递进的关系，比如，用户要先登录才能浏览，其中每一个过程都有可能有人员流失，这种关系可以用图3-3来表示。

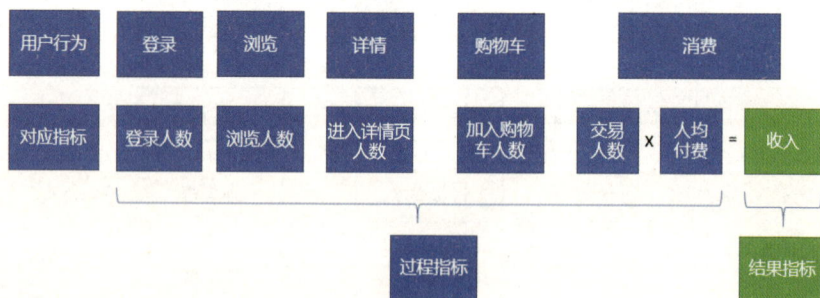

图3-3

区分结果指标与过程指标非常重要！商业经营成败，在结果，不在过程。不出结果，过程再好看也没有用。所以，在分析商业问题时，先把当前问题的结果指标找出来，再围绕结果思考过程是一个非常好的习惯，这样可以避免陷入细节无法自拔。

读到这里，可能很多读者会有疑问：一个商业问题对应这么多指标、这么多分类维度，该怎么才能看得明白呢？请牢记一点：所有问题的解决，都是**由简入繁**的过程。因此，切记贪大求多。在面对自己不熟悉的问题时，首先从一两个结果指标开始，然后逐步增加分类维度，再深入过程指标。

比如，要观察一个商业模式，推荐观察的顺序如下：

- 第一，了解其商业模式的形态。
- 第二，看其整体成本 / 收入一级指标。
- 第三，看成本 / 收入的二级子指标。
- 第四，看成本 / 收入的一级分类维度。
- 第五，看成本 / 收入相关的过程指标。
- 第六，看客户 / 从业者等人的相关指标。

因为整体成本 / 收入是一个业务核心的结果指标，对于判断商业模式的好 / 坏至关重要，且是其他过程指标的最终结果。所以，弄清楚整体成本 / 收入指标是"打开"商业问题的"钥匙"。先抓住这两个核心指标，再往下分解，层层深入，条理就很清晰了，如图 3-4 所示。

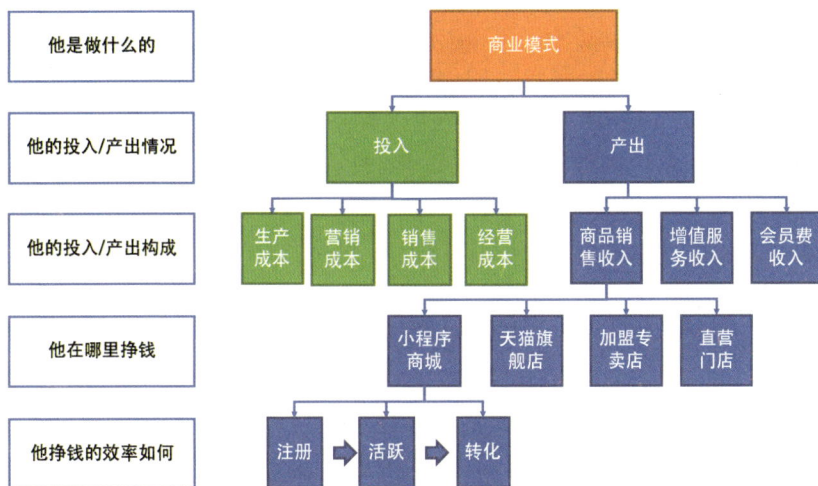

图 3-4

然而，在正式分析之前，必须强调一个被大多数数据分析图书作者忽视，但是对真实的分析成果至关重要的问题，那就是数据质量。

3.2　提高数据质量：建立数据指标的关键

建立数据指标的关键，不在于建立指标的人有多么高深的思维，而在于**数据质量**。数据质量是由数据采集、数据清洗、数据存储、数据管理规范等工作组成的。这些工作除了负责数据开发的工程师可以看明白，普通人既看不懂也不理解，但它们确实是商业分析成败的关键。

比如，一个普通的小超市，老板站在柜台旁边收钱，可能有 3 种收钱方式。

- 方式一：客户直接付现金，老板把现金放在抽屉里。
- 方式二：老板用 POS 机扫商品条码，之后再扫客户的微信付款码。
- 方式三：老板让客户报会员卡号，在 POS 机输入会员卡号，再扫商品条码。

这样会留下 3 种完全不同的数据记录结果（见图 3-5）。

钱直接放在抽屉里	微信扫码付款	输入会员卡号再扫码
卖了什么——不知道	卖了什么——POS记录	卖了什么——POS记录
收了多少钱——不知道	收了多少钱——微信记录	收了多少钱——POS记录
还剩多少钱——不知道	还剩多少钱——月底盘货	还剩多少钱——月底盘货
小朋友拿了多少钱	谁买了——不知道	谁买了——POS记录
打麻将拿了多少钱	挪用多少钱——查账	挪用多少钱——查账

图 3-5

这 3 种方式记录的数据质量是完全不同的。

如果只是简单地把钱放在抽屉里，那么这种数据记录完全无质量可言。根本分不清楚抽屉里的钱是卖哪些商品得来的，是上个月剩下的钱还是这个月新赚的钱。至于老板临时从抽屉里拿走多少钱，也一无所知。

如果有 POS 机记录，那么至少能区分出来哪些商品被买走了。这样可以对商品销售情况进行分析，在盘点商品的时候也有一份记录数据可以对照。如果有微信记录，则至少能区分出来哪些是营业收入，哪些是自己私人的零用钱，但仍无法对谁购买了商品进行分析。

如果有客户的手机号，就有了一个 ID 对客户进行识别，就能分析谁买了哪件商品，就能做很多其他的工作了。

- 复购：客户买了一袋米，按时间推算，应该差不多食用完了，可以问客户需不需要再购买。
- 交叉销售：客户买了拖把、扫帚，推测客户在大扫除，推荐客户买清洁剂。

- 增量销售：客户买了 5 瓶啤酒，提醒客户，买 6 送 1。

- 增值服务：客户买了 5 瓶啤酒，提醒客户，一次买 1 箱可以直接送货上门。

- 新品推荐：客户之前常买的护手霜出新品了，很好用还有赠品。

大部分营销策略都是基于这些数据分析成果而设计的，越精细的策略，越需要精细的数据记录与深入的数据分析。

然而，现实中很少有老板能做到这一点，读者可以拜访一下自己家门口楼下的小卖部。老板们都是一边看着电视、一边玩着游戏、一边漫不经心地收钱。除非特别熟的客户，老板会搭讪几句，否则根本不知道向客户推销什么。

更糟糕的是，在现实中，老板很有可能是 3 种收款方式并用！客户愿意给现金就给现金，愿意使用微信就使用微信，愿意使用支付宝就使用支付宝，这导致数据记录本身就是一塌糊涂的。实际上，90% 的小超市 / 便利店老板根本连自己花了多少钱或挣了多少钱都算不清楚——他们只会看一眼抽屉，看看里边还有没有现金。

那么，大型连锁超市是否就更好一些呢？完全不是！读者可以回忆一下自己去大商场或连锁店购物时的经历。店员们会要求客户出示会员卡或手机号，可真正出示的客户能有多少？根据一些 BI 企业对交易数据的统计，大概只有 10% 的订单能关联到一个会员 ID，剩下 90% 的订单都是收银员随手略过的。更不用说，很多小型超市/门店根本没有可以记录会员 ID 的 POS 机，记录数据更无从说起（见图 3-6）。可以说，数据采集问题，不分企业大小，都是非常让人"头疼"的问题。

图 3-6

这种现状导致的结果：即使是简单的一个"销售收入"指标，都很难进行准确的统计，更不用说以下数据了。

- 有什么"感觉"？

这些指标完全无法量化！就只能碰碰运气，找几个小伙来聊聊试试了。结果可想而知，常常聊了半天一无所获，这就是缺少量化指标带来的不满意的结果。

另一个女生青青的要求就很具体，对身高、长相和收入都有具体的要求（见图3-8）。

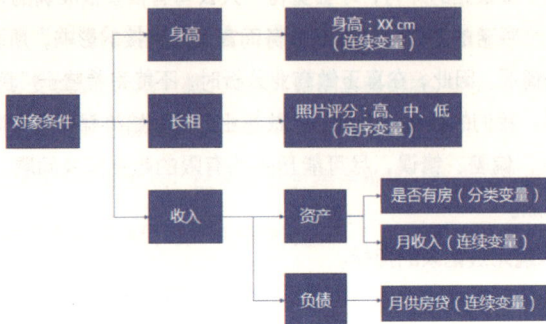

图 3-8

> **注意**：青青的要求不但具体，而且是一个很典型的指标体系，其中包含了下面的信息。
>
> - 3种类型变量：分类、定序、数值变量。
>
> - 一级/二级指标：收入又分成了资产和负债，资产和负债都又各有细分。

这样考核就很全面了，并且很容易让介绍人量化执行。

在分析商业问题时也是同理。有些场景只用单指标或少数指标就能决定，核心关注的就是"商业模式＋成本/收入"两个指标。这时只要采集几个关键数据，就能对备选方案初步筛选，剔除明显不靠谱的方案。

但是，在初步筛选完成以后，就需要仔细观察，这个商业模式到底该如何运作，如何实现盈利，这时候就需要构建指标体系了。构建商业分析指标体系的方法，同评价相亲对象很相似。

- 明确谁需要这个指标体系。

- 明确需要评价的对象是什么。

- 明确期望通过评价，达成什么目的。

- 明确针对对象，有哪些数据已采集。

- 明确这些数据如何有逻辑地组织起来。

- 明确看到不同数值，评价有何差异（树立判断标准）。

- 最后，根据目的有组织地输出数据。

这样一步步，由简入繁地构造出了复杂的指标体系。在了解复杂的指标体系之前，先看两种基本的构造指标体系的方法。

3.4 两种基本的指标逻辑模型

构建指标体系的目的是从多个角度全面描述业务，因此并非堆砌的指标越多越好，指标间要有清晰的逻辑关系，这样描述起来才算表达清晰，不至于混乱。有两种基本的逻辑模型可以利用：并行逻辑模型与串行逻辑模型。

1. 并行逻辑模型

当描述业务的指标之间互不干扰，相互平行的时候，即为并行逻辑。比如在 3.2 节中，女生提的要求就是并行的：个子高的不一定收入就高，收入高的不一定帅，三者互不干扰。有可能每一个指标下边还有细分，比如对"富"的考核，包含财产和负债两个方面，这两个方面也是并行的，不要重叠，这样表达起来看着才清晰。

否则试想一下，如果问女生"喜欢什么样的男生？"女生回答"条件 1，长得帅；条件 2，长得非常帅；条件 3，长得非常非常帅"……这样的描述没有任何意义，多加的两个指标并不能起到丰富描述的作用，这就是为什么指标要避免重叠的直观原因。

回到商业分析正题上，以收入指标举例。比如，想评价 A 企业，需要从销售收入、经营成本、行业排名、经营历史 4 个角度考虑。这 4 个角度之间互不干扰，因此可以做并列关系。如果该企业同时有 4 个销售渠道：电话销售、天猫旗舰店、线下门店、小程序微商城，则可以进一步将销售收入细分，如图 3-9 所示。

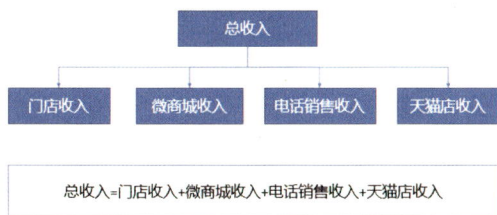

图 3-9

如果门店又分成 5 个大区经营，电话销售又分成 3 个小组轮流外呼，则可以进一步将销售收入细分（见图 3-10）。每个大区之间、每个小组之间的逻辑依然是并行的，更细的拆分也是如此。

第三，这些指标一般都有数据记录，方便统计和查看。

比如，评价不同部门的销售收入指标（产出指标），那么：

- 收入为零 ≥ 收入为负。
- 收入为正 ≥ 收入为零。
- 收入为正，数值越大越好。

这样就建立了评价标准，可以对不同部门的收入进行内部排序，比较出谁好谁差。

> **注意：** 对于成本指标，就不能进行这么简单的评估了。收入越多越好，可成本并非越少越好。没有成本投入，哪来收入的增加呢？此时就得将成本/收入指标联合起来看，利用 ROI（投资回报率）分析法或盈亏平衡分析法来解决问题了。

对于这种简单评估的方法，过程指标也不适用。比如，月销售总收入就是一个结果指标，肯定数值越大越好。但客户数就不是一个结果指标，客户数多，看起来很热闹，但这些客户是否都参与了消费呢？消费的金额多还是少？要一并考虑。如果客户多，但是参与消费的客户少，就不能认为客户多是一个好事情。

举一个简单的例子，如表 3-4 所示。虽然业务 1 中客户总数远远多于业务 2，但业务 1 中客户付费比例太低，人均付费太少，总收入低于业务 2；虽然业务 3 中客户付费率高，人均付费多很多，但是客户数太少，总收入也不如业务 2。在评价过程指标时，即使只是单指标，也不能简单地下结论：越多越好。而是要和某个结果指标挂钩（最好是和收入指标挂钩），综合进行评估。

表 3-4

	客户总人数（人）	付费比例（%）	人均消费（元）	总收入（元）
业务 1	10,000	10%	20	20,000
业务 2	2000	40%	50	40,000
业务 3	200	80%	200	32,000

很多时候，成本/收入指标的变化，并非一个均匀的恒定数值。很多行业有淡季/旺季的区别，反映在指标上，会随着时间的变化，有高低起伏的波动。因此，即使评论"成本/收入"这样看似简单的、结果性的指标，也不能简单地看当前一天、一周、一个月，甚至一年的数据。这时候，就得使用趋势分析法，分析成本/收入随时间变化的情况。

综上所述，想建立评估标准并非易事。即使把指标缩小到成本/收入这么小的范围，也依然要考虑时间维度，要考虑投入/产出之间的关系，因此需要花大精力去解决。

第4章

商业分析的基础方法：读出数据背后的含义

4.1 基础方法的作用

在第 3 章讲到，数据要配合评价标准使用。这一点非常重要，因为数据本身并不会"说话"，只是"冷冰冰"地展示状况。单单靠一个数据，也并不能带来商业回报，只有基于数据做出正确的判断，才能让商业经营越做越好。基于同样的数据，不同的人可能产生不同的判断。如果对数据判断失误，做出了错误的决策，则会导致商业失败。所以，建立合理的数据判断标准非常重要！

建立数据判断标准最简单的办法往往是"拍脑袋"，直接给一个数据。但是在大部分情况下，并没有人直接告诉你：某个数据指标做到某个数值，就能生意兴隆。直接"拍脑袋"给到的数据很有可能是错误的。通常情况下，人们能看到的是一个数据，或者很多数据组成的曲线。因此，从曲线中读出数据的含义，总结出业务发展规律，从而树立正确的判断标准，就显得非常重要了。

这里有 4 种常用的分析方法。

- 趋势分析法：用数据描述业务发展态势，通过数据走势判断业务发展的好坏。
- 自然周期分析法：用数据描述业务随着季节更替产生的变化，发现业务的季节变化规律，从而判断业务发展的好坏。
- 生命周期分析法：用数据描述业务全生命周期的变化趋势，发现业务的生命周期规律，从而判断业务发展的好坏。
- 主动行为分析法：用数据衡量，业务受主动行为影响而产生的变化规律，从而判断不同行为的好坏。

这 4 种方法的底层逻辑都是通过一段连续的数据走势，描述业务发展的状况，从而总结出发展规律性的。这样做能避免"三人成虎"效应：比如，只要连续 3 天的收入下跌，就会引起人们的恐慌！哪怕下跌得并不多，哪怕过往也经常出现，哪怕这本来就是淡季，也会让人怀疑"是不是哪里出了问题？"因此，一段连续的数据，不能割裂来看，而是要作为一个整体来看。通过整体的走势，建立评价标准，判断指标的波动是正常的还是异常的。如果是异常波动，再结合指标具体含义，判断波动是有利的还是不利的。

如果不从这些连续的数据走势中找出规律，就会让人陷入无穷的纠结中。数据分析师仅仅因为一两天的数据波动就展开细节分析，很有可能分析报告还没写完，数据就已经涨上去了，空耗精力。业务部门或老板本人陷入纠结，就会采取一些无效的行动，浪费资源，这对商业经营是非常非常不利的！所以，从数据走势中总结发展规律，为曲线波动设定好标准，是所有商业分析的第一步。

商业分析的指标有很多，要一一建立判断标准是一个复杂庞大的工程，应该从哪里开始呢？作者建议从成本／收入指标开始。收入是一个结果指标，明显是一个数值越大越好的指标，因此，解读其指标涨跌的好坏相对容易。同时，对比成本指标，收入指标相对容易观察和统计，因此，产出指标更适合作为分析的切入点。如果连一个指标的规律都还没读懂，一下子要分析十几二十个指标，就更无从下手了。

接下来以如何解读收入指标为例，一一展示 4 种基础分析方法。最简单、直观的收入指标是销售收入，而做生意有淡季／旺季之分，这是常识。大部分业务的销售收入，随着时间的变化会有自然的高低起伏，因此很适合用这 4 种基础分析方法。

当然，这 4 种基础分析方法对于解读其他指标，比如，总用户数、新注册用户数、用户活跃率等也是通用的。在后续深入分析时，考虑的指标多了，也能对每一个指标用类似的方法进行总结分析，掌握其基本规律。

4.2　趋势分析法：读懂发展趋势的含义

分析一个指标在一段连续的时间内呈现出的变化趋势的方法，被称为趋势分析法。以收入指标"月总销售收入"为例，以月为单位进行统计时可以发现，一个商业机构的收入会呈现以下几种基本形态（见图 4-1）。

- 稳定型走势：每个月的收入固定。
- 增长型走势：每个月的收入都比前一个月高。
- 衰退型走势：每个月的收入都比前一个月低。

这 3 种情况下，好／坏的判断是很清晰的：

- 增长型≥稳定型。
- 稳定型≥衰退型。

如果选择求职企业或创业机会，则优选增长型，次选稳定型，躲避衰退型。

为了量化这种波动，人们引入了**环比增长**的概念，用来衡量当期数据/上一期数据的波动。其一般的计算公式为：环比增长＝当期数据÷上一期数据−1。在图 4-2 中，3 月月销售收入的环比增长就是：3 月月销售收入÷2 月份销售收入−1=3.77%（结果保留四位小数）。

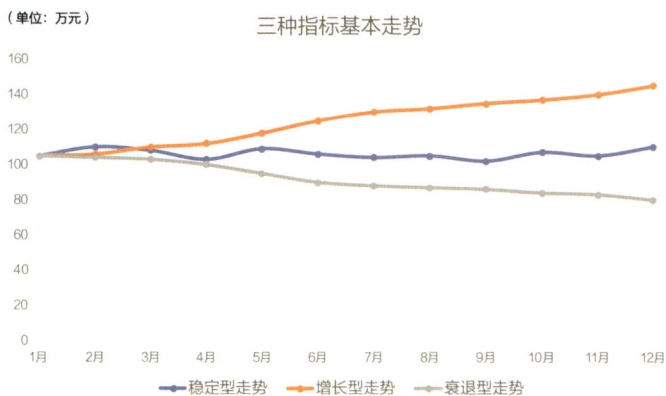

图 4-1

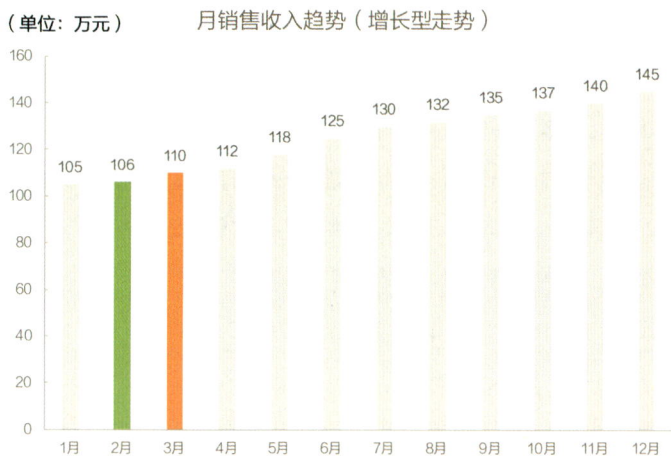

图 4-2

用环比增长可以更精确地描述每个月较上个月的波动。一般来说，大于 5% 的波动被称为明显波动，在 1% ~ 5% 范围内的波动被称为轻微波动，在 1% 以内的波动被称为无波动（一些有硬性要求的指标不用此法，比如，硬性要求本月销售收入达成 1000 万元，即使达成了 999万元，也不能被认为是无波动的，而是有波动但未达标）。

当然，增长不是一帆风顺的，即使大趋势是增长态势，也会出现数据偶尔下跌的情况。因此，习惯上按月度、季度、半年度来检查增长趋势。通常情况下，只要连续出现 3 次以上环比上涨，就会说"呈现上涨走势"。走势结束要么以观察期结束为准，要么以连续出现 3 次增长停滞（不变或下跌）而宣告结束。

如图 4-3 所示，虽然一年内有 3 个月是环比下跌的，但其他月份都在上涨，因此还是会说年度呈现增长态势。

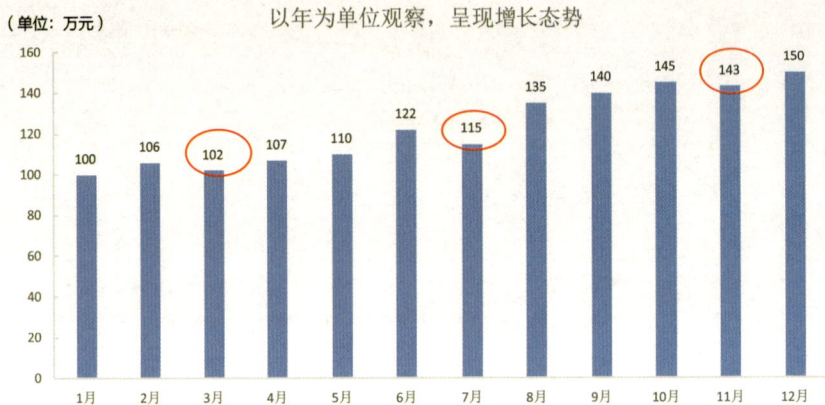

图 4-3

这种长期的增长态势可以用以下 4 个指标衡量。

- 增长持续时间：从首次出现增长开始，到周期结束，累计经历的时间。
- 累计增长幅度：从首次出现增长开始，到增长结束，累计上升／下跌的数量。
- 最大单月增长幅度：在本轮波动中，最大的环比增长数值。
- 最大单月数值：在本轮增长中，最大的单月数值。

仍以图 4-3 为例，在本年度增长中有以下态势。

- 持续时间：12 个月（从 1 月到 12 月）。
- 累计增长幅度：50%（从 1 月的 100 万元到 12 月的 150 万元）。
- 最大单月增长幅度：环比增长 17%（8 月）。
- 最大单月数值：150 万元（12 月）。

如果把上涨换成下跌，这种度量一样可以使用。

- 下跌持续时间。
- 累计下跌幅度。
- 最大单月下跌幅度。
- 最小单月数值。

当连续出现 3 次下跌时，称"呈现下跌走势"。走势结束要么以观察期结束为准，要么以连续出现 3 次非下跌（上涨或平稳）而宣告结束。

在商业经营中，相当多的行业会受到经济大环境周期性波动的影响，或者行业扶植 / 监管政策的影响，而出现了上述明显的长时间波动。因此，通过对过往波动趋势的衡量，能有效地判断出如下的情况：

- 目前是否进入上升 / 下跌周期。

- 如已进入周期，预计利好 / 利空是多少。

- 最好 / 最差的极限状态下，当月能余下多少资金。

从而基于指标走势做出预判，提前准备"春耕 / 过冬"的资源。

直观地看，人们会倾向于看到上升性波动，希望涨得越高越好；人们更不愿意看到下降性波动，出现下跌就很担心。对于产出这种结果性指标，本能的反应就是：越高越好，越低越差。但实际情况并非如此，很有可能是下面的情况：

- 波动只是自然性变化。比如，大小年更替、淡季 / 旺季变迁。

- 波动是产品 / 业务生命周期到了末尾，本来就该消失。

- 波动是内部有计划的行动，主动改变造成的结果。

所以，不能凭直观感受做判断：高了就好，低了就差。除了识别大环境导致的增长 / 下跌趋势，还要识别自然周期、生命周期、主动行为这 3 种情况，从而让判断更准确。

4.3　自然周期分析法：读懂季节变化的含义

有相当多的商业模式随着季节（时间周期）变动而出现自然波动。比如，B2C 零售业、服务业、餐饮娱乐业，一般在周末或临近节假日时的生意比较好，平时工作日的生意较为清淡。此时会在收入数据方面有所反映：观察其一周的销售收入数据，会有工作日低、周末高的规律。

但如果是 B2B、B2B2C 类的公司，则会呈现相反的规律。比如，批发、商贸、对公服务、软件外包等，工作日才能商讨、谈判、签约、施工、验收、付款，因为休息日都放假了。所以表现在收入上，观察其一周的销售收入数据，会有工作日高、周末低的规律（见图 4-4）。

掌握了这些基本规律以后，在观察指标走势时就不会大惊小怪了。一般不违反规律的走势，都算正常波动。

在图 4-5（a）所示的情况中，虽然第二周的周一到周三销售收入似乎下跌严重，但是本身周一到周四就是淡季，到了周五销售就迅速回暖，这时候就说明没有太大问题，可能真的只是偶尔波动。

在图 4-5（b）所示的情况中，销售收入到了第二周的周五也没有明显的好转，周末销售收入虽然有起色，但是也低于上周，这时就得采取进一步的行动，查明深层次的原因了。

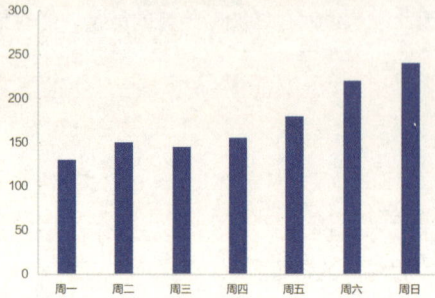 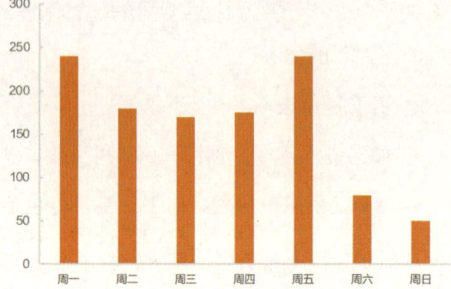

图 4-4

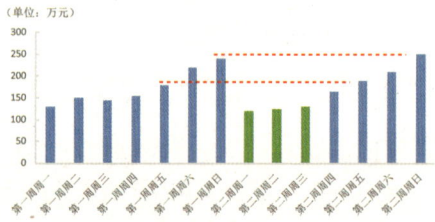 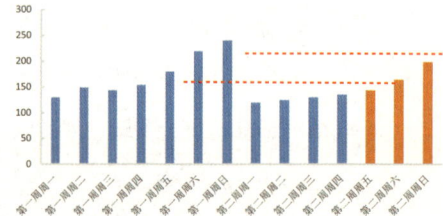

（a）   （b）

图 4-5

为了让这种比较体现得更精细，可以计算：

- 两周环比波动。
- 两周日均水平。
- 两周总数差异。

如果以上几个指标都是在 5%，甚至 10% 以上的波动，就得立即行动了。

以月为单位观察，也会有同样的规律，比如：

- 公历 2 月里过春节，且很多公司要到农历正月十五以后才能正常运转。
- 公历 4、5 月有清明节和劳动节，农历八月（可能在公历 9 月）有中秋节，公历 10 月有国庆节。
- 公历 12 月临近元旦，且有一部分外企会放圣诞假。

这些都会使收入的走势发生自然的变化。

- 普通用户的消费行为会在节假日释放。

- B2B 类企业要在假日前做好验收、付款、签约。

- 和假期相关的行业（比如酒店、旅游、餐饮）会有明显的假日效应。

还有一类自然波动，是受季节影响的，因为很多业务是有季节需求的，具体如下。

- 冬季：保暖的衣服、白酒、暖手宝、电热毯、厚被子。

- 夏季：饮料、啤酒、冰箱、电风扇。

- 春秋季：旅游、出行、户外运动。

季节往往又和天气搭配，形成一些地方性特色。比如，我国南方地区春季天气潮湿，因此买房装修一般会集中在干燥的秋冬季节，从而形成地产业"金九银十"的说法。又如，华中地区不集体供暖，冬季非常寒冷，因此保温用品比更寒冷的北方地区卖得更好。

需要注意的是，一般商家不会等到夏季/冬季来临时再做准备，可能提前数月开始进行备货，因此反映在销售收入数据上，可能有一个提前量。偶尔某些年天气过热/过冷，也会影响曲线波动，反映在数据上，会有月度差异。举个简单的例子，在新冠肺炎疫情发生以前，口罩常规销售旺季在冬季和春季天气寒冷及呼吸系统疾病活跃的时候，因此有可能销售走势如图 4-6 所示。

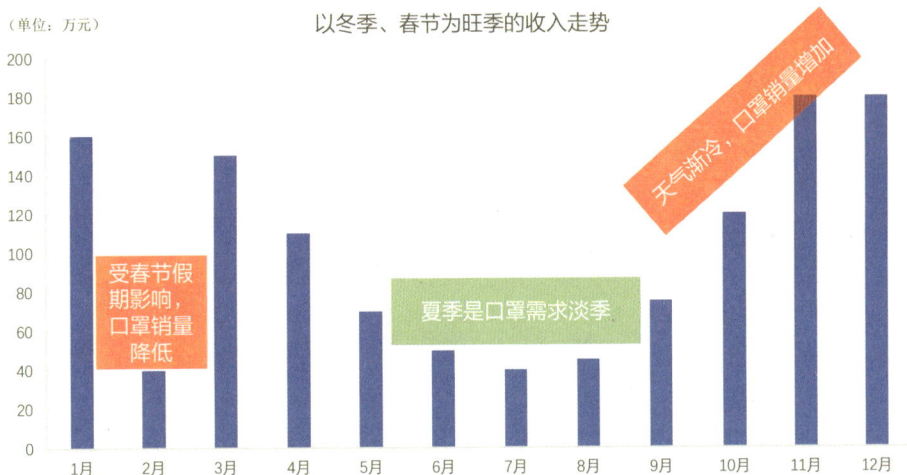

图 4-6

以上都是潜在的自然波动情况，当结合时间维度，看销售收入指标的变化时，可以结合商业模式，针对每周（区分工作日/非工作日）、每月节假日/正常日、一年四季等的变动，观察指标变化形态，发现自然周期规律。

当成本／收入指标波动符合自然规律时，一般不必担心，先观察是否在过往同样规律的波动范围以内。如果在，就可以稍微放心，说明一切正常；如果不在过往波动范围内，甚至逆周期而动，这就说明出了问题！这时一定要格外小心了。

当然，并非所有波动都是自然规律引起的，有些也是业务自身的规律，是所说的"生命周期规律"。

4.4　生命周期分析法：明白兴衰交替的含义

很少有一套商业模式，能让企业维持永不停息的增长态势。用户的口味会变化，技术会革新，竞争对手会增多，所以每个商业模式都有自己的增长极限，之后会出现衰退的情况。这种趋势，也被称为生命周期走势（见图4-7）。注意：生命周期的统计不是按自然日期统计的，而是从产品／业务上线的时间开始，往后数第 n 个月。

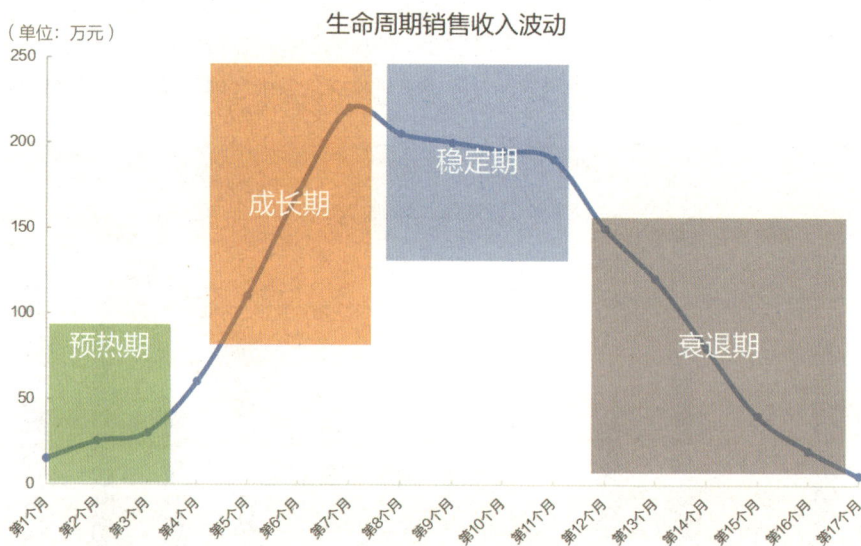

图 4-7

典型的如手机、电脑、平板一类的科技型产品。即使上市时设计得很新潮、功能很强大。很快竞争对手就会抄袭一模一样的设计，新的更强大的功能会出现，用户也会被新品吸引走，因此生命周期性表现特别明显。类似的还有女性服装，因为季节性、潮流的变化，生命周期更短，一般本年度的新款上市后，可能只有 6～8 周的热销时间。

一般将生命周期分为以下 4 个阶段。

- 预热期：新品刚推出，市场接受度低，还在宣传，销量不多。

- 成长期：市场已经广为熟悉，开始大量铺货、卖货。
- 稳定期：单月销量达到顶峰，且销量出现小幅度衰退。
- 衰退期：销量快速下降，且新品已经在筹备的路上。

相对应地，可以分别统计 4 个阶段的收入，也可以统计从上市到退市全生命周期的收入（称为 LTV，即 Life Time Value，生命周期价值）。对生命周期曲线的分析，意义非常重大。

第一，可以帮助识别是规律性波动，还是非规律性波动。

第二，可以帮助判断当前业务发展状态，制定策略。

第三，可以在选择新业务时提供参考，预判业务价值。

在把生命周期曲线作为判断标准时，有 3 种方法。

第一种，成长期冲得越高越好，稳定期越长越好，LTV 越大越好。对于某一个具体业务的生命周期进行评价时，可以用这种简单的准则，如图 4-8 所示。

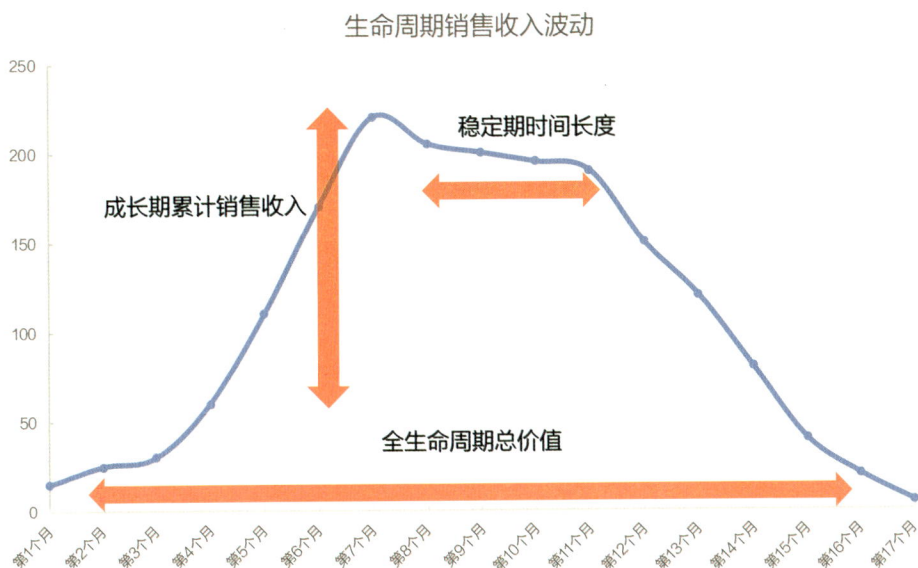

生命周期销售收入波动

图 4-8

第二种，当有了标杆产品以后，新品发展趋势越贴近标杆，则说明新品表现越好，否则，说明新品出现了问题，如图 4-9 所示。

第三种，当收入走势发生变化时，及时预警。比如已有标杆产品走势，当目前经营的产品出现收入连续下跌等波动时，可以根据其上市时间、过往走势判断：这是已经进入了衰退期，还是稳定期的偶尔波动，从而提出预警问题，提示下一步的行动方向，如图 4-10 所示。

（单位：万元）　　　　　　**不同业务线生命周期的表现**

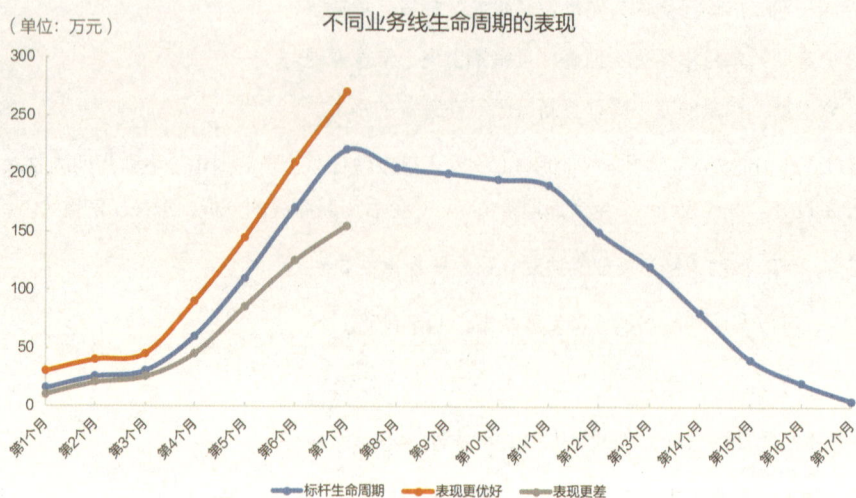

图 4-9

（单位：万元）　　　　　　**生命周期销售收入波动**

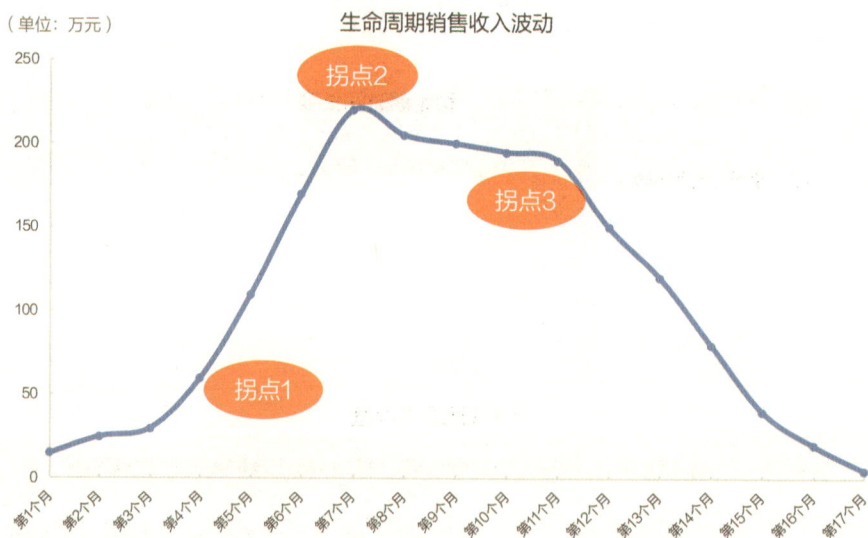

图 4-10

可参考的判断标准如下。

拐点 1：销售收入环比大量增加（10% 以上），且连续出现两次以上。预警：可能进入成长期。

拐点 2：销售收入环比放缓（5% 以内），且出现环比负增长。预警：可能进入稳定期。

拐点 3：销售收入环比连续两次以上负增长。预警：可能进入衰退期。

收到预警以后，可以进一步监测问题走势，或者采取更多的分析手段，确认问题情况，从而及时调整策略。生命周期分析法不是唯一的确认标准，但是是一个很灵敏的监测手段。

当然，影响收入的不止生命周期，还可能有主动行为。甚至有可能采取主动行为会改变生命周期／自然周期的形态，因此还要关注主动行为的影响。

4.5　主动行为分析法：明白行为数据的含义

企业主动开展的商业行为会改变收入指标的形态。典型的如"双 11"，在 2009 年以前，11 月 11 日只是一个普通的日子。自从大型电商平台开始集中在 11 月 11 日进行大促销以后，"双 11"作为购物节的观念便深入人心。很多公司的收入曲线，会在 11 月有明显暴涨，同样还有"双 12""6.18"等"人造节日"。某公司 11 月的销售收入走势，如图 4-11 所示。

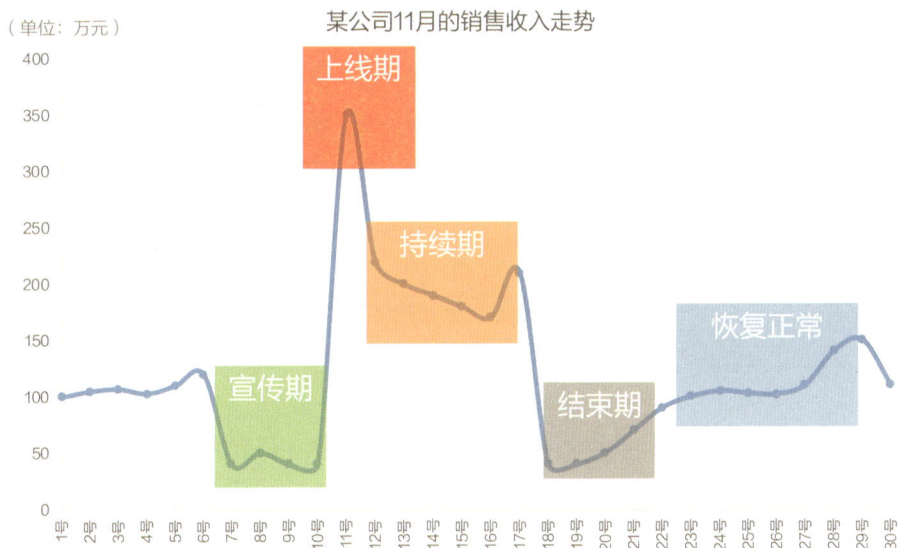

图 4-11

以促销活动为例，促销活动前后，经常有这 5 个阶段。

- 宣传期：活动宣传开始，投机的用户开始停止消费，等待活动，总销售收入下降。
- 上线期：活动刚上线，参与的人数最多，销售收入冲得最高。
- 持续期：活动持续，陆续有人参与，销售收入低于巅峰，但仍高于平均水平。
- 结束期：活动结束后，大量用户提前透支了消费，导致销售收入短暂下跌。
- 恢复正常：活动影响已消失，用户按正常水平购买。

通过记录业务方的行为，可以配合销售收入曲线，识别出这些动作的影响点与影响力度。从而辨识重大活动的效果。并且，不同力度的活动，销售收入曲线形态也会有差异，单纯地通过销售收入曲线变化，也能识别出哪些活动效果明显，哪些活动不温不火，如图4-12所示。

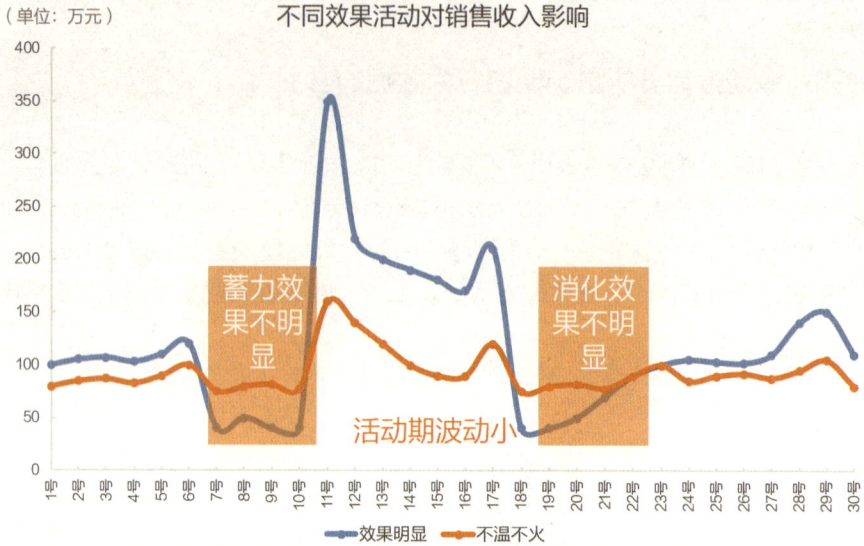

图 4-12

企业的主动行为可能对企业的销售有正向和负向两种影响。

（1）带来正向影响的行为

- 新品上市

- 新店开业

- 促销、优惠活动

- 主动拓展用户

- 主动清仓

这些都会给收入曲线带来额外的增长动力，带来收入曲线的正波动。

（2）带来负向影响的行为

- 系统出现 BUG

- 产品质量问题

- 关店、裁员

这些都会给收入曲线带来额外的负面影响，导致收入曲线的负波动。

还有一些，效果是不确定的，典型的如产品更新。

- 有可能新品的体验更好，更受用户青睐。

- 有可能新品不受用户欢迎，反而使用更少。

总之，在产品正式上线前，一切皆有可能。虽然上线前可以做一些测试，验证想法，但实验室的情况与真实的商业场景还是有差距的，因此需谨慎对待。

还有一些效果是难以衡量的，如传统的品牌广告只是告知用户"我的品牌很高端、大气、上档次"，但是不会直接给用户购买链接，也不会给观看广告的用户额外的优惠（这是品牌广告与促销广告的最大区别，促销广告是有优惠的），因此效果很难直接衡量。很难具体地说：用户看了广告以后，购买意愿从 50 分涨到了 100 分，然后就去购买了。

对以上各类行为，最好的处理办法是建立《行为日志》：对各类行为先进行记录，并且标记在收入曲线上。这样能直观地看到哪些行为引发了重大波动，如图 4-13 所示。

（单位：万元）

大型活动期间的销售收入走势

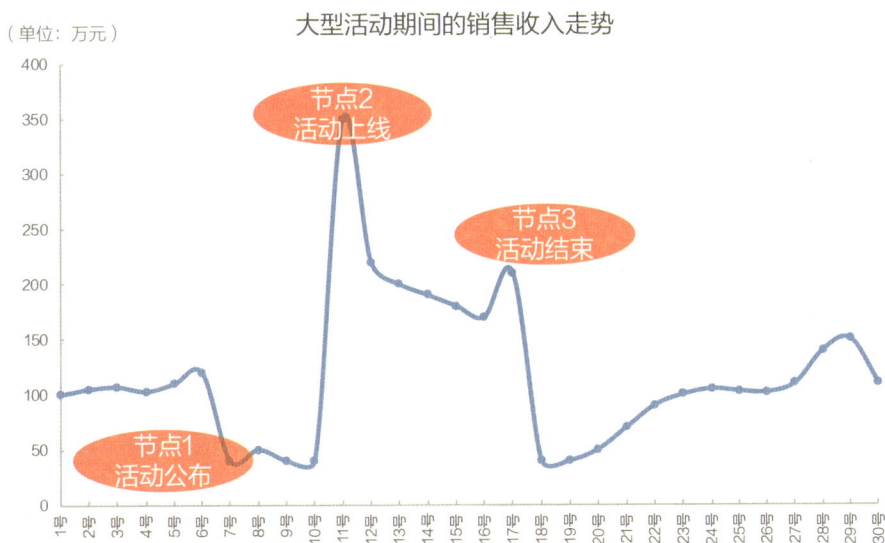

图 4-13

但是，这样只能粗略地识别产生重大影响的行为，当多个行为相互叠加时，很难一一识别清楚，更麻烦的是下面几个方面的内容。

- 企业的重大行动和自然周期经常是重叠的。比如，年底开展大促销、周末搞活动。

- 企业的重大行动和生命周期经常是重叠的。比如，新品上市发布、旧货退市的清仓促销。

- 企业的重大行为和外部因素经常是重叠的。比如，政策发生了变化，对应调整经营方法。

具体的手段重叠情况，如图 4-14 所示。

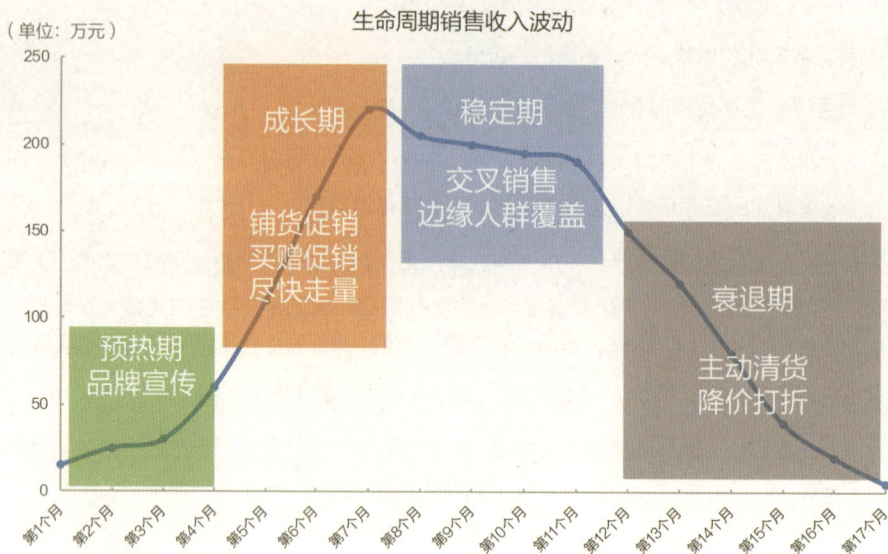

图 4-14

这种多因素重叠会导致识别问题变得异常复杂，在 5.9 节中会对这个问题进行详细的介绍。但在此之前，需要提前对每个行为进行详细的记录，对重大行为结果有所了解，这样才能为多因素分析打好基础。

4.6 基础分析方法案例：解读异常指标

即使只用 4 种基础方法，也能分析出一些有意义的结果。虽然基础分析不能深入解决问题，但在发现问题上非常好用。

下面介绍一个医疗用品企业的案例。医疗用品企业 A 的基本情况如下。

- 目标客户：医药产品经销商、医院、医疗机构、养老机构。
- 商业模式：B2B2C，依靠经销商渠道卖货。
- 主要产品：以医用口罩为主，附带其他医用产品。

其销售收入与走势如图 4-15 所示。

出现这种销售走势一点也不意外。B2B2C 模式决定了其销售订单都是工作日签订，周末客户都放假了，生意比较清淡。其主要产品为医用口罩，有明显的季节性特点，春季、冬季是其销售旺季。因为在冬季和春季天气寒冷，呼吸系统疾病活跃，口罩销量相对增加，而在夏季、秋季，口罩销量相对降低。

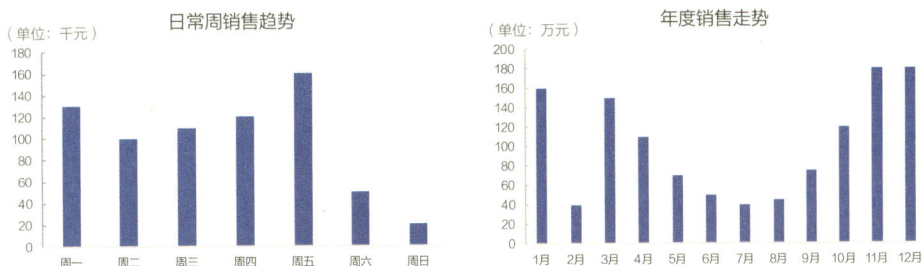

（单位：千元）　　日常周销售趋势

（单位：万元）　　年度销售走势

图 4-15

但是，在 12 月初，这家生产口罩的企业明显感觉到了异常，12 月第一周的销售曲线如图 4-16 所示。

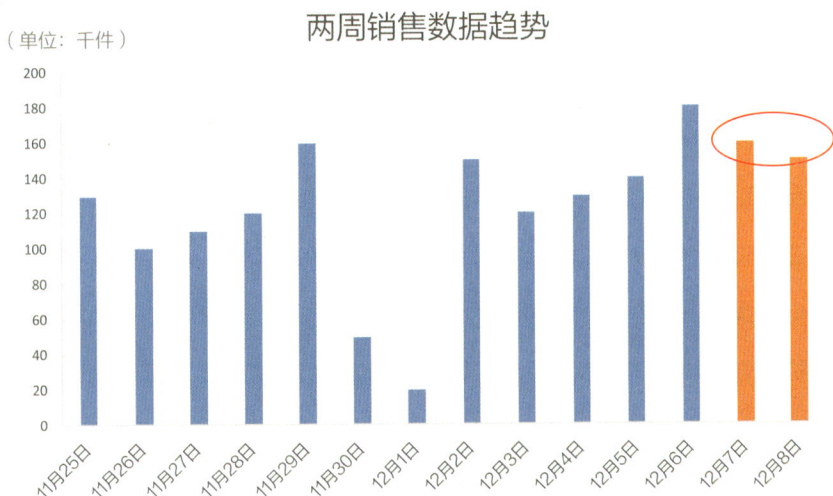

（单位：千件）

两周销售数据趋势

图 4-16

同之前相比，周末突然多了很多订单。这有问题吗？可能有，也可能没有，毕竟只有两天，不是一个完整的周期，并且冬季本身是销售旺季，多了一批订单也不稀奇，再观察一下。结果在接下来的一周里，曲线的发展形态如图 4-17 所示。

虽然第三周刚开始几天看起来很正常，可到了第三周周末，销量又是一波猛涨，并且需要注意的是：这波增长从第三周的周四开始，整整持续了 4 天，且没有停下来的意思。这已经完全不是正常的销量波动走势了，很可能有事情要发生。只是，还不知道是好事还是坏事，不确定销量会不会持续增长。

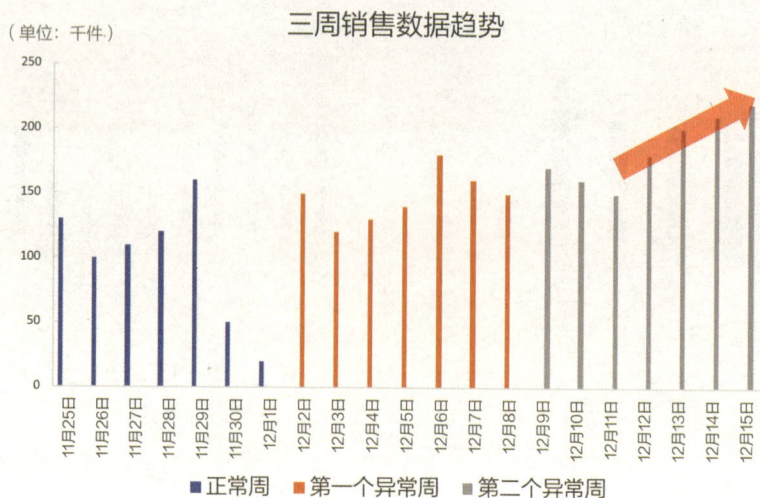

图 4-17

此时，有不同的声音传了出来。

假设 1：这是正常的季节性波动，最近天气冷，口罩需求多很正常。

假设 2：不管是什么波动，快过年了，刚好清理下库存。

假设 3：这是不正常波动，需要弄清楚情况！

好在该公司的敏感度非常高，选择了相信假设 3。他们不只进行了销售数据分析，还着手从各个渠道收集信息，最后得到的综合反馈是：有大量呼吸系统疾病的患者集中出现，造成了口罩需求量大增。那么可以确认：**有传染病出现，不是好事！** 在 12 月 20 日，该公司的母公司就取消了原定的高管年会，改为部署增产工作。另外，该公司继续关注数据的变化。

该公司 4 周的销售数据趋势如图 4-18 所示。

这个趋势已经完全背离了正常的销售规律，并且愈演愈烈，这说明情况越来越糟糕！并且按目前的增速，很快市场需求将会突破正常生产的供给能力。

- 在 1 月 10 日，该公司取消了原定的春节假期，动员员工全力生产。
- 在 1 月 20 日，从新闻得知，现在出现一种传染病，非常严重。
- 在 1 月 20 日，该公司取消了全部员工的假期，动员所有员工全力生产。
- 在 1 月 23 日，随即大量的口罩需求开始涌现。
- 在 1 月 26 日，在市场上口罩紧缺的时候，该公司已经面市场提供了 1 亿只口罩。

所谓见微知著的洞察能力，就是从细枝末节的数据变化里发现机会点 / 问题点，再深入追踪，寻找原因。真正等到问题变得严重时才做出反应，已经是亡羊补牢了。这种敏锐感知问题的能力，可以分为 5 个阶段，如图 4-19 所示。

四周销售数据趋势

（单位：千件）

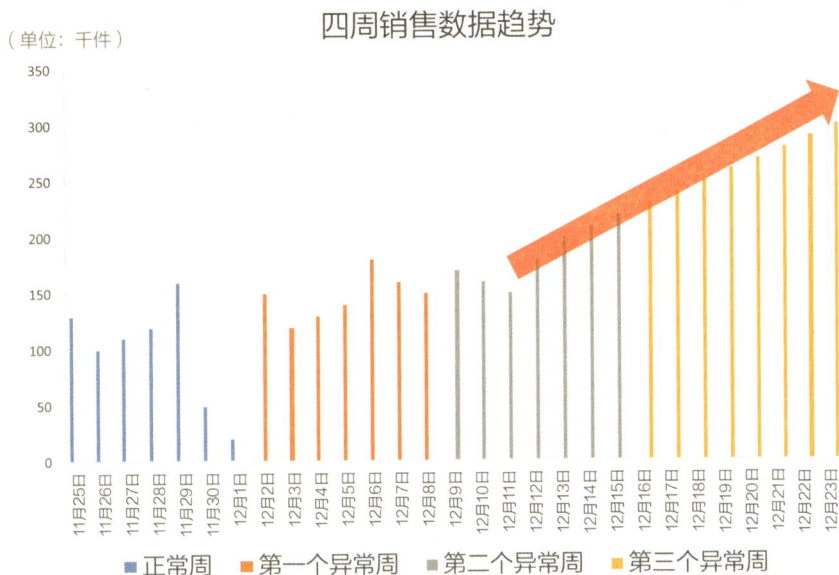

■正常周　■第一个异常周　■第二个异常周　■第三个异常周

图 4-18

敏锐感知问题的5个阶段

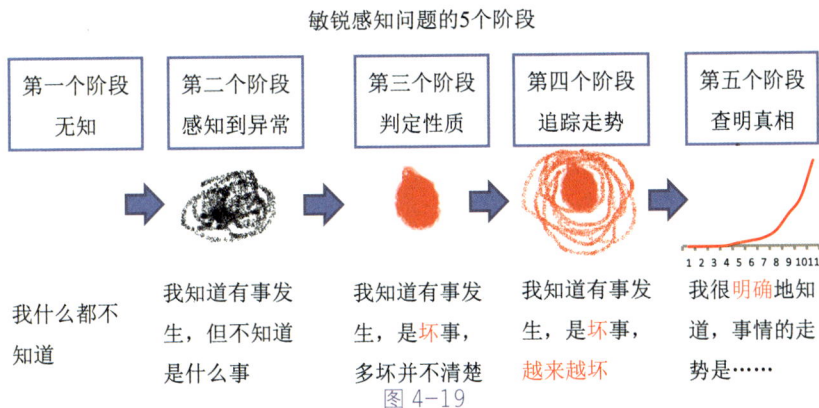

| 第一个阶段 无知 | 第二个阶段 感知到异常 | 第三个阶段 判定性质 | 第四个阶段 追踪走势 | 第五个阶段 查明真相 |

我什么都不知道　我知道有事发生，但不知道是什么事　我知道有事发生，是坏事，多坏并不清楚　我知道有事发生，是坏事，越来越坏　我很明确地知道，事情的走势是……

图 4-19

当然，仅仅靠基础分析方法，是无法总结出如此有深度的结论的。在这个案例里，使用了多种分析方法。不过，基础分析方法是后续所有分析的起点。正是通过对数据走势的跟踪，敏锐地感知走势里发生的问题，才会引发一系列深入的思考，因此掌握基础方法非常重要。

第 5 章

商业分析的初级方法：
多指标、多维度开展分析

5.1 初级方法的作用

基础方法之所以很基础，是因为此方法每次只考察一个指标，并且只考察时间维度，但仅通过单一指标考察业务太过片面，在实际工作中很有可能有以下需求。

- 观察整体指标的内部构成，发现细节问题/机会点。
- 综合多个指标对业务进行考察，从多方面做出判断。
- 对比不同业务的表现，找出表现更好的业务。

这时，需要观察子指标，并考察多个指标间的关系，另外还需要考察多个分析维度，再选取合适的对比对象。此时，需要更加复杂的分析方法。

商业分析中的数据指标非常多，如果指望一次看清楚所有问题是不可能的。因此，建议按以下顺序来分析，如图 5-1 所示。

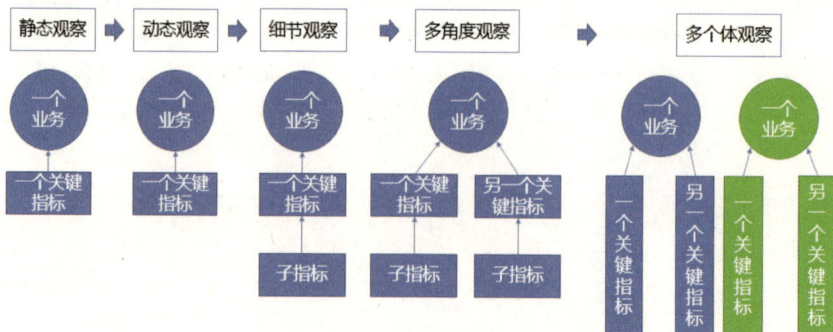

图 5-1

- 先静态观察一个业务的一个关键指标：比如，本月的整体销售收入是多少元？先对业务情况建立基本概念。

- 再动态观察一个业务的一个关键指标：比如，今年 1 月到当前月，每个月销售收入是多少元？去年同期又是多少元？掌握该指标的规律性。

- 再观察一个业务的一个关键指标的子指标：比如，整体销售收入是由哪些门店构成的？比例如何？是否有变化？再比如，之前一些很旺的店铺目前不旺了（问题点），某些店铺开始发力（机会点），到这一步，对一个指标的情况已经有了深入的了解。

- 再观察一个业务的两个关键指标：比如，在把握了整体销售收入后，可以看整体费用，掌握成本 / 收入之间的关系。

- 最后进行两个业务的对比：通过对比发现不同业务的特点差异。

按照这样的顺序，可以由浅入深，每一步都有分析结论，可以有效避免陷入数据泥潭。在第 4 章中已经介绍了动态观察的 3 种方法（自然周期法、生命周期法、主动行为法），下面将介绍观察子指标的方法：结构分析法与分层分析法。

5.2　结构分析法：通过认识内部结构发现问题

结构分析法，即在对一个整体指标进行考察的同时，考察其子指标的构成，从而发现细节问题。使用结构分析法的前提是对整体的构成有所了解，能区分出来其内部结构。举个简单的例子，某企业的销售部门架构如图 5-2 所示。

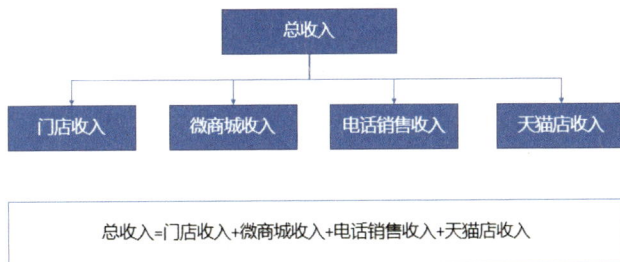

图 5-2

在看数据时，可以观察其整体收入的构成，如图 5-3 所示。

看起来，整体收入在缓缓持续上涨，可细分其结构。

- 实体门店的收入已经连续 5 个月在下降。

- 天猫店、微商城渠道在持续增长。

- 电话销售的收入保持稳定。

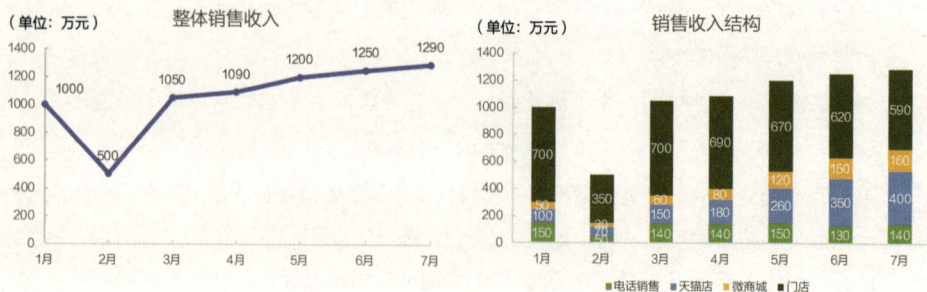

（单位：万元） 整体销售收入

1000 500 1050 1090 1200 1250 1290

1月 2月 3月 4月 5月 6月 7月

（单位：万元） 销售收入结构

700 350 700 690 670 620 590
50 70 60 80 120 150 160
100 20 150 180 260 350 400
150 140 140 150 130 140

1月 2月 3月 4月 5月 6月 7月

电话销售 天猫店 微商城 门店

图 5-3

内部结构已经发生了重大变化，且变化趋势没有减缓。此时就会引发更多的思考：是要继续延续这种趋势，还是做出调整呢？

结构分析法适用于不太熟悉业务的情况，比如：

- 新官上任，不了解各个分公司的情况。

- 新到一家公司，不了解其在各地的经营差异。

- 考察一个创业项目，只看一家门店担心信息会不全面。

这时，都可以用结构分析法，了解清楚研究对象的上下级关系、各部门机构，之后就能细看各类型的发展差异了。

> **注意**：单靠结构分析法是不能直接得出结论的。结构性的变化，本身并没有好坏之分，即使某些结构性变化看起来很"正确"。比如前面举的例子中，电商、微商城渠道的增加，看起来很符合数字化转型的要求，但仅凭这一个指标无法下结论，至少还得考虑下面这些因素。
>
> - 整体的成本／收入走势变化。
> - 电商、微商城两个渠道的成本消耗，成本／收入变化。
> - 门店的细分结构，收入下降的是否是本来就运转不好的门店。
>
> 这样才能综合评价：结构变化好／不好。结构分析法更擅长发现问题，而不是解释问题。

如果已经对结构有了明确判断，比如，今年必须实现数字化转型,线上渠道(天猫店＋微商城)每月销售收入占比必须达到 50% 以上！此时就能直接按结构做出判断，将数据以占整体百分比的形式统计，如图 5-4 所示。从图 5-4 中可以看出，目前线上渠道占比为 43%，还没达成目标。此时，不但可以进一步加大线上投入力度，而且可以对线下门店的整体数据进行进一步的结构分析，找出其中亏损的门店。通过关闭一批亏损严重的门店，从而释放更多的资源用于线上发展。

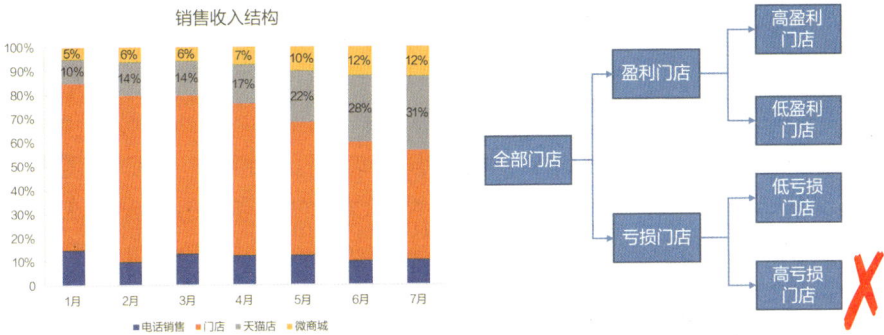

图 5-4

结构分析法是一种常用的发现问题的方法，不仅用于成本 / 收入指标的分析，在对用户、产品、活动分析时，也都可以用到。

有读者会注意到，在上述案例中，观察全部门店结构时，使用了高盈利、低盈利、高亏损、低亏损的划分方法。这种分层方法使用的不是现成的分类维度（比如，门店归属华北大区还是东北大区、门店属于旗舰店还是社区店），而是通过指标计算得出的。这种基于指标计算进行高低分层的方法，也被称为分层分析法。

5.3　分层分析法：通过区分高 / 中 / 低用户群体发现问题

分层分析法用于对数据进行有顺序的划分层次，比如，将整体销售收入按店铺分层，可以分出高收入、中收入、低收入店铺。如果按用户价值分层，可以分出高价值、中价值、低价值用户。由于收入是一个连续变量，每个店铺产生的销售收入、每个用户贡献的销售收入，都是一个数值，因此怎么选择高、中、低的划分标准，至关重要。图 5-5 所示的就是一个简单的分层示例。

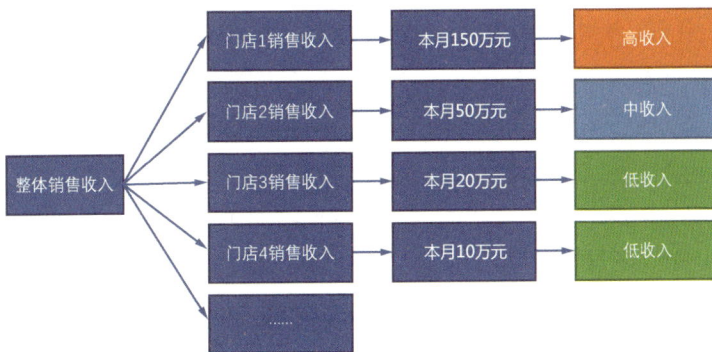

图 5-5

最简单的分层方法，即平均值法，其操作非常简便。

- 高于平均值的为高收入门店。

- 低于平均值的为低收入门店。

举个简单的例子，有 100 家门店，本月销售收入如图 5-6 所示。通过计算得知其平均值为 48.43 万元，则可以简单地把大于或等于 48.43 万元的门店记为高收入门店，把低于 48.43 万元的门店记为低收入门店。

	月销售收入（万元）
门店1	21
门店2	49
门店3	90
门店4	56
门店5	81
门店6	94
门店7	74
门店8	3
门店9	41
门店10	23
……	……
门店100	51

	门店数（个）	平均月收入（万元）
高收入	48	74.4
低收入	52	24.4

图 5-6

平均值法不仅简单、应用方便，而且它还蕴含着一个朴素的经营逻辑。

- 每家门店平均每个月收入为 48 万元，想挣 1 亿元，就得开设大约 208 家门店。

- 既然平均水平是 48 万元 / 月，那么把销售收入不足 48 万元 / 月的门店提升到销售收入为 48 万元 / 月，整体收入就高了。

- 销售收入不足 48 万元 / 月的店长们也没有理由拒绝这个目标。

这种逻辑在个体越多的时候越好用，比如，在门店数量有上百家、数千家，根本没精力一一照顾时，首先要考察的就是平均值。经营者可以直接根据平均值来推算需要的成本、预计产生的收入，调整投入时直接做加减法就行了，非常方便，因此平均值被广泛地使用。

但是，只使用平均值会出现一个问题：个体间的差异会被平均值抹杀掉，少数极端样本会拉高 / 拖低平均值，从而导致错误的判断。比如，有两个门店，它们一天的平均收入为 2 万元。这个数据看起来没问题，可实际情况是：一个门店当天有 4 万元的收入，而另一个门店在歇业，这就是平均值带来的问题。

为解决这个问题，可以用十分位法：

- 将所有个体，按照分层指标，由高到低排序。

- 排序前 10% 分为 1 组，前 11% ~ 20% 分为 2 组，以此类推，得到 10 个分组。
- 将 10 个分组各自计算平均值，得到分层结果。

还以上例中 100 家门店为例，经过分组后数据如图 5-7 所示。

	月销售收入（万元）
门店1	21
门店2	49
门店3	90
门店4	56
门店5	81
门店6	94
门店7	74
门店8	3
门店9	41
门店10	23
……	……
门店100	51

分组	门店数	平均月销售收入（万元）
1	10	93.2
2	10	84.5
3	10	75.7
4	10	65.6
5	10	51.6
6	10	44.2
7	10	36.0
8	10	21.9
9	10	13.3
10	10	4.6

各分组的月销售收入（万元）

图 5-7

此时可以根据需要，划分为两类（高 / 低）、三类（高 / 中 / 低）或五类（高 / 较高 / 中 / 低 / 较低）等，如图 5-8 所示。

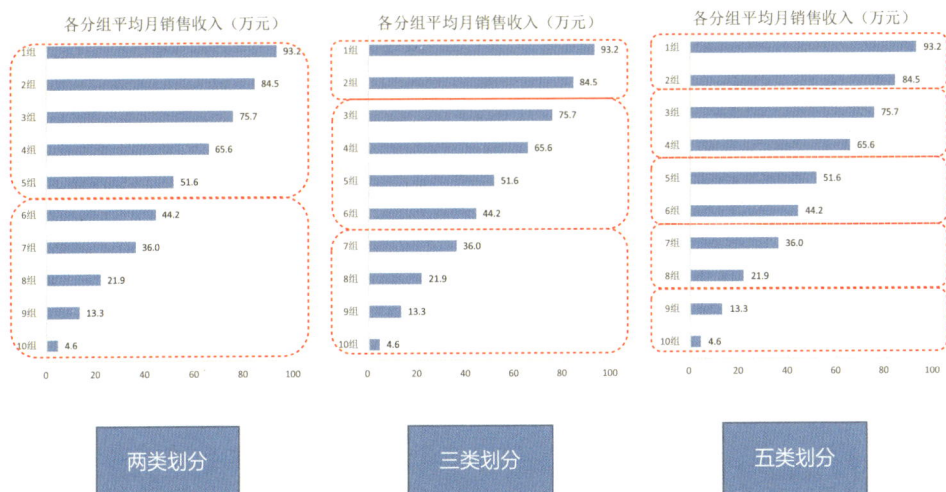

各分组平均月销售收入（万元）　　各分组平均月销售收入（万元）　　各分组平均月销售收入（万元）

两类划分　　　　　三类划分　　　　　五类划分

图 5-8

在使用分层分析法时，经常可以观察到一个很有意思的现象——二八定律。通常人们喜欢说"销售业绩在前 20% 的门店贡献了 80% 的利润"。通过分层分析法，经常可以看到类似的情况：销售业绩在前 20% 的门店贡献了 50% ~ 85% 的利润，如图 5-9 所示。

分散型业务示例

集中型业务示例

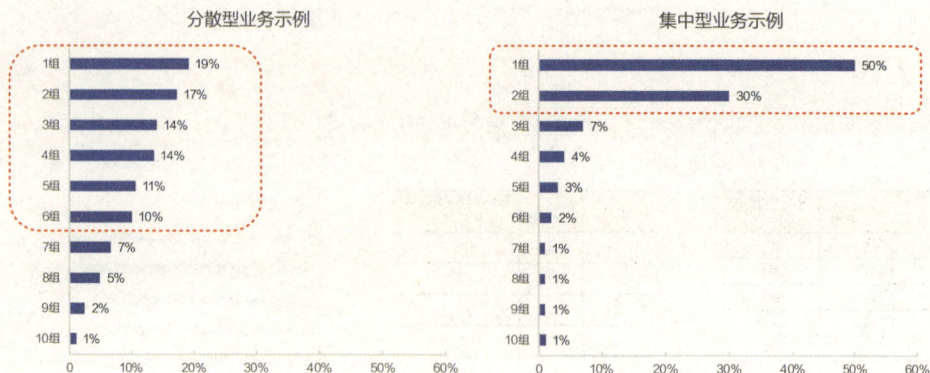

图 5-9

这时候，会引出另一个很常用的概念：业务集中度。销售业绩在前 20% 的门店占比越大，意味着业务集中度越高。比如，习惯上称销售业绩在前 20% 且贡献 60% ~ 80% 以上利润的门店，称为集中型业务；称销售业绩在前 20% 且贡献 50% 甚至更低比例利润的门店，称为分散型业务。

我们直观的感受是业务集中度越低越好，这样意味着公司能灵活自主发展。但实际上，越低的集中度，就意味着越需要管理好、发展好众多的子公司 / 分店 / 客户群体，意味着更大的管理难度与更大的不确定性。所以在现实中，二八定律普遍存在。企业经营都是抓住少数大客户 / 大门店，之后在能力允许的情况下，发展新客户 / 新门店。

所以，同结构分析法一样，单纯看业务集中度的高低，并不能反映业务的好坏，它只是代表了不同的业务发展思路：

- 如果业务集中度很高，则说明公司的利润严重依赖某几个大客户 / 大门店 / 大地区，意味着一定要抓住重点。在经营现有业务的时候，紧盯这几个头部大客户 / 大门店 / 大地区，格外重视少数重点客户的意见。

- 如果业务集中度很低，则说明公司需要采用广撒网的策略，多发展客户 / 多开门店，全面开花。相应地，在业务集中度低的时候，也不需要被个别人的意见左右，少数派不影响业务大盘。

至于这两种思路的利弊，则要结合收入数量、ROI（Return On Investment，投资回报率）的情况来考虑。如果采取广撒网的策略，但是整体 ROI 没有提高，则说明广撒网的作用有限，需要从众多小门店里培育一个旗舰店出来。反之也同理，如果业务集中度很高，同时现有的几个大客户的增长已乏力，就得考虑扩充客户资源了。

对创业者来说，如果所考察的项目出现业务集中度很高的情况，请务必当心，因为这很有可能是招商的人在构造"虚假繁荣"的现象，用少数成功的样本吸引加盟。所以对创业者，特别是中小微型和个人创业者来说，一定要多考察一些目标门店 / 样本，观察一下不同门店之间的差异，谨防上当！

分层分析法有个特点：其观察的指标均为当前数值，在企业中很有可能当前的业务所处的发展阶段不一样。只看眼前，很有可能出现"6 岁小朋友与 16 岁少年比身高"的问题。当对齐发展阶段、观察指标变化时，就是同期群分析法。

5.4　同期群分析法：通过与同期对照发现问题

同期群分析法的思路类似赛马：将多个待考察的业务，从其准备期开始，逐周 / 逐月份记录其发展情况，对比关键数据。

如图 5-10 所示，在使用同期群分析法时，需要从准备期开始，每月观察门店收入的变化。

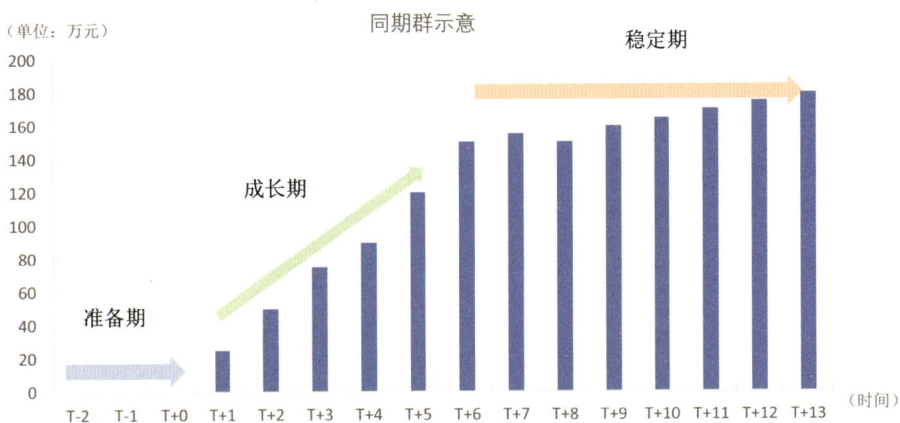

（单位：万元）　　　　　　　　　同期群示意

图 5-10

同期群分析法关注了以下主要指标：

- 准备期长度（需要多久可以开张）。
- 成长期发展速度（每个月收入递增多少）。
- 稳定期来临时间（需要多少个月收入能稳定）。
- 稳定期收入数额（在稳定期门店的收入数额）。

判断标准也很直接：准备期时间越短越好，成长期发展速度越快越好，越早稳定越好，稳定期越长越好。

如果一个业务有多个子业务，则可以做多个同期群对比，这样更容易看到该业务的生存能力。比如，某人正在考察一个加盟项目，可以关注其多个同时开张的新门店的业绩走势，从而做出判断：如果自己做，有多大概率活着。如图 5-11 所示，在同期考察的 5 个新门店中，只有一个能挺到稳定期。此时，该项目质量如何，想必大家已经能有了初步的判断。

这样，即使没有观察到一个完整的业务生命周期，也能做出判断：

- 如果某个业务在初创期就发展不顺利，很有可能不需要等到其发展成熟，即可将其放弃。
- 如果某个业务在成长期就表现脱俗，不需要等到其成熟，即可再追加投入，扩大规模。
- 如果一个业务的几个子业务，仅有一个能脱颖而出，则说明该业务成功率不高。

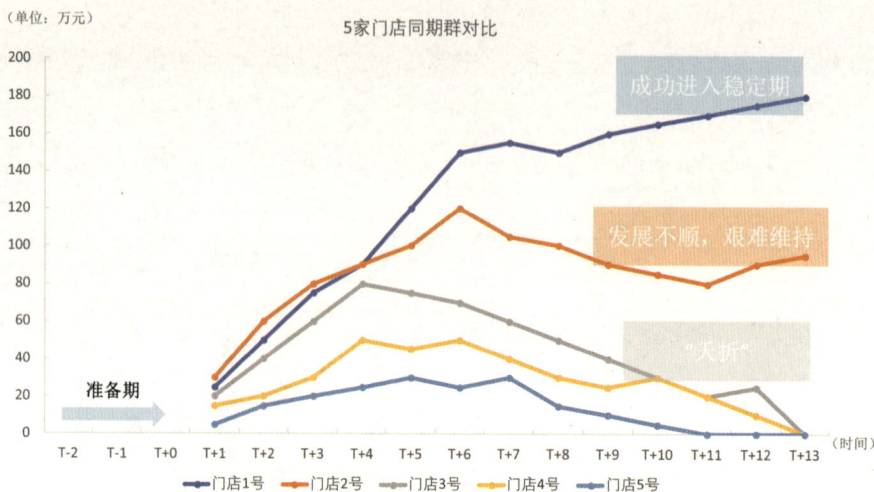

图 5-11

同期群分析法的思路和生命周期法的思路类似。其实，如果把同期群的观察时间延长到业务结束，就是生命周期法，二者是一样的。这使得基于同期群分析会有一定的风险：有可能有的业务是开头做得好，过一段时间就不行了。

但风险与机会是并存的，如果所有的业务都要等观察完整个生命周期数据后再下结论，则可能已经错失了最佳发展时机，或者市场已经饱和，或者成功经验已经被大量复制和传播，或者大量竞争对手已经涌入。所以，需要同期群分析法这种能在中途下结论的快速决策方法，来辅助快速决策。

到这里，前面已介绍的几种方法都是观察单一指标的变化。虽然举例都是以收入举例的，但用在成本指标也是成立的。单纯地看收入，即使做了结构分析、分层分析、同期群分析，也很难下结论。收入的增长不能以成本的失控为代价，因此与成本结合起来看才更科学。这时，要综合考虑两个指标，就需要用到 ROI 分析法 / 比率分析法了。

5.5 ROI 分析法 / 比率分析法：通过综合对比投入 / 产出发现问题

直觉上看，同样是投入 50 万元的成本，挣到 100 万元与挣到 200 万元的效果肯定不一样。

在投入一定的情况下，人们都喜欢挣得越多越好。因此，这就产生了 ROI 分析法。

ROI= 投入：产出，由于产出一般都比投入多很多，所以效益越好的项目，其 ROI 数值越低。所以习惯上表达为 ROI=1：5，而不是 ROI=0.2，这样看起来更直观。ROI 分析法，本质上是把两个指标相除，得数为一个指标，这样可以减少评估时的麻烦，之前的各种单指标分析法一样可以使用。对于这种处理数据的方法，读者可以细细体会，在其他分析场合也会经常用到。

启动一个业务后，其成本 / 收入的发生时间是不同的。在成本方面，一般需要先行投入一批成本用于购买设备、装修门店等，然后人员成本、场地租金、流量购买的成本是每月发生的；在收入方面，业务从起步到发展壮大有自身的周期性。因此需要统计较长的时间，一般以 1 年、3 年、5 年，甚至 10 年为单位，进行预估或核算。时间拖长以后，就产生了各种折算方法，因此在财务分析中，有非常复杂严谨的项目财务收益核算机制，这里就不一一列举了。

在非财务部门核算 ROI 时，往往采用更简单易行的方法。

- 传统企业开直营实体店的时候，往往会核算装修、设备等固定投资，再核算每月人工、水电、进货、促销成本等流动成本，最后核算每月销售收入与产出，计算开一家店 1 年 / 3 年的 ROI。

- 在互联网企业中，最大的成本往往是购买流量的成本 / 获取新用户的成本，因此核算 ROI 时，经常直接核算广告投放效果，看每次投放花了多少钱购买流量，带来了多少用户 / GMV。

这样简化以后，ROI 的核算变得更容易了。于是有了更进一步的简化计算方法：财务基于上一年的数据，给出一个平均毛利率的指标。销售收入 × 平均毛利率，就是业务部门理论上可用的最大成本空间。这样的计算就更简单了，业务部门在计算营销 / 运营 / 业务活动的投入时，只要看每件商品 / 每个用户 / 每个店铺的补贴占其预计带来的销售额的比率，就能简单估算出成本 / 收入的效益。这被称为比率分析法，本质上是 ROI 分析法的简单方法。

ROI 分析法的业务含义是非常直观的：投入 1 元，能挣几元回来。单位成本的投入，挣的钱越多越好！因此，ROI 分析法适合在没有经验的情况下，评估一个商业经营的好坏。比如，目前有 5 个项目摆在面前，ROI 数值分别如表 5-1 所示。

表 5-1

	1 年内累计投入（万元）	1 年内累计产出（万元）	ROI
A 项目	5	10	1：2
B 项目	20	100	1：5
C 项目	50	200	1：4
D 项目	100	700	1：7
E 项目	150	900	1：6

那么直接看 ROI 的大小，就能做出判断：D 方案更有吸引力！

当然，ROI 也不是唯一评价要素。在实际的商业经营中，还会考虑以下标准。

需要多少投入：投入数量又被称为"进入门槛"，代表了开展一种业务的难度，比如资金、场地、人力、技术等。投入门槛越低，意味着对普通人来说，这是一个可以参与的好机会。在这时，即使 ROI 低一点，也会有人有兴趣参加。比如在上例中，E 项目需要 150 万元的投入资金，可能会拦住很多人参与；A 项目门槛低，可能实际参与的人会更多。

而"巨头"们的判断可能是相反的：如果进入门槛很高，但是长期来看 ROI 很好，"巨头"们也有可能斥巨资进场。门槛高会天生过滤掉低端的竞争者，只要有足够的实力打败现有的对手，就能占领市场。之前微软斥巨资推出 XBOX 进入游戏机市场，就是看准了市场的长期潜力。

总收入多少：通常称一个业务预计总收入多少为"成长空间"。在成长空间的选择上，互联网公司与传统企业有明显的区别。传统企业更看重现金收入，因此倾向于有现金收入的领域，不太在意成长空间的大小，自己能挣到钱就行。但互联网企业的目的是融资上市，必须选择成长空间巨大的领域，才能给投资人足够的信心。

从投入到实现盈利的时间：由于从投入到实现盈利，往往有时间差，因此到底需要多久才能盈利，也会成为一个重要的考虑因素。不同性格的决策人，会有不同的选择：有些人就是喜欢"赚快钱"，忍受不了等待；有的人则更喜欢放长线钓大鱼。从业者的个人素质和风格，从来都是千差万别的，因此有不同的选择很正常。

从本质上看，ROI 分析法是把成本 / 收入两个指标，通过计算比率的方式合并成一个指标进行分析。如果把两个指标拆开考虑，就是所说的"矩阵分析法"。

5.6　矩阵分析法：通过两个维度矩阵发现问题

矩阵分析法本质上是一种用两个指标来找判断标准的方法，它的操作非常简单。

第一步：找到两个评价指标，每个指标取平均值作为判断标准。

第二步：两个指标交叉，得出 4 个象限，将样本根据评价指标大小，分散到 4 个象限里。

第三步：根据两个指标的含义，给出 4 个象限的含义解读，对每个样本进行分类。

只要两个指标的相关性高，当两个指标交叉的时候，数据就会被分散在 4 个象限里，这样能清楚地找到业务含义。

还以 100 家门店为例，如果补上当月的成本数据，则可以构造收入 / 成本矩阵。

第一步：先对收入 / 成本两个指标单独求平均值，区分出高收入 / 低收入、高成本 / 低成本。

第二步：两个指标交叉，给门店标上状态（高收入 + 低成本、高收入 + 高成本、低收入 + 低成本、低收入 + 高成本，共 4 类）。

第三步：统计 4 类门店的数量、收入、支出数据，再计算利润（利润 = 收入 − 支出），可得到的数据如表 5-2 所示（数据的差异是四舍五入后造成的）。

表 5-2

分　类	门店数（家）	月销售收入（万元）	月支出成本（万元）	利润（万元）
高收入 + 低成本	25	74.2	17.6	56.6
高收入 + 高成本	23	74.7	40.0	34.7
低收入 + 低成本	28	24.4	18.0	6.4
低收入 + 高成本	24	24.4	39.8	−15.4

进一步，还可以根据分类给这些门店起一些好听的、容易记的名字，比如。

- 高收入、低成本："金牛型"门店。
- 高收入、高成本："快马型"门店。
- 低收入、低成本："鸡肋型"门店。
- 低收入、高成本："瘦狗型"门店。

这样能让矩阵分析的结果更容易展示，从而更方便应用，如图 5-12 所示。

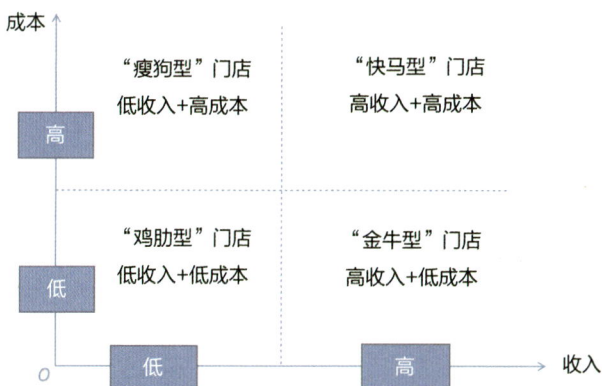

图 5-12

如果把 100 家门店的数据代入，则可以通过散点图进行观察，如图 5-13 所示。从图 5-13 中可以直观地看出来，哪些门店是"金牛型"门店，哪些门店是"鸡肋型"门店，哪些门店是"快马型"门店，哪些门店是"瘦狗型"门店。这种清晰的分类，能很直观地引人思考。

- "金牛型"门店是不是可以增加投入，做得更多一些？
- "瘦狗型"门店出了什么问题，要怎么改善？

成本（万元）

收入与成本矩阵

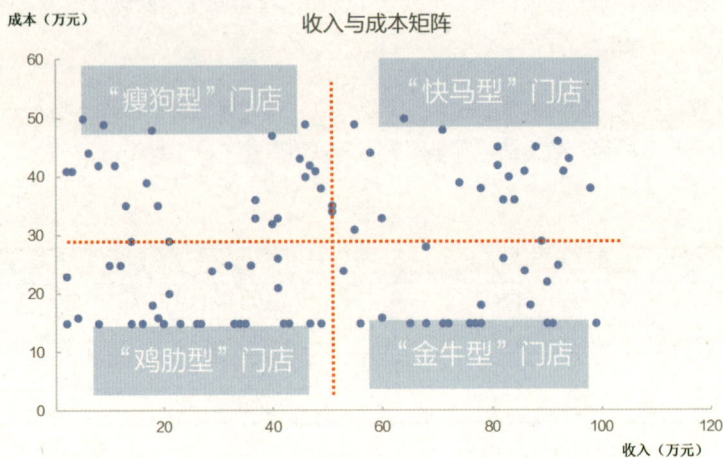

图 5-13

这就达到了矩阵分析法的目的：在两个评价指标不相关的情况下，得出判断结论。

通过这个案例可以看出，构造矩阵能很轻松地发现问题。对构造矩阵来说，如何选择组成矩阵的两个维度非常重要。一些维度选得好的经典矩阵，比如"波士顿矩阵"，已经成为咨询公司的常用方法。如图 5-14 所示，通过调研自身产品的市场占有率与市场增长率，就能区分出产品的种类了。

- 高市场占有率 + 高市场增长率："明星"产品。
- 高市场占有率 + 低市场增长率："金牛"产品。
- 低市场占有率 + 高市场增长率："问题"产品。
- 低市场占有率 + 低市场增长率："瘦狗"产品。

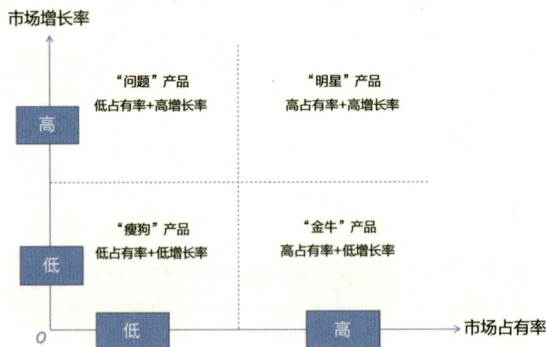

图 5-14

当有两个指标参与评价时，如果两个指标高度正相关，一个指标涨了，另一个指标也会涨，此时不需要做矩阵分析。只要对其中一个指标进行评价，另一个指标的结果就不会有大的差异。这种相关关系可以简单地用散点图来呈现，如图 5-15 所示。

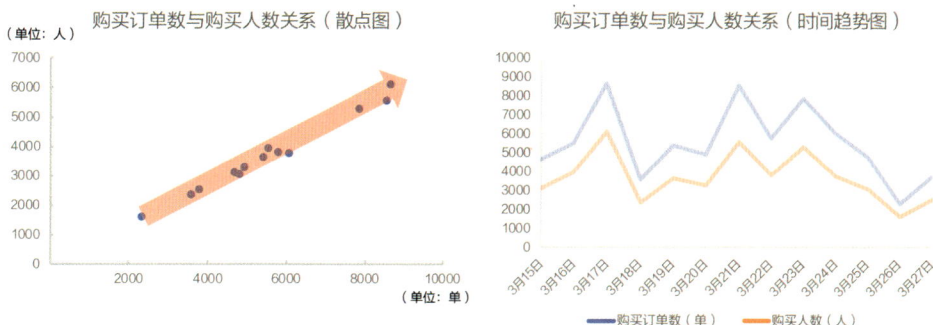

图 5-15

但是，有可能两个指标不是高度正相关，比如，投入和产出指标，可能存在下面的情况。

- 某间门店经营不善，收入锐减，但是成本不变（高投入、低产出）；
- 某个新市场刚刚被发现，竞争少，投入一点就收入颇丰（低投入、高产出）。

这时，不能简单地用某一个指标来评估利弊，而是要先分清有几种情况，我们可以用矩阵分析法。

但是要注意，过去的成功不代表未来的成功，不能仅仅靠矩阵分类来作为未来行动的依据。比如在上例中，所有高收入、低成本的门店，本身的整体收入并不高，很有可能是这些门店都是新开的门店，还处在上升阶段，或者开店的位置比较好，比如新开盘的小区，附近竞争对手少，很有可能之后这种优势就会消失。如果仅仅看到这张图就下令大力发展这些"快马型"门店，则很有可能遭到失败。

所以，矩阵分类法的作用是识别出异常值，发现潜在问题，而非直接得出结论。矩阵分析法的短板在于仅关注一个时间点的表现，不能纵观前后发展趋势。如果考虑成本/收入指标的前后趋势，就需要用到"盈亏平衡分析法"。

5.7　盈亏平衡分析法：通过盈亏走势发现问题

盈亏平衡分析法，即统计从业务准备期到上线后实现整体盈亏平衡的全过程。盈亏平衡分析法主要为克服单个时间点观察的不足，从整体角度看业务表现。

举个简单的例子，某门店每个月的收入、成本数据如图 5-16 所示。如果只统计每个月的收入与成本，则该门店在第 5 个月已经实现了正收入。但考虑到前期的巨大投入，因此需要统计累计收入与累计成本的情况进行对比。通过对比发现，第 5 个月才刚刚开始有收入，第 11 个月才实现整体的盈亏平衡，第 12 个月开始才有真正的利润。

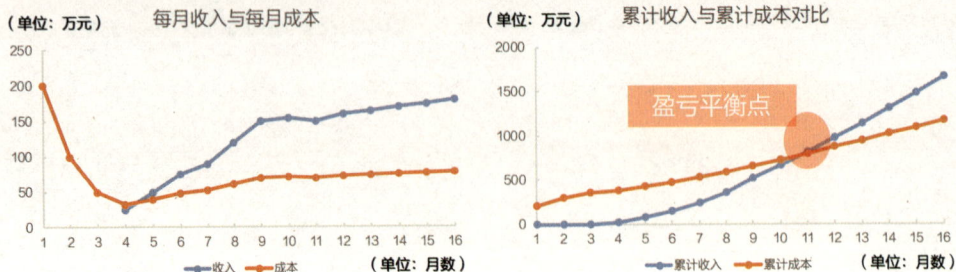

图 5-16

盈亏平衡分析法，一般关注以下五大指标。

- 盈亏平衡点出现的条件：累计投入达到 ×× 水平，累计收入达成 ×× 条件。

- 盈亏平衡点出现的时间：从开始到盈利，需要多久实现盈亏平衡。

- 盈亏平衡点以后稳定的时间：稳定期有多长。

- 盈亏平衡异动：收入 / 成本指标是否突然波动。

- 盈亏平衡点以后的总利润空间：实现盈亏平衡后，还能挣多少钱。

如果业务尚在开展中，那么通过盈亏平衡分析法，可以及时发现问题，继而进行决策：继续投入或离开。如果业务已开展了一段时间，在被认定为是"成功案例"的情况下，则可以针对成功案例进行复盘，对其全生命周期的收入 / 成本的变化趋势进行详细的分解，从而计算出成功案例的五大盈亏平衡指标，用来指导新业务。

成功案例的盈亏平衡指标，对于开展新业务有重大的指导意义。既能作为选择新业务的参考数据，又能作为监控新业务发展的关键依据。当发现新业务有以下情况时：

- 准备期投入不足。

- 成长期发育太慢。

- 稳定期出现异常波动。

通过监控收入 / 成本曲线，就能发现问题，从而及时做出预警。

有以下两种常见的盈亏平衡基本形态。

1. 形态一：规模经济型

这种形态一般在准备期和成长期需要消耗大量的成本，用于抢占市场份额。一旦市场地位被巩固，后续经营成本逐渐下降，就能尽享市场利润。这种做法在传统企业和互联网企业都有应用，只是传统企业一般利用巨大的生产线，以及高精尖的生产工艺推出新产品，建立"护城河"。互联网企业则更倾向于"烧钱"换市场，通过巨量补贴从对手手里争夺消费者，达成近似垄断的效果。

规模经济型成功的要素在于以成本换空间，因此有以下几种常见的失败场景。

- 投入方向错误，未能找对市场。
- 无节制使用成本，导致负债过重。
- 盈利能力被高估，后续乏力。

反映在盈亏平衡曲线上，通常会出现如图 5-17 所示的形态。

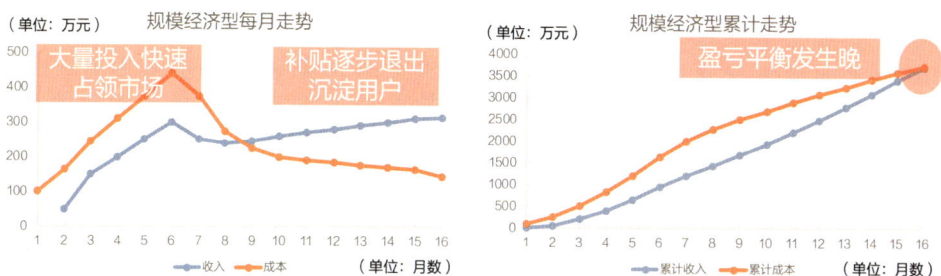

图 5-17

2. 形态二：小步快跑型

这种形态一般能在短期内见效，通过建立第一个成功试点，验证想法，发现机会点，之后再推广。这种做法在传统企业和互联网企业都有应用，只是传统企业一般利用单个门店做试点，而互联网企业则更倾向于利用一款新 App 做试点。

这种做法相对可靠，不像规模经济型一样，不确定未来会不会成功，其能快速实验对错，从而很适合普通人创业。但这种做法有局限性：小范围内的成功，不代表一定能扩展到大范围。在扩张过程中，还会出现以下现象：

- 扩张速度过快，成本失控。
- 单个成功投入要求太高，难以复制。
- 大量复制以后，抄袭者/仿冒者增多，竞争力下降。

反映在盈亏平衡曲线上，通常会出现如图 5-18 所示的形态。

因此，无论是成功案例，还是失败案例，都能通过增长曲线总结出规律，从而指导后续的操作。当然即使做到这一步，仍然只考虑了整体收入和整体成本两个要素。想要做得精细，还需要考虑更多的要素，引入更多的指标和更复杂的分析方法。

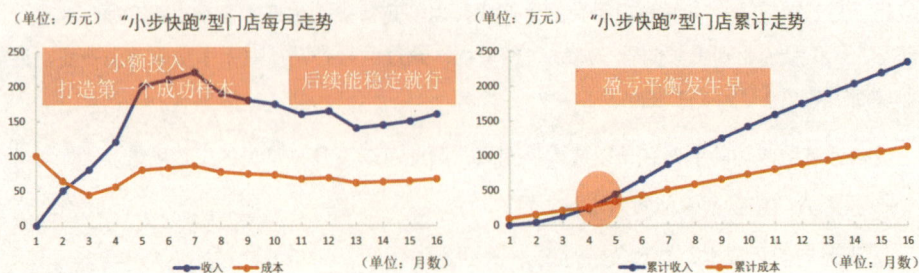

（单位：万元）　　"小步快跑"型门店每月走势

小额投入
打造第一个成功样本　　后续能稳定就行

━━收入　━━成本　　（单位：月数）

（单位：万元）　　"小步快跑"型门店累计走势

盈亏平衡发生早

━━累计收入　━━累计成本　　（单位：月数）

图 5-18

5.8　对比分析法：通过树立正确的对比标杆发现问题

对比分析法的思路非常简单，即通过两个或多个个体进行数据对比，通过对比看出哪个更好。比如对比 A、B 两个门店，可以把两个门店的收入数据并排放在一起，一眼就能看到差异，如图 5-19 所示。

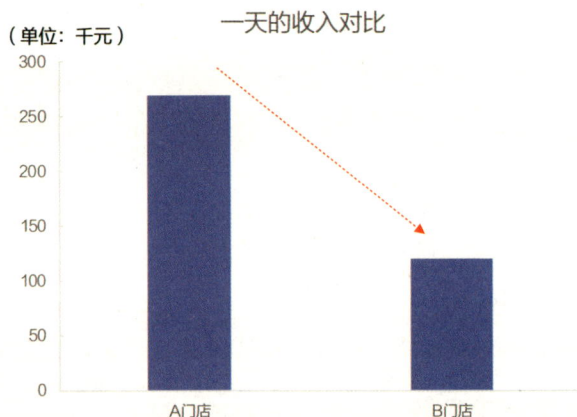

（单位：千元）　　一天的收入对比

图 5-19

但是请注意：**对比分析法只负责展示结果，不负责解释原因**。比如在上例中，可以看到 A 门店比 B 门店的收入高，但为什么 A 门店的收入比 B 门店高？并不能直接从对比中得到答案。

可能性 1：对比的时间不同，A 门店选择的时间是旺季、B 门店选择的时间是淡季。在这种情况下，A 门店的收入比 B 门店高的原因，就是旺季和淡季的差别，并不能代表 A 门店整体比 B 门店好。想知道 A 门店整体是否比 B 门店好，要选择同样长的时间周期（使用自然周期分析法或趋势分析法），如图 5-20 所示。

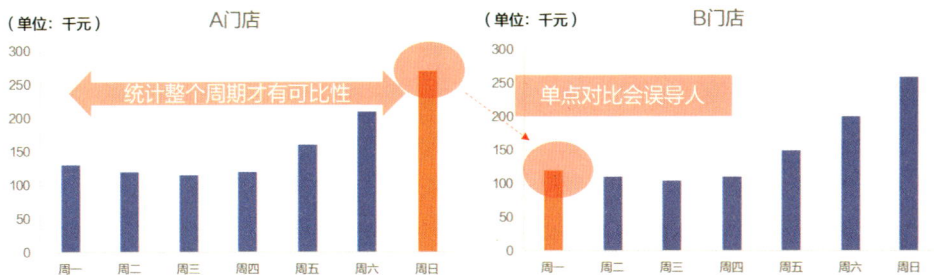

图 5-20

可能性 2：发展生命周期不同，A 门店已到成熟期，B 门店还在发展中。在这种情况下，A 门店的收入比 B 门店高的原因就是成熟期和发展期的差别，并不能代表 A 门店整体比 B 门店好。想知道 A 门店整体是否比 B 门店好，要选择同样长的发展阶段（使用生命周期分析法或同期群分析法），如图 5-21 所示。

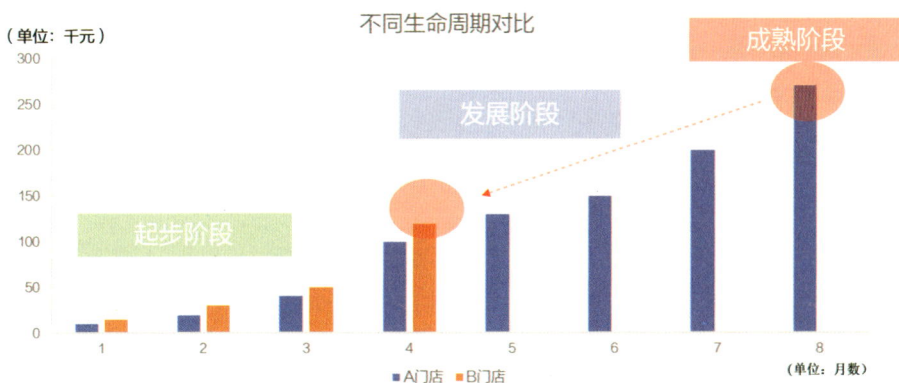

图 5-21

可能性 3：投入力度不同，A 门店投入高，B 门店投入低。在这种情况下，A 门店的收入比 B 门店高的原因就是投入差别，并不能代表 A 门店整体比 B 门店好。想知道 A 门店整体是否比 B 门店好，要计算投入 ROI（使用 ROI 分析法、盈亏平衡分析法、矩阵分析法），如表 5-3 所示。

表 5-3

	收入（万元）	成本（万元）	ROI
A 门店	270	100	1：2.7
B 门店	120	40	1：3

可能性 4：自身条件不同，A 门店位置好，客流量大，收入自然高；B 门店位置不那么好，客流量小，收入自然低。在这种情况下，A 门店的收入比 B 门店高的原因就是门店等级差异，并不能代表 A 门店整体比 B 门店好。这时候要问一句：A 门店占比有多少？目前是否还有足够

的好位置 / 好资源再复制一个 A 门店？这样才知道 A 门店的经验是可以二次利用，还是运气好而已（使用层次分析法），如图 5-22 所示。

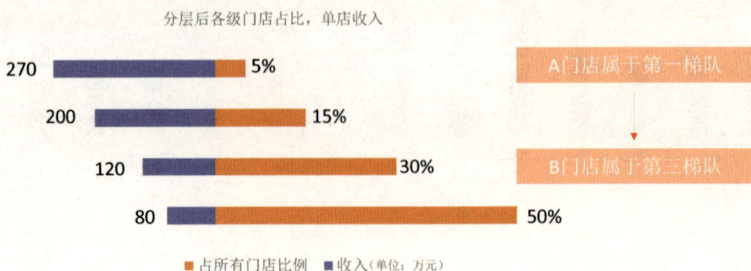

分层后各级门店占比，单店收入

270 / 5%	A门店属于第一梯队
200 / 15%	
120 / 30%	B门店属于第三梯队
80 / 50%	

■ 占所有门店比例　■ 收入（单位：万元）

图 5-22

这就是我们在所有基础方法与初级方法介绍完了以后再讲对比分析法的原因。如果不考虑各种情况，随意将两个门店摆在一起对比，则很有可能出现"瘸子里挑将军"的现象。之所以觉得 A 门店比较好，不是因为 A 门店真的好，而是因为参与对比的其他门店都太差了。之所以参与对比的门店都这么差，很有可能是人为制造的，为了显示 A 门店很好，所以故意拉来一群"杂鱼"做陪衬，如图 5-23 所示。

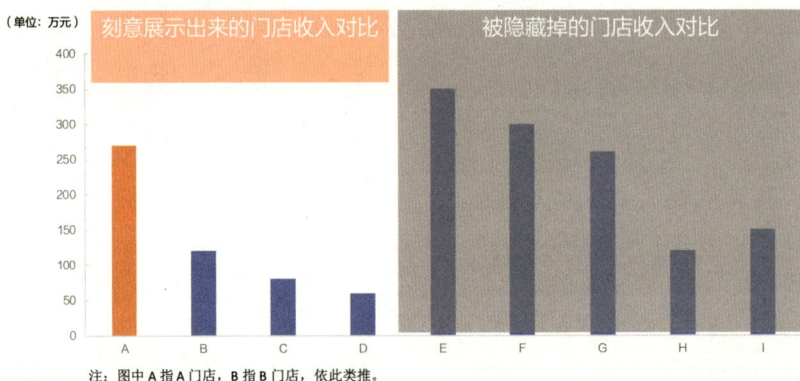

（单位：万元）　刻意展示出来的门店收入对比　　被隐藏掉的门店收入对比

注：图中 A 指 A 门店，B 指 B 门店，依此类推。

图 5-23

因此，做对比分析法要时刻注意：参与对比的个体，要具有一定的可比性。避免错误的分类对比导致错误的结论，比如，在传统企业中要对比两个门店，至少门店的面积、装修风格、地理位置都要差不多。将一个繁华地区的旗舰店和一个社区周围的便利店进行对比，是不符合常理的。

在互联网企业中，要对比微博、公众号、朋友圈等渠道广告的效果，首先是渠道间的对比，然后才是渠道内不同投放位置的对比，这样才能看清每个渠道的特点。

很有可能，即使在一个分类内部，也有很多子类，比如，某个企业在全国有五大区域，每个区域有 500 家门店。即使具体到一个区域内，要对比的也太多了，这时如何进行第一步呢？可以先做分层，掌握每个区域的分层特点，再从每个区域内抽出来样本进行对比。这就是为什么作者要先介绍分层分析法，再介绍对比分析法的原因。有效的分层，能极大地降低出现对比错误的概率。

然而，只用这些简单的规则，依然很难保证对比的公正性。为此，还衍生出业务标签法、Ａ／Ｂ测试、增长实验法等众多方法。在这里，读者只需牢记"对比分析，不是随便将两个项目放在一起来做对比，要有可比性才能进行对比"这个结论。

这个结论非常重要！

对个人创业者而言，这是被人蒙蔽的常见场景。那些推销创业项目的人，都非常喜欢做对比，而他们的对比样本，都是经过精挑细选的。对比的结果一定是"我推销给大家的项目非常好！"这时一定要提高警惕，多考察一下参照对象。

在企业里，这种不恰当的对比方法，也是瞒天过海的常用手段。很多人为了邀功请赏，会刻意挑选个案出来做对比，进而引发部门之间的争吵与混乱。

5.9　多指标综合评估法：通过综合多角度做出判断

当研究问题更加细致的时候，考虑的指标变得更多，评价标准也会变得复杂。比如买房子，就不像买零食、饮料那么随便，得考虑很多指标，即使简单列举一下，也会有以下考虑指标。

- 户型：一室一厅、两室一厅、三室一厅……
- 设计：房间布局、结构、装修风格……
- 位置：市中心、近郊、远郊、新城区／老城区……
- 交通：距离公交、地铁站距离……
- 配套：超市、医院、学校……

当然，还有最重要的：价格。即使是价格，也分每平方米单价和总价至少两个指标。这种一大堆指标要考虑的情况，就是典型的多指标判断。

第一步：需要梳理清楚指标之间的逻辑关系，把同一类指标归为一类。这样能有效避免"狗熊掰玉米"、顾东不顾西的情况出现，可以有条理地解决问题。以买房为例，可以把这些庞杂的目标，简单归类为：

- 价格因素
- 设计因素

- 交通因素

- 配套因素

- 楼龄因素

每个因素下面又有好几个指标与之对应，这样就形成了评价体系。在这个评价体系中，各种类型的变量都有，获取的方式也不尽相同，如图 5-24 所示。

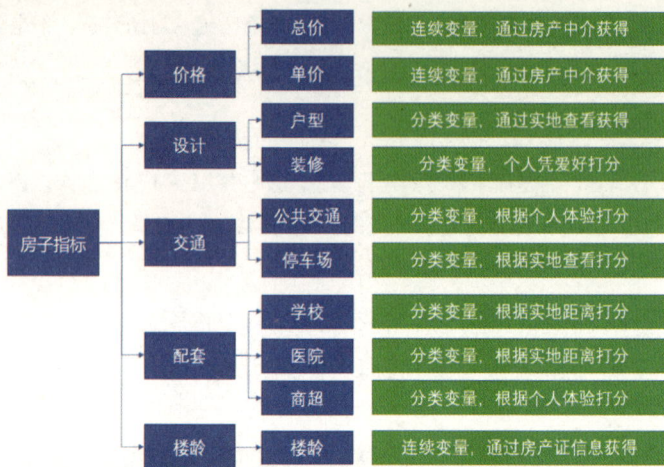

图 5-24

第二步：弄清楚每个指标的基本判断标准。否则，一个指标都想不明白该如何评价，一堆指标聚集在一起，就更难想明白了。

常见的判断标准有以下 5 种。

- 单侧型标准，比如面积不少于 50 平方米。

- 区间型标准，比如到市中心单程时间在 30 ~ 60 分钟。

- 比较型标准，比如在同样的条件下，楼龄越小越好。

- 主观型标准，比如房间布局为"我很喜欢""一般""我不喜欢"。

- 保底型标准，比如必须有房产证，不接受小产权房。

在制定单个指标标准时，单侧型/保底型标准比较容易，因为这些代表了决策人的底线，但区间型、比较型、主观型标准比较难定。区间型标准必须亲身实践才能摸清楚范围；主观型/比较型标准和参照物有关，很有可能有个新参照物，之前的判断就全被推翻了。所以，在梳理单个标准时，最好的方式就是找极端情况，把自己的决策底线先摸清楚，然后多收集素材，逐步丰富其他标准。

对单个指标理解清楚了，才能做综合评价。梳理完每个指标的评价方法，便可以得出如图 5-25 所示的评价标准。

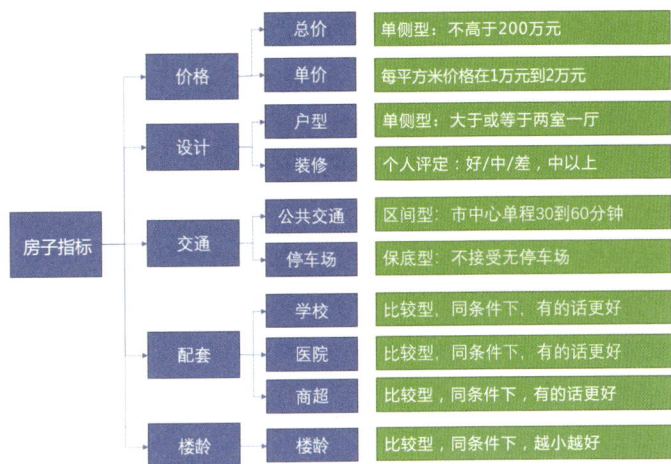

图 5-25

有了初步评价标准以后，可以进行综合评价。在综合评价时，核心要解决的问题是：这些指标是否一样重要？常见的处理方法有以下两种。

方法一：指标不一样重要，有优先顺序。比如，可以设定简单的优先顺序，价格≥设计≥交通≥配套≥楼龄。那么，遇到条件不同的房子时，则按优先级依次比较，一票否决，如图 5-26 所示。

图 5-26

这种方法能快刀斩乱麻地解决问题，但前提是对决策人的决断能力有相当高的要求。决策人得很清楚自己想要什么，能对众多指标排序。

方法二：先对每个指标，单独设立打分规则，之后对每个指标设权重，计算总分。

比如，设总分为 100 分，价格、设计、交通、配套权重占比分别为：40%、30%、20%、10%。

- 价格评分：单价 1 万元每平方米的房子评为 100 分，每增加 1 千元扣 10 分。

- 设计评分：个人评价为"好"的房子评为 100 分，个人评价为"中"的评为 80 分，个人评价为"差"的评为 60 分。

- 交通评分：到市中心用时 30 分钟的房子评为 100 分，每增加 10 分钟，扣 20 分。

- 配套评分：2 千米范围内有大型商超的房子评为 100 分，没有的评为 0 分。

以此为标准，如果一套房子的条件是：单价 1.2 万元每平方米，个人评价为"中"，到市中心用时 40 分钟，2 千米范围内有大型商超，则其单项得分如下。

- 价格：80 分。

- 设计：80 分。

- 交通：80 分。

- 配套：100 分。

综合得分：40%×80+30%×80+20%×80+10%×100=82（分）。

其他房子也可以用此标准评分，最后看总分择优选取。

这种方法适用于性格纠结的决策者，每一个细节点都能顾及。但是这样很可能引发"盲人摸象"的问题，综合得分最高的，可能很平庸，没什么特点。然而做综合评估就是这样的：特色与均衡性本身就很难兼顾，并没有完美的方法能解答所有的问题。

很有可能同样的房子，用两种不同的方法，选出来的适合对象完全不一样！可见判断标准的重要性。在讨论问题时，如果听到诸如"好 / 坏""快 / 慢""大 / 小""多 / 少"一类的评价，读者一定要牢记：问清楚判断标准，再进一步讨论。不然很可能出现"鸡同鸭讲"的问题。买房很可能需要父母长辈的资金支持，因此需要全家人一起讨论。在企业中也类似，越是重大的问题，越涉及多指标评价，一般由相关领域的专家组织评审会，制定评价标准，或者由高层领导直接制定标准。

在现实生活中，人们在买房的时候，很有可能受制于资金，根本没法考虑这么多因素，价格低、设计好、配套好的房子可能不容易找到，因此，人们只能在有限的情况下做出选择。这种客观限制和企业里的情况非常类似，很多时候决策者考虑的是眼前短期内能落地的方案，而并非长期内的最佳方案。

另一个现象是：有可能通过人们的努力，把房子改造成了自己喜欢的样子。比如，户型有缺陷，可以通过定制家具来弥补，通过家具搭配，提升了户型使用效率与使用感受。这样就打破了原有条件的限制，创造了新的可能。在企业中也是一样，很多时候限制条件只能限制住能力平庸的员工，优秀的员工可以通过创造性的工作，打开新局面。

这些创造性的结果是机械地采用数据评估法所无法评估出来的，因此用数据做评估，得出的并非是完全正确的答案，它更像是一个参考数值，激励着人们改变现状，追求更好的结果。

5.10　初级方法案例：传统零售行业的经营分析

本节之所以介绍了大量的判断方法，是因为在现实中人们往往只能看到一些零散的商业数据，这些数据到底说明了什么，以及对自己的创业 / 经营有什么启发，很难得出结论。特别是数据很多的时候，人们很容易迷失在细节里。

经过本节的介绍，读者应该可以掌握以下主要思路：

- 先从一系列数据里，找出最关键的成本 / 收入指标，并且最好是结果指标和一级指标。
- 再对成本 / 收入指标的 ROI、增长形态进行分析，判定好 / 坏。
- 接着对相关的子指标，子类型进行分层分析或结构分析，进一步了解其好 / 坏状况，发现异常点，再结合其他信息，判断异常点是机会还是威胁。

沿着这个思路，用一个例子串起来讲解一下（建议读者自己先行解读，再看讲解）。

表 5-4 所示是美国某 B2C 模式的大型连锁超市的经营数据，请问你能从数据里了解哪些机会或问题？

表 5-4

年　　份	2010 年	2011 年	2012 年	2013 年	2014 年	2015 年	2016 年	2017 年	2018 年
总收入（亿元）	762.6	870.5	970.6	1028.7	1102.1	1136.7	1160.7	1261.7	1384.3
商品销售收入（亿元）	745.7	851.8	949.8	1005.8	1077.8	1111.4	1134.2	1233.2	1352.9
会员费收入（亿元）	16.9	18.7	20.8	22.9	24.3	25.3	26.5	28.5	31.4
商品毛利（亿元）	82.6	93.1	102.4	109.2	117.5	126.0	131.7	142.9	152.5
成本（亿元）	78.4	86.8	95.6	101.6	109.6	115.1	121.5	130.3	139.4
税费（亿元）	8.1	10.4	10.5	10.1	11.6	12.4	13.2	14.3	13.2
总成本（亿元）	86.5	97.2	106.1	111.7	121.2	127.5	134.7	144.6	152.6
净利润（亿元）	13.0	14.6	17.1	20.4	20.6	23.8	23.5	26.8	31.3

第一步：厘清该数据的指标关系图。

- 总收入 = 商品销售收入 + 会员费收入。
- 总成本 = 成本 + 税费。
- 净利润 = 会员费收入 + 商品毛利 − 总成本。

由于案例背景复杂，作者不便多花时间解释，而是直接帮读者梳理好了关系。

第二步：找到衡量产出的结果性指标（总收入、净利润），做趋势观察，如图 5-27 所示。

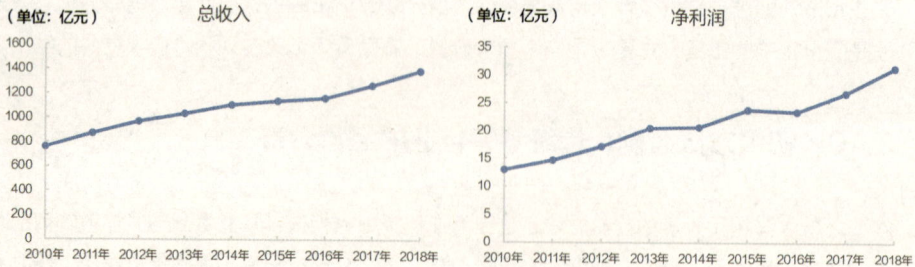

图 5-27

从发展趋势上看，收入和利润都在增长，表现还是不错的，还可以进一步计算每年的环比增长率，如图 5-28 所示。

图 5-28

从环比增长上看，虽然在 2010—2016 年，有一个持续的收入环比增长下降的过程，但在 2017 年和 2018 年该趋势已被扭转，侧面反映了该企业可能有很强的创新能力，有能力解决增长下降问题。在收入环比增长下降的情况下，净利润并未出现环比增长持续下降的情况，仅 2014 年和 2016 两年偶尔下跌，侧面反映其成本控制能力是不错的。

第三步：将成本/收入比率进行对比，做出发展趋势图，替代 ROI 分析法，如图 5-29 所示。

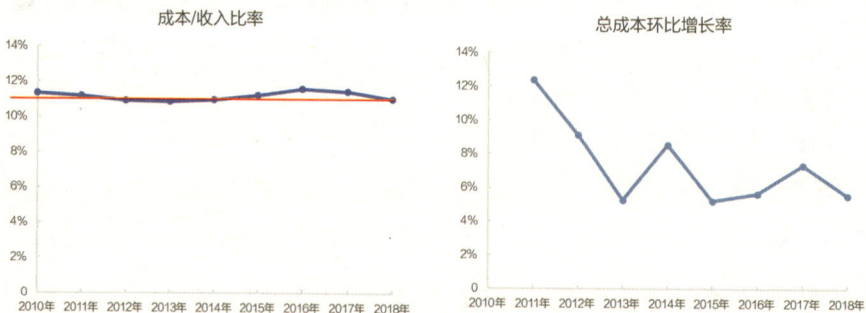

图 5-29

发现其每年的成本/收入比率维持在 11% 左右，且常年不变，说明其费用控制能力非常优秀。总成本环比增长率也在下降，说明增长并没有以"烧钱"为代价，很有可能还有很强的创新能力。

第四步：利用趋势分析法，推导出初步结论，从发展趋势可以看出下面的信息。

- 该企业每年都有净利润（判断：好）。
- 该企业成本/收入比率相对稳定（判断：不差）。
- 该企业收入、成本增长均稳定，没有大幅度异动（判断：好）。

这样，可以初步得到结论：该企业的经营状况良好，发展稳中带升是一个非常好的现象。

从而可以做出判断：这个企业经营得很好。还可以进一步思考：好在什么地方？细心的读者会很快发现一个现象：这个企业的商品几乎是不赚钱的！

- 商品销售利润几乎和经营成本持平。
- 会员卡的销售利润几乎等于总利润。

通过绘图，可以直观地看到这个结果，如图 5-30 所示。

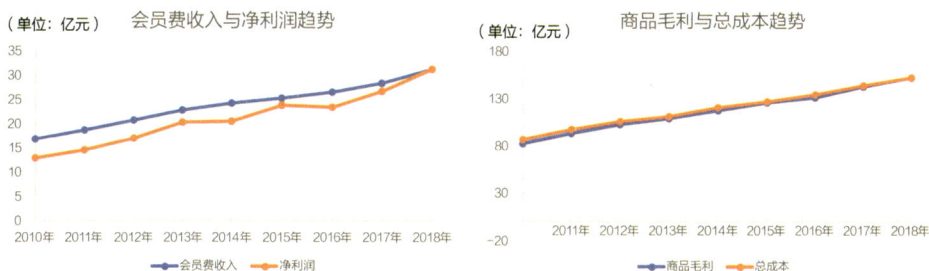

图 5-30

于是，一个直观的结论便呈现出来：这是一种不靠商品销售挣钱，而靠会员卡挣钱的新模式！相比只靠商品销售挣钱，这种模式的吸引力太大了。因为付费会员卡年费是年初即交，意味着这个企业可以提前 1 年把利润拿到手，不受后续经营波动的影响，且这一大笔钱存入银行所得的利息，就是不小的额外收入。

于是很多国内企业备受鼓舞，也想推出一个付费 169 元/199 元/299 元的收费会员卡，给持卡会员一些优惠/特价商品，复制这个模式。然而，真的就这么简单吗？我们要考虑下面的问题。

- 国内企业的商品毛利是多少？
- 成本/收入比率是多少？

- 成本环比增长水平是多少？

通过 3 组基础数据的对比，会发现下面的现象。

- 该企业的毛利率（商品毛利 / 商品销售收入）仅为 11%，国内零售企业在 20% 的水平，意味着同样采购成本的情况下，这个企业的商品会卖得更便宜。商品卖得便宜自然能吸引人。

- 该企业的成本 / 收入比率长期维持在 11% 左右，国内零售企业在 16% 左右，意味着国内企业没法降低毛利率——降得太多可能连成本都要赔进去。这从根源上断掉了复制这个模式的可能性。

- 国内零售企业长期苦于人工工资、房租上涨的压力，成本控制非常艰难。而该企业的成本一直比较稳定，意味着该企业有能力应对人工工资、房租等常见的上涨因素，不至于造成成本的扩张失控。

因此，单纯从数据层面来看，该企业绝对不止卖付费会员卡这一个举措，一定还有一些其他更好的举措，需要深入了解。此时可以揭晓答案了：该企业是著名零售企业 Costco，在这些数据的背后，是为了达成控制成本所做的极致努力：

- 严控商品 SKU（库存量单位）数，把常规超市的 40 000 个 SKU 数压缩到 4000 个，保障质量的同时，减少了商品线宽度，从而能实现更快的周转和更少的积压。

- 提升员工待遇，把常规 60% 的年度离职率压缩到 20%，降低招聘、培训等人力成本。

- 大量自有门店（在美国占比达 62%），或者选择廉价门店地址，极大压缩房租成本。

表面上看：销售商品不挣钱，会员费挣钱。只要竞争对手也推出一张收费的会员卡，就能复制这个模式，赚个盆满钵满。

从本质上看，之所以这个模式能成立，是建立在以下基础之上的。

- 超低毛利的商品，价格非常低廉，能吸引客户，他们愿意出额外的会员费。

- 强大的成本控制能力，不会被持续增长的人工、房租等成本吞噬利润。

- 稳定的增长节奏，不急于求成，见好就收。

这些做法，对国内企业来说都太难复制了。国内企业的情况如下。

- 员工待遇不高，人员流动量大，房租完全无法控制，经营成本年年高涨。

- 采购渠道管理乏力，数字化程度低，普遍存在流程不清晰、账目混乱等问题，SKU 数多，商品销售慢，资金周转压力大，成本进一步提高。

- 为了平衡过高的成本，必须给商品制定相对高的价格，造成商品的吸引力下降，在和电商的竞争中处于下风。

- 增长期望值太高，管理层野心很大，特别喜欢用大促销等手段制造短时间的销量爆发，反而又进一步增加营销成本，提高了总成本。

- 即使想做收费会员卡，又得额外增加会员卡补贴成本，或者从为数不多的高利润商品里"拆东补西"，或者选一些利润高但客户不喜欢的"鸡肋商品"凑数，吸引力不足。

在这些因素的共同夹击之下，国内企业试图建立相似的付费会员卡机制的努力，都以失败告终。它们不是半途而废，就是退化成普通的通过"烧钱"来吸引客户办优惠卡项目，无法复制"会员卡利润几乎等于总利润"的神奇模式。

这个案例不仅仅是对本章所有方法的综合应用，也是在提醒读者：一个商业模式的成本 / 收入指标要连起来看，作为一个整体进行研究，才更容易接近真相。只片面追求某个点，很容易顾此失彼。

本章讲述的方法，都是初级的分析方法，但在举例的过程中，并没有深入业务开展细节。都是直接用成本和收入这两个结果指标做例子。实际上，业务是做出来的，不是算出来的。如果不考察业务过程，那么即使选对了方向，也很难成功。这就是第 6 章将要讲解的内容：从销售和供应链角度，深入业务过程。

第 2 篇

基础篇小结

本篇从一个简单的商业故事开始，为读者介绍了以下内容。

- 商业分析的作用：如何基于清晰的分析思路，辨别商业机会的真伪。

- 商业的基本常识：商业模式、行业分类、组织架构、成本/收入形态。

- 商业分析的 4 种基础方法：趋势分析法、自然周期法、生命周期法、主动行为法。

- 商业分析的 8 种初级方法：结构分析法、分层分析法、同期群分析法、ROI 分析法/比
  率分法、矩阵分析法、增长形态分析法、对比分析法、多指标综合评估法。

这些都是商业分析的基本概念。有了这些基础，才能继续后边的深入分析。本篇介绍的方
法之所以称为基础方法和初级方法，是因为这些方法都不需要高级的数学公式或复杂的分析
逻辑，只要简单训练即可掌握。正因为方法很简单易用，所以这些方法可以在工作/生活中大
放异彩，对创业者、职场人、数据分析师，都很有用处。

创业者：利用初级方法考察创业项目

对创业者来说，掌握本篇介绍的初级方法，是识别项目好坏的重要手段。创业本是一件艰
苦的事，成功来之不易，创业者要对经营的各个细节了解全面，才能做好充足的准备。因此，
用初级方法深入了解业务发展的各种规律，直观感受各种影响因素的大小，是开启创业之路
的第一步。否则，即使遇到一个好的项目，全生命周期来看利润丰厚，也有可能因为在某个
阶段没有控制好投入/产出的节奏，使得最后功亏一篑。

初级方法更大的用处在于识别骗局。本质上，各种创业骗局就是采用瞒天过海、一叶障目、移花接木等手段，包装一个金光闪闪的案例，骗取公众的信任，之后大肆敛财。等到受骗群众亲自操作的时候，才发现根本不是这么回事。

当然，如果个人悟性很好，行业知识很丰富，能够凭经验规避掉一些风险。但利用初级方法，可以快速、量化识别项目，即使没有丰富的经验，也能从数据对比中发现问题，从而帮大家擦亮眼睛。只有掌握了识别项目的发展周期、真实投入 / 产出、真实成功率的能力，才能找到适合自己的创业项目。

综合利用初级方法考察项目，可以分为以下 4 步。

第一步：识别商业模式。识别商业模式是 B2C、B2B、B2B2C、B2VC、B2RI 中的哪一种。如果发现这个模式本身就是没有实体产品销售的"拉人头"模式，就及时停止。识别商业模式，可以顺便了解该模式主要服务的客户群体特征、群体数量、支付能力等，从而为评估投入 / 产出打下基础；也可以顺便了解该模式的渠道特征，从而为区分固定投资与经营成本打下基础。

第二步：识别项目的投入、产出指标。抛开各种华丽的背景介绍、高大上的商业模式说明、烦琐的运作流程、花里胡哨的产品推荐，先简简单单地计算清楚下面的几项内容。

- 投资多少钱？
- 投资到什么地方？
- 固定投资多少钱？
- 日常消耗多少钱？
- 产出多少钱？

有了这些基础账目，才好进一步思考。

第三步：识别项目生命周期。

对于成熟项目（实际经营时间在 3 年、5 年、10 年以上的），可以选取一个样本，观察其全生命周期的表现，了解投入 / 产出的发展趋势，计算盈亏平衡点。

对于新兴项目（实际经营时间在 3 年内，甚至当年新出的，俗称"网红项目"），可以用同期群分析法，对比其项目开始后第 1 周至第 n 周的表现。

这样能掌握投入 / 产出的基本规律，既能鉴别项目是否靠谱，又能找到实际经营的参照物，如果自己开始经营了，就能根据这些参照数值，判断经营效果。

第四步：识别成功案例的成功概率与可复制性。所有招商中的项目，都会向人们展示它的成功案例。这时，人们要保持头脑清醒，过滤掉那些没有数据支持的、没有其他参照物做参考的、一个人声泪俱下讲成功心得的案例——无论表演得多卖力，记住：孤证不立。

有了以上 4 步，就能掌握一个项目的基本特征，从而评估下面的几项内容（见下图）。

- 投入的资本自己是否具备？

- 产出的价值是否能满足期望？

- 从投入到产出需要多久，是否能等得起？

- 投入 / 产出的发展规律如何，要保持何种节奏？

有了这些判断，就能最终定论："是否适合自己从事"。

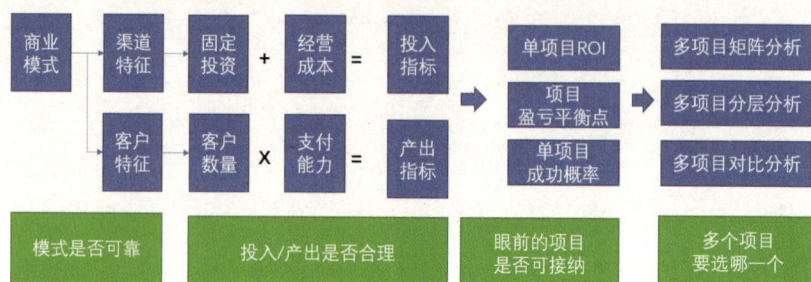

当然，获取信息的过程是辛苦的。需要大量的调研、实地走访、观摩、计算，还需要观察不同类型的店铺，更要观察一段时间后才能看出趋势性。但是，不了解是失败之源，做好基础功课，只抓问题本质，避免陷入各种琐碎的细节之中，才能找到创业的生存之路。

职场人：利用初级方法开展企业工作

对职场人来说，用数据说话是必备的技能。但和业务相关的数据指标非常多，常常让人困惑：不知道用哪个合适？在不了解情况的时候，随便引用数据，还经常被人诟病。

- 数据没有代表性。

- 数据没有可比性。

- 数据用错了。

因此，掌握一套简单容易上手的分析数据的思路是很重要的。利用初级方法，可以实现突出重点、快速上手的效果。

第一步：厘清自己部门的产出指标。产出指标往往是部门的 KPI，是工作的指挥棒，因此需要第一时间了解清楚，并且牢牢谨记这是考核工作的标准，时刻盯紧。

第二步：观察产出指标的趋势。用趋势分析法、生命周期法、自然周期法、主动行为法等手段，观察产出指标过往发展态势。这样看到指标波动的时候，能有所准备，识别出哪些是自然波动，哪些是人为操作，为进一步分析做准备。

第三步：观察产出指标的结构。当自己负责多个产品、多个渠道、多个团队时，用分层分析法、同期群分析法，观察出哪些是骨干、主力部队，哪些是陪衬、杂牌部队，这样更容易找到工作重点。

第四步：观察投入指标。一般很难核算清楚公司整体成本，当你在一个部门任职时，关注自己部门的主要成本即可。比如，销售部门关注人手是否充足、营销部门关注活动经费是否足够、研发部门关注高素质人才是否足够等。

第五步：观察投入、产出之间的关系。了解投入／产出比，既能发现问题，也能找出表现好的标杆，为深入研究"为什么做得好"做准备。

第六步：观察投入、产出之间的重要过程指标。一般是供给、销售渠道类指标，从而理解投入／产出是怎么做出来的。

第七步：观察对过程指标有影响的附加动作。一般是产品设计、营销类指标，从而理解如果想加速业务，可以怎么额外发力。

以上 7 步，可以归纳为如下图所示的观察步骤。第一至五步都能用初级方法了解清楚，并且由浅入深，从最直观、最核心的 KPI 指标出发，从而更容易厘清思路，避免一上来就陷入细节里无法自拔。

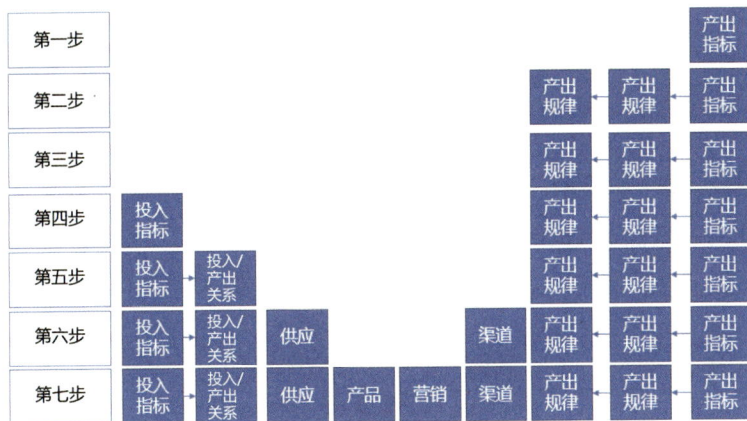

数据分析师：初级方法是基本功

初级方法对专业数据分析师而言非常重要。

第一，它为数据分析师树立了目标意识。因为不直接负责业务 KPI，所以比起业务部门，数据分析师的目标意识显得很薄弱。经常见到某个数据分析师，提起数据指标张口就来，一讲一大串，对于分析的目标却一无所知。更有甚者，数据分析师连自己服务的部门是干什么的都不清楚，只会盲目罗列指标然后甩出去，根本谈不上分析问题、指导业务。

所以，学完本篇后，希望数据分析师能认真梳理下面的问题：

- 在服务哪些部门？

- 这些部门的 KPI 是什么？

- 这些部门今年 KPI 数值是多少？

这样才能从源头上了解业务，做业务需要的分析。

第二，它为数据分析师提供判断依据。很多时候，业务方自己没有判断能力，需要数据分析师帮忙做出判断。常见的问题如下：

- KPI 定多少合适？

- 波动多大才算大？

- 连续下跌是不是不行？

初级方法大部分都自带判断标准。这样即使没有了解那么多的业务知识，也能单纯地基于数据下结论。有了结论再与业务方讨论，能更快厘清业务思路，也能为后续分析留下方向，这一点非常重要。很多数据分析师没有做出判断的意识，只会罗列流水账：昨天数据跌了，今天数据升高了。对于数据跌了好不好，数据升高了行不行，完全没有判断，有时甚至判断错误，原本是正常波动的被当成重大问题大书特书，这就无法继续分析了。

第三，它为数据分析师提供基本分析手段。初级方法中对单指标的分析方法，适合所有单指标分析，对于两个指标间关系的分析方法，也适合简单的多指标分析——先找两两关系，再找多个指标间的复杂关系。这些方法在更高级的分析方法中也会用到。

从初级方法到中级方法：更精准地商业分析

初级方法之所以初级，是因为分析的指标少，分类维度也少。当用初级方法分析投入、产出指标时，指标本身业务含义清晰，因此很容易直接推出结论。当考虑业务过程的时候，流程会变长，环节会增多，过程指标会增多，这时初级方法就不太够用了。

比如，一个 B2C 模式的实体零售店，在考虑过程指标时，就得考虑销量、库存。

对库存而言，并非越多越好，或者越少越好。

- 季度性销售商品：旺季到来提前备货，淡季来临提前清仓。

- 商品生命周期：成长期大量进货，稳定期控制库存。

- 促销活动：活动之前储备足够的库存，活动后慢慢消化。

总之，指标好坏，要看全流程的节奏而定，有一个合理的范围。库存太高了会积压商品，库存太低了会造成缺货。

比如，对于 B2B 模式的互联网 SaaS 业务的销售来说：

- 意向客户多了，很可能只是客户随口答应，实际上没有需求。
- 体验流程转化高了，很有可能只是客户想自学产品功能，不会采购。
- 跟进流程转化率高了，很可能只是销售员为完成要求主动打电话联系，客户并不开心。
- 如果抛开最终转化，只看过程，就很容易制造虚假繁荣，结果"一地鸡毛"。

综上所述，当考虑过程指标时，要优先梳理清楚从投入到产出的全链路逻辑，将指标间的关系缕清，之后基于全链路平衡发展的角度，定义指标数值的好坏，最后寻找优化提升的方法。

第 3 篇

进阶篇

精准解决问题

第6章

商业分析的中级目标：
产品卖出去，库存降下来

6.1 生活案例："为什么别人做就能成功，我一做就失败？"

6.1.1 不懂销售渠道：使出浑身解数，为什么产品还是卖不出去

有一次，陈老师去外地出差，晚上 7 点左右，在一个小面馆吃晚饭。在面馆对面的路边上，有一个中年大叔在摆摊卖烤面筋。大叔的头发花白、面带沧桑、眼神疲惫，一副扛着家庭重担的模样。但是，大叔穿了一件很干净的白色厨师长袍，一副很专业、很努力的样子，烤面筋的小车也擦得非常干净，食物摆放整齐，还有很显眼的招牌——"西安风味烤面筋"。

但是，整整半个小时过去了，一个客人都没有。大叔伫立在瑟瑟寒风里，迷茫地看着来往的行人。陈老师不禁想上去买几串帮衬一下生意，可即使买几串，又能帮助大叔多少呢？

第二天下午，在离大叔的摊位不远的一个公交站旁，陈老师看到了令人震惊的一幕：一个小哥也在卖烤面筋，但是生意非常好。附近排队等车的人群中，不时有人过来买几串，以至于要排队等一会儿才能吃上。

为什么都是卖烤面筋的，差别却如此之大？！

仔细观察，陈老师发现下面的现象：

- 小哥穿着随意。
- 小哥没有招牌。
- 小哥的摊位人流量更大（见图 6-1）。
- 小哥摆摊选择的时间正是上下班高峰期。
- 周围食客都是路过的年轻人。

经过这么一对比，我们就会发现问题：

- 烤面筋只是小吃，不应该在吃饭时间和正餐竞争客户。

- 既然是小吃，要找人流量大的位置，不要把摊位摆在饭馆旁边。

- 口味、招牌、形态都是次要的，有流量才是最重要的。

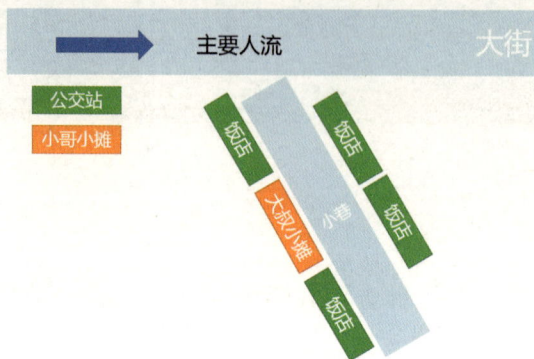

图 6-1

再经过这么一对比，不禁让人思考以下问题。

- 大叔为什么不在白天人多的时候摆摊呢？

- 大叔为什么不学别人在人员密集的地方摆摊呢？

- 晚上在吃饭时间摆摊，并且摆在饭店旁边，肯定生意冷淡呀！

- 不抓关键问题，再努力也是白费。

这件事情深刻地教育了陈老师：在商业经营中，盲目努力没有用，如果不认真学习销售的规则，恐怕连一个小摊都经营不好！

实际上，盲目努力的例子在我们身边到处都是。

某个想做微商的女士，在自己加入的每个微信群里不知疲倦地发广告，甚至让自己的老公帮忙在朋友圈里发她代理的产品的广告，但是一笔订单都没有。

某个兢兢业业打工多年的厨师，用辛辛苦苦积攒下来的收入开了一家饭店。饭店光装修就花了一大笔钱，门口装饰做得气派无比，结果开店几周后因周转资金不够，只好忍痛转让。

某个职位做到总监的领导，认为自己有资本创业了，于是加盟了某幼儿辅导机构，花了几百万元开了线下门店。然后，他认真做了商业发展规划 PPT，制定了项目进度表，要求所有员工安装钉钉，每天早总结、晚汇报，周末写周报。结果艰难运转几个月后，门店最终倒闭了。

以上所有例子，都对应一个核心问题：不懂销售渠道。这个问题具体表现在以下几个方面：

- 不懂店铺选址。
- 不懂店铺经营。
- 不懂客户开发。
- 不懂队伍组织。
- 不懂销售话术。

总之，只凭借一腔热情开始工作，试图用自己会做的事（做 PPT、做饭）来弥补经营销售渠道的不足，结果自然是没有客户的。

现实的情况是，不仅仅个人会犯错，所谓大企业一样会在"不懂销售渠道"的问题上"栽跟头"。比如某大型物流企业，顺应 O2O 大潮，把自家货物收件中心打造成 O2O 销售场所。其原本的理想模式是：客户因为会寄件、取件，所以需要经常来收件中心，收件中心提供日用产品销售，客户不用去其他地方，直接就可以在这里购买了；收件中心还能通过配送信息分析客户的喜好，实现精准交叉销售；而且，自己本身就是物流企业，有能力打造产品供应链……利用现有能力，扩大销售收入，多美好的愿景呀！

可实践后发现：客户根本不会在收件中心买东西！小件物品客户直接在小区门口的小超市就买了，大件物品会上网挑好久，根本不会立刻下单。通过这个案例可以看出，一行有一行的规矩，不懂销售渠道，再强的大数据、供应链，也不能成功。

在将投入变成产出的过程中，销售渠道是重要的一环。有销售渠道，即使没有产品，也能做中间商，做 B2B2C 模式中的经销商。没有销售渠道，再好的产品也没有出路，真是"酒香也怕巷子深"。

然而，重视销售渠道，并不是轻视供应链的理由，控制不住供应链，经营仍会出问题。

6.1.2　做好销售渠道：创造收入的发动机

想要深入了解商业模式，应该先了解销售渠道。销售渠道决定了一种商业模式的成败，也是大部分商业模式最大的成本构成，因此要首先了解。

最传统、最直观的销售渠道就是实体门店，比如小区门口的小超市、销售汽车的 4S 店、大型商场等。不要小看小区门口的小超市，"麻雀虽小，五脏俱全"，它具备传统销售渠道的全部特点。

- 需要做人员管理：店员招募、培训、发工资。
- 需要做商品管理：上架、下架、标价、促销。
- 需要做门店建设：选址、装修、设备、商品陈列。

典型的销售渠道包括的就是这 3 个特点，简称人、货、场。

销售渠道的最大作用就是能获取流量，把产品展示、销售给最终客户，获取利润。对实体门店而言，门店位置就是最大的流量来源。如果把门店开在小区门口，小区的住户自然会来消费；如果把门店开在CBD（中央商务区）写字楼下边，楼上的办公白领大多会来消费。本质上，实体店高额的店铺租金与转手费，就是流量费用。

与普通消费品相比，类似装修、家具、家电、汽车等大件耐用品的选址会略有区别。普通消费品不占地方，客户日常消费频率高，因此哪里人多就往哪里布局。但大件耐用品占地面积大、客户消费频率低，因此在店铺租金高昂的热门地区很难开店。商家们一般会选择扎堆在店铺租金便宜、交通方便的郊区开大型体验店，这样有购物需求的客户可以集中在一个地方购买。通过扎堆开家具城、装修城等形式，大件耐用品店铺也实现了流量聚集。

除了实体店，还有一些常见的销售渠道，比如电话销售、业务员拜访、线上门店等，其中电话销售的流量来源，本质上来自大量的人力投入，通过外呼员的艰苦努力赢得流量。

业务员拜访也很像靠人力换流量。很多业务需要人力投入，最典型的就是各种B2B业务。比如企业要采购一个软件，至少需要8步，才能确认自己要采购什么样的软件（见图6-2）。这个流程需要大量的销售、售前、工程师相互配合，在数个乃至数十个会议后才能确认。因此，B2B模式基本都需要靠业务员拜访（俗称：跑订单）。

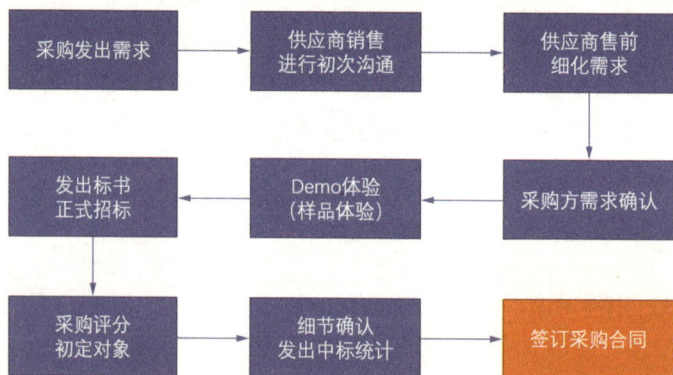

图6-2

线上门店与线下门店类似，也需要人员培训、商品管理，它们最大的区别在于：流量来源方式不同。线下门店只要占据好位置就有流量，而线上门店不同，天猫、京东、拼多多、自建网站，位置随便选，没有入驻费，但在建站以后可能没人关注！线上门店想获取流量，就得花各种费用去引流。引流的形式五花八门，成本也并不低。

图6-3展示了一个淘宝店可能的流量来源。对于已经有相当交易量和信用等级的大型店铺来说，免费流量与直接访问的比例较高，新店铺、小店铺还主要依赖付费流量，不然在淘宝网成千上万个商家中，用户很难直接找到自己。

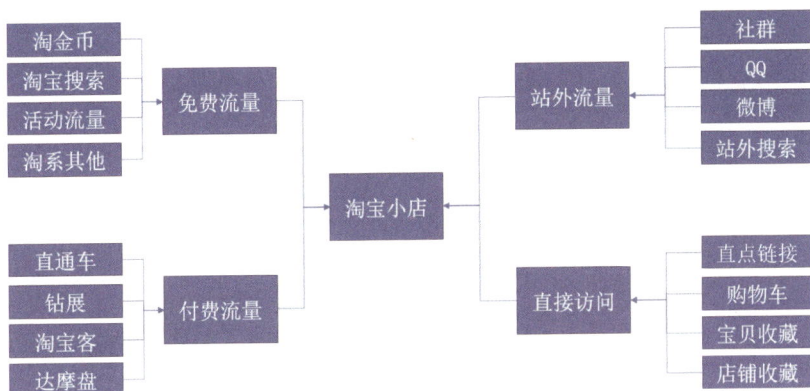

图 6-3

4 类常见的销售渠道的成交过程，总结如图 6-4 所示。

图 6-4

近些年，微博、微信公众号、抖音、快手、B 站等自媒体平台发展迅速，同时还衍生出了一些新的销售渠道。比如：

- 微信公众号、B 站、抖音、直播等自媒体，推送广告，提供购买链接，带货销售。

- 个人微信，转发产品购买链接，或者发起拼团，促成销售，赚取佣金。

- 个人、门店、企业建立微信群，在群里不定期打卡、分享产品、带货销售。

这些渠道的销售形式五花八门，并且跟其依附的平台（公众号、视频号、直播间、微信群等）要求的内容形式、带货方式有直接关系。媒体也喜欢发明新名词，比如"私域流量""社交裂变""内容营销"等。但是本质上，这些渠道都是把互联网平台的流量汇集起来，形成流量池，再通过引导用户加入微信 / 企业微信社群、直接发购物链接、朋友转发链接等方式变现。其基本逻辑如图 6-5 所示。

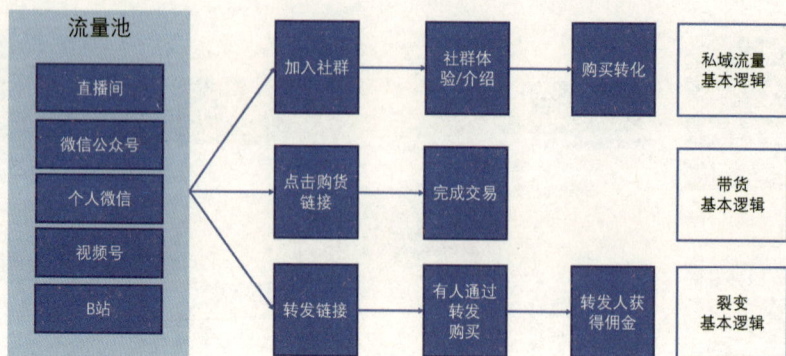

图 6-5

从本质上看，销售渠道就是在人流量大的地方开店卖货，只不过这个"人流量大"，可以是线下的一条行人密集的步行街，可以是线上一个关注人数众多的直播号，也可以是微信里一个成员众多的社群。当然，如果自媒体的博主是某些领域的知名人物，销售效果就更好了。

随着人们线上、线下行为越发多样化，每个销售渠道能捕捉到的客户越来越少，对应地，客户的特征也越来越明显。比如，想找到对成人编程教育感兴趣的潜在客户，可能在商业步行街开店就没有直接开通 IT 技术公众号效果好。总之，每个渠道对应的人流特征决定了渠道的效果。违背渠道特征盲目投放，可能带来的就是销售额的损失与广告费用的飙升。

我们不仅要考虑渠道特征，也要考虑每个渠道的产品特点、运作方式。

- 线下渠道的核心就是选址，选址不好，一切免谈。
- 线下渠道的装修成本、人员成本控制，决定了店铺开店前 3 个月的"生死"。
- 线上渠道的流量不但不免费，而且很贵，不要指望开个网店就能卖货。
- 线上渠道的转化率必然不是很高，要么精准筛选人群，要么准备充足的"弹药"。
- 业务员渠道需要有陌生扩展能力，单靠几个熟人无法生存。
- 电话渠道的成功率本来就低，要么卖一些利润高的产品，要么不要做陌生人拜访。
- B2B 的销售模式流程很长，需要抓大用户。

在 6.1.2 节中讲到的各种不懂销售渠道的行为，本质上都是没有遵守销售渠道自身的规律，恣意妄为的结果。不懂销售、硬要蛮干的做法并不奇怪。一提起"销售"，普通人脑海里浮现的都是各种"打鸡血"的口号，似乎只要肯拼命，就能出业绩，几乎没有人会认真研究销售渠道的特点与要求。

商业分析的方法应用于销售渠道，最大的价值在于：帮助人们客观看待渠道，量化了解渠道的运转特点与基础数据。虽然这样做并不能替代人们去现场考察，亲自卖货，但是能帮助人们快速掌握要领，也能检验销售领域的各种"鸡汤"理论是否真的见效，从而更快抓住重点。

当然，只有销售渠道，没有产品供应，还是不能实现盈利。在供应链方面，人们也容易忽视一些问题。

6.1.3　不懂产品供应：产品质量尚可，为什么库存积压这么多

不知道你是否有过在南方地区的菜市场买菜的经历？陈老师是一个地道的北方人，刚来广东时，去菜市场买菜，习惯性地买了一整捆大葱回家。然而刚出菜市场大门，陈老师就发现不对劲，旁边买菜的街坊们手里都只拿着一两根葱。这让陈老师大为惊奇：还有这样买菜的？！

但很快，广州炎热的天气就给陈老师上了一课。天气太热，所有的东西都不耐保存，只能塞在冰箱里。那一大捆葱最后变成了冰箱里的"常住居民"，放了好久才吃完。

不仅买菜如此，买肉也一样。在广东，不但很少有人整块买肉，而且肉铺老板会非常细心地把一整块肉拆成各种"小部件"，分门别类地出售，甚至可以细分到一条脊骨的某一个关节。不仅如此，如果客户跟老板说"我要做炒肉丝"，老板还会贴心地把肉切成丝，真让人大开眼界。

更有特色的是，广东人民有煮糖水（对自己制作的甜品的统称）的爱好。在卖糖水的摊位中能看到各种各样的小料：芋头、嫩玉米、马蹄、甘蔗、茅根、红豆、绿豆……每种小料都只有一小堆，但种类异常丰富。而且，只要客户拿起其中一种小料，老板会直接提示"其他配料我这里也有"，服务细致程度让人叹为观止。

这些地域性特点的背后，蕴藏着深刻的供应链原理：产品的供应需求同时要考虑客户的需求及产品本身的库存周期。产品供应要考虑客户对数量、种类的需求，这样才能保证客户可以买到所有自己需要的产品种类，还可以使企业实现经营效益的最大化。同时，产品都有保质期和保鲜条件的要求，这两点都决定了产品的库存周期。库存周期越短，越要少进货、高周转，以避免产品过期，造成损失。

在各行各业都有类似的要求，比如开一个水果店，对于库存要注意以下问题。

- 水果保质期短，所以不能一次进太多。
- 如果进山竹、草莓、车厘子这些价格昂贵的水果，虽然利润高了，但这些水果很难保存。
- 如果只进苹果、香蕉、橘子这些普通水果，虽然有人买，但利润不高。
- 理论上，可以同步卖果汁，结果又得购买果汁机、打包机，再雇一个做果汁的服务员。

如果缺少实践经验，可能就会让水果烂在箱子里。产品供应从来都不是想当然得越多越好，而是要根据客户需求与库存难度，精心设计。

同样，如果是美容、教育、儿童乐园等线下服务行业，还要有节制地装修店面、配置服务人员。无数的创业者都是栽倒在一心想做客户体验超好的门店，其装修豪华、员工阵容强大，结果成本失控，最后黯然收场。

并不是只有个人创业者会在供应链上犯错，大型企业一样会有问题。可以说从 20 世纪 90 年代开始，大多数行业都有盲目扩张产能，结果造成供大于求，最后靠价格战赢得市场的惨痛经历，无论是传统企业还是互联网企业。

所有这些例子，都指向一个结论：供给端保持与销售端的平衡增长非常重要。在供给端过度发力，就会像传统企业的各种大战一样，陷入缺少客户的价格战旋涡。供给端产出不足，就会像某些互联网企业一样，无法支撑高速扩张的市场，轰然倒地。

保持与销售端的平衡增长是供应端最重要的任务，这也是商业分析的另一个重要作用：用数据衡量销售与供给的比例，及时发现临近到期的原材料，预判销量好的产品。这样能及时调整供应情况，避免供应脱节或者供应端的损失。当然，在详细介绍供应端分析方法之前，先简要介绍供应端的业务形态。

6.1.4　做好产品供应：稳定利润的"护城河"

1. 供应的基本形态

供应的基本形态有以下 5 种。

（1）实体产品：实体形态产品

- 耐用品：汽车、房子、家电、家居。
- 快消品：啤酒、饮料、矿泉水、花生、瓜子、火腿肠。
- 生鲜产品：鲜花、肉、蛋、菜。

（2）服务产品：主要是由有技能的人提供的产品

- B2C 企业的美容、按摩、维修、教育培训。
- B2B 企业的财税、人力、咨询、调查、系统开发等。

（3）虚拟产品：无实体产品的特权、利益或线上资产

- 实体企业：优先订货权、免排队特权、荣誉称号。
- 互联网企业：游戏道具、虚拟货币、VIP 特权。

（4）流量产品：在线上、线下为商家提供流量

- 线上：公众号曝光、直播坑位、直通车、钻石展位等广告产品。
- 线下：实体店铺位、广告牌、电视广告位。

（5）资金产品：资金是一种很特殊的产品

- B2C 企业：房贷、车贷、消费贷、小额贷。
- B2B 企业：企业信贷、各种金融产品 / 服务。

2. 产品对应的供应链和供应方式

每一种产品都有自己对应的供应链和供应方式。

（1）实体产品

典型的实体产品供应链包括研发、设计、采购、生产、仓储、物流 6 个方面。我们应把符合客户需求的产品生产出来，并配送到客户手上，如图 6-6 所示。

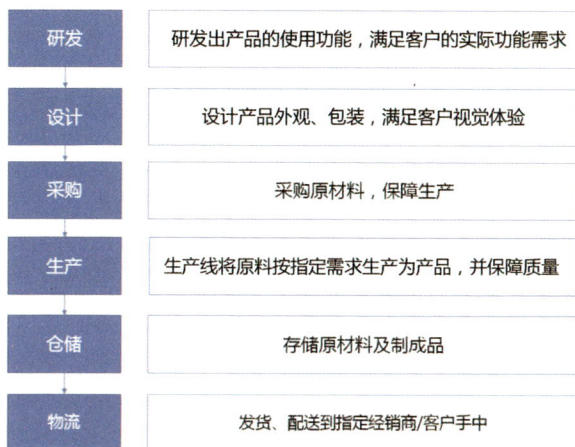

研发	研发出产品的使用功能，满足客户的实际功能需求
设计	设计产品外观、包装，满足客户视觉体验
采购	采购原材料，保障生产
生产	生产线将原料按指定需求生产为产品，并保障质量
仓储	存储原材料及制成品
物流	发货、配送到指定经销商/客户手中

图 6-6

实体产品的生产根据产品功能、属性、材质的不同，技术含量不一样，需要的物料也不同，因此经常需要大型生产线配合，例如汽车、手机等行业，上下游产业链非常长。这样供给成本并非由一家企业单独承担，对于整个产业链的发展也更有利。

（2）服务产品

典型的服务产品，其供应链的核心是按一定的标准对服务人员进行招募、培训、组织，以满足客户的服务需求。服务类产品成本，有服务专业化、标准化、稀缺化程度的差异。专业化程度越高、标准化程度越低、稀缺化程度越高的服务，收费越贵，甚至有些资源是极难复制的。比如，教育行业的名师、餐饮行业的顶级大厨、咨询界的知名顾问等。

因此，在服务行业，常常存在两种不同的供给方式。

- 标准化产品，培训就能上岗的服务。
- 定制化产品，稀缺资源，专属供应。

在这两种供给方式下，获取供给的策略、销售端的定价、目标客户层级完全不同。想提供高级的、私人的、定制化的服务，就得付出极高的成本，并且这种服务只能满足高端客户的需求。

大众普遍的需求，则通过标准化产品满足。

当然，也有通过给标准化流程增加部分定制化内容的方法，做差异化的策略。但本质上，服务业内的稀缺资源有限，采用标准化还是定制化的方式，得有清晰的界定，否则很有可能控不住成本，也吸引不了高端客户，落得两头空。

（3）虚拟产品

虚拟产品，根据其所属业务形态，有若干种差异。

- 游戏道具：根据游戏类型不同，跑酷、卡牌、国风、武侠、像素风等也有不同的道具套路。
- VIP 特权：如视频网站、音乐网站购买 VIP 特权后可以免看（听）广告，还可以看更多的内容。
- 虚拟货币：直播网站各种打赏代币、游戏代币等。

虚拟产品之所以能存在，是因为游戏、视频、社交等业务本身就是虚拟于现实之外而产生的。只要有自己的生态圈子和游戏规则，就有空间发明更多的虚拟产品。

（4）流量产品

流量产品，根据其所属业务形态，有若干种差异。从本质上看，实体店的店铺租金、装修费用、超市的进场费、渠道铺货费用等，都是购买流量的成本。线下的人流往往聚集在步行街、商业街、购物广场等地，之所以这些地方的房租很贵，是因为这里的人流量大。商铺是在为人流量付费。

线上流量，分散在社交、视频、新闻、短视频等应用中，并以广告的形式出现。线上流量有 4 种基本的购买形式：CPM、CPC、CPA、CPS，如表 6-1 所示。

表 6-1

名　称	含　义	计 算 方 式
CPM	Cost Per Mille	广告每展现给 1000 个人所需花费的成本，不考虑是否有转化
CPC	Cost Per Click	按点击收费，不管广告展现了多少次，也不管点击后是否有转化
CPA	Cost Per Action	按行动收费，比如点击广告后，产生了下载、消费等行为
CPS	Cost Per Sales	按销售收费，销售产生后按一定比例提成

一眼看上去，似乎 CPS 更合理，接近实体企业的业务员提成。可是，一来，很多互联网网站、平台根本不肯提供这种服务；二来，同业务员提成一样，销量好的产品，CPS 费用都很贵。所以，并没有理想的解决方案。就如同实体企业开门店，出租门面的房东不管门店挣不挣钱都得收房租一样，互联网平台的流量费也是以 CPM 形式居多。互联网流量的销售方式多种多样，且在不断创新，有兴趣的读者可以查看相关的书籍。

（5）资金产品

资金产品即金融类产品和服务，需要有资金募集渠道和贷款销售方式。资金产品是一种特殊的产品，因为金融业的运作是在严格的法律法规、政策监管之下开展的。大量的法律法规、行业规范，固化了资金产品的经营方式与形态，不像其他产品可以随意创新研发。

另外，金融类产品从来不缺客户。所有人都想让自己的钱更值钱，缺钱的人会努力通过各种方式挣到钱。因此销售端核心的问题是：如何找到信用足够好的客户，避免用户的违约风险。

很多行业提供的产品不止一种，比如美容业，常常会同时有下面的一些产品和服务。

- 生鲜产品：水果、饮料。

- 快消品：面膜、化妆品。

- 服务：美容、按摩、理疗。

- 虚拟产品：会员等级、会员服务。

这样多产品供给，使得供应链控制变得非常复杂，我们需要同时考虑仓储控制、人员培训、服务设计等环节。要注意一个小问题，会员服务有可能是一种营销手段，其仅作为累计消费的奖励，而非单独收费的产品，这时候不应将其视为一种产品供给。

因此，想要详细了解一个业务的供给形态，还是需要利用流程梳理的方法，先细分有多少类供给，再根据每一类形态，了解其对应的供给环节、成本构成。以美容院为例，我们可以先梳理其在售的产品结构，了解有哪些主要的在售产品，再追溯每一个产品的供给来源，从而厘清环节（见图 6-7）。

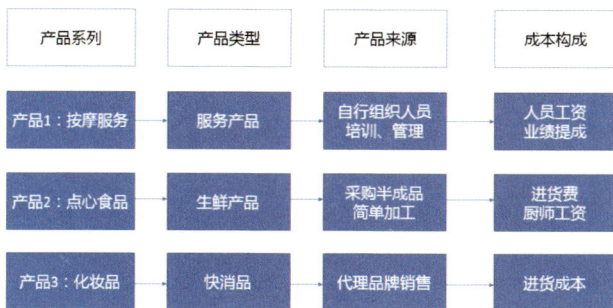

图 6-7

实体企业的供给相对容易理解，毕竟提供服务的人、销售的产品都是看得见、摸得着的。互联网行业的供给，其形态常常更为复杂。因此，在正式进行供给分析之前，我们先对互联网行业做一个略详细的介绍。

6.1.5　互联网行业独特的供给形式：平台模式

1. 独特的销售渠道

互联网行业的销售渠道之所以让人觉得特殊，是因为用户看不到传统意义上的销售场景，如门店、售货员等。互联网行业的业务是基于 App、小程序、H5 页面等开展的，交易的流程大多在 App 内直接完成了。但这并不意味着互联网行业没有销售，它只是换了个形式存在。互联网的推广活动，就是互联网企业的销售渠道，它还有其他一些名字，比如买流量、投放广告，但本质上都是花钱把自己的产品推销给用户。

特别是互联网的to B业务，它本身流程长，需要专人进行商谈、合同签订、售后服务等。因此，互联网的 to B 业务有相当一部分是由传统的业务员或电话销售完成的。但随着智能手机的普及，互联网的 to C 业务已经完全独立出来，不依赖人工推广了。

互联网的 to C 业务，本质上是注意力经济。只要用户肯访问网站、App、视频，企业就有机会在这个过程中向用户推销产品与服务。因此，互联网形态的用户资源是用户在 App、小程序、H5 页面等地方的登录、访问、浏览、评论等，这种行为被称为流量。

在互联网模式中，投入的钱主要用来购买流量。相比线下门店，互联网流量非常分散。用户喜欢访问的 App、小程序非常多，包括微信朋友圈、公众号、小程序、打车软件、外卖平台、短视频 App、社交论坛类 App、朋友转发的页面等。这些平台都产生流量，这些流量都能购买，且购买方式多种多样。

购买流量以后，企业的产品 / 服务就会得到一次在用户面前曝光的机会。但是曝光不等于购买——实际上，大部分用户看到广告都是直接划走或视而不见。从曝光页面开始，需要用户进行一系列操作，比如点击进入详情页、下载 App、注册、浏览产品详情、加入购物车，最后才下单。为了促成用户走完整个路径，我们还要注意下面的一系列事项：

- 页面设计要美观。

- 流程要合理，时间不能太长。

- 操作要简单，不能太复杂。

- 产品要有吸引力。

- 价格要优惠。

以上工作构成了互联网行业的销售渠道管理过程，类似于实体企业的门店转型、开店促销、产品陈列等工作。只不过是这些工作搬到线上，以页面、流程、操作的形式呈现了出来。

2. 独特的供给方式

在供给方式上，相当多的互联网公司采用的是平台模式：自身不直接提供产品 / 服务，而是为其他商户提供交易平台。以典型的电商平台为例，商家入驻平台后，在平台上累积的用户少，需要多花一些钱增加广告投放，买流量进来。平台把产品广告展示给用户，用户与商家完成交易（见图 6-8）。

图 6-8

在这种模式下，平台供给能力来自入住商家的数量和商家愿意提供产品的种类。因此，一般在平台推广期会依赖线下地推、电话销售等传统方法，先吸引大量商家进驻，甚至给商家一些补贴。等平台流量多了，商家有利可图的时候，可以慢慢取消补贴。很多平台型互联网业务都是这样获取供给的如 O2O 业务、打车出行业务，在早期都需要大量开发商户／司机资源，以吸引其加入平台（除了视频平台）。

视频平台则是典型的"看视频的用户不付费，打广告的企业买单"的模式。

- 视频平台自己不产出内容，而是从有视频版权的版权方那里购买内容。
- 视频平台向用户提供免费和付费视频，用户可免费或付费观看视频。
- 广告主们想在视频平台投放广告，可找视频平台购买流量，支付广告费。

在这种模式下，用户看似免费看视频，实际上已经通过观看广告的方式帮助视频平台完成了展示广告，让视频平台挣到了广告费。视频平台方把视频版权采购回来，以 VIP 付费观看的形式卖给用户，为自己挣到了会员费，再以插播广告的形式为自己挣到了广告费，如图 6-9 所示。

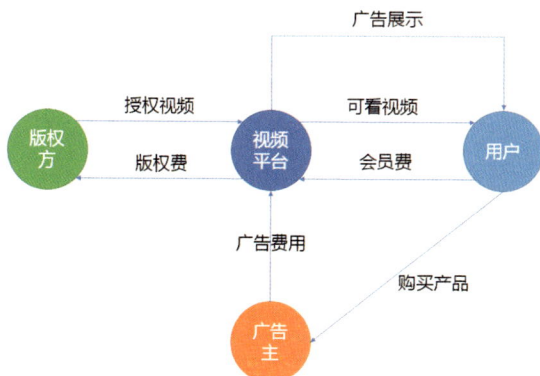

图 6-9

当然，还有更复杂的模式，就是 UGC（User-Generated Content，用户原创内容）。比如B 站、抖音、快手、公众号等均采用这种方式。有创作意愿的用户，自己创作视频、文章等内容，上传后平台再分发给其他用户观看。这样平台不需要从版权方买版权，只要吸引足够的有创作意愿的用户，就能源源不断地提供内容。更有甚者，平台还能反向赚取内容创作者的流量推广费（见图 6-10）。

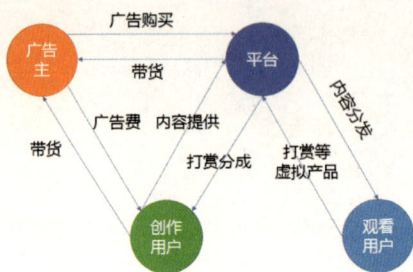

图 6-10

当然，内容创作者也是有利可图的，除了单纯为了出名，只要创作者有足够的影响力，广告主便会找上门来，进行合作推广。

在这种模式下，平台会在早期推出创作激励计划，引导用户进行创作，甚至还有平台直接签约其他平台的"大 V"进驻。通过直接签约的方法，获取供给的速度很快，但是有被"大 V"牵着鼻子走的风险。如果用户对平台缺少黏性，只是单纯跟着"大 V"走的话，平台的后续发展会受到极大的制约。

以上就是互联网独特的销售渠道与供给形式。全部介绍完毕后，我们可以正式开始讲解如何用商业分析方法分析销售渠道的问题了。

6.2　销售渠道分析：提高产出的关键

一般而言，商业中的销售渠道主要分为互联网销售渠道、实体店铺销售渠道、电话销售渠道和业务员销售渠道，下面一一进行介绍。

6.2.1　销售渠道分析的基本思路

销售渠道是实现产出的最关键的环节。渠道分析要解答 3 个核心问题。

- 投入的钱去了哪里？

- 如何把投入转化为产出？

- 到底转化了多少产出？

因此，最基础的销售渠道分析模型，要先呈现出这 3 点的基本情况，为决策者建立清晰的认知，使其可以把握现状，如图 6-11 所示。

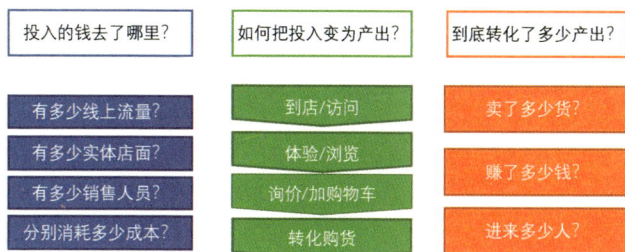

图 6-11

其中，最重要的是"如何把投入变为产出"这一步。不同的做法，采集数据的手段不同，建立的分析模型也完全不一样。

1．简单的销售分析模型

试想一种最简单的销售模式：准妈妈张女士在怀孕期间闲着无聊，想试试做微商。具体的方法就是找到一个上游进货方，然后在微信朋友圈宣传，向朋友一个个推销。在这种模式下，销售分析模型就非常简单了。

- 投入的钱去了哪里：进货。
- 如何把投入变为产出：发朋友圈、跟微信好友聊天。
- 到底转化了多少产出：实际销售数量和收款金额。

> **注意：** 在这种模式下，张女士的销售是有天花板的，如果她只向自己的微信好友推销，那么上限就是现有的所有好友。如果她愿意加入其他微信群，发展新微信好友，那么就有了新的潜在客户来源。因此，在这种模式下，可以进一步把张女士的收入方式归纳为图 6-12 所示的分析模型。

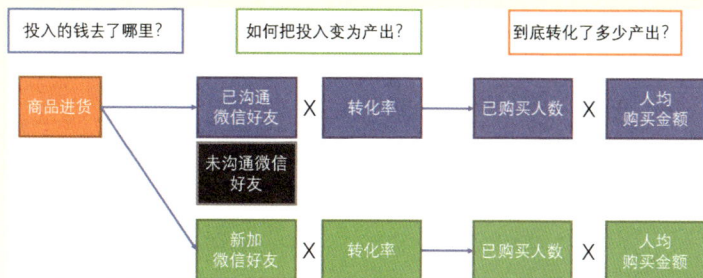

图 6-12

有了这个分析模型，张女士就能监控下面的信息：

- 自己发展新微信好友的能力如何？

- 新微信好友转化率如何？能挣多少钱？

- 已经发展了多少个微信好友？

- 开发成功率如何？能挣多少钱？

- 单个客户最大的一笔订单是多少钱？买的是什么产品？

有了这些数据，张女士能清楚地看到到底能不能挣到钱，还可以从某次成功的推销中总结经验，发现好用的话术。当然，如果真的一单都卖不出去，张女士也能清醒地看到自己的差距，而不是转头怪自己的老公不认真帮自己发朋友圈了。

2. 门店销售分析模型

有一种假设，张女士发现自己的微商经营得还不错，在小区内口碑很好，买东西的客人越来越多，自己所售商品的种类也越来越多，家里都摆不下货了，于是她在小区里开了一个小店。小店开张以后，小区内来来往往的人很多，张女士在收银台负责收银。

这时候，一个尴尬的情况出现了，收银机不能自动记录客人的手机号，只有购物小票。在这种情况下，张女士反而不知道到底是哪些人在消费了。基于此，分析的思路也要调整，从关注人转移到关注货物上。如何把投入变为产出的关键，也是看哪些货好卖，多做组合销售，把不好卖的货提前清理掉，避免过期／变质。在这种模式下，我们可以进一步把张女士的收入方式归纳为图 6-13 所示的分析模型。

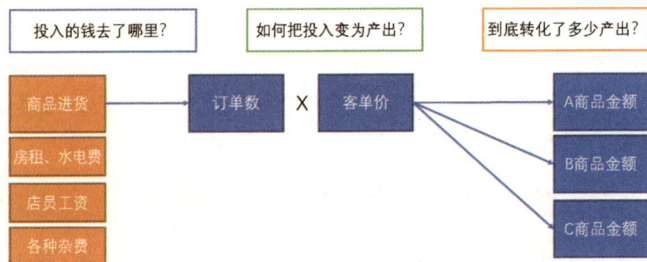

图 6-13

以上就是典型的门店渠道的分析思路。注意：门店是自带流量的，张女士在自家小区开店，人流量旺盛，从源头上避免了因为选址不利导致失败的问题，其他人开实体店不见得会这么走运。

3. 互联网销售分析模型

还有一种假设，张女士发现自己在网上也发展了很多客户，因此还想开个网店。入驻淘宝网后，她发现：原来淘宝网还有这么多广告方式，如果花钱做一些推广，便能多吸引一些用户。此时，网店的流量便有了自然流量和广告流量（付费流量）两种。由于互联网渠道更容易记录数据，因此可以把用户"看到广告图片→点击进店→查看产品详情→加入购物车→付款"的全流程都记录下来。此时可以参考的数据就更多，能展示出整个流程的情况，如图 6-14 所示。

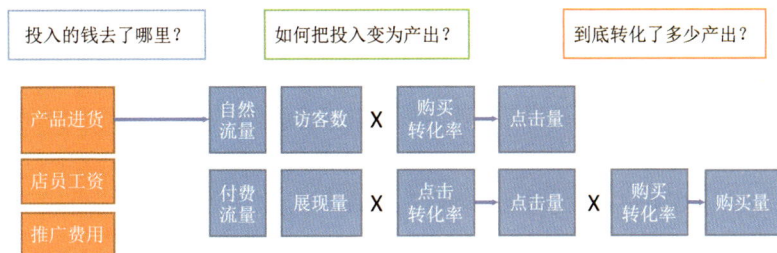

图 6-14

以上就是典型的互联网渠道的分析思路。通过这个例子可以看出：渠道不同、数据采集方式及数据量不同，分析的思路也不一样。因此当分析销售渠道时，我们应第一时间了解该渠道的业务流程与数据采集方式，这样才能找对思路。

通过例子我们还能看出：商业分析作用于销售渠道，最大的帮助并不是直接计算出一条"成功必备法则"，而是把销售的过程梳理清楚，让经营者清晰地看到业绩在哪里产生。有了这些基础认识，我们才可以进一步解答下面的问题：

- 销售目标应该定多少？
- 目前已经完成了多少？
- 还差多少才能完成？
- 按目前的时间进度，能不能完成？
- 谁完成得好？谁完成得不好？
- 完成好的人，有哪些行为？
- 完成不好的人，又是怎么做的？
- 在整个销售链路中，哪些环节最薄弱？
- 多个销售渠道，哪个好？哪个差？
- 采取的改进措施，有没有见效？

这样，即使数据无法直接计算出"成功必备法则"，但是也能提供充足的材料供决策者思考。决策者可以清晰地看到现状与目标的差距，根据不同销售渠道的优点和缺点，挑选出比较好的标杆给一线人员学习。这比"两眼一抹黑、单纯靠经验、只听只言片语"做出判断，要强了很多。

当然，在不同业务中，业务流程和数据采集方式不同，分析思路也不尽相同。因此，以下章节将从数据最多的互联网形态讲起，带读者——了解互联网销售渠道、实体店铺销售渠道、电话销售渠道、业务员销售渠道这四大基本渠道的分析方法。

6.2.2 互联网销售渠道分析

1. 互联网销售渠道的特点

互联网销售渠道有很多优势，所有行为都在线上操作。因此，理论上能通过数据埋点、系统记录等方式，记录到用户行为的全流程，从而监控销售过程。虽然互联网销售渠道的推广方式五花八门，但是可以归纳出的主流程如图 6-15 所示。

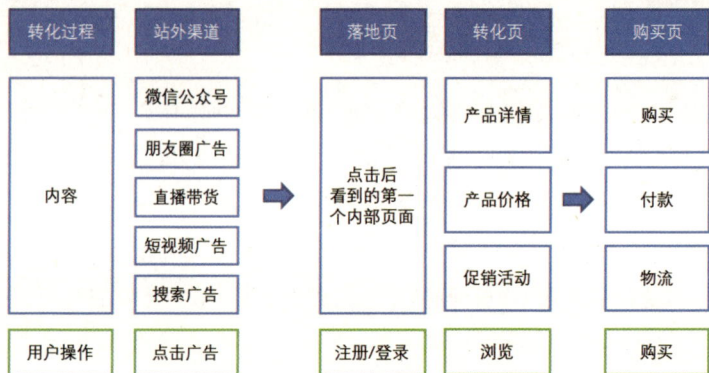

图 6-15

这里有 4 个主要流程：

- 站外渠道：除自有 App／小程序外的各种渠道（主要是广告渠道）。这些渠道一般通过广告吸引用户进入站内进行交易。

- 落地页：用户从站外渠道进入自有平台后的第一个内部页面。第一个内部页面的设计水平、打开速度，对于能否让用户留下来继续点击／购买有至关重要的作用。

- 转化页：促成用户转化的页面，一般包括产品详情、产品价格、促销活动、评论等内容，转化页直接影响用户下单。

- 购买页：付款、填物流信息等完成交易的页面。

2. 互联网销售渠道分析的基本思路

由于互联网应用能记录各种数据，因此呈现出的数据指标特别庞杂。为了抓住重点，在分析互联网渠道时，应首先关注以下几点。

- 整个交易流程有几步？

- 每一步有多少个用户？

- 转移到下一步有多少人？

- 一共多少人完成了交易？

- 交易实际付款金额是多少元？

这样突出主线，可以看清楚到底交易效率如何，实现了多少元的交易额（见图 6-16）。

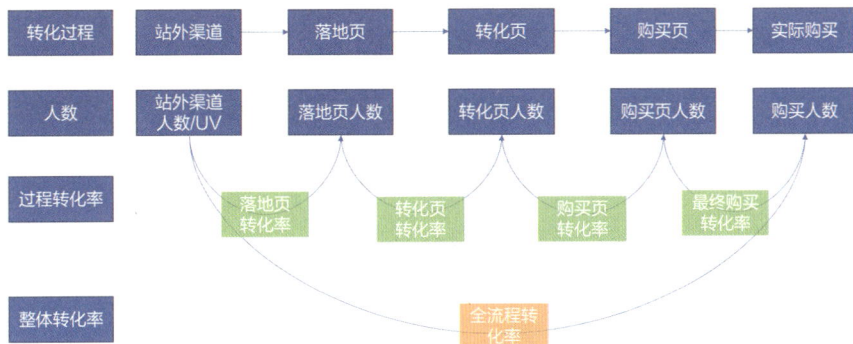

图 6-16

这里有一个细节：站外渠道可能记录不到用户 ID，因此不一定有"人数"的数据。比如在微信、直播间投放广告时，可能仅仅能记录到文章阅读量、直播间人数，此时只能用这些数据代替人数。这种数据也是有价值的，因为其可以用来衡量渠道成本。

比如公众号投放，一般按阅读量报价，假设某公众号阅读量在 1000 人次的文章的广告推广报价为 1000 元，实际转化了 5 个用户，则可简单推算出，该公众号的 CPA 成本为 200 元 / 人。这种模式也可以用于各类型渠道的横向对比，以筛选出高转化率的渠道。

3. 互联网销售渠道的基础分析方法：漏斗分析法

由于转化流程比较长，所以在每个环节都有可能有用户流失。整个链路连起来看就像一个巨大的漏斗，同一批用户进入漏斗后，越往后留存得越少。因此，流量转化率分析法也经常被叫作漏斗分析法。

> **注意：** 严格的漏斗分析法，应该包含用户从流程开始到流程结束的全过程。但由于用户流程很有可能从外部平台（流量来源的平台）开始，因此自有平台不一定有起点的数据记录。所以，起点数据有时候用 UV（Unique Visitor，独立访客）数简单代替，或干脆只看自有平台登录 / 注册后的转化漏斗。

举个简单的例子，比如某打车软件进行推广时包括 5 个步骤：浏览页→落地页→注册页

→乘客呼叫司机→乘客最终成单，一共 1000 个 UV 抵达推广页，之后每个步骤都有人员流失，则可做成图 6-17 所示的漏斗图。

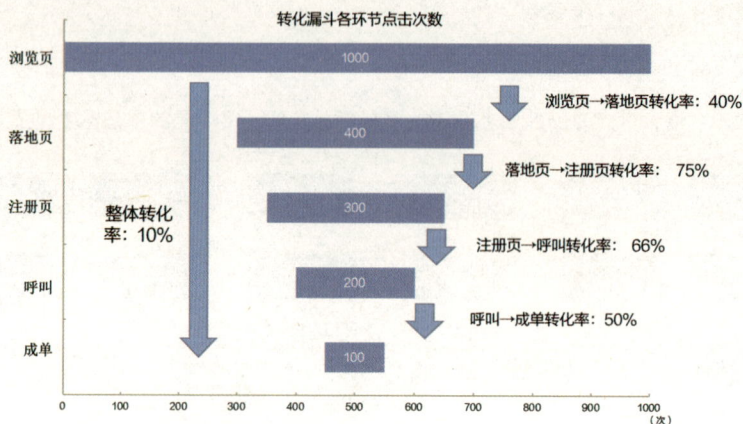

图 6-17

通过漏斗分析法能看到整条链路的转化情况，从而在推广的时候对整体投入 / 产出进行估算。比如上例中，已知 1000 人次的曝光能带来 100 个用户转化，转化率为 10%。如果目标是转化 500 个用户，就能通过转化率反推：需要至少 5000 人次曝光才足够。这样在计划阶段，能做出更准确的判断。

同时，通过漏斗分析法，我们能看到转化链条中最薄弱的环节。比如在上例中，转化最薄弱的环节在"浏览页→落地页"这一步。发现问题后，我们可以聚焦思考下面的问题。

- 为什么这一步表现最差？
- 是投放渠道有问题还是目标客户本身就少？
- 是投放的广告素材有问题还是用户看不懂？

有了这些思考，就有了下一步进行分析的可能性。

比如上例中，有两种基本假设。

- 渠道不行：这个渠道的转化率就是低。
- 素材不行：换个素材应该就提高了。

有了两种基本假设后，我们就能做一些优化改进，比如可以尝试投放其他渠道，观察转化率。如果其他渠道转化率更好，则证明是这个渠道的问题。或者同一个渠道，换素材再次投放，观察转化效果。如果转化率提升，则说明是素材问题。这样利用漏斗分析法，优化渠道表现。

要说明的是：漏斗分析法只能锁定问题，不能解释问题。 出问题的环节越靠漏斗的尾部，杂糅进来的影响因素越多，越难直接锁定问题。如表 6-2 所示，同样两个漏斗，A 漏斗的问题出在"浏览页→落地页"环节，基本可以确定是投放环节出的问题，或者投放渠道不对，或者投放素材不行。

表 6-2

	A 漏 斗	A 过程转化率	B 漏 斗	B 过程转化率
浏览页	1000	—	1000	—
落地页	400	40%	800	80%
注册页	300	75%	700	88%
详情	200	67%	600	86%
购物	100	50%	100	17%

但 B 漏斗问题出在最后一步：付款，杂糅的因素就多了。

- 有可能是投放渠道不行，进来的用户没需求。
- 也有可能是转化页做得太差，用户没兴趣。
- 也有可能是用户有兴趣，只是在等优惠。

总之，各种因素都会造成用户最后一步未购买，因此分析起来很复杂，需要一些高级方法才能解决问题。

4．多流量来源时的分析方法

有可能在流量来源上，同一个店铺，同一件产品，有不同的流量来源，用多种广告方式引流。因此，在数据呈现上可以采用"总—分—总"的形式。

- 先讲清楚，整体投入多少，产出多少。
- 再讲每个渠道的分配投入，各自的产出率。
- 最后对比整体水平，挑出来好渠道/差渠道。

举个简单的例子：一个在线教育机构在 5 个渠道投放了广告，广告为新用户提供价值 699 元的编程体验课（老用户不可购买）。渠道均按曝光收费（CPM 形式），新用户需要先注册，在试听 1 小节后再购买。为了衡量这一次投放的效果，可以呈现的整体数据如表 6-3 所示。

表 6-3

渠 道	整体投入成本（元）	整体产出收入（元）	ROI
A 渠道	259,210	167,256	1：0.65
B 渠道	319,924	272,024	1：0.85
C 渠道	116,856	74,823	1：0.64
D 渠道	651,422	693,393	1：1.06
E 渠道	133,637	440,100	1：3.29
整体加和/平均值	1,481,049	1,647,596	1：1.11

从整体上看，这次投放广告挣回来的钱，比花出去的钱略多，看似还行。但从投放结构上看，在 A、B、C 这 3 个低 ROI 渠道投放的广告太多，导致了失败。但仅基于整体数据，也只能解读到此。如果引入过程数据，就能做出更多的解读，如表 6-4 所示。

表 6-4

渠　道	曝光数（次）	单位曝光成本（元）	注册数（人）	试听数（人）	购买数（个）	单位购买成本（元）
A 渠道	259,210	1	12,677	9508	8367	31
B 渠道	319,924	1	22,771	16,395	13,608	24
C 渠道	77,904	1.5	6881	4404	3743	31
D 渠道	325,711	2	55,445	37,703	34,687	19
E 渠道	66,819	2	34,198	25,306	22,016	6
整体加和 / 平均值	1,049,568	7.5	131,972	93,316	82,421	22.2

看到过程数据后，我们就会发现：为什么在 A、B、C 如此劣势的渠道投放这么多广告。因为广告是按 CPM 形式收费的，这 3 家渠道报价便宜。至少通过这次的尝试，表明了在这个新用户体验产品上，有"一分钱一分货"的道理，图便宜是要付出代价的。

基于此转化数据，也可以针对"注册→试听→购买"的数据，做一个简单的漏斗对比，如表 6-5 所示。

表 6-5

渠　道	"注册→试听"的转化率	"试听→购买"的转化率
A 渠道	75%	88%
B 渠道	72%	83%
C 渠道	64%	85%
D 渠道	68%	92%
E 渠道	74%	87%
整体加和 / 平均值	70.6%	87%

可以看到：相比之下，"试听→购买"的转化率明显比"注册→试听"的转化率更高。很有可能是试听功能不够完善，或者吸引来的用户有偏差，这样就能引发进一步的思考。

当然，如果数据采集更完善，可以更进一步地呈现用户在转化路径上各个页面的活动信息。

- 用户在每个页面的停留时间。
- 用户每次访问，经历的页面数。
- 用户在各个页面的跳出率。

5. 流量转化路径的分析方法

这些数据对应的是互联网产品的转化路径。转化路径对于互联网销售渠道转化的意义重大，如果设计的页面不好看，或者操作太复杂，用户会直接关闭页面，就没有后续的转化了。

在设计中，经常存在纠结因素。设计人员经常瞻前顾后，做得太多，害怕用户看不懂、嫌麻烦、直接跳出；做得太少，又怕没有吸引力。通过这些数据展示，可以将一个用户在自有App／小程序内的行为路径进行清晰的描述，从而发现问题，设计人员再结合用户整体转化情况，对页面设计质量进行评估。

举个简单的例子，表6-6展示了针对同一个产品，两个渠道内不同转化路径的效果。通过对比能直观看出，B渠道的流程更短，但转化效果并不好。这样能给设计人员更多的启发，使其去深入研究，到底流程长度该如何设置。

表6-6

渠　　道	访问用户量（人）	平均访问时长（秒）	每次访问页数（个）	交易转化率	跳　出　率	CPA（元）
A渠道	5942	10	7	4.70%	0.39	106
B渠道	4121	7	5	2.20%	0.26	227

6. 全转化路径分析方法

由于用户在App／小程序内的活动并不单一，常常看看这个，看看那个，因此其行为路径也并非一条，而是多条路径纵横交错的。这种全路径的数据监控，也被称为UJM（User Journey Map，用户旅程地图）。清晰的UJM展示，能让决策者看到用户从进入到消费的每个节点的转化率，从而找到最薄弱的节点，提升转化率，如图6-18所示。

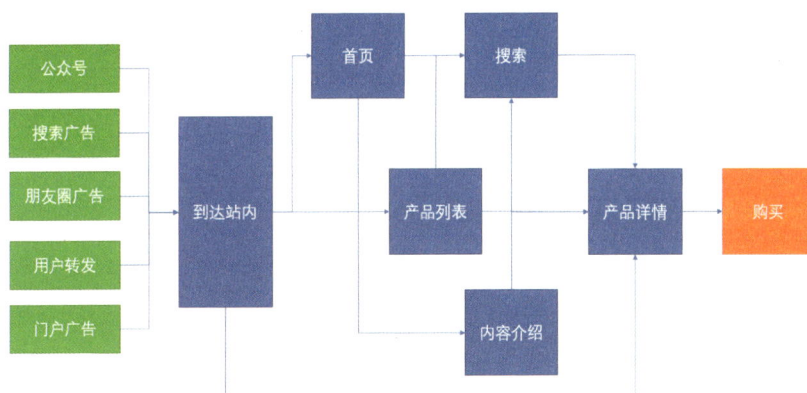

图6-18

> • 注意：由于互联网中 to C 类交易的主要行为在页面发生，因此流量转化与UJM的方法在互联网运营、产品的分析中还会用到，这是一种基本方法。

UJM方法是最有互联网特色的。在传统企业的实体店铺管理中，其实有类似的分析方法：店铺动线分析。店铺动线分析就是通过观察客户在门店内的行走路线、停留时间，分析门店内每个位置该摆放哪些产品，避免客户不经过店铺内某些区域，浪费门店面积。同时保证最好的产品，出现在最佳的地点。**UJM方法的思路与此类似。**

但受制于数据采集，在实体店管理中，很难真实采集到客户动线，即使能粗略采集人流数据，也无法将人流与交易关联。UJM方法则在线上成功实现了这一点，通过追踪用户购买之前的路径，能够看出来哪些路径转化率高但流量少，哪些路径占的流量多但转化率低，从而优化交易流程，把流量给予转化好的路径。

7. to B类互联网业务分析思路

互联网to B业务本质上也是漏斗结构，但和to C业务略有区别。to B业务本身流程长、手续多，受洽谈、投标、议价签约等一系列复杂环节的影响，因此to B业务经常表现为从众多渠道获取客户线索，之后安排销售统一跟进，完成洽谈、体验、投标、议价等过程。to B类互联网业务分析思路表现在流程上如图6-19所示。

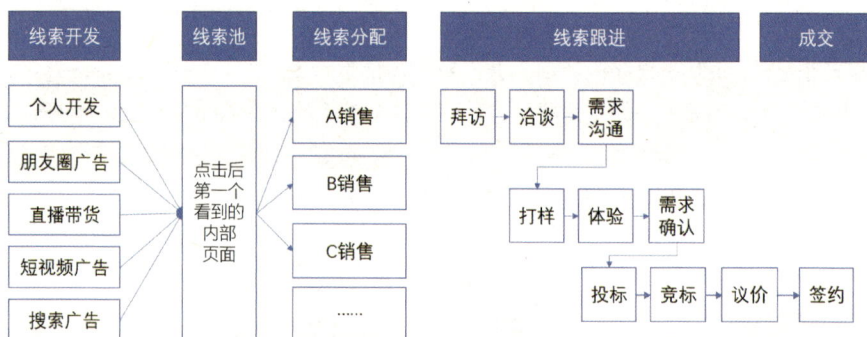

图6-19

8. 新兴互联网销售渠道分析方法

以上是基础的互联网渠道分析方法。随着流量转化方式的不同，还有一些变形。比如，"私域流量"的做法，转化路径不是直接让用户进落地页，而是点击广告后先添加一个个人微信号/企业微信号（虽然很有可能是机器人，而不是真人）或先加微信群。加入微信群后，再通过微信群内发送广告，或者朋友圈转发广告，或者一对一聊天等形式促成转化。

这样的流程比直接通过广告转化多了一步——添加个人微信/入群，在数据监控上更难操作（加群的动作较难直接采集数据，可能需要手工统计）。但站在业务角度来看，这样可以把其他平台的流量导流入自己的私域平台，因此可以减少一定的损失（见图6-20）。

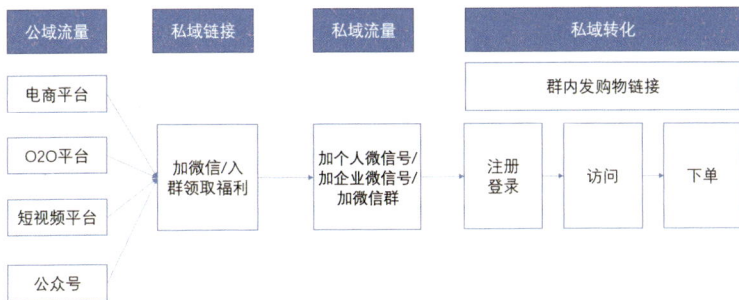

图 6-20

再比如"用户裂变"的做法（见图 6-21）：互联网产品不直接从平台购买流量，而是面向用户，提供诸如"拼团""拉客返利"等形式的优惠，让用户帮忙参与转发。用户转化产品页面，促成其他人前来交易。在这种方式下，流量的来源就是有用户参与转发。投入成本就是给到用户的佣金 / 返利，其他的后续分析流程和标准流程是一样的。

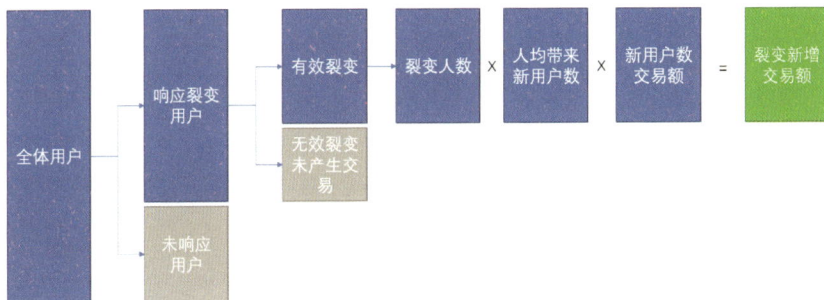

图 6-21

6.2.3　实体店铺销售渠道分析

1. 实体店铺业务特点

实体店铺渠道是最传统、最常见的销售渠道。它和互联网渠道的逻辑完全不一样！互联网渠道的特点就是分散，不但整个互联网的流量分散在各个 App 或网站里，即使是一个 App 的流量，互联网公司为了赚更多的钱，也会将其拆散，以不同形式的流量产品卖给企业。类似直通车、钻石展位、达摩盘、淘宝客等形式。

实体店铺渠道的核心特征就是集中。真正的旺铺就那么几个位置，能拿下好位置就意味着源源不断的客流和收入。所以，俗话说：做线下生意，核心就是 location、location、location（位置、位置、位置）！拿到好位置基本就把握住了一切。

典型的好位置有以下几种类型。

- CBD 店：在 CBD（中央商务区）区域，工作日销量好，周末销量差。
- 步行街店：在商业步行街，主打爆款产品，宣传品牌形象。
- 社区店：临近大型社区，一般门面小，产品品类少，做熟人生意。
- 郊区店：郊区场地便宜，店铺面积大，产品品类多。

2. 实体店铺分析难点

但是，同互联网企业不同，传统的线下店铺很难采集人流数据。虽然大家知道有 4 种好位置，但具体到一个门面"好不好"则很难判断。虽然有技术公司希望通过手机定位等方式监测人流量，但是截至目前，并没有很好地解决问题。其中的核心难点有以下 3 个：

- 受技术手段与法规限制，无法采集到全部行人数据。
- 已采集的数据精准度不够，无法客观衡量流量。
- 相关部门对于人脸采集等技术手段的限制。

总之，想要严格算清楚到底有多少个客户，非常困难。

真正自己考察过店铺位置的读者，都会有这种强烈的感受：选址是一个玄学。经常会出现在同一个商场同一层楼同一个电梯口，左右相差 5 米的两个店铺，人气有天渊之别。因此，这个影响店铺销量的核心问题，最后反而很难用数据来解决。现实中常常是依赖经营者自己的能力、直觉、经验、运气来弥补数据的不足。

在此，数据能提供辅助参考。但即使数据提供辅助参考，目标也没那么简单能实现。因为决定一间门店销量的因素非常多，如门店位置、周边客群、门店大小、装饰风格、门店陈列、店长水平……这些因素相互交织，很难严格区分出来每一种的影响力。

3. 实体店铺销售渠道分析切入点：业务标签

想做好分析，第一步是对店铺建立统一的描述机制，把这些难量化的情况进行分类，再结合投入 / 产出指标，对其经营行为进行评价。这种做法叫贴业务标签。

门店位置标签，如 CBD 店、步行街店、社区店、郊区店等。

门店大小标签，如旗舰店、大店、小店等。

门店陈列标签，如门口陈列、促销陈列、堆头陈列、收银台陈列等。

店长水平标签，如无店长经验、有经验但非同行、有同行经验 3 年以内、有同行经验 3 年以上等。

店长执行标签，如经营会议、培训、表彰等工作是否执行到位。

这些标签最好向渠道管理部门进行公示，之后直接做进店铺督导们的 SOP（Standard Operating Procedure，标准操作流程）手册里，然后通过管理规范贯彻下去，这样才能对店铺情况掌握相对丰富的信息，从而有一定深度的解读：为什么这个店铺经营得好 / 不好？

同样，对产品也要贴标签，因为很多企业本身对产品有定位。

季节属性：春 / 夏 / 秋 / 冬，季节性产品（或不具有季节性）。

产品档次：在同类型产品中，属于高 / 中 / 低档产品（产品上市时一般都有定位）。

产品定位：包括以下几种。

- 引流产品：价格极低，几乎没利润，只用来吸引客户。
- 爆款产品：具有竞争力，性价比最高，主打市场。
- 高利润产品：利润高，受众小，一般和爆款搭配，只卖给忠实的粉丝客户。
- 组合产品：一般不单独销售，作为爆款搭配的组合销售，丰富产品线。
- 防御性产品：只为应对对手推出，填补市场空白用，竞争力不高。

这些产品标签在产品研发、生产、上市时，已经有了初步定位，如果能统一管理并统一记录，对于解读门店数据有重要帮助。如果没有这些标签，只剩下一个 A 店铺或 B 店铺的简单名字，那么是很难进行深入分析的。

4. 实体店铺销售渠道分析的基本思路

建立业务标签以后，我们就能对门店进行分类统计了。一般实体店铺都是按地域分区管理的，因此呈现实体店铺销售数据的时候，应该用总分结构，从整体到局部，这样看得才清楚。在总结问题的时候，我们也应该用从整体到局部的展示顺序。

- 整体上有没有问题？
- 局部上哪里有问题，哪里没有问题？
- 局部上哪里是大问题，哪里是小问题？

举个简单的例子，一个公司华东地区 7 个省份分公司某月份门店销售额，如表 6-7 所示。

表 6-7

分 公 司	实际销售额（万元）	目标销售额（万元）	达 成 率
安徽分公司	76,363	75,000	102%
福建分公司	72,886	70,000	104%
江苏分公司	169,590	150,000	113%
江西分公司	71,500	70,000	102%
山东分公司	300,708	320,000	94%
上海分公司	39,020	40,000	98%

分 公 司	实际销售额（万元）	目标销售额（万元）	达 成 率
浙江分公司	134,640	130,000	104%
华东地区整体加和/平均值	864,707	855,000	102%

此时看数据应该先看整体：整体达成率为102%（四舍五入保留整数后所得），完成了任务。这是第一步的结论。

再看7个省份分公司各自完成得如何，会发现有两个分公司其实并没有达标。从差额上看，山东分公司的亏空更多，因此是主要问题。这是第二步的结论。

第三步，再看山东分公司的哪些城市做得不好，从里边挑出来问题最大的（如表6-8所示，仅列举未完成任务的城市）。

表 6-8

地 区	实际销售额（万元）	目标销售额（万元）	差额（万元）	达 成 率
济南市	14,107	50,000	−35,893	28%
日照市	20,378	25,000	−4622	82%
滨州市	7593	10,000	−2407	76%
威海市	8864	10,000	−1136	89%
烟台市	29,211	30,000	−789	97%
济宁市	11,849	12,000	−151	99%
德州市	9923	10,000	−77	99%

注：达成率为保留两位小数后所得。

厘清顺序并按从大到小的顺序排列，看起来很简单，却是门店分析的基本操作。不像线上渠道，干活的人都坐在一起，门店管理基本都是分区域进行的，要找出重点区域，才好排兵布阵，诊断结果，一个点一个点地清理问题。

挑出结果问题以后，可以查看过程指标。在查看过程的时候，优先看该门店的盈亏平衡情况。实体店铺不同于互联网渠道：互联网渠道的流量随时可以买，随时可以加量，随时可以撤；实体店铺一旦开始选址开张，就需要大量资本投入，要做调整也很难立即生效。因此，实体店铺在每次复盘过程中，要优先查看整体盈亏平衡情况，为及时止损提供参考。

比如，针对投入/产出现状呈现出了下面的问题（见图6-22）：

- 一共有多少门店？

- 已收回投资的/未收回投资的有多少？

- 目前已处于盈利状态的/处于亏损状态的有多少？

- 处于盈利状态，偶尔/持续盈利有多少？

- 处于亏损状态，偶尔/持续亏损有多少？

- 与同期对照，LTV（Life Time Value，生命周期价值）是高还是低？

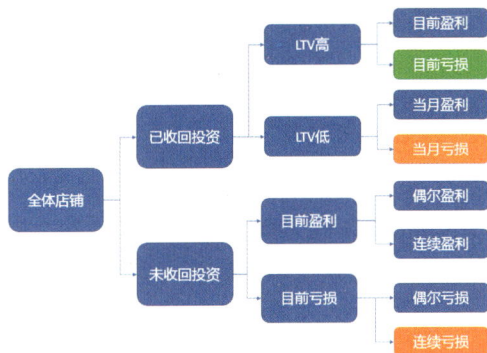

图 6-22

厘清数据后，可以优先关注下面这些店铺。

- 过去好，目前差的：比如已收回投资，LTV 处于同期高位，但目前亏损的店铺。

- 一直差，不见好转的：比如新店持续亏损的，老店已收回投资但 LTV 处于同期低位，且还在亏损的店铺。

这样可以促进思考：是帮助这些店铺解决问题，还是尽早止损，抽身了事？

5. 实体店铺中的人、货、场模型

传统的零售门店管理理论认为，应该从人、货、场的角度，解析为什么门店表现得好/不好。

（1）从人的角度分析

- 员工流失严重，人手不足。

- 员工缺乏培训，技巧不足。

- 员工缺乏激励，动力不足。

- 客户结构单一，缺乏优质客户。

- 客户缺乏培育，消费品种单一。

（2）从货的角度分析

- 畅销产品占比太少，缺少吸引力。

- 滞销产品占比太多，徒增成本。

- 产品之间缺少搭配销售。

- 产品价格缺少竞争力。

（3）从场的角度分析

- 店铺所在区域整体流量不行。

- 店铺所在区域有流量，但店铺自身没有流量。

- 店铺有流量，但店铺门面吸引力不足。

- 店铺门面吸引力足，但进店后陈列不合理。

- 进店后陈列合理，但动线有问题，客户停留时间短。

这种分析思路是对的，但问题是，如果是一名有经验的区域经理、巡店督导、咨询顾问在现场实地办公，可以轻松地把这些原因罗列清楚。对于不在现场实地办公的总部管理部门，这些情况几乎一无所知！同样，对于缺少经验的创业者，也需要付出很大的代价才能掌握。

单纯采集人、货、场中的数据就是一个大工程。目前，有一些技术手段可以辅助这个目标的达成。

- 针对客户的数据，通过推出微信卡包、电子会员卡，引导客户关注小程序 / 下载 App，以扫码优惠的形式，将客户消费记录与会员 ID 捆绑，从而了解客户的信息。

- 针对工作人员的数据，通过移动端导购工具，将导购常用的产品知识库与向客户发优惠券功能、给客户打电话功能打包。引导导购使用工具，从而了解导购的销售行为。

- 针对货的数据，通过统一的 ERP（Enterprise Resource Planning）、WMS（Warehouse Management System）系统管理库存和物资调动情况，掌握门店真实库存。

利用上述技术手段，再配合业务标签就能尽可能多回收一些数据。假设已经回收了足够的数据，那么可以针对门店进行进一步的分析，如表 6-9 所示。

表 6-9

	怀 疑 问 题	数据验证方法
人	员工流失严重，人手不足	员工新人比例高，人均业绩低
	员工缺乏培训，技巧不足	业务标签为：培训未及时开展
	员工缺乏激励，动力不足	员工使用导购工具比例低
	客户结构单一，缺乏优质客户	客户结构中，白金卡 / 金卡比例小
	客户缺乏培育，消费品种单一	客户消费产品单一
货	畅销产品占比太少，缺少吸引力	产品结构中，畅销产品比例低
	滞销产品占比太多，徒增成本	产品结构中，滞销产品比例高
	产品之间缺少搭配销售	产品搭配销售订单比例低
	产品价格缺少竞争力	对降价反应敏感
场	店铺所在区域整体流量不行	依然难以验证
	店铺所在区域有流量，但店铺自身没有流量	新注册用户人数少
	店铺有流量，但店铺门面吸引力不足	业务标签为：门面陈列不达标
	店铺门面吸引力足，但进店后陈列不合理	业务标签为：进店陈列不达标
	进店后陈列合理，但动线有问题，客户停留时间短	业务标签为：动线设计不达标

如果没有这么多系统采集的数据，那么只能用最基础的数据进行替代。一般情况下，最

有可能缺失的是业务标签（缺少标准化管理办法）和员工行为数据（没有数字化工具给员工，行为无法采集），会员数据也会缺失较多（太多订单没关联会员卡），能用的只有销售数据与库存数据，于是便于行事的方法是计算以下指标。

- 人效 = 门店总销售收入 ÷ 员工数，如果人效低于平均水平，说明员工有问题。
- 坪效 = 门店总销售收入 ÷ 营业面积，如果坪效低于平均水平，说明卖场 / 门店陈列有问题。
- 产品结构 = 各产品销量占整体销量的比例，通过观察与标杆门店的差异，发现问题。
- 销售收入 = 订单数 × 每单平均价格。如果平均价格较低，说明客户结构差，购买力不足。
- 每单平均价格 = 每单平均产品件数 × 每件产品平均价格，如果每单平均产品件数很少，说明交叉销售做得不好。

以上是传统零售行业经常看的指标，很多较早之前编写的零售分析类图书也会反复提及，但请读者了解：这些只是权宜之计。在门店数字化建设水平提升以后，是可以通过数据采集丰富数据，实现完整的分析的。

6.2.4　电话销售渠道分析

1. 电话销售渠道的基本特点

电话销售是一种常见的销售渠道，也是不太受人们欢迎的销售渠道。每当接起电话，听到"您好，您需要贷款 / 买房 / 买保险吗？"时，大部分人会选择直接把电话挂掉。这就是电话销售渠道的核心问题：成功率太低。同样，短信渠道、邮件渠道联系客户的成功率也特别低，行业平均成功率在 1% ~ 2%。

不得不说，站在数据角度，电话 / 短信 / 邮件销售反而是数据相对完善的。不像实体店铺，店员行为、店铺表现、店长水平都潜在水下，电话销售的行为是很清晰的，如图 6-23 所示。

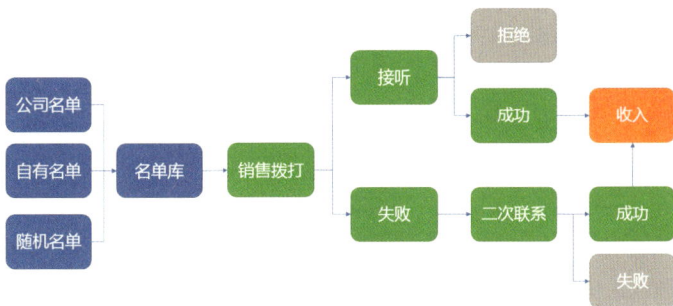

图 6-23

在电话销售流程中，我们可以清晰地看到下面的数据：

- 有多少名单等待拨打/已经拨打？

- 有多少名销售员正在拨打？

- 什么时间拨打出去的？

- 拨打完了有没有人接听？

- 接通以后是成功还是失败了？

- 一批名单一共有多少个，成功多少个，失败多少个？

- 成功的名单一共卖出多少件产品，挣了多少钱？

因此，电话销售的最基本模型也是漏斗模型，通常在第一步接通后，即过滤了大部分名单。接通后客户不立即挂掉的概率，实在太低了。

在店铺分析中，非常棘手的"店员行为无法记录"问题，在电话销售这里非常容易解决。因为电话外呼的流程、话术、知识库，完全可以交给 CATI 系统（Computer-Assisted Telephone Interviewing System）解决。销售呼出使用的话术，客户问到的问题怎么回答，在系统里直接调用知识库就行了。销售员拨打电话的行为，比如接通率、销售成功率、单次通话时间，也可以用系统记录。然而，这些数据可以拿来计算，但是没什么用处，因为成功率真的太低了，最多有 2% 的成功率，让决策者、管理者、分析师，甚至从事电话销售的团队都心灰意冷，以至于在电话销售的外呼房间里，看到最多的就是红底黄字的、打鸡血的口号，如："成功要靠自己的奋斗！"

2. 电话销售渠道的分析思路

面对这种局面，在电话销售渠道，衍生出两个流派。

一个是蛮力流，完全放弃智商，靠人海战术硬堆出业绩来。这个流派看数据的时候，只看最后的结果数据。

- 今天有多少名销售员在拨打电话？

- 一共拨打了多少个电话？

- 一共成交了多少个订单？

- 一共卖出了多少钱？

过程完全放弃！比如某公司就推出了经典的"双 100"考核：每天成功接通 100 个电话，有效通话（剔除直接挂断，需有 1 次以上对话）时间大于 100 分钟！有的公司甚至在电话销售员的工位上方装了提示灯：一旦员工停止拨打超过 ×× 分钟就有提示音！

这种做法就是破罐子破摔。既然成功率为 1%，那么理论上只要让员工打 100 个电话，应该就有 1 个成功的。至于员工不堪重负，造成离职率升高，那再靠人事部门招人就行了。为了配合这种做法，往往销售的产品毛利很高（比如贷款、保险、房子），给到员工的成功返点也很高，这样能提升工作吸引力。

另一个流派是筛沙流。既然 98% 的客户注定会挂掉电话，就把 98% 的客户筛掉，即使不全部筛掉，哪怕只筛掉一部分，也能极大减少无效的工作量。原本拨打 100 个电话只有 1 个能成功，假设直接砍掉 50 个无效电话，现在拨打 100 个电话就能成功 2 个！成功率直接翻倍。

想要达到这种效果就得知道客户是否有需求。这时候就得制作客户标签，对"客户需求"这个抽象概念进行量化描述，从而找出有可能响应的客户，筛掉不会响应的客户。举个简单的例子，有一个在线教育机构，先通过线下活动 / 线上广告 / 熟人介绍获取客户名单，之后进行电话销售。在电话销售的流程中，员工会邀约客户进行试听，之后促成下单。其主推的产品并非高价产品，因此试听不是硬要求，客户可随时下单（见图 6-24）。

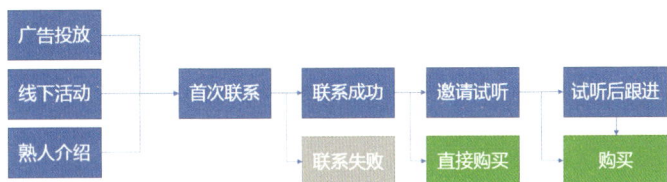

图 6-24

面对数据，先观察整体成功率。有几个维度数据可供思考。

- 是否有特定客户，成功率更高。
- 是否有特定渠道，成功率更高。
- 是否有特定流程，能提升成功率。

简单对比如图 6-25 所示。

可见，虽然家长年龄 / 家长性别之前有成功率的差异，但是核心差异还是存在于来源渠道和转化动作之间。熟人介绍的成功率明显更高。

经过这样简单地分析，已经能说明一些问题了：

- 目前收集的家长年龄、家长性别标签，对提升成功率效果不大。群体之间差异不超过 1%，没啥实操意义，因此可以考虑换掉，比如换成收集小朋友的年龄等。
- 熟人介绍成功率明显更高，老客户的转介绍奖励可以考虑做起来。在外呼的时候，最好的销售 / 最佳时间段也要留给这一批名单。
- 线下活动名单质量非常差，可以考虑直接过滤该部分名单，活动形式也需要更换。
- 客户只要接听了，转化率都很高，特别是完成试听以后，可考虑更换推广形式，省略无效推广，以试听为主安排推广战术。

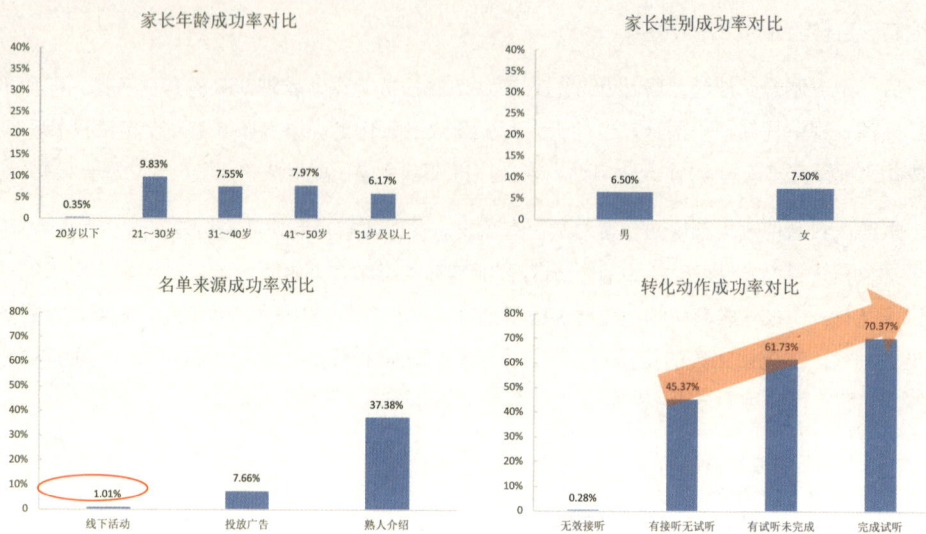

家长年龄成功率对比

家长性别成功率对比

名单来源成功率对比

转化动作成功率对比

图 6-25

进一步看，既然接听后转化率都很高，那么为什么整体转化率低呢？数据对比如图 6-26 所示。

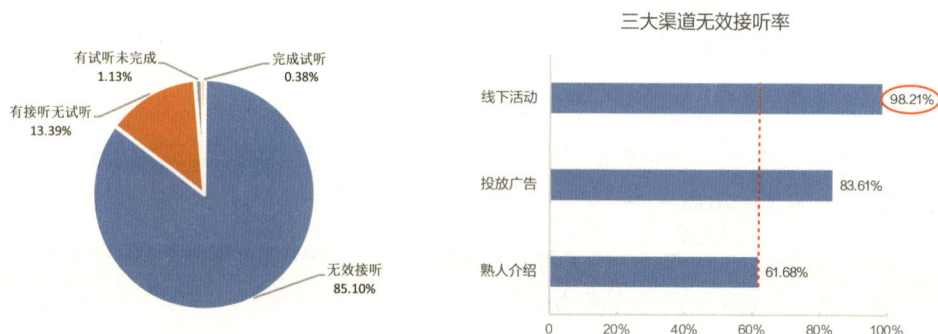

三大渠道无效接听率

图 6-26

可见，现有名单质量很差，存在大量无接听问题。

- **整体上看，线下活动名单的质量最差，熟人介绍质量最好。** 想要通过改善推广形式提升名单质量，至少应该以熟人介绍为主，把无接听率降低到 **60%**（实际上，过低的无人接听率，让人怀疑活动本身有造假的行为了）。

- 即使是熟人介绍的，**60%** 的无接听率还是太高了。很有可能和外呼电话号码（比如被标记为广告电话）或外呼不及时（比如等了一两天才呼叫的，客户已经忘了这个活动了）有关，此时需要结合其他数据来进一步分析。

3. 利用客户标签做深入分析

上面的例子是对已注册的客户进行分析，企业已经掌握了客户的基本信息和购买情况。如果是新客户，尚未首次购买，该如何分析呢？这时候，需要在首次接触到客户的时候，收集一些重要的客户信息，用以判断。

收集客户信息的方法有以下 3 种。

方法一：用利益吸引，让客户提交。比如客户在银行申请信用卡的时候，银行工作人员会要求客户填写申请单，申请单上包含身份证号码、学历、薪资等敏感信息。但同时，银行也会提供比如某知名品牌咖啡店刷卡"买 1 送 1"等吸引人的优惠活动。有了基础信息，就能区分客户质量，针对不同客户给予不同的信用卡额度。

方法二：在目标客户集中的场所，现场邀请客户，获取信息。比如销售婴幼儿奶粉，可以经常为各地的妇幼医院提供赠品，吸引准妈妈们关注；比如推销儿童教育产品，可以经常在大型购物中心让推销员拿着气球／小玩具，吸引小朋友注意，然后让其父母填写信息，邀请他们试听课程。这都是提前获得信息，再二次电话跟进的手段。

方法三：从广告渠道／合作机构获取。比如商家从短视频 App、导购类 App、新闻类 App 获取客户线索。客户在这些 App 上的活跃程度高，且可能发生一些有强指向性的行为。比如一个对汽车感兴趣的客户，可能关注下面的信息。

- 持续关注讲解汽车的主播。
- 在 App 内搜索 ×× 品牌 ×× 型号的汽车信息。
- 在 App 内对比同一级别、不同品牌汽车的价格。
- 在 App 内搜索 ×× 品牌 ×× 型号汽车的专卖店。

这些线索，经过平台加工，会以某种广告形式销售给企业。这样，企业就可以掌握客户需求了。

当然，这种线索本质上还是广告，成本会很高。因此，企业之间经常采用联盟的方式，相互交换权益或服务。比如 A、B 两个企业联合，推出统一会员卡，客户办卡后既可以享受 A 企业的权益，又可以享受 B 企业的权益。这样就能相对低成本地获取客户信息，实现共赢。

客户标签法是一种基本方法，在后续研究客户需求的时候还会讲到。客户标签法的成败，主要取决于数据采集的质量，数据采集质量又取决于数据采集的决心与手段，只有下大力气做好基础工作，才能实现好的效果。

如今，互联网渠道已经在很大程度上替代了电话渠道。从效率角度思考，很多企业把电话渠道理解为：基于已购买 / 已联系客户的二次跟进（如同本章的相关案例一样）。这时候已经有了初步的数据采集，再进行电话销售，就能从名单中筛出相对优质的客户，成功率也高了很多。

6.2.5　业务员销售渠道分析

1.　业务员销售渠道的基本特点

业务员销售渠道是很常见的销售渠道。实际上，在 B2C 快消品业务中，业务员已经被电商客服、短视频主播替代了。一个在门店里只会跟在客户后边说"您随便看看"的店员，完全没有网络直播带货的员工那么卖力。

但是，在 B2C 耐用品业务领域，比如房子、汽车、家具、装修……业务员仍然很重要。只不过他们的名字被换成了"置业顾问"。因为这种耐用品的客户决策流程长，考虑因素多，且产品本身有一定的专业知识门槛，因此需要有一个懂行的人带路，至少要带着客户现场观摩、体验几次，之后针对客户做一些个性化方案。这些仍然需要由人来完成。

在 B2C 服务行业中，比如健身、美容、幼儿教育等也是如此。这些服务的客户体验，有一大半是销售、教师、美容师、教练等现场服务给予的，所以人的工作依然很重要。

在 B2B 行业更是如此。

- 企业需要的服务（软件、财税、数据、咨询、设备、原料）都有一定的专业性，需要专业的人。

- 企业的决策流程很长，需要招标、洽谈、业务 / 技术评审（看产品是否满足业务 / 技术需求）、采购评审（看价格、交货时间、工期、付款要求）、体验样品、确认方案、竞标、议价、签约等复杂流程，需要专人持续跟进。

- 企业决策复杂，众多部门（业务、技术、采购、财务、审计）牵扯其中，因此需要有人与公司各个部门的人联系，对关键决策人做工作。

2.　业务员销售渠道的基本分析思路

业务员销售渠道拥有复杂的流程，在理论上也能像互联网渠道一样，做转化漏斗，从接到销售线索到最终签约，可能经历漫长的过程，每个环节都有可能有客户流失，如图 6-27 所示。

其他行业可能没有这么复杂，但是基础的环节都有，所以可以做成简版的漏斗图形。

- 线索（首次接触到客户）。

- 体验（看房、看机器、试听……）。

- 议价（讨论价格，问优惠）。

- 签约（终于成交了）。

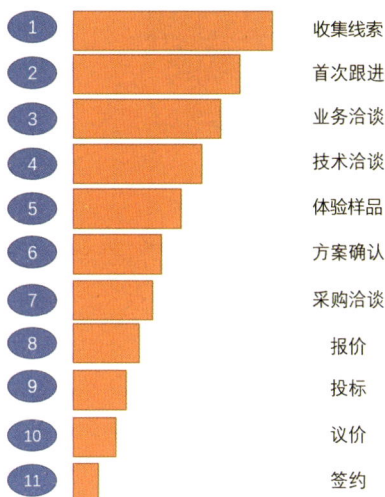

图 6-27

3. 业务员销售渠道的分析难点

这里又出现了一个关键问题：数据怎么采集。对于传统的业务员管理，只在签约时才会记录客户信息、客户订单、跟进签约的业务员是谁。这种粗放的管理方式会引发很突出的问题：对总部的管理人员来说，完全不知道成交之前发生了什么，这样既不能分析客户为什么下单，又不能分析到底客户少是因为销售员的工作没有做好，还是产品/营销/服务出了问题；对销售部门本身也是一种伤害，因为管理太粗放，会引发很多利益纠纷，比如抢客户、订单一类。

所以，很多企业先建立的是线索管理制度。线索是哪个销售员首次负责跟进的/首次提交到公司系统的，这个线索以后就归该销售员所有。为了避免出现"各人自扫门前雪"的情况，很多企业还配套建设了帮助机制。比如在某房产中介 App 中，哪个业务员提了买房客户信息，该客户就归他负责。当该客户需要看房，而业务本人又没有时间的时候，系统就会派发一个"带看"任务，无论哪个业务员帮助带客户看房，都能拿到一笔小奖金，这样就能缓解互不帮忙的问题。

有了线索收集机制，在整个链路里就至少能多计算 3 个指标，如图 6-28 所示。

① 线索数：每个业务员单位时间内能跟进的线索是有限的，要控制优秀业务员的线索量。

② 签约时间：从拿到线索到签约的时间。一般在采购中，这个时间是有窗口期的，拖得越久，本身成功率就会越低，所以计算出这个指标可以提醒业务员"赶快跟进！时间不等人"。

③ 全流程成交率：签约数 / 线索数，检验每个业务员的跟进质量。

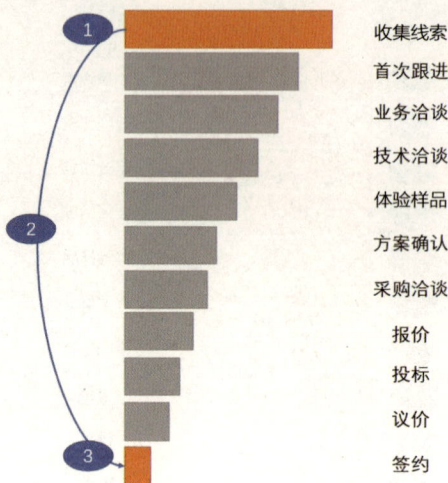

图 6-28

通过这 3 个指标，连同基础的签约数、签约金额，能初步勾画出业务员渠道的数量与质量，从而进行稍微精细一点的管理。

4. 利用 MOT 管理提升分析能力

但是，仅做到这一步，销售过程中依然是没有数据可采集的，这样很难利用数据改进流程。这时候需要用到 MOT（Moment Of Truth ，关键时刻）管理的方法。在 MOT 时刻获取最重要的信息，并且帮助业务员成功。

很多行业都有 MOT。

- 产品采购：客户要求打样的时刻。
- 软件销售：客户要求体验样品的时刻。
- 美容服务：客户首次体验服务的时刻。
- 儿童教育：小朋友第一次试听课程的时刻。
- 房子：客户看房且讨论户型、配套细节的时刻。

另外，还包括所有业务中客户开始讨论价格的时刻。

这些时候，需要销售员为他们提供帮助。

- 当客户对产品有疑问时，需要准确地回答。
- 当客户表示不满时，需要合理地满足。

- 当客户对比竞品时，需要恰当地解释。

- 当客户要求优惠时，能查到真实的优惠，以及了解出价策略。

以上工作如果交给一个优秀的业务员，其完全可以靠个人能力与经验解决。但是如果业务员没有足够的能力，那么就需要全凭自己的记忆和口才解决。因此可以借此机会，向业务员提供辅助工具，在帮助其解决问题的同时，掌握客户信息。

- 产品知识库：产品功能、图片、案例。

- 竞品知识库：竞品基础信息，应对竞品的话术。

- 体验记录表：客户体验了哪一个产品／样品。

- 体验数据记录：如果是线上产品，则记录体验功能店、体验时长、体验反馈。

- 优惠信息表：当期正在参与的优惠有多少，输入客户信息，显示符合客户的优惠有多少。

- 客户方案记录：业务员直接在系统内为客户配置产品方案，并申请价格优惠。

这些辅助工具能方便业务员查询信息、减少工作量，同时能收集客户信息。

收集来的信息有以下两重用途。

第一，为客户贴标签，掌握更多客户的需求。

第二，为业务贴标签，了解更多业务员的能力。

比如，在 B2B 的软件销售中，客户体验样品的记录可由系统收集，报价可以通过系统录入，多了这两步（见图 6-29）。

- 客户是否体验了样品？

- 客户从初次洽谈到体验样品，用时多久？

- 客户体验了哪一版样品？

- 客户体验了样品的哪些功能点？

- 有几位客户体验，各自情况如何？

- 体验完样品是否进入议价阶段？

- 体验完样品到进入议价阶段，用时多久？

- 体验完样品的成交率。

在 B2B 软件销售中，基本规律如下。

- 客户不体验样品，成交率不会高，就是随便聊聊。

- 客户体验不好，一定不会体验很久，且会提一堆问题。

- 客户体验完但迟迟不议价，说明没有诚意，只想获取方案。

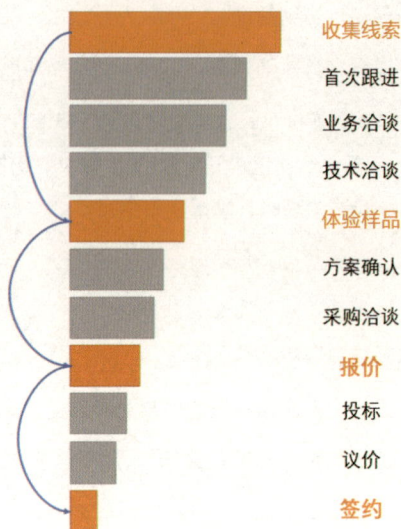

图 6-29

所以有了数据记录，就能仔细观察用户态度如何，从而及时跟进真正有需求的客户，回避没有需求 / 骗方案的客户。

业务员的标签也同样重要，特别是新业务员 / 业绩不好的业务员，他们面临以下问题。

- 对公司的产品不熟悉，与客户讲解时不够清楚。
- 对公司的工具不熟悉，使用频率低、关键功能不会用。
- 对公司的流程不熟悉，经常遗漏重要环节，操作不到位。

如果有了工具能辅助业务员查询产品信息，进行线上培训 / 线上流程操作，就能记录这些情况。这些工具不但能记录每个业务员的操作频率、操作时长，而且能利用这些数据进行分析，区分出这个业务员业绩不好，是自己不努力还是有其他问题。

一个努力的业务员是不可能舍弃公司准备的工具不用的，也不会错过重要的信息，更不会舍弃可以申请的优惠政策。这些行为的表现能在一定程度上说明问题。通过工具的使用率与业绩情况，可以看出哪些人真的有本事不需要依赖工具，哪些人连基本功课都没做好。

然而，即使有这些手段，依然很难完美地解决问题。现实情况就是：有能力的业务员，不使用这些工具，他们只靠个人能力，已经能赢取客户了，对公司的工具依赖很少。

至于没能力的业务员，只教会他们用这些工具就是一项"浩大的工程"，更不要指望他们的使用质量了。所以对于业务员销售渠道，理论上可做众多分析，但实际上又经常陷入无数据可分析的窘境，大部分企业都是在这种总部到一线的博弈中，尽量维持平衡的。

6.2.6　渠道分析的核心难题：数据质量

在现实工作中，销售渠道的数据经常缺失！如果读者在工作中发现自己的销售数据一塌糊涂，只有粗略的统计，无法深入分析，那么也不要奇怪，这是正常现象。

制约商业分析助力销售渠道的最大原因就是数据质量问题。数据缺失、数据混乱，在企业中都是家常便饭。并且这些问题并非完全是系统层面的，管理层面的问题更多，因此即使是互联网公司也难逃数据质量陷阱，传统企业更是一塌糊涂。以下是企业中存在的常见问题。

（1）互联网销售渠道

* 产品急着上线，埋点工作不细致，数据有缺失……

* 运营部门为完成业绩，纵容刷单等造假行为，甚至主动造假……

* 开发资源太多投在算法上，缺少数据基建投入，数据治理规范松散……

（2）实体店铺销售渠道

* 管理不规范，员工自己办会员卡私吞优惠金额，店长任人唯亲……

* 流程不规范，没有销售 SOP（Standard Operating Procedure，标准作业程序），没有系统可以记录 SOP，员工工作全靠自觉，过程中只有纸质记录……

* 系统不完善，客户信息分散在店员的手机里，店员行为完全无法记录……

（3）电话销售渠道

* 名单质量差，只有简单的号码 + 姓名，没有可以分析的维度……

* 系统不完善，销售员是否拨打过电话，至于通话内容，则完全没记录……

* 管理不规范，销售过程没有 SOP，只有口号……

（4）业务员销售渠道

* 系统不完善，整个销售流程都在业务员自己的手里，公司对这方面不知情。

* 流程不规范，反馈数据的质量缺少监督，缺少审核，领导认为有业绩就行！

* 管理不规范，业务员私下给客户许诺，管理部门睁一只眼闭一只眼，有业绩就行！

总之，管理规范、系统配套、数据基建，三者少一个都会导致销售端数据大量缺失，最后无法做深入分析。更严重的情况是，公司总部连真实销量都无法掌握，对销售渠道失去控制。这在 B2B2C 模式里非常普遍，中间的经销商做大，导致总部失去控制力的情况比比皆是。

而且，这些问题并非只有小公司才有，大公司也照样普遍。

大公司常见的问题举例如下。

系统陈旧：比如某知名运营商，因经营时间久，IT系统非常庞大，很多系统上线时间非常早，所以其中的功能并不完善。同时，不同时间段的管理规范又都不一样，导致销售端的数据非常混乱。一线销售管理部门只能"兵来将挡，水来土掩"，使用临时性的办法解决问题，导致垃圾数据越来越多，积重难返。

盲目创新：比如某知名快消品企业的管理层盲目追求"数字化/互联网化"。其各个业务线争先恐后推出App、小程序、H5页面，最多的时候达到120个App、小程序、H5页面同时在线。企业底层数据没有打通，质量无人过问，各个业务线只报告一个粗略的整体数据就去邀功请赏。最后"数字化"名存实亡，企业只能回头重新从基础建设做起。

"野蛮"扩张：比如某短视频网站，其技术能力在互联网行业绝对算一流。然而其将全部的技术能力用于App开发，对销售端并不重视。在销售端，其依然采用的是人海战术，直接从其竞争对手销售团队里挖人，"吃"现成的客户资源。而此企业在销售管理上原始、"野蛮"，甚至在一段时间内喊出了"双100（每天打100个电话，每天实现100分钟有效通话）"的口号。虽然销售业绩在短时间内突飞猛进，但是流程上毫无规范，数据缺失多、质量差。

以上问题是普遍存在的，只要做销售分析，就一定会遇到。数据的缺失极大地限制了它在商业分析中发挥的作用。这里牵扯出了一个更深层次的问题：是否需要为了保证规范经营而牺牲短期业绩？大部分企业的选择是：不要！先盈利再说，所以才会导致以上种种弊端。

消除弊端的方法在前面详细介绍过，读者可以结合自己企业的实际情况适当采用。但至少要能够讲清楚两个核心问题：到底挣了多少钱？谁在挣钱，谁没挣钱？不然缺乏对销售的管控，后果就是：一分钱都挣不到。

6.3　供给端分析：保持供给和需求间的动态平衡

供给端的产品主要分为实物产品、虚拟产品和平台服务，下面分别进行介绍。

6.3.1　供给端分析的基本思路

在传统商业模式中，产品以实物为主，供给端分析的基本思路非常简单：满足销售渠道的需求。比如一个月要销售10 000件产品，那预订10 000件产品即可。

然而，现实远比这个复杂。第一个制约因素来自准备时间。以实体产品订货为例，从订货、验收、入库到销售，有一定的时间周期。这意味着不能在产品卖完那一刻才开始订货，需要提前订货。而打提前订货，就意味着要预测销量走势，从而预测各种风险。比如预测不准、市场行情突变等，会导致货物积压，如图6-30所示。

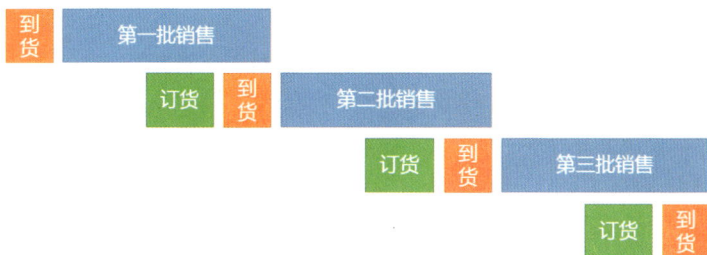

图 6-30

第二个制约因素来自产品库存成本。对实体店而言，库存需要租场地、需要保管，会产生折旧费等，这些都会增加成本。特别是对质量、新鲜度要求高的产品，比如生鲜水果、医疗用品等，后者可能需要很严格的无菌低温冷链运输，成本更高。一旦产品损坏、过期，经济损失就会很大。因此，企业不能无限制压货。

假设预订 10 000 件货，需要 100 天销售完毕，每天销售 100 件，订货周期为 10 天。那么在累计销售 90 天的时候，企业就得启动补货工作。此时还剩 1000 件库存，预计能卖 10 天。刚好在这 10 天内走完订货流程，新货到库，继续卖，周转计算的基本原理就这么简单。然而，现实非常复杂，因为在现实中，以上几个参数都会随时发生变化。

第三个制约因素来自市场波动。

- 电子产品：此类产品刚上市大家都感兴趣，购买很积极，之后大家的购买兴趣下降了，再加上又出新品了，即使旧货的质量没问题，照样没人愿意买。
- 生鲜水果：此类产品刚上市时新鲜、卖得贵，之后越不新鲜越掉价。
- 服装：此类产品有季节、款式的区别，当季新款卖得贵，之后要换季了就得清仓。

总之，市场价格很有可能不是刚性的，会随着上市时间的延长而降低，并且还会受到各种可量化、不可量化的因素干扰（比如突然遭遇几天阴雨，购买生鲜水果的客户自然少，货也就不新鲜了）。这些波动都使供给管理变得复杂。

因此，供给端管理常常需要关注以下 5 个指标。

- 每日销量。
- 每日可用库存量。
- 每日剩余库存量。
- 库存到保质期时间。
- 每日销售收入。

有了这 5 个指标以后，可以对不同的产品贴标签，对同一类产品的一个周期的进销存情况进行梳理，掌握基本规律，再指导后续工作。

举个简单的例子：某生鲜产品的保质期为 7 天，1 件可以卖到 20 元，之后价格递减。对此生鲜产品而言，库存到保质期的时间就是 7 天，每批库存必须在 7 日内销售完毕，因此常规的进货周期就是每周进一次货。生鲜产品上市后价格递减，也是很常见的现象。生鲜产品放得越久，新鲜度越差，就只能卖得越便宜。根据其最近一周数据走势，可绘制数据走势图（见图 6-31）。

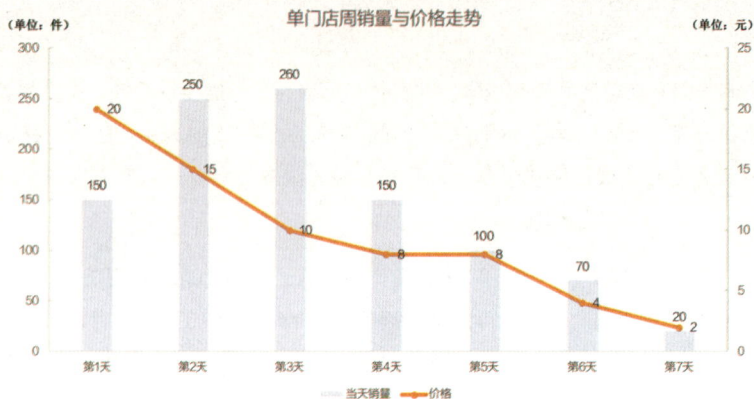

图 6-31

假定该周内第一天进货 1000 件，根据每日的销量与价格，可计算出以下两个指标。

- 当天剩余库存 = 上一日剩余库存 − 当天销量

- 当天收入 = 当天销量 × 当天单价

因此，可针对该产品的一周库存、利润情况进行统计，如图 6-32 所示。

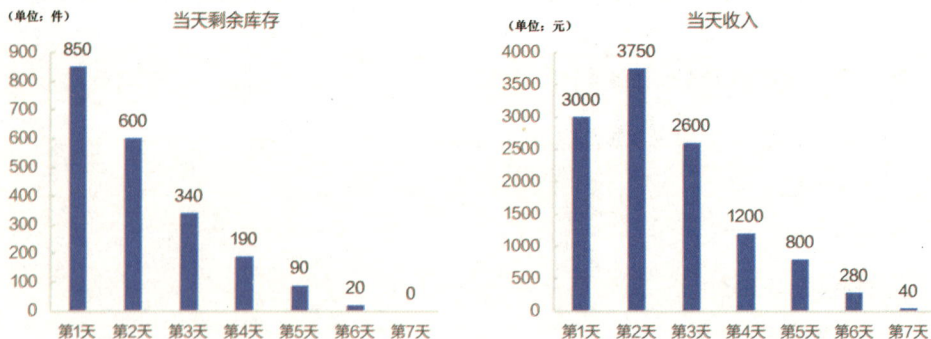

图 6-32

有了这些基础形态以后，就能对产品贴标签并指导产品管理了。

热销产品标签：在某一周内，该产品的销量突然超出常规进度。如图 6-33 所示，该产品突然出现销量旺盛的情况，原本一周 1000 件的销量，现在前两天已销售 550 件，两天之内的销售进度比正常销售进度多了 150 件。照此进度乐观估计（每天超过原进度 100 件），1000件的库存预计再用一天就基本售罄了，因此可以赶紧安排补货，并且价格不用着急下调。

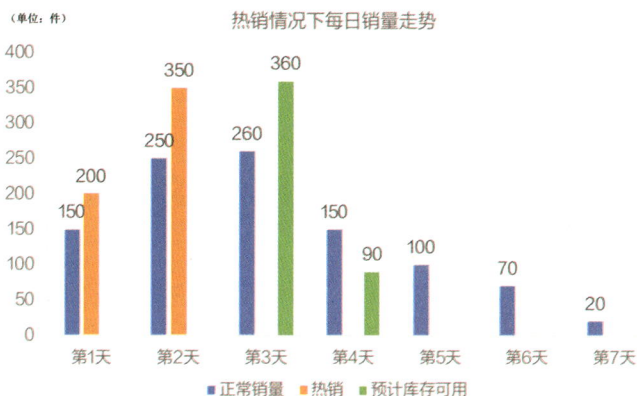

图 6-33

滞销产品标签：突然销量低于预期。如图 6-34 所示，近期突然销量下跌，原本一周1000 件销量，现在前两天只销售 300 件，两天之内，比正常销售进度少了 100 件。考虑到越到后边销量越差，因此照此进度（比正常周期每天少 50 件），1000 件库存可能有 330 件剩余，此时要紧急安排降价清仓，避免后面大量库存损失。

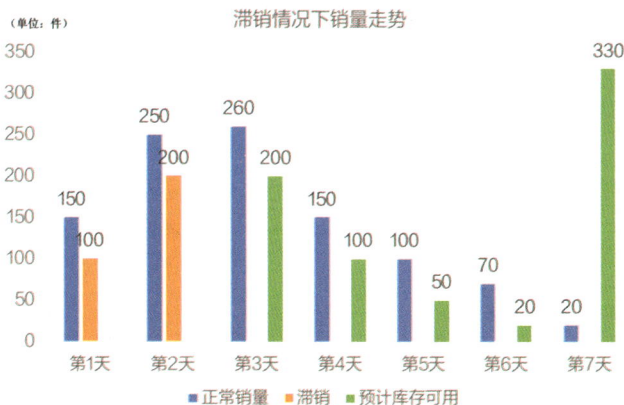

图 6-34

当然，我们不可能完全精准预测之后的销量走势，特别是当销量影响因素来自不可控的外部因素时，比如天气（没人能说准会下几天雨）、消费者情绪（突然市场传 ×× 产品不宜多吃，

155

消费者购买意愿明显下降），这时候得靠人为主动控制。总之，在预感到问题无法完全量化的时候，选择观望等待或许能保住预期利润，但要承担问题继续恶化时产生的更严重的后果；选择积极处理，能提前止损，但会损失一些预期利润。鱼与熊掌不可兼得，决策人的个人判断力非常重要。

若已经考虑到前 3 个制约因素，还是很理想的状态，但真实的市场会更加复杂。

第四个制约因素来自市场博弈。常见的情况有以下几种。

- 好卖的货，一货难求：卖得太好，上游厂商不肯多发货，要么抬价，要么限额，要么非要搭配一些不好卖的货才能出售，总之不能正常获取供给。

- 不好卖的货，很难甩掉：一个品牌或一个产品越卖不动，就越难卖，有可能后续销量不是稳步下降，而是断崖式下降。

- 不确定的新品：比如电子产品、游戏、电影这种创意类产品，本身很难确定新品到底好不好。所有上游企业都会找自己产品的对标；都会做一些测试，拿出数据证明效果；都会大力进行宣传发行。但真实情况依然有可能是事与愿违。

这些问题会进一步干扰判断，使得精准量化难以进行。当然，以上问题并非数据层的问题，更多的是业务层的问题。

在互联网时代，产品本身的形式也一直在创新，不局限于传统实体店销售的食品、衣服、家具等有物理形态的产品。视频网站、游戏 App、社交 App 等平台经常提供虚拟产品，比如游戏道具、专属称号、红色的名字、聊天踢人特权、游戏装备等。这些产品虽然没有物理形态，但满足了人们在网上娱乐、休闲等方面的需求，因此也能像有物理形态的产品一样定价出售。某些特殊虚拟产品，比如游戏内的稀有武器，还能在玩家的追捧下卖出"天价"。

再比如很多平台型互联网公司，其供给并非平台自己提供，而是吸引商家入驻，由商家提供。典型的形态比如 O2O 平台。客户在 O2O 平台订餐、卖东西，是从入驻了 O2O 平台的商家那里购买的。平台本身只提供交易服务及配送服务。这些交易服务、配送服务也是一种产品形态，平台会向客户收取费用。总之，这些新形式的产品不同于传统有物理形态的产品，它们给传统供给分析带来了新方法与新思路，下面将一一为读者介绍。

6.3.2　实物产品供给分析

实物产品供给，核心就是解决销量与库存之间平衡的问题。很多人会说："如果销量预测完全准确，不就可以完美解决这个问题了吗？"实际上，看过销售渠道分析以后读者会发现：影响销售渠道的因素太多，且其中很多问题根本无法量化。因此，指望完全准确预测销量是不现实的。

而一般产品零售毛利为 5% ~ 10%，这意味着即使仅有 5% 的数据误差也能让产品销售的毛利损失殆尽。所以供给类分析的第一条原则就是可以做预测，但不要指望完全准确。综合运用各种管理手段，最小化损失才是正解。

有一种能从源头上解决预测不准问题的办法就是团购。让客户交钱，提前预约购买产品，这样在理论上可以事先锁定库存，避免库存损失。但是这仅仅是理论上的做法，产品本身有畅销、滞销的区别，滞销品根本不会被拼团。而对于畅销品拼团，竞争对手很容易抄袭同款提前上市销售，从而破坏拼团效果。所以，严格的拼团只能在品牌忠实粉丝多的情况下做。在大部分情况下，拼团只是一种常规促销手段。

在这种情况下，做供给侧管理就得时刻与不确定性共存，其中要分析的问题包含以下 3 类。

- 假设没有异常，目前的产品库存能支撑多久，需不需要补货，补多少。
- 假设渠道端出现问题，销量不如预期，该如何应对。
- 假设供给端出现问题，必须超量采购，下游该如何消化。

假设没有异常，对于供给管理，重点看指定时间（日 / 周 / 月）内的消耗量与补给量。举个简单的例子，表 6-10 所示为某个 B2C 零售店的 5 款产品在 30 天内的消耗。

表 6-10

产品名称	月初结余 （件）	本月补给 （件）	本月消耗 （件）	月底结余 （件）	平均每天消耗 （件）	库存可用天数（天）
A	520	800	660	660	22	30
B	320	400	540	180	18	10
C	560	380	810	130	27	4
D	120	200	240	80	8	10
E	80	160	210	30	7	4

注：① 月初结余 + 本月补给，就是本月内全部可用产品。

② 月初结余 + 本月补给 − 本月消耗，就是本月月底结余的产品。

③ 本月消耗 ÷ 30 天，可得到每天消耗数量。

④ 月底结余 ÷ 平均每天消耗，可得到库存可用天数（结果取整数部分）。

如果没有其他情况，理论上可以计算出月底结余的产品还可以卖多少天。比如算出 C 产品只够销售 4 天，那么理论上 4 天后，C 产品就会断货，再有客户来也买不到了，就会损失一些销售机会，这时候就得尽快安排补给。

当然，是否要安排补给还要参考产品的保质期、补给速度等情况。一般来说，补给速度越快，就越不用着急补——反正想补的时候很快就能得到。对于保质期短的产品，比如生鲜食品、水果，也不着急补，避免积压损失。所以库存可用天数，一般应结合这两个指标一起看，从而为产品制订合理的补给计划。

除了看库存可用天数，也需要关注另一个指标：库龄（从入库开始，算一下在仓库待了多久）。理论上库龄越久的产品，越需要尽快处理出去，避免积压带来的库存损失、过期损失等。但前提是在 WMS（仓储管理）系统中，有每一批的产品入库时间与库龄指标。

以上叙述的前提都是渠道没问题、供给没问题的情况，但实际上这两端出现问题的概率非常大。常见的渠道问题有以下 4 种。

- 产品生命周期临近末尾，每周销量都比上周少。

- 遭遇恶劣天气、店铺所处地段道路施工等意外，销量大减。

- 临近季节更替、周末、节假日等情况，销量就是少。

- 产品上市后反响不如预期，LTV 销量估计低了一个档次。

这 4 种情况会导致上述案例中"平均每天消耗"这个数据大幅度下降，从而产生额外的产品积压。处理意外情况的基本思路，有以下两个。

方法一：把意外变成意料之中，提前缩减补给。

方法二：想办法处理额外积压，减少损失。

方法一需要利用第 1 章中介绍的自然周期法、生命周期法，对一个产品的销售情况进行分析，找到其基本规律，比如：

- 是否有自然周期？如有，节假日销量是工作日销量的 x%（计算平均波动幅度）。

- 是否已临近生命周期末尾？如是，每周销量是上周的 x%（计算环比降幅）。

- 是否有恶劣天气（看天气预报），恶劣天气下，销量较正常销量降低 x%（计算平均波动幅度）。

这样，根据过往趋势，提前做准备，能大大降低突发性，减少不必要的库存积压。但是，即使这样，也依然无法解决"新品比预计的差"这个问题。选品失败就意味着过去的选品规则不适合现在的情况，这时候再利用过去的方法是无法解决问题的。这种情况只能"看菜下饭"，看第一批库存有多少，再想其他办法解决。

方法二一般考虑的思路如下：

- 把库存转移到有销量的地方。

- 拿着产品找有需求的客户。

- 直接降价，把产品强行甩卖。

一般情况下，不到万不得已不采用降价清货，因为一旦开始降价就停不下来。客户只要看到价格降了，就更加不会按正价购买，只会等着打折。所以优先看以下数据。

- 哪些区域销量相对较好，先内部调货过去。

- 哪些客群购买率较高，采用电话 / 短信 / 小程序等渠道推送信息，吸引客户购买。

最后实在没办法了，再开展促销。此时可参考库龄与库存可用时间，如积压严重，则大幅度降价；如积压一般，可以逐步降价清货，减少损失。

然而，这样仍然解决不了供给端压货的问题。很可能供给端是大厂家 / 大品牌，强硬的要求是满一定额度才能订货，或者必须搭配订一些销量很差的产品。更有可能，供给端有优厚的价格、返利，诱导大量订货。此时从源头上看，进货量就有可能超出实际需求，后续就是无穷无尽的烦恼。

抛开其他层面的问题先不谈，单纯从数据上看这个事，本质上要解决产品 LTV 评估的问题。最简单的评估方法是选同品牌、同价位的产品做对标，看其 LTV 价值与销量，从而初步判断上游给的数量是否超出实际，超出多少，然后提前思考应对。

如果超出太多，以至于为了降价清理库存，导致 LTV 变为负数，则可以直接推掉合作。如果 LTV 仍为正数，但数量较小，就主动降低对该产品的 LTV 期望，在实际运作的时候把清理库存等动作提前，减少损失。

6.3.3　虚拟产品供给分析

在互联网时代，有一类产品很特殊：虚拟产品。比如：

- 游戏中的道具、皮肤、装备、经验包。
- 视频网站、音乐网站的会员。
- 付费知识平台的会员费。

相比实体产品或美容美发一类靠人力提供的服务产品，这些虚拟产品有以下特征：

- 没有库存压力，不会产生库存成本。
- 边际成本低或为 0，额外服务客户不会增加成本。
- 不受上游制约，自己可以掌握供货数量。
- 没有统一价格锚点，产品特色化程度高，难以对标。

比如视频网站签约影视剧的播出权需要成本，但这些成本是一次性付清，付清后有 1 万人或 100 万人看，其成本不会额外增加。虽然各家视频网站会员费差异不大，看似有行业约定，但实际上因为各家提供的影视剧内容不一样，因此对消费者而言，差异化程度还是很高的。

因此，虚拟产品的供给思路与实物产品完全不同，虚拟产品供给考虑的是利益最大化，商家需要平衡的是下面的内容。

- 定什么价能让客户多付费。
- 在已有定价的基础上，出什么新价格能让更多新客户付费，同时又不影响老客户。

这时候，核心的手段就是频繁修改价格锚点，给客户不同的选择，从而同一样东西多卖钱。

举一个简单的例子，一个视频网站的会员费有以下 4 种支付形式。

形式 1：客户每月支付 25 元，每月手动支付 1 次。

形式 2：客户每月支付 20 元，首月手动支付，之后自动从客户账户扣减。

形式 3：客户每季度（3 个月）支付 50 元，首次手动支付，之后每季度首日自动从客户账户扣减。

形式 4：客户每年（12 个月）支付 190 元，首次手动支付，之后每年首日自动从客户账户扣减。

具体数据如表 6-11 所示（部分数值为保留一位小数后所得，后同）。

表 6-11

| | | 给客户造成的感觉（账面支付） | | |
		单月成本（元）	单季成本（元）	单年成本（元）
客户实际支付	单月支付	25	75	300
	连续包月	20	60	240
	连续包季	16.7	50	200
	连续包年	15.8	47.5	190

这就是一种典型的扰乱客户判断，修改价格锚点的做法。从账面上看，连续付费的方案优惠力度很大，连续时间越久，付的钱越少；但实际上，可能客户只是在放假期间看得多，平时看得少或根本不看，原本只付 25 元看一个月就好了，现在要多付数百元。

在这种模式下，决定成败的就是客户对次月续费的感觉如何了。如果客户对续费的感觉很微弱，甚至根本没有注意到自己每个月被扣了费，在这种情况下，仅仅推出一个连续包月套餐，默默扣客户费用是网站的利益最大化的做法。如果客户对续费感觉强烈，次月会主动取消续费，则仅仅推出一个连续包月套餐就不能实现网站的利益最大化。此时可以推出更实惠的单月套餐（比如 30 元开通一个月的会员，同时送 ×× 外卖平台会员卡一个月），引导客户单月付费。

比如，原本只有单月支付 25 元的产品，通过增加"自动续期 20 元/月套餐"，吸引客户签约。在这种情况下，赌的就是客户不会注意到"我这个月其实没怎么看视频，但是还是被扣费了"这个情况。这样做实际上是牺牲短期利益换取长期留存价值。这样做的前提是建立在"客户签约后，续约率稳定"之上的，不然的话，客户在次月/次次月发现其中的猫腻后直接取消，前期的补贴就赔进去了，总付费金额曲线也会呈现下行态势，如图 6-35 所示。

再看另一种定价方案。原本只有单月支付 25 元的产品，通过增加"包季 50 元（账面优惠33%）、包年 190 元（账面优惠 37%）"来吸引客户购买。这样在账面上看起来便宜很多。

套餐方案		单月成本（元）	单季成本（元）	单年成本（元）
	单月支付	25	75	300
	连续包月	20	60	240

**情况1
无感客户人数多**

	单月方案人数（人）	单月方案收入（元）	连续方案人数（人）	连续方案收入（元）	无感客户人数（人）
首月	100	2500	100	2000	0
次月	40	1000	90	1800	50
3个月	20	500	60	1200	40
总收入		4000		5000	

**情况2
无感客户人数少**

	单月方案人数（人）	单月方案收入（元）	连续方案人数（人）	连续方案收入（元）	无感客户人数（人）
首月	100	2500	100	2000	0
次月	40	1000	60	1200	20
3个月	20	500	30	600	10
总收入		4000		3800	

图 6-35

这样做实际上是一次性"收割"的做法，其建立在下面的基础之上。

- 客户连续付费率很低。

- 一次性包季度／包年产品有一定转化率。

如果这两个前提不成立，很有可能将评估时间一拖长，就发现每个同期群客户的 LTV 是下降的，最后反而亏了。如图 6-36 所示为模拟的案例数据。

套餐方案		单月成本（元）	单季成本（元）	单年成本（元）
	单月支付	25	75	300
	包季支付	16.7	50	200
	包年支付	15.8	47.5	190

**情况1
购买人数够多**

	单月方案人数（人）	单月方案收入（元）	包季方案人数（人）	包季方案收入（元）
首月	100	2500		
次月	40	1000	85	4250
3个月	20	500		
总收入		4000		4250

**情况2
购买人数太少**

	单月方案人数（人）	单月方案收入（元）	包季方案人数（人）	包季方案收入（元）
首月	100	2500		
次月	40	1000	40	2000
3个月	20	500		
总收入		4000		2000

图 6-36

6.3.4　平台服务供给分析

对于打车软件、外卖平台，其在平台上提供服务的并非企业自己雇用司机或自己开设饭店，而是司机 / 商家按一定条件入驻，这种供给方式非常特殊，分析思路也不同。

从本质上看，司机 / 商家入驻的动力来自"在这里能赚钱！"因此平台获取供给的方式并非简单地花钱采购，而是为入驻的司机 / 商家提供创造收入的机会。而问题在于，如果平台没有足够的供给，客户来了没有很多产品可以选择，他们不满意，就会离开平台，从而导致司机 / 商家无钱可赚。这是一个"鸡生蛋，蛋生鸡"的问题。

解决这个问题的关键在于保持供给和需求间的动态平衡，两者缺一不可。评价供需是否平衡的标准在于供给方是否有足够的规模，其中每个人能否获得合适的利润。只要供给方有一定比例的人群能获得收入，就能保证供给量。此时面向客户派送优惠，让客户也能得到良好的服务，从而进入良性循环。

下面举一个简单的案例，以下是某打车平台上司机某日的运营情况（见表 6-12）：

- 在平台的在线时长。
- 在平台成交的订单数。
- 在平台获取的收入。
- 平台记录的订单行车里程数。

如何分析该部分司机真实运力供给情况？

表 6-12

司机编号	平均星级	在线时长（小时）	完成订单数（件）	订单实际总里程数（千米）	车费收入（元）
1	5	12.6	26	213.44	1,011.14
2	5	14.6	12	75.53	558.72
3	5	18.5	5	28.50	99.00
4	5	13.5	14	92.40	552.64
5	5	9.5	6	59.09	213.46
6	5	18.9	22	243.77	1,018.50
7	4.9	16.8	12	100.50	499.80
8	5	20.9	31	197.55	905.41
9	5	18.2	17	172.64	817.92
......					
300	5	12.9	17	96.00	485.28

原则上，有效的司机供给应该是在线时间足够长、订单多、跑了很多里程，这样的才是

好运力。但是也有可能司机在线很久，接不到订单，挣不到钱，这时说明有异常，但无法确认到底是司机自己不想做还是平台没有分配足够的客户给他（或是平台本身没有足够的客户，抑或是分配机制出了问题）。

这时，基于案例数据，可以先用矩阵法对在线时间 / 订单数进行分类。

- 在线时间长且订单多或在线时间短且订单少：都是合理的情况，多劳多得。

- 在线时间长且订单少：可能有负面情况，比如司机接不到订单。

- 在线时间短且订单多：可能有正面情况，比如某个路段、某个时间段客户特别多，需要调度运力。

因此，可以先看在线时间长短与订单数量多少是否有正相关的关系，如表 6-13 所示。

表 6-13

每日订单数分类（单）	每日在线时长分类（小时）				
	0～4	5～8	9～12	13～16	17+
1～5	56%	33%	15%	13%	4%
6～10	11%	37%	24%	16%	14%
11～15	11%	10%	29%	18%	16%
16～20	11%	12%	19%	23%	19%
21～25	11%	5%	4%	15%	21%
≥ 26	0%	3%	9%	15%	26%
合计	100%	100%	100%	100%	100%

整体上看，还是符合"在线时间越长，订单越多"的情况。需要注意左下角和右上角的特殊情况，比如为什么会有在线时长超 17 个小时，但仅有 1～5 单的情况；以及为什么会有在线时长为 5～8 个小时，却能跑出超过 26 单的情况，这些都意味着机会或威胁。这里可以用矩阵法对司机行为进行分类，如图 6-37 所示。

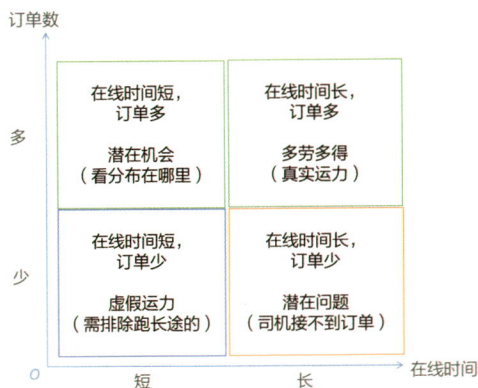

图 6-37

> **注意：** 对于在线时间长且订单少的情况，要排除一种特殊的情况，即跑长途。因此应将其中行车里程很长的司机排除，分析剩下的司机数据。为简便计算，这里直接用平均值法区分里程高低，区分结果如图 6-38 所示。

司机分群	人数占比	在线时长（小时）	完成订单数（单）	实际总里程数（千米）	真实收入（元）
在长订多	34%	17	24	195	785
在长订少	23%	16	9	107	368
其中-里程多（长途）	5%	16	12	248	769
其中-里程少	18%	16	9	64	247
在短订多	12%	8	22	170	699
在短订少	31%	8	8	66	227
其中-里程多（长途）	2%	8	10	165	459
其中-里程少	29%	8	8	58	208

图 6-38

经过区分可以看出，大概有 18% 的司机属于在线时间长且订单少、里程少的情况，这些司机可能是缺少客户，也可能是设置的虚假运力，可以结合其所在区域的总客户数、每日客户呼叫数据、每日客户成功完成订单数的数据来进一步判断：是这些司机所在的区域客户不够，还是有客户但这些司机没有认真接单。

大概有 29% 的司机会存在在线时间短、订单很少、里程很少的情况。这种情况属于运力质量太差，在考察平台运力的时候，不能被纸面上有这么多司机迷惑。如果当地整体运力不足，客户呼叫多但是完成订单少，这时就需要直接补充新运力了。

当然，想进一步确认司机情况可以多观察一段时间，观察的时间段最好包含完整自然周期（比如一周的时间，含工作日和非工作日），这样可以把偶尔上线的司机、上线但一直挣不到钱的司机、稳定上线挣钱的司机区分得更清楚，从而更好地观察运力供给的有效性。

总之，通过这种供给端分层，能区分出哪些是有效供给、哪些是无效供给。再结合整体需求情况决定是进一步扩大供给能力，还是进一步扩大需求。这才是解决平台型供给问题的可靠思路。

除了打车软件和外卖平台，UGC 平台也有类似问题：如何建立起创作者回馈机制，让创作者从创作中获得收入，从而实现良性循环。比如某短视频巨头企业，也曾发力 UGC 领域。他们补贴大量现金、签约创作者，这种做法就类似打车平台不解决虚假运力的问题，而是自己给司机发工资一样，对于解决问题毫无帮助。

结果，该短视频巨头砸重金签约的创作者们不但不认真创作优质内容，反而逆向研究：怎样才能得到补贴？其输出的内容完全为了得到补贴，不考虑客户喜好。客户来访问网站，看不到优质的内容，最后悻悻离去。最终该巨头的 UGC 产品宣告失败，钱却一分没有少花。这就是把平台服务当成了实体产品采购，不去帮助供给方更好地从需求方赚钱造成的后果。

第 7 章

商业分析的中级方法：构建分析体系，细致解决问题

7.1 中级方法的作用

当待分析的问题需要考虑销售渠道与供给情况时，初级方法就不能满足需求了。此时，已不能仅仅考虑收入 / 成本指标，还需要考虑各个类型的渠道 / 供给来源，以及考虑从成本转化为收入的过程。对应地，需要分析的指标与分类维度都大大增加了，如果没有一套很清晰的分析逻辑，你就会陷入海量的数据无法自拔，由此衍生出中级方法。

中级方法的第一步就是要厘清成本、过程、收入之间的关系，清晰地展示以下内容：

- 投入多少成本？
- 做了哪些事情？
- 做到什么程度？
- 得到多少收入？

这样清晰、有条理地展示现状，才能为后续的工作打下基础。有一种方法：OSM 模型，很适合解决这个问题。

中级方法的第二步是监控过程。在有了清晰的逻辑以后，就要对执行的过程进行监控。监控是发现问题、确定解决方案、寻找标杆的基础。

中级方法的第三步是定位问题的发生点。就如同某种疾病会引发人体发烧一样，造成指标的波动可能有各种原因，在分析原因之前，得先定位真正的问题点。

中级方法的第四步是确定解决问题的顺序。问题分轻重缓急，解决问题也得有先后顺序。在着手行动之前，得先看清楚哪些是主要问题，哪些是次要问题，这样才能有重点。

最后，销售与供应都需要专业的技能才能实现。数据分析再细致，也不能替代这些技能。

但数据分析可以帮助人们找到优秀的销售标杆，从而复制它的成功经验；可以帮助人们了解供应的基本规律，从而在发生货品积压、缺货之前，就做出预判。这就是标杆分析法。

整个中级方法的原则是厘清逻辑、分清先后（见图 7-1）。

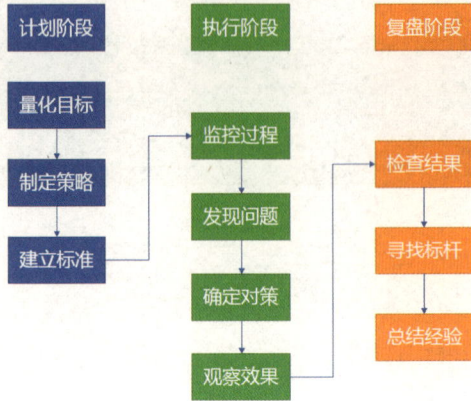

图 7-1

7.2 OSM 模型：从商业目标出发建立数据体系

1. OSM 模型的定义

在考虑过程指标后，首先要做的就是厘清投入 / 产出之间的关系，把以下 3 件事讲清楚才能有清晰的行动计划，指导工作开展。

- 目标是多少？
- 如何达成目标？
- 如何监督执行？

这里有一种标准化的梳理方法：OSM 模型。OSM 是 3 个英文单词的首字母：

- O（Objective）：目标。
- S（Strategy）：策略。
- M（Measurement）：度量。

它是一套业务分析框架，而非算法模型，适用于目标已经清晰、行动方向已经明确的情况。当清晰目标以后，需要制订执行计划。OSM 模型就是把宏大的目标拆解，对应到部门内各个小组具体的、可落地的、可度量的行为上，从而保证执行计划没有偏离大方向。

2. 制定目标的方法

举个简单的例子，某生鲜电商 App 的运营部门收到公司的指令"提升沉睡用户的付费激活率，至少提升至一倍"，这就是一个具体任务，之后可以用 OSM 模型进行梳理和描述。

第一步：把文字变成数学，用数据指标定义目标，如图 7-2 所示。

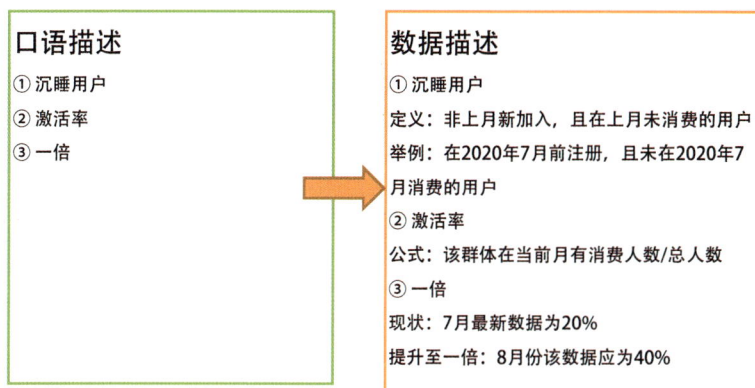

口语描述
① 沉睡用户
② 激活率
③ 一倍

数据描述
① 沉睡用户
定义：非上月新加入，且在上月未消费的用户
举例：在2020年7月前注册，且未在2020年7月消费的用户
② 激活率
公式：该群体在当前月有消费人数/总人数
③ 一倍
现状：7月最新数据为20%
提升至一倍：8月份该数据应为40%

图 7-2

这一步转化非常重要。因为在企业工作中，大部指令都是随口下发的，很有可能根本不可量化。完全不可量化的指令有："我们要力争上游，加倍努力……"不可量化就不可执行，对于这种指令必须进一步清晰。

还有些指标是部分可量化的，如：

- "我们要争做行业第一"——行业的什么指标第一？在多长时间内成为第一？行业数据以何为准？
- "我们要实现业绩翻倍"——从几月几日的多少，增加到几月几日的多少？
- "我们要扭亏为盈,稳中带升"——是一个月扭亏为盈，还是在一段时间内扭亏为盈即可？

清晰了目标，才能进一步思考工作方法，这一步不做好，后续一切免谈。俗话说，"如果不知道航向在哪里，任何风儿都不会令你满意"，讲的就是这个问题。

制定目标不属于数据分析部门的工作范畴，属于业务部门的工作范畴。在制定目标阶段，"想"做成什么样，比"现在"是什么样更重要。目标主要是由领导们来制定的。但是，数据可以辅助论证实现目标的难度，从而侧面辅助目标制定。

最简单的验证方法是看过往指标的发展态势与目标的差距。举个简单的例子，目前业绩指标为 2800 万元 / 月，过往最高环比增长率为 17%，平均增长率为 8%。制定的目标业绩指标为下一年的月均业绩。

目标制定出来以后，对比过往数值，会有 5 个状态（见图 7-3，图中显示了前 4 个状态）：

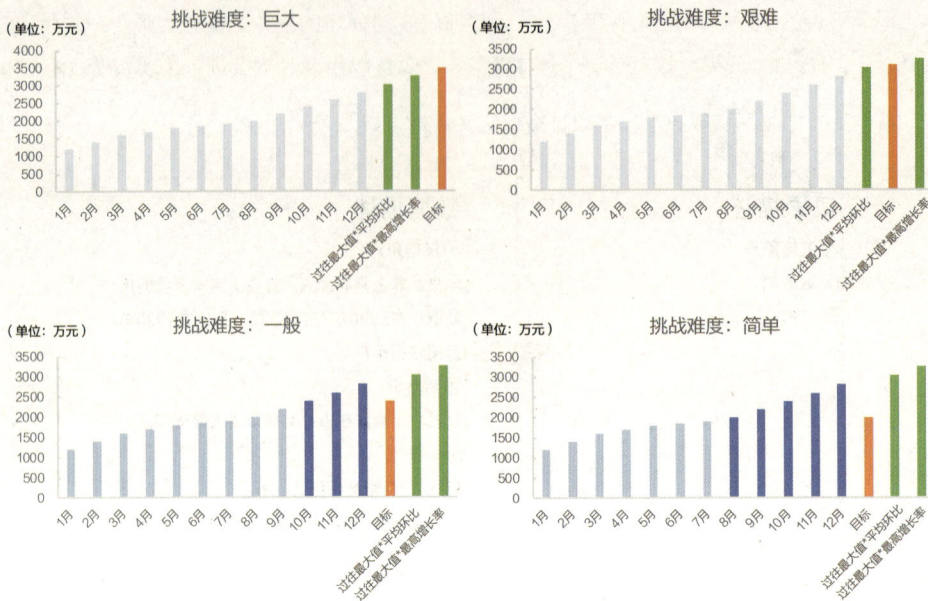

图 7-3

（1）挑战难度：巨大

如果过往最高值 × 过往最高增长率都无法达成目标，那么这不光反映出了目标制定得高，还有可能意味着现有的办法无法达成目标，要找新方法，因此难度巨大。

（2）挑战难度：艰难

过往最高值 × 过往最高增长率可达成目标，但过往最高值 × 平均增长率无法达成目标。这种情况下实现目标的难度略低，但仍具有挑战性，需要保持住当前的增长态势。

（3）挑战难度：一般

过往少部分月份的业绩可达成目标。这至少说明过往有成功案例。有成功案例就有标杆可以参考，有数据可以分析。虽然看起来实现难度高，但是还是有迹可循的。

（4）挑战难度：简单

过往大部分月份的业绩可达成目标。此时有更多的经验和数据，且目标看起来没那么高，员工的积极性也高，实现目标相对简单。

（5）挑战难度："躺赢"

过往全部月份的业绩都可以达成目标。这种就是守成型目标，只要稳住就行，看起来似乎是"躺着就能赢"（只要不是整个业务处于连续下跌的状态就能实现）。

当然，还可以结合投入／产出比等数据分析目标的实现难度。理论上，即使是挑战难度巨大的目标，只要有足够的资金、人力投入和发展时间，也是有可能完成的。最怕的就是目标制定得高，投入少，发展时间短，所谓"多快好省"是一定会出问题的。

通过数据检验目标，并非一定要推翻目标，而是让决策者清楚目标的实现难度与所需的资源，从而合理配置资源，安排工作；也让执行团队清楚目标的实现难度，找到可学习的标杆，从而更好地找到落地办法。

当然，在制定目标时，有一些内容是要尽力避免的。

- 不可量化的大话、空话、套话。
- 容易造假的过程指标，比如注册人数、页面访问量。
- 可以轻易用资源投入提升的过程指标，比如活动参与率、活动人数。
- 在不考虑产出的情况下，一味压缩成本指标。投入／产出是有关系的，成本低，产出也没保障。

这些做法很容易引发业务的"虚假繁荣"，最终拖累业务的发展，要特别警惕。

3. 制定策略的方法

有了目标以后，可以继续讨论落地策略。下面还是以某生鲜电商 App 来举例，策略制定可以考虑图 7-4 所示的内容。

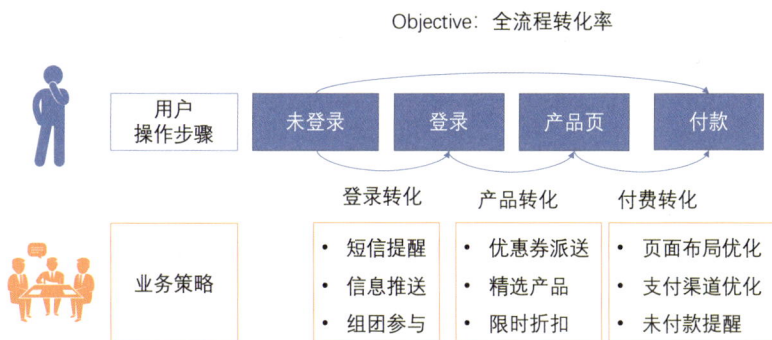

图 7-4

在制定策略的时候要注意以下几个方面的内容。

（1）策略是具体可执行的动作

比如发短信提醒、发优惠券、选择特供产品等，这些都是具体的动作，能用数据监控，也能切实让沉睡用户觉得再买一次菜很划算。因此，在制定策略时需要落实到具体可执行的动作上。

这里最常出现的错误是把策略当成了目标的分解，具体如下。

- 策略一：要唤醒华东地区的沉睡用户。这是把目标按地域进行了分解。
- 策略二：要提高沉睡用户的登录率。消费＝已注册沉睡用户数 × 登录率 × 付费率，这还是在分解目标，只是基于购物流程的分解。

还有一种错误是策略与目标没有直接的关系，或浮于表面，具体如下。

- 策略一：运营小组的同事们要团结一致。这是口号。
- 策略二：运营工作要真抓实干，加强常规服务，减少用户流失。这是浮于表面。
- 策略三：要做大规模品牌宣传，提高品牌知名度。这是绕弯子。品牌宣传能唤醒沉睡用户，但它是广撒网式的宣传，并不是直接的唤醒沉睡用户手段。

为了避免这些错误，最好梳理一下有哪些手段可以直接产生效果。比如要唤醒沉睡用户，最常见的方法就是通过短信、电话外呼、朋友组队等方式。先把这些手段列出来，再对这些手段按轻重缓急进行排序。

（2）策略要分先后顺序

制定的策略可能有很多，要先排序，不然无法做出合理的计划。比如对于沉睡用户的唤醒，首先要解决的是用户触达的问题。既然用户已经长时间没有登录 App 了，那么他很有可能已经卸载了 App。

这时候，第一步要先解决用户触达问题，分析 App 内部信息推送、短信推送、电话外呼、朋友组队……到底哪种方法效果好。第二步是分析用户触达以后，用什么内容 / 产品可以吸引用户下单。第三步是分析哪种产品的优惠力度有吸引力等，这样层层深入才能做到有条不紊。

因此，对策略的梳理最好按一定的逻辑展开，比如在上例中是用户购物流程进行梳理的。

（3）策略要能量化监督

比如"提高员工对沉睡用户的重视"，可能是一个重要的策略，但"重视"本身无法量化，因此直接把策略定为"提高重视"，就会让这个工作变得无法落地。此时，可以对"提高重视"的具体手段进行量化。

- 举办一场介绍流失用户重要性的培训。
- 进行一次问卷调查，调查员工对沉睡用户 / 活跃用户的重视度。
- 在 × 月 × 日前，提交解决沉睡用户的方案。
- 对于沉睡用户的资源投入，需达到 ×% 以上。

以上这些均是可量化的指标，且能否反映员工是否重视沉睡用户，之后即可进行监督了。

4．制定度量指标的方法

制定策略以后，就能对每一条策略进行量化了，从而定义衡量策略的指标，如图 7-5 所示。

图 7-5

> ● 注意：度量是对策略的执行情况和执行结果进行监督，保障策略执行到位。在很多情况下，业务发展不好并非策略问题，而是策略的执行没有到位。

5．OSM 模型的使用方法

OSM 模型有正向和反向两种使用方法。

（1）正向使用 OSM 模型

在项目开始前，分解大目标，明确行动和每个行动考核指标。这就是上面的例子所演示的工作流程。企业想要实现数据驱动，理应这么工作。

（2）反向使用 OSM 模型

在项目前期没有做什么筹备，事后复盘发现一堆问题，这时想要检讨为什么出问题了，可以反向使用 OSM 模型，把项目中的策略一一梳理出来。把衡量策略的度量指标整理出来，之后再看这些策略和目标之间有没有关系。

在没有实现数据驱动的企业里，反向使用 OSM 模型的用处更大！因为很多企业就是"干事拍脑袋，出事拍大腿"，在项目策划推广阶段压根没有想清楚，只是因为以下原因才去做的：

- 过去这么做，所以现在这么做。
- 别人这么做，所以自己照着做。

- 领导说这么做，所以自己听着做。

至于这么做有没有影响、能有什么影响、影响到了谁、与大目标有没有关系、与大目标有多大关系完全不知道，这时候对于这些内容重新复盘是很有必要的。

通过 OSM 模型对问题进行梳理后我们能发现：策略与目标到底有没有关系，策略的执行到底有没有到位，从而发现问题。

还是用上面的例子，如果事先没有厘清逻辑，通过"拍脑袋想策略"，则很有可能得到以下几种有问题的策略。

（1）听着厉害但没用的策略

比如建立精准的用户流失预测模型。这听起来很厉害，可实际上预测完了用户流失对指标有改善吗？并没有！单纯预测用户流失并不能让用户回来，最后还是得发信息、发优惠券。没有模型这些照样得做，有了模型这些也得做。

（2）有用，但只有局部用处的策略

比如在 App 内发优惠券。注意，上述案例中的场景是针对沉睡用户的。所以单纯地在站内发优惠券，只能影响仍在登录 App 的部分用户，影响不了其他沉睡用户。此时分析沉睡用户的登录比例数据就能看出策略的局限性。

（3）全局有用，但用处有限的策略

比如设置签到有礼、浇水种树送果实等小游戏。虽然别的 App 也设置了，看起来能影响用户行为，但是执行效果到底如何？能否促进沉睡用户转化，还是仅仅吸引了活跃用户参与，需要结合其度量指标——分析，从而发现执行中存在的问题。

总之，使用 OSM 模型能有效避免"拍脑袋做事"，建立清晰目标→行动→结果的逻辑链条。有了这样清晰的链条，后续就能建立监控体系，系统监控业务发展走势了。

7.3 数据监控体系：系统监控商业发展走势

1. 建立监控体系的 5 个步骤

想要解决问题，首先得识别问题。如果缺少有条理的数据监控体系，就会被淹没在各种细节信息里无法自拔。而在考虑过程指标以后，数据指标就会变得非常多，如何理顺条理呢？具体分为以下 5 步。另外，要牢记"由大到小，先果后因"这 8 个字。

第一步：明确投入 / 产出指标。特别是哪些是决定企业"生死"的主指标，哪些是体现企业战略意图的副指标，一定要区分清楚，如图 7-6 所示。比如传统企业一般都是靠利润生存的，那么可以把利润设为主指标；其他的指标，如线上业务占比（代表线上转型战略）、产品销售数量（代表市场份额）等，可以设为副指标。比如互联网企业可以将用户数、活跃用户数等设为主指标，因为其商业模式是先吸引用户，再盈利。

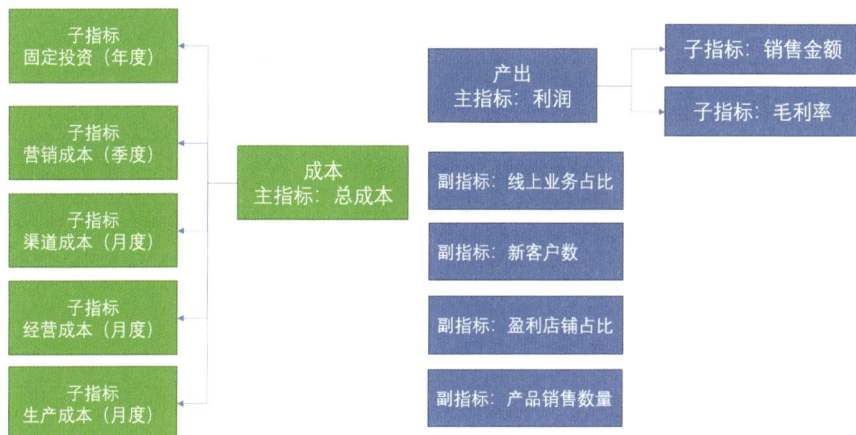

图 7-6

第二步：监控投入 / 产出指标的时间趋势。要监控整体的投入 / 产出是否在计划内。例如每月完成数据和累计完成数据都要分析：通过分析每月完成数据来监控企业的发展趋势是否向好，通过分析累计完成数据来监控是否有个别月份的目标没有完成，还有多少容错空间，从而决定采取何种行动，如图 7-7 所示。

图 7-7

第三步：考察投入 / 产出发生的业务线。把投入 / 产出目标分解到各个业务线，明确业务线的任务（如图 7-8 所示，先按整体业务线分解产出指标）。

第四步：考察随着时间的变化，投入 / 产出在各业务线之间的结构变化情况。要监控各业务线是否按计划行动，是否有异常表现。业务线之间的结构变化本身不能说明问题，得结合整体业绩表现来看。如图7-9所示，企业整体业绩向好且线上渠道份额增加，而门店渠道份额下降，这就说明线上可能是新的增长机会，可以考虑调整投入方向。

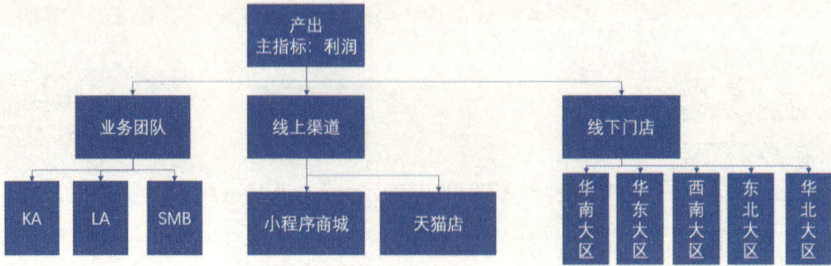

图 7-8

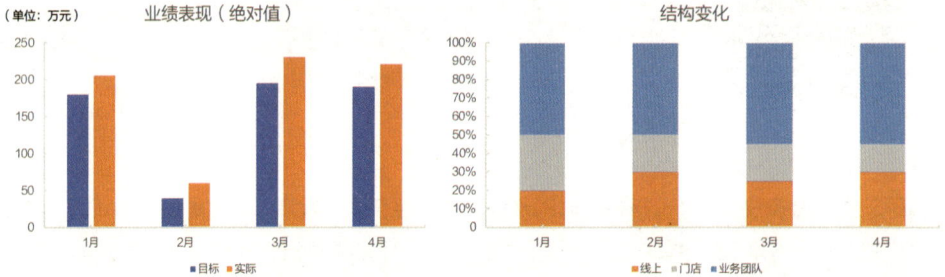

图 7-9

第五步：考察各业务线的过程指标转化情况。可以分别看各业务线具体的转化情况，如图 7-10 所示。

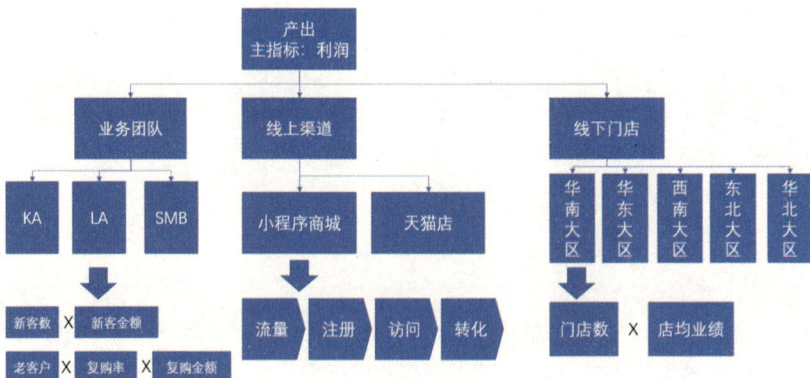

图 7-10

这样的考察顺序是从宏观到微观、层层深入的，并且每一步都能形成结论，先对问题定性再看细节，就能越看越清楚。

2. 构建监控体系要点

（1）构建监控体系要点一：数据采集

数据采集非常重要！需要监控的指标必须保证是可采集、有质量保证的，这样才能提供准确的判断依据。因此，要大胆放弃一些质量差、来源不稳定、不能连续追踪的数据。

质量差的数据有以下 3 种：

- 满意度、NPS（Net Promoter Score，净推荐值）等调研数据。
- 不完全采集、丢失很多字段的用户线上行为数据。
- 没有规范管理、区分不清楚的促销 / 商品数据。

要选择能长期使用、质量稳定的数据。比如，同样是利用杜邦分析法诊断产出情况，理论上可以做得很细致，如图 7-11 所示。

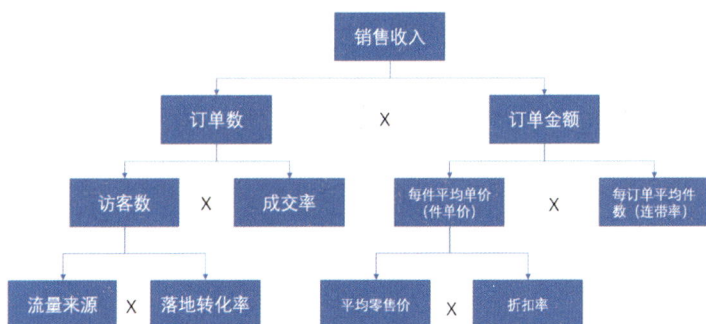

图 7-11

但是，如果没有统一管理促销活动，就无法区分用户是使用优惠券购买的商品，还是通过"商品直降"活动购买的商品，呈现的效果如图 7-12 所示。

如果没有流量来源数据，无法区分访问流量与登录用户，那么呈现的效果如图 7-13所示。

如果连会员系统都没有，订单关联会员卡号不足 80%，那么呈现的效果如图 7-14 所示。

数据质量好，展示的数据就多；数据质量差，展示的数据就少。加强数据质量，强调多少遍都不过分，读者要切记。

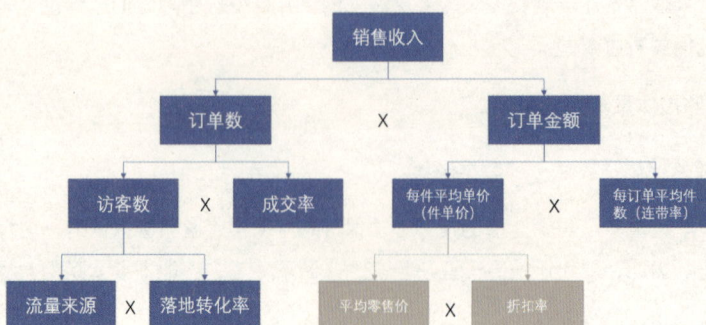

图 7-12

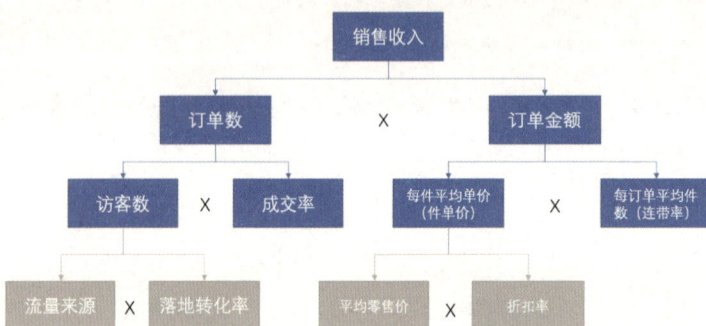

图 7-13

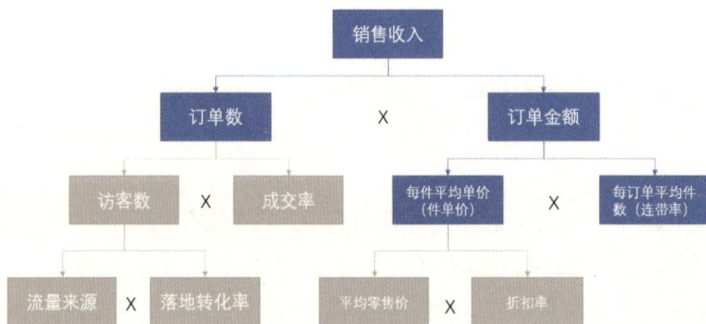

图 7-14

（2）构建监控体系要点二：要有配套的判断标准

每层级除要有指标外，还要有配套的判断标准。特别是在多层级结构中，还要在观察整体投入／产出的走势、结构变化时，有清晰的标准，例如：

• 今年的产出目标是多少？

- 目前的产出进度是否满意？

- 是否有重点发展的方向（比如线上经营）？

- 结构变化是否符合重点发展意愿？

- 今年的成本控制在什么水平？

- 目前的成本使用进度是否合理？

- 成本结构是否符合期望？

通过投入/产出的分析，可以为目前的状态定性：到底状态是好还是不好？不好有多不好？是哪一块不好？这样才能在看到细节指标、过程指标时，保持清醒的头脑，在细节处有所发现。

- 好：就看能不能拿出来当标杆。

- 不好：集中精力解决问题。

不然的话，在一级指标中没有得到结论，就会在二级指标里陷入"付费率涨了但人均付费金额跌了，到底好不好呢？"这种细枝末节的纠结里。

（3）构建监控体系要点三：按日、周、月等顺序解决问题

完善的数据监控体系包含大量的指标与分类维度，如果将其一次全部呈现出来，就会包括一大堆密密麻麻的数字，既不方便查看，又不方便使用。因此，应该按日、周、月、季度、年度的顺序，逐层输出，降低读者的阅读难度，提高使用效率。

① 日报的作用。

日报的作用是监控走势，发现短期问题。其中每日的数据要尽可能少，突出重点结果指标，不用夹杂太多的过程指标。这样可以让有关部门尽可能少花时间在办公室电脑前读数据，多花时间在一线干活。对于不同的部门尽量突出不同的重点指标。比如给销售部门看的日报，可能包含下面的指标：

- 本月累计情况。

- 今日业绩目标。

- 昨日最优秀业绩个人。

这几个指标在当日的销售晨会上只要 5 分钟就能讲完，还能方便销售领导激励下属，提醒团队盯紧目标，比展示一大堆数据更有用。

如果是给供应部门看的日报，则需要有库存数据 / 进度提醒，提醒供应部门要注意下面的信息：

- 目前的存量还有多少？

- 按最近一周消耗速度，预计还能坚持几天？

- 最近的补货预计几号到？

这样供应部门可以发现进度落后的产品，选择是催促进度还是继续观察。例如对于总成本核算，根本不需要每日关注（因为成本发生分散，形式千奇百怪，实际上一时半会也算不清楚），一般每月核算即可。

每日发生的数据是趋势分析法的重要组成部分。因此，呈现给领导的日报应连同最近 30 天 / 90 天的趋势图一并提供，方便领导在看日报的时候对比过往趋势，发现问题。

② 周报的作用。

周报的作用是监控走势，发现长期问题。周报类似日报，不见得其中的每个数字都有意义，很多时候数据只是周期性的变动，只是偶尔有重大波动（例如系统发生问题、大促销、天气状况不好等）。但日报和周报连起来看意义就很重大了，从中可以发现长期性的趋势问题。特别是产品版本更新，积分、会员类长线运营机制上线以后，只看一两天的数据，很容易被当天的特殊情况所迷惑，看一周的变化趋势，更容易追根溯源。

③ 月报的作用。

月报的作用是衡量绩效指标，调整策略。大部分公司的绩效指标都是按月制定的，工资 / 奖金一般也是按月发的，因此月度的数据统计常常用来考核绩效指标，制定 / 调整策略。一般公司在月初都会对其上个月的工作进行复盘，此时可以结合全月数据，对重点问题进行分析，发现深层的问题。

因此，月报不等于 4 周周报之和，更不等于 30 天日报之和。在月报中，一般要有上个月的整体投入 / 产出情况，即投入 / 产出在上个月的发展趋势。之后，可以加入过程指标与众多分类维度，切入当月重点议题，一般包括下面这些信息。

- 上个月未解决的问题。

- 潜在问题 / 机会点。

- 年度目标检查。

- 本月重点工作。

在周报、日报中发现的未能及时解决的疑难问题，应该在月报中以专题分析的形式呈现。此时距离问题发生已经有一段时间了，如果是真实问题，则会暴露得更明显；如果是偶尔发生的异常现象，则会自行消失，因此分析更聚焦。

④ 季报的作用。

季报的作用是针对公司的季度规划，安排战术执行。季报是月报的升级版，所起的作用和月报类似，针对季度重点问题进行回顾，针对潜在疑难杂症进行解析。有的公司会直接省略了季报。但是对于某些行业，比如服装、生鲜这种季节性产品更替或依靠特定季节促销提升业绩的行业，季报的重要性就显得特别高了。

⑤ 年报的作用

年报的作用是盘点公司年度经营状况，达到特定目的。大部分公司的年报甚至不是为了解决问题，而是为了达到特定的管理目的，比如邀功请赏，激励士气；对外发布数据，提升品牌形象；深度分析数据，应对变化等。因此年报完全没必要复制月报、季报的形式，可以更灵活地分析数据。

比如，新冠肺炎疫情影响了大部分行业的发展，因此公司在做年度总结时，可以按下列类型进行整理。

- 问题分析型：疫情对业绩的影响，在疫情下如何做好工作。
- 邀功请赏型：在疫情中，公司／团队如何表现出色，克服困难。
- 提升品牌型：在全行业受疫情影响的情况下，公司如何保持增长，战胜对手。
- 未来展望型：在 2022 年哪些态势会延续，哪些态势会结束，该如何应对。

让日报、周报、月报、季报、年报相互配合，才能把数据监控的作用发挥到最大，而不是一上来就铺陈数百个指标，然后不断地反复更新。过于复杂的数据，数据分析师分析起来很累，业务部门也没有人参考，效果自然不好。

7.4　多维度诊断：确定商业问题源头

在商业经营中，我们经常分有以下疑惑：

- "最近公司的业绩是不是不好？"
- "我们的工作是不是不到位？"
- "是不是最近行业'变天'了？"

这种疑惑会干扰管理者的决策，影响执行者的信心，因此必须马上解决疑惑。解决疑惑的办法是要找到真正的问题根源，而不是听风就是雨。

比如，今天听到有人说"我们的商品卖得太贵啦"就赶紧降价；明天听到有人说"我们的商品卖得太便宜啦"就连忙提价。这样只会瞎折腾！所以，这里推荐用系统性的多维度诊断，有逻辑地锁定问题。

1. 识别问题来源

诊断问题的第一步是识别问题的来源，常见的问题来源有 4 种，如图 7-15 所示。

（1）自上而下型

比如看到一个问题数据：

- 销售收入连续 3 天下降了。
- 新用户注册数突然少了一半。
- 每日活跃用户数低了 10%。

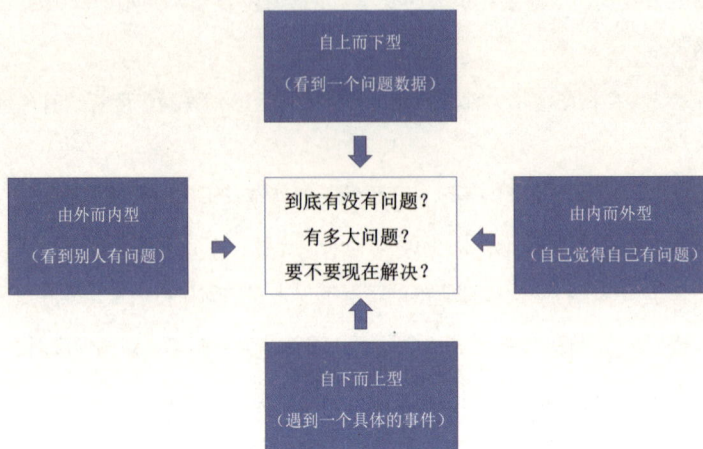

图 7-15

（2）自下而上型

比如遇到一个具体的事件：

- "我浏览我们的天猫店，商品下边有好几个差评，怎么回事？"
- "我登录我们的 App，发现居然都没有活动，这还能留住用户吗？"
- "我路过我们家的门店，发现店员居然都在玩手机，这还能有业绩吗？"

当然，不只是自己亲身感受的，如果是决策者或管理者，还会经常有其他人，如下属、亲戚、朋友、同行、供应商……告诉他们这些耳闻目睹的故事。

（3）由外而内型

比如看到别人有问题：

- 朋友圈文章：《震惊！某企业家刚刚宣布！××行业要"变天"！》。
- 行业报告：《××行业 2021 年十大危机！》。
- 新闻报道：《专家点评××行业困局》。

总之，看文章的人看到这个内容且相信了，于是心生问题！

（4）由内而外型

比如自己觉得自己有问题，但是说不上来为什么，类似"我从业 20 年，凭经验看可能有问题了"这种情况在传统企业中尤为常见。

想要诊断问题，首先要冷静下来，区分清楚疑惑的来源到底属于哪一种。古语说"主不可以怒而兴师，将不可以愠而致战"，越是有经验的管理者，就越要克制自己的情绪，避免由内而外型问题导致的误判。越是新人，则越要区分出自下而上型问题。之后，可以根据具体问题来源，有针对性地解决问题。

2. 自上而下型问题的分析方法

- 确认数据本身是否有误，排除错误数据的干扰。
- 从时间上看，数据是否仅仅是周期性波动。
- 从程度上看，数据是剧烈波动，还是小范围波动。
- 从发展上看，数据的波动是越来越严重，还是偶尔波动一下。
- 从分布上看，是所有渠道一起出现问题，还是某个渠道出现问题。
- 锁定出现问题的渠道，看该渠道的过程指标。

其中，前 4 步是先确认问题本身严重程度和数量。然后进行第五步，看是哪个渠道 / 区域出现的问题。再看过程细节。这样能避免一上来就陷入大量的细节中，可以快速找到问题点，理顺整个逻辑。具体如图 7-16 所示。

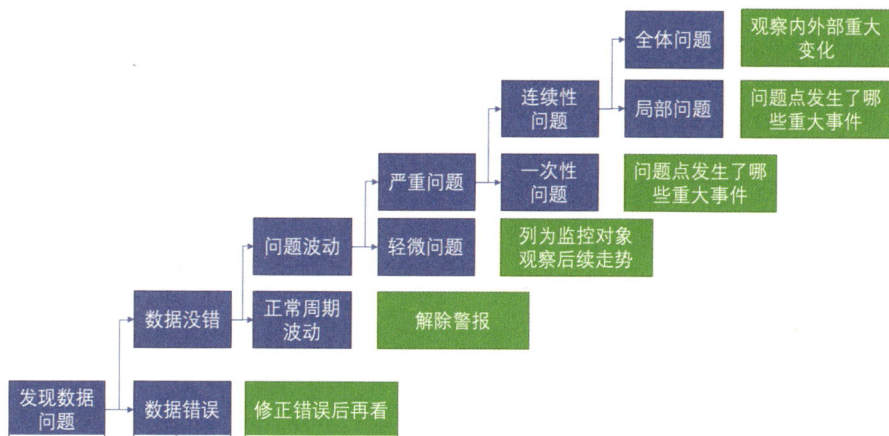

图 7-16

这里特别要注意区分轻微问题与严重问题。数据指标不可能是一条直线，正常的轻微波动经常出现。在正常的波动范围内，不要对数据太敏感。

在图 7-17 中，只有场景 4、5 才是需要引起我们注意的指标暴涨、暴跌的变化情况。可实际上，平时人们也会因为小小的数据波动而紧张，比如突然有一天数据下跌了（如场景 1），或者连续好几天下跌（如场景 2），或者连续上涨后突然下跌（如场景 3）。虽然这些场景的数据变化幅度不大，但是还会引起一些人的关注，他们会不停地追问："为什么上涨？为什么下跌？"其实有可能就是正常的波动。如果总是过于敏感，会让分析失灵，忽视了真正的重大问题。

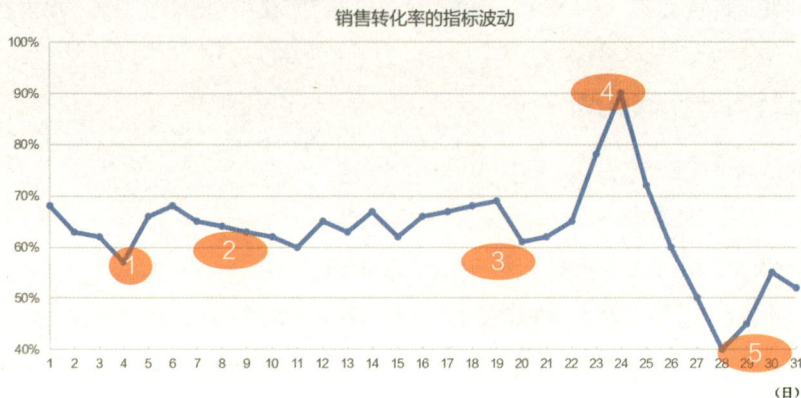

图 7-17

3. 自下而上型问题的分析方法

- 了解问题的来龙去脉，避免一叶障目。
- 从问题中提炼出检验问题是否存在的指标。
- 从问题中提炼出可以导致的结果指标。
- 根据数据指标确认问题的真实性、持续性、是否有影响及影响的大小。

下面用一个简单的例子来说明。比如"我看到自己的商品有好几个差评，心里不高兴"这是一个具体问题，分析过程如下。

第一步：确认差评反映的问题，比如商品质量、物流、价格、体验……再检查差评对应的订单，看看是真实的问题反馈，还是部分客户故意找麻烦，抑或是竞争对手的恶意攻击。

第二步：确认检验差评的标准，比如常见的商品评价有打分和评语两部分，需要明确统计标准，把所有符合标准的问题全部列出来，方便评估问题的严重程度。

- 是否打分为 3 分以下的评价都算差评？还是只看打分为 1 分、2 分的评价？
- 是否打分为 4 分、5 分，但评语写"一般般"的评价也算差评？
- 是否只看网站评价？客服反馈的算不算？

第三步：确认差评可能会导致的影响。

- 影响 1：写差评的客户退货率较高。
- 影响 2：写差评的客户有可能是同一类人，这一类人大多数都保持沉默，但消费率低 / 退货率高。

- 影响 3：出现差评以后，导致新客户的成交率会下降。

> **注意：** 这 3 种可能会导致的影响，对应的检验方向是不一样的，要列清楚每一个要检验的问题，之后一一验证。

第四步：评估差评的真实性、持续性、是否有影响及影响的大小。

- 真实性：差评是否来自客户的真实反馈，排除想要优惠不成而恼羞成怒的客户给的差评和竞争对手给的恶意差评。

- 持续性：问题发生了多久？是频繁发生还是偶尔发生？是否有差评越来越多的趋势？

- 是否有影响：是否真的造成了影响？影响有多大？影响大到什么程度才需要被关注？

经过上面一整套的流程梳理，可以有效避免"幸存者偏差"问题，确保自己看到或别人反馈的问题真的是一个问题，并且能对问题的轻重缓急有所判断，从而找到真正要解决的问题。

这种方法在传统企业中也适用，因为传统企业通常在全国各地都设有分公司，各个分公司经常有问题反馈。企业领导在各地考察的时候，经常看到门店发生的一些触目惊心的事，比如"店员都在玩手机"或"客户不满意都闹到店里了"。这时候要有能力区分出问题是特例还是普遍现象。如果是普遍现象，还要分析到底有多普遍。

4. 由外而内型问题的分析方法

- 首先，看清楚数据来源。

- 其次，看清楚数据发布人。

- 再次，找内部数据，看能否印证外部说法。

对外部数据而言，数据的真实性很重要！外部数据不像内部数据，数据质量有据可查，外部数据很有可能来源不明。基于这些来源不明的数据，得出的判断质量也没保障，所以一定要认真查看数据来源。

常见的数据来源质量排序（从高到低）如下：

- 市场公开的财报数据。

- 行业访谈／企业领导人主动提及的数据。

- 专业第三方机构持续跟踪的数据。

- 某竞争对手单方面发布的数据。

- 某供应商单方面发布的数据。

- 未知的市场调查数据。

首先，尤其要注意区别市场调查数据。因为这是一种廉价的获取数据手段，有的媒体经常随便问几个人就当是调查了，信息非常不准确。而且这种调查经常会提供如：消费者倾向、消费者满意度、消费者态度等吸引人的数据，所以很具有迷惑性。

其次，要注意区分哪些是原始数据，哪些是基于原始数据的推论数据、验算数据、假设数据。很多媒体喜欢基于原始数据做推论验算，然后把原始数据与推论数据混在一起报道出来，这样很容易迷惑人。

再次，要提防媒体的统计方法。比如有媒体采访了一个具有大学学历的中年女性，然后说："像这样的受访者还有 3000 多万人……"注意，这里的"3000 多万人"很有可能指的是全部符合"中年、女性、具有大学学历"条件的人，不是真正遇到问题的人。媒体的这种统计方法很能吸引人们的关注，但是会扰乱人们的判断。

另外，新闻发布人的身份也很重要。一些机构/个人会刻意夸大其词，要小心鉴别这些哗众取宠的言论。

最后，外部数据要和内部数据结合起来看。

- 外部说"行业核心客户在流失"，对应着内部数据看核心客户是否真的在流失。
- 外部说"行业服务质量在下降"，对应着内部数据看服务质量是否真的有变化。
- 外部说"行业受到新业态冲击"，对应着内部数据看企业是否真的受到了冲击。

总之，外部数据只是参考，内部数据才是决定行动的判断依据。

5. 自内而外型问题的分析方法

- 这类问题如果是来自自己的感觉，则请坚决抑制这种凭感觉做事的冲动，至少要关联到一个事件/一组数据上，把感觉具象化。至少能找到一个例子，再进行分析。
- 这类问题如果是来自领导/上级的判断，则请坚决落实到一组数据上，确认判断的真实性。
- 这类问题如果是来自下属、同事、朋友的判断，则可以先看这个人是否真的有从业经验。如果是有经验的前辈，则可以考虑落实到一个事件/一组数据上。如果是没有经验的人，则可以直接忽略这个问题。

总之，整个商业分析的核心逻辑就是把决策建立在事实和数据的基础上，排除个人感觉。

> **注意：** 即使用了上述方法，仍然只能定位到问题的发生点，不能区分出具体原因。在现实中，生产问题的原因错综复杂，可能是内部经营不善，也有可能是外部环境变化，更有可能是策略执行不力导致的，如何一一区分，在第 9 章中会有详细的解答。

7.5　策略评估：确定商业行动顺序

1. 策略评估的基本思路

当仅考虑业务整体的投入 / 产出时，决策方式较为简单：只要选择做或不做即可。如果做，就选择 ROI（投资回报率）最高的方式。可当考虑具体的实现过程之后，策略会变得复杂了，具体如下。

- 新增：可以选择新开一条业务线。
- 扩容：可以选择加大现有业务线的投入成本。
- 优化：可以选择优化现有业务线的流程。
- 放弃：可以放弃做得太差的业务线。

业务线越多，需要考虑的也就越多。此时，首先需要决定做哪些，不做哪些，之后才是具体如何做。如果排兵布阵出了问题，战斗力再强，也不能实现好的结果。

原则上，这 4 种基本策略评估的思路对应以下 4 种解决方法。

- 新增：按照目前 ROI 高的渠道特征，找类似的渠道。
- 扩容：从目前 ROI 高的渠道开始扩容。
- 优化：从目前最差的渠道开始优化。
- 放弃：优先砍掉 ROI 低甚至负效益的渠道。

但是，这样做是有前提的。

- 新增：不见得找得到一模一样的渠道，甚至有可能找错。
- 扩容：有可能有边际收益递减，追加投入成本后 ROI 降低。
- 优化：有可能找不到好的办法，优化失败。

并且，以上所有措施都需要花费一定的时间和费用。

2. 策略评估的基础工作

所以，想要避免"拍脑袋做决策"，需要做大量的基础工作。

- 建立数据监控体系，对各业务线的基本运行情况有清晰的了解。
- 建立多维度诊断模型，对目前经营是否有问题、在哪里发生了问题有清晰的了解。

有了这两个基础，才能够清楚目前的投入 / 产出的整体情况，才能把握各业务线的走势，才能知道目前有多大的问题，这时候才能设计策略。

3. 优先评估问题严重程度

在做完上述两项工作后，应首先对目前问题的严重程度进行评估。需要计算以下指标，这样为整体策略定下基调。

- 距离目标的差额。
- 剩余弥补问题的时间。
- 手头尚余的可用投入成本。

举个简单的例子，如图 7-18 所示为某公司 1 ~ 7 月的业务进度完成情况。到 7 月为止，业务 2 的进度已超额完成，且年份过半，这时候可以安排一些长期性、基础性的建设，或者腾出资源来为新增 / 扩容 / 优化做实验，积累宝贵的实验数据。而业务 1 的进度已严重滞后，得抓紧时间想办法解决问题了。

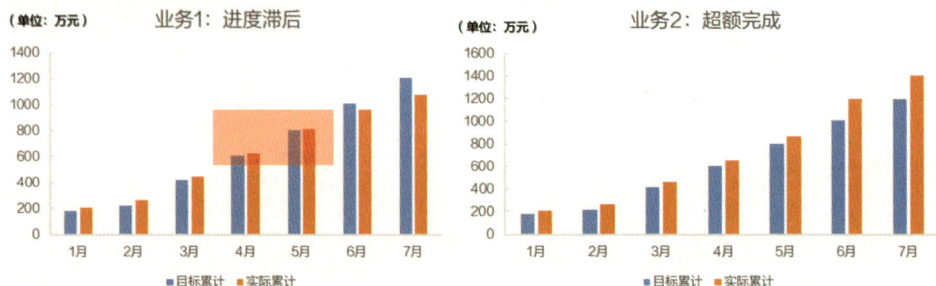

图 7-18

业务 1 的进度滞后并非没有先兆，早在 3 月就出现了进度放缓，目标与实际进度之间差距缩小的情况。如果早在 3 月就开始筹备应对策略，有可能到 7 月就不会有这么大的差距。所以，常规的数据监控与问题诊断体系必须结合起来才能早发现问题、早处理问题、早积累经验。

4. 进一步分析优化方向

有了对现有各业务线的 ROI 评估，就能快速确定新增 / 扩容 / 优化的方向。还以某在线教育机构为例，其在 5 个广告渠道进行广告投放，投放目标为吸引用户购买课程：用户看到广告后，可下载该 App 进行注册，然后试听课程并购买。5 个渠道的转化数据及 ROI 如表 7-1 所示。

表 7-1

渠　道	曝光数（人次）	单位曝光成本（元）	注册数（人次）	注册到试听的转化率	试听到购买的转化率	单位购买成本（元）	ROI
A 渠道	259,210	1	12,677	75%	88%	31	1：0.64
B 渠道	319,924	1	22,771	72%	83%	24	1：0.85

续表

渠　道	曝光数 （人次）	单位曝光成本 （元）	注册数 （人次）	注册到试听 的转化率	试听到购买 的转化率	单位购买 成本（元）	ROI
C 渠道	77,904	1.5	6881	64%	85%	31	1：0.64
D 渠道	325,711	2	55,445	68%	92%	19	1：1.06
E 渠道	66,819	2	34,198	74%	87%	6	1：3.29
整体加和 / 平均值	1,049,568	7.5	131,972	70.6%	87%	22.2	1：0.88

- 如果要新增渠道，则优先按 D、E 渠道的特征，寻找是否还有合适的渠道。

- 如果要扩容渠道，则优先看 E 渠道是否还有扩容的可能性，能扩容多少。

- 如果要优化渠道，则优先考虑注册到试听的转化率，看是更换试听内容还是缩减流程。

- 如果要放弃渠道，则优先放弃 C 渠道，因为单位购买成本高且人数少，其次放弃 A、B 渠道。

基础工作做得扎实，确定方向就非常容易了。接下来可以和具体负责渠道投放 / 产品设计的同事沟通，确认每一个方向的实际落地可行性。

还有一些相关配套方法可以提高分析效率。比如，为每个渠道的特征打上业务标签，方便在新增渠道时寻找类似的渠道。图 7-19 是一个对公众号广告渠道做的标签分类，通过现成的分类很容易找到类似的公众号进行广告投放。

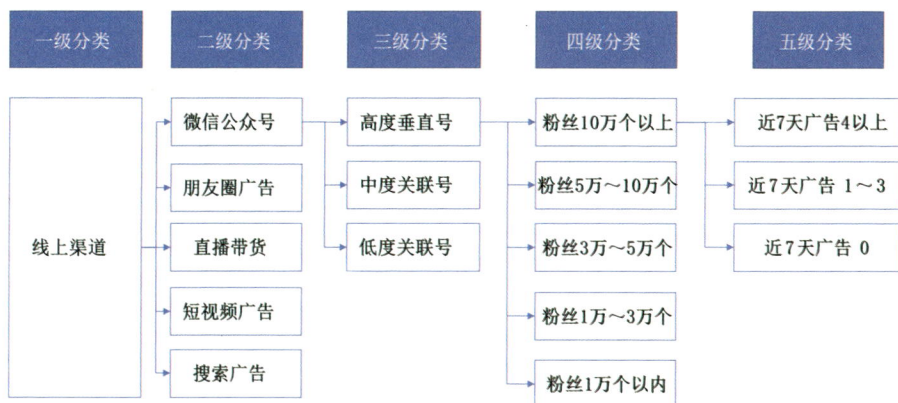

图 7-19

通过扩容的渠道，追踪每次扩容的效果，观察是否存在边际收益递减，从而可以避免扩容力度过猛，浪费资源。如表 7-2 所示，很明显 E 渠道在第三次扩容后 ROI 出现大幅度的下降，此时应观察业绩目标是否已达成，如达标压力已大大减轻，可以适当控制在 E 渠道的投入。

表 7-2

渠　　道	曝光数（人次）	单位曝光成本（元）	注册数（人次）	注册到试听的转化率	试听到购买的转化率	单位购买成本（元）	ROI
E 渠道第一次扩容	66,819	2	34,198	74%	87%	6	1：3.29
E 渠道第二次扩容	133,638	2	64,146	73%	82%	6	1：2.85
E 渠道第三次扩容	267,276	2	80,182	70%	80%	12	1：1.67

比如针对优化，可以根据 ROI 需求，提前给设计人员优化目标。比如目前 5 个渠道的注册到试听的转化率最低为 64%，最高为 75%，那么在新版本中该阶段的转化率应尽量提升到 75% 以上。设计人员完成设计后，在 A／B 测试中就可以直接以此为目标，调整设计，不用等到上线后再看效果。

还有一种场景是在年初制订计划的时候，部署整体策略。此时问题尚未发生，因此不需要按上述的诊断式逻辑考虑策略。在年初制订计划时，投入／产出目标尚未制定，因此有很大的发展空间。站在数据的角度来看，完全凭空设定目标，失败概率会非常大，因为完全不知道"拍着胸脯喊出来"的目标到底有没有可能实现。因此对于投入／产出，建议先锁定一方，再看另一方，这样更容易制定出合理的目标，如图 7-20 所示。

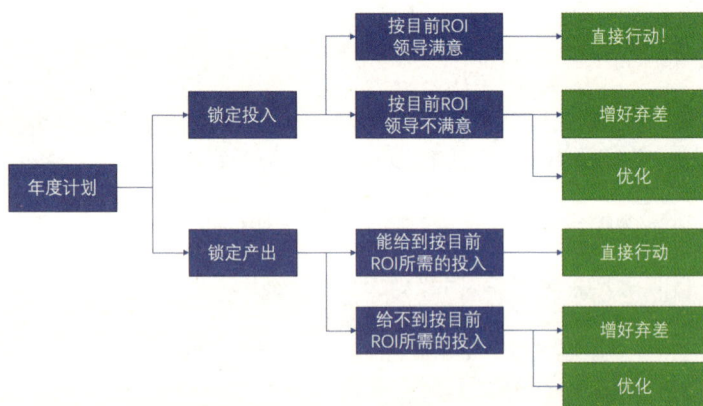

图 7-20

一般来说，追求成长的企业更看重目标，因此可以锁定产出，看资源是否足够；追求稳定发展的企业，对成本管控更严，因此可以锁定投入，看产出是否让领导满意。总之，ROI 是现有运作手段效率的体现，如果按现有手段 ROI 目标都无法达成，则应提前考虑还有哪些优化策略可用。

在实际经营时，经常出现多种策略，特别是营销策略与渠道策略重叠的情况。

7.6　标杆分析：快速积累商业成功的经验

人们都希望通过商业分析指导具体的销售动作，遗憾的是，任何一类销售动作，其中都有大量的不可量化的因素，通过数据很难直接计算出一个可行的办法。但是，通过数据能找到值得学习的标杆员工，直接复制标杆员工的做法，可以极大地提高执行效率。只是，这么做要满足以下前提。

- 标杆员工真的是一个标杆，不是偶尔运气好。

- 标杆员工的做法有规律可循，没有太特殊的成分。

- 标杆员工的做法别的员工也可以学得会。

标杆分析法的核心工作就是解决以上 3 个问题。如果以上 3 个问题处理得不好，就会产生以下问题。

- 表现不稳定——比如上个月找出来的标杆员工，这个月的表现一塌糊涂，引发众人质疑："这也值得学？"

- 本末倒置——比如："标杆员工一个月能开发 100 个客户！你们一个月也要开发 100 个客户！"引发众人质疑："他就是因为能开发 100 个客户才成为标杆的，我们想学习他的方法。"

- 无功而返——如果标杆员工的做法难度太大，那么其他人根本学不来："人家是'奇才'，我们是'凡人'，怎么办？"

要解决以上问题，首先得确保标杆员工的表现很稳定，真的有规律可循。此时，先不要深入细节，先看结果指标。所谓的"标杆员工"，肯定在某个月份表现优异。唯一要确认的是这种表现是否有规律可循，是否能稳定地持续下去。

因此，在设定单月份表现标准的时候，不建议直接选取单月表现最好的员工作为标准，很有可能单月表现最好的员工有运气成分。在设定单月份表现标准的时候，建议以表现平均值作为参考，方便观察员工整体能力是否有进步，找出表现稳定的员工。

举一个简单的例子，如图 7-21 所示。通过观察每个月的业务员业绩排行榜，就会发现每个月的冠军都是不一样的人，很难找到稳定的标杆员工。但如果将 1.5 倍的平均值作为标准值，则可以看到有的人可以每个月稳定地超过标准值，有的人偶尔超过，有的人从来没有超过，这样可以找出稳定的标杆员工，并且如果超过标准值的人越来越多，业务员的整体能力和整体业绩也就进步了。

假设每个月业绩在 100 万元以上的业务员算业绩优秀的业务员，再观察各个业务员的表现，通过两个维度可以划分为 7 种常见的形态。

（1）看自然周期（见图 7-22）

- 一直很好型：不管哪个月份，都能超过考核要求。
- 季节性好型：在行业旺季（比如春季、秋季）表现好，在其他季节表现不好。
- 偶尔好型：表现好的月份分散，没有明显的规律。

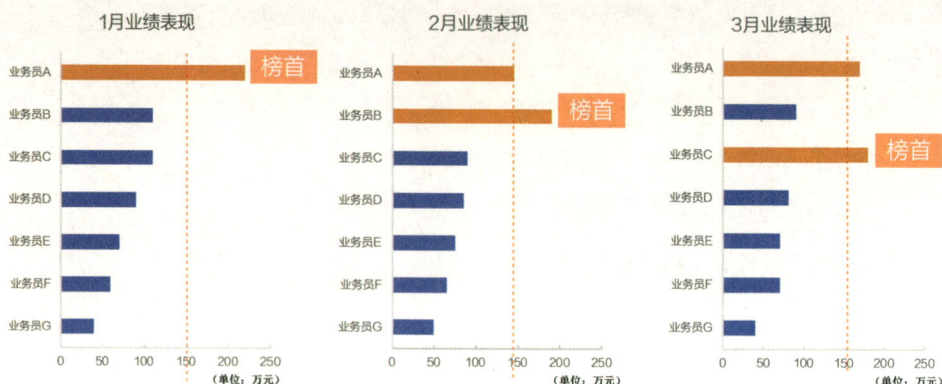

图 7-21

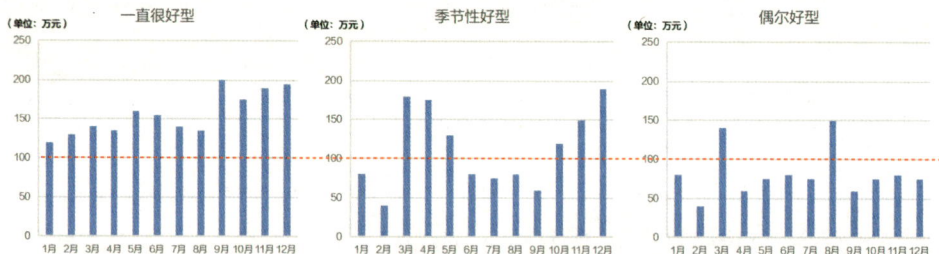

图 7-22

（2）看生命周期（见图 7-23）

- 一直很好型：从入职开始，表现稳定，几乎全部超过考核要求。
- 先好后差型：入职时表现很好，之后表现一般。
- 先差后好型：入职时表现一般，之后一直能表现良好。
- 偶尔好型：表现好与差没有规律，随机发生。

对于这 7 种形态的标杆员工，可复制程度不同，具体介绍如下。

（1）复制难度高

偶尔好型：员工业绩表现好坏可能和个人素质关系不大（比如电话外呼业务），此时只能考虑采用人海战术，或者利用外力提升效率（比如提供促销帮助或优化客户名单）。

季节性好型：员工业绩表现好坏也和个人素质关系不大，在旺季就是业绩好，在淡季谁的业绩也不好。这时候依然优先考虑采用人海战术。在旺季增派人手，在淡季重点保留忠诚度高、个人品质好的员工（而非考虑业绩表现）。

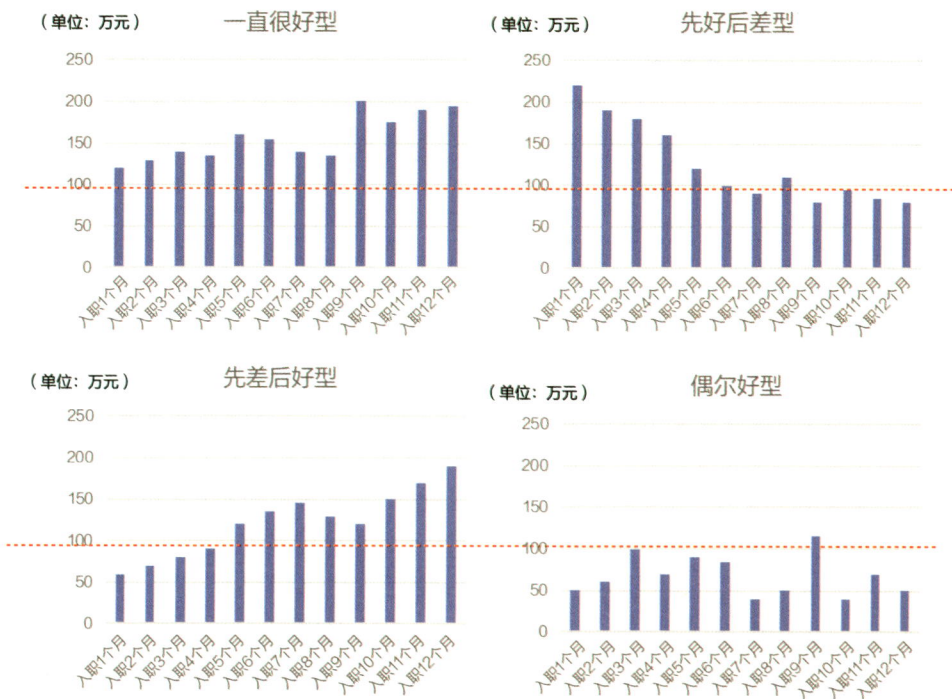

图 7-23

（2）复制难度中等

先好后差型：员工的业绩先好后差，最大的可能是他自带资源，在耗尽了自己原有资源后业绩就归于平淡，甚至没什么业绩。这种现象在 B2B 和 B2B2C 业务中非常常见。很多业务员有很好的资源，走到哪里就带到哪里。这种情况是很难复制的，但企业可以采用逆向思维：给更优厚的条件，吸引有资源的业务员加入，那么在短期内便可快速提升企业的业绩。

通过业务员的简历及与其面试沟通的数据可以识别出这类业务员的典型特征。

- 从业时间久。

- 就职的上一家公司是大平台。

- 过往业绩较好。

- 有明确的大客户服务记录。

这样做也算是"复制"，只不过不是复制某一种能力或经验，而是复制有同样特征的人群。通过挑选资源好的业务员，可以提高企业的业绩。

一直很好型：对于一直表现好的业务员需要进一步区分，分析其表现好的因素是否可以复制。一般来说，业务员的个人特征太过强烈、专业知识太强、背景太强等都难以复制。

- 个人特征太过强烈：比如具有外貌优势的销售员，这种情况下普通人极难复制。

- 专业知识太强：比如学医的人去卖保健品、学材料的人去卖建材产品，其专业知识深度远超只会背产品手册的普通人。

- 背景太强：比如针对特定国家或者小语种客户的销售员，普通人很难学习，只能在很小的领域内找人。

如果真的发现是以上难以复制的因素在支撑着员工的业绩表现，则可以考虑复制人，而非复制方向。普通人能复制的不是个人特征、专业知识、背景，而是操作步骤、行动顺序、执行力度。反映在数据层面，就是业务员之间的数据差异体现在行为上，而非特征上。

举个简单的例子，如图 7-24 所示，这里按以下两种维度将业务员分组。

- 性别 + 行业经验。

- 陌生人拜访次数。

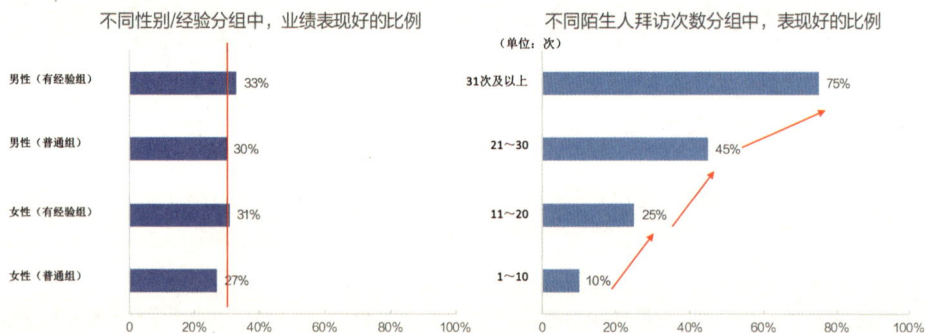

图 7-24

之后对比每组中表现好的比例发现：虽然经验确实会影响业绩的表现，有经验的男性比普通男性的业绩表现好，有经验的女性比普通女性的业绩表现好，但相比之下，陌生人拜访次数的差异导致的业绩表现的差异就很明显了。可以看出陌生人拜访次数是一个非常重要的行为，只要陌生人拜访次数多，业绩表现好的比例就大！

这个例子说明要找差异大的特征、行为。也有可能在用企业的数据检验后，发现结果是反过来的：有经验的业务员比没经验的业务员业绩表现高出 30% 以上，那就放心大胆地选有经验的业务员。

要注意的是，这里用来分组的特征、行为，与业绩不是直接相关的。

比如：业绩 = 线索数 × 成交率 × 客单价

不能用线索数、成交率、客单价中的任何一个指标来分组，否则就会出现本节开篇所说的本末倒置的问题。

问："为什么他的业绩好？"

答："因为他拿的线索多 / 因为他成交率高。"

这是必然的！成交率低，业绩能好吗？而且其他人想学习的也不是"成交率高"这 4 个字，而是"为什么成交率高？"

这种基于业绩拆解的指标对比只有在一种情况下是有意义的：在一家企业内，同时存在两种成功路线，比如下面介绍的例子（见表 7-3）。

表 7-3

	总业绩（元）	客户数（人）	成交率	成交客户数（人）	客单价（元）
A 标杆	1,200,000	10,000	12%	1200	1000
B 标杆	1,300,000	1000	13%	130	10,000

这两个标杆业务员都满足"总业绩在 100 万元以上"的条件，但是两个人的表现完全不同！

- 一个业务员专门开发小客户：开发客户极多，客单价不高，聚沙成塔。

- 另一个业务员专门开发大客户：大客户购买力强，只要攻克少数大客户即可。

这时候，作为管理者可能就会纠结：两种路线到底选哪一个？因为虽然结果一样，但是实现方式差异太大。而且看起来很极端，A 标杆业务会过于透支销售工作量和潜在客户数；B 标杆业务员会过于依赖大客户，忽视了很多中小客户的需求。

好在现实中很少出现这样极端的情况。大部分业务员开发大客户的能力有限，他们更多时候是保持一个基本行动量，比如开发 100 个客户，其中深挖 10 个大客户。

（3）复制难度低

先差后好型：员工的业绩表现原本差，后来变好了，这种情况是管理者最乐于看到的。因为这代表了销售员的表现是可改善的。这时候，通过数据可能会发现下面的信息。

- 业务员们利用了某一个资源。

- 业务员们完成了某一项培训。

- 业务员们实现了某一个行为。

那么之后只要尽快将资源、工具、培训这几个方面做好，帮助其他业务员达成行动量目标，就能复制标杆业务员的成功经验，如图 7-25 所示。

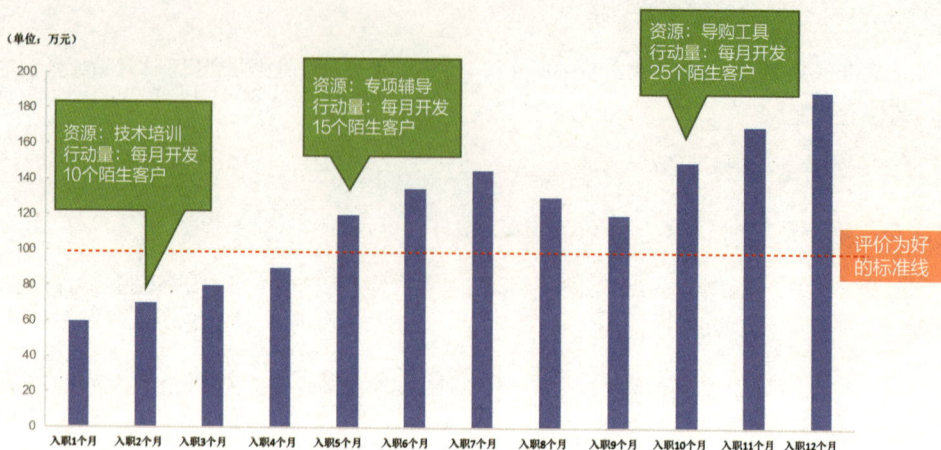

（单位：万元）

资源：技术培训
行动量：每月开发
10个陌生客户

资源：专项辅导
行动量：每月开发
15个陌生客户

资源：导购工具
行动量：每月开发
25个陌生客户

评价为好
的标准线

入职1个月　入职2个月　入职3个月　入职4个月　入职5个月　入职6个月　入职7个月　入职8个月　入职9个月　入职10个月　入职11个月　入职12个月

图 7-25

当然，也有可能所做的任何培训效果都不明显，例如销售人员就是得经过一段时间的历练以后才能成熟。这时候就只能选择耐心等待了，看哪些人能经过大浪淘沙，最终胜出。

最后，经过上述分析，企业可能得出一套"销售最佳实践 SOP"，其中的内容如下。

- 基本行为：陌生拜访次数、二次跟进次数、回访次数……

- 过程监督：培训参与次数、拜访进度、跟进及时率……

- 结果检查：推荐给客户的产品结构、成交客户结构……

至少从数据层面看，标杆员工都有这样的行为，且这些是可以复制的。

当开始复制标杆员工时，还要关注一点：其他员工是否可以学会。很有可能总结出的"销售最佳实践 SOP"是好的，但是员工需要分步骤学习，比如新人入职时，每次教一个动作，先掌握基础知识库再学陌生拜访，这样才能学得会。这就需要有更多的跟踪对比分析。这一点在第 9 章还会深入探讨。

第 3 篇

进阶篇小结

创业者：利用中级方法开展创业项目

对个人创业者而言，最有用的商业分析中级方法就是标杆分析模型。它和第 1 章讲的"如何区别创业项目靠不靠谱"一脉相承。在通过认真考察，发现靠谱项目以后，就要认真学习标杆的操作，这是最快的成功方法。

当然，更一般的形式是自己身边（亲戚、朋友、同乡、同学）已经有人小有成就了，且两人关系不错，这时候就直接学习别人的做法吧。找到靠谱的标杆然后认真学习是个人创业的最快捷径（没有之一）。

可能很多读者会惊讶：不是学了一堆方法以后就要用起来吗？实际上恰恰相反，对个人创业者而言，在创业早期不认真把业务做扎实，沉迷于数字游戏是创业失败的核心原因之一。以下是其中主要的问题如下。

（1）没找准标杆，闭门造车

或者凭感觉，或者凭简单的上门走访，就开始胡乱猜测对方的做法、成本、收入，最后幻想得很美好，而现实完全不一样。

（2）找到标杆，但不去认真研究过程

沉迷于在纸面上计算标杆的投入／产出，不仔细学习操作细节，不掌握开发客户的技巧，不关注供给获取周期、周转细节，最后自然不可能成功。

（3）找到标杆，研究过程，但只看"绝招"

有一类人特别沉迷于学习所谓的"绝招""套路""技巧"，在学习标杆时不去关注基本的销售过程、采购方式，而是一门心思地研究营销活动、优惠等细节。这些营销活动确实对消费者有吸引力，但是不注重基本的销售、采购、周转等方法，只看细节，就会只见树木不见森林。

（4）找到标杆，学了过程，但执行不到位

不认真提高销售技巧、采购能力，而是每天沉迷于数据研究，基本工作做不到位，光看数据没有用。

总之，对大部分个人创业者而言，能坚强地挺过开业期，需要做大量艰苦的基本操作，不是纸上谈兵。因此找准标杆，加强执行力才是关键。更深层地看这个问题，可以说大部分的商业经验都是有代价的。在一条条数据曲线的背后，可能是一间小店倒闭，一个创业者破产，所以最好不要拿自己的财富与前程做实验，从已经成功的案例中多吸收经验，走最稳妥的路才合适。

职场人：利用中级方法开展工作

对职场人士来说，商业分析中级方法是至关重要的，因为这些方法是清晰梳理流程，发现问题，寻找解决方案的基本方法（掌握了这一套方法，甚至都不需要掌握高级方法——让专业的数据分析师／商业分析师去处理复杂的问题就好了）。

特别是 OSM 模型，需要第一时间掌握。因为职场中存在的大量问题来自没有厘清目标。在小公司中，常常是想起来什么事就做什么事，毫无头绪；在大公司中，经常是按照流程、模板、老板指示盲目开工，有的项目甚至是直接在之前的方案基础上改改日期就"上马"了。从源头就没想清楚，到结尾肯定没有好的结果。比如最常见的运营活动，公司要"提升 GMV"，可对于以下问题却一问三不知。

- 提升动作从什么时候开始？到什么时候结束？（目标的问题）

- GMV 指标从多少提升到多少？（目标的问题）

- 用什么手段提升？（策略的问题）

- 投入多少资源进行提升？（策略的问题）

- 提升的手段真的有用吗？（策略的问题）

- 怎么确保手段都到位了？（度量的问题）

如果业务人员连自己要做什么都不清楚，那么后面肯定不会有好的结果。

有些读者可能觉得委屈，说："我们公司都是领导说了算，我做这些也没用呀。"越是领导说了算的公司，对业务人员而言，越要有 OSM 梳理的能力。只有这样才能提前发现领导部署中是否有漏洞，可以向领导提供补充方案。

进行了 OSM 模型梳理之后，后续的监控走势等也就水到渠成了，也能更容易总结出标杆的行为，后面的工作也会很顺利。

另一个很重要的应用是多维度诊断模型。在工作中，总有各种问题会让人心生不满，怀疑是不是自己的工作没做到位，很容易情绪化，做决策时自然容易出问题。最好的办法就是先冷静下来查查数据。把问题的真实性、轻重缓急程度、发生位置确认清楚，这样可以有效避免情绪化决策，提升工作效率，也能避免让自己被琐碎问题牵着鼻子走，有精力解决更重要的事情。

数据分析师：实现业务流程数据化

对专业的数据分析师而言，商业分析中级方法其实就是一个企业建立数据指标体系，实现业务流程数据化的主要过程。很多数据分析师对于以下问题都会苦恼。

- 到底怎样的指标体系才完美？
- 为什么我做的指标体系总被批评？
- 为什么建立了指标体系，业务利用不起来？

其核心问题只有一个：建立指标体系的过程和业务脱节，没有从业务目标、业务流程的角度着想，也没有结合业务实际面临的问题，自然总被质疑。

所以商业分析中级方法首推 OSM 模型，它让数据分析师习惯于代入业务目标思考。并且数据分析师还要掌握 OSM 模型的反向使用，即使现状是业务员习惯"拍脑袋"，也可以通过 OSM 模型的反向使用帮业务员发现不足之处，聚焦到需要做的事情上。

在诊断问题的时候也是如此，首先要考虑的不是分析模型本身是怎么构建的，而是要考虑业务方的判断来源。如果没有在判断来源上去伪存真，就会陷入无休止的忧虑中：业绩到底为什么跌了？不能不分轻重缓急地分析问题，多维度诊断模型则可以解决这个问题。

商业分析中级方法还有一个隐藏优势：分析方法的流程完全可以固化成 SOP；梳理完毕的报表完全可以固化成数据产品。"固定的监控数据报表 + 固定的 SOP"，可以把数据分析师从日常零散的数据提取工作中解放出来。

做数据分析最怕的是什么？当然是零散、混乱地提取数据！业务员突然冒出一句"这个数据老板要，下班之前要给"，就把数据分析师一整天的工作计划都打乱了。这种事情完全可以通过"固定监控数据报表 + 固定的 SOP"来解决。

- 业务上线前：通过 OSM 模型梳理逻辑，建立监控报表。
- 业务开展中：通过多维度诊断模型过滤无效问题，监控小问题，集中解决大问题。
- 业务结束后：树立标杆，总结业务过程中的常见问题，为下一次迭代 / 新业务做准备。

这样只要事先做好准备，利用历史数据做好标杆，后面除非发生突发的、重大的问题，否则根本不用数据分析师来解决。业务员自己看报表，看参照值就能把问题排除了，他们省心，数据分析师省力。

当然，这种现实和理想情况是有差距的。目标不清晰、过程没梳理，过程调整不知会数据分析师，发现一点波动就"大呼小叫"，事后没有及时复盘，复盘树标杆时以老板心情随机切换好坏标准……现实中的种种坏习惯，都会导致数据分析师大量的无效工作。所以，让更多的人学习、理解商业分析方法的原理，是为了让大家能站在同一个角度思考，不要以为数据是"天上掉下来的"，其实收集数据是一个很艰巨的任务。

从中级方法到高级方法：面向更复杂的商业问题

细心的读者可能会发现：在商业分析中级方法中，出现最多的一个词就是"更复杂的情况"，这是因为中级方法的核心在于厘清逻辑、发现问题。但是发现问题后，该如何找出原因，却非常复杂。

比如在问题定位中，通过对问题发生的渠道、用户人群、时间定位，可以锁定问题点。但是，为什么偏偏就是这个区域的用户出问题了呢？到底是因为当地情况特殊，还是因为其他地方没有发生问题？是因为产品不受欢迎，还是因为价格不合理？同样的产品是不是降价就可以了？这些真正深入的原因，并不能简单地通过锁定问题点来解释。

比如在漏斗分析中，出问题的环节越靠后，就越难说清楚到底是什么原因导致用户没有转化。还以某在线教育产品为例，其课程面向儿童，但需要家长参与，一起看课程效果，最后由家长付费。在这种情况下，交易流程特别长，分为：广告投放→用户注册→邀约试听→试听→谈价格→成交（见下图）。

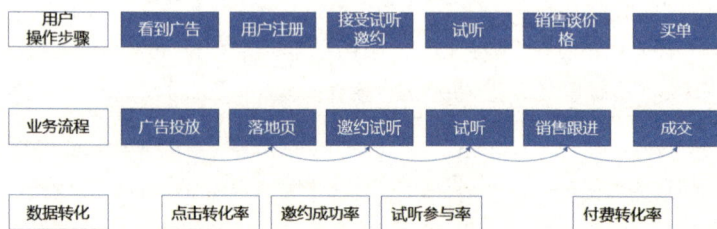

如果在交易流程的早期，比如投放的广告用户不点击，那么问题很清晰：要么广告做得不行，要么渠道做得不行，直接更换广告／更换渠道，对比效果就好了。可如果用户在最后一步还是不付费，原因就很复杂了。可能的原因有下面的几种情况。

- 用户根本不想买。（用户需求问题）
- 用户还没下决心买。（用户态度问题）

- 用户对课程不满意。（产品问题）

- 竞品更好。（竞品问题）

- 宣传太夸张。（广告问题）

总之，各种影响因素会在最后一个环节爆发，想区分清楚也非常困难。并且站在业务的角度，也有两种典型的改进方式。

一种是局部改进型动作，改进后能对本环节的转化率产生影响，例如：

- 换广告画面：点击广告的人数会增加。

- 换落地页面：用户注册比例会增加。

- 换邀约话术：参与试听的人数比例会增加。

这些环节大部分发生在流程的早期，影响因素少，容易直接观察效果。

另一种是全局改进型动作，改进后能对整个交易流程都有影响，例如：

- 产品设计：讲师是知名老师。

- 价格设定：全网最低价。

- 促销活动设计：参与试听额外享有超大礼包。

只要有名师授课，只要价格够低，哪怕广告做得差，交易流程再长，用户还是会购买的，这就是全局型动作的影响（见下图）。

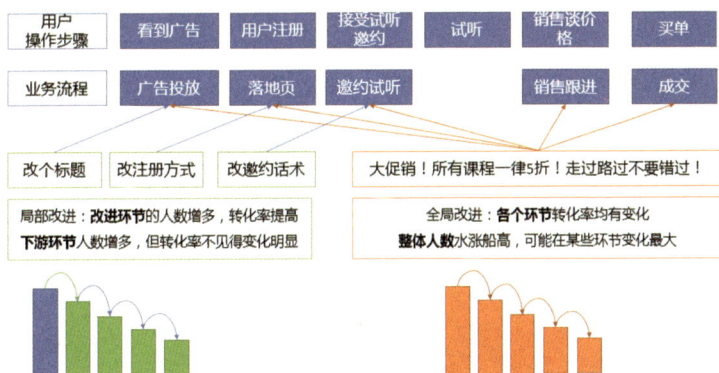

所以，从根源上来说这种多因素交叉是无法避免的，我们能做的就是采用更多的方法，想办法厘清其中的问题。这也是商业分析高级方法核心要解决的难点。

第 4 篇

深入洞察业务

第8章

商业分析的高级目标：
产品出爆款，营销有成效

8.1 生活案例：营销也大有学问

8.1.1 都是营销活动，为什么效果不一样

有一家麻辣火锅店，装修得很有四川风格，连店内的广播都用地道的四川方言，外加店内、店外一股浓郁的麻辣火锅香味，似乎在努力地向客人证明"我是很地道的四川老火锅"。

直到某一天，火锅店门口摆出一辆迪士尼公主风格的马车，车上摆着各种精美的生日蛋糕模型，与整个店的风格完全不搭，显得格外扎眼。然而，没有店员解释这是怎么回事。这辆马车在火锅店门口放了好多天，直到某位客人收到该火锅店的会员生日优惠券过来消费时，才得知会员过生日可以免费领一个蛋糕，就是门口停着的马车里的某一款蛋糕！

原来如此，"破案了"！原因真让人哭笑不得。过生日送蛋糕是很多火锅店都会做的营销举措，但是这家火锅店的做法实在让人摸不着头脑。

- 既然是给客人的福利，为什么不公开宣传，而是等到客人主动提及时才想起来呢？这样就白白错过了很多吸引客人的机会。

- 既然是会员生日福利，为什么在已经给了会员生日优惠券（"满200元减100元"的大额优惠券）的情况下还要叠加送蛋糕呢？这样会额外增加很多成本。

- 既然是选择在一家四川风格的火锅店推广，为什么还要弄一辆公主风格的马车呢？给客人的感觉就是莫名其妙，没什么额外的吸引力。

本来是一个很能吸引客人的活动，却成了店铺额外的负担，真是可惜。难道能把生意做得这么红火，开出了好几家连锁店的老板会不懂这个道理吗？显然不是。那为什么还会犯这种低级的错误呢？

合理的解释似乎只有一个……

客人找到店长，笑着问道："你们老板娘是不是新开了一家蛋糕店呀？"

店长说："是的，您是怎么知道的？"

客人哈哈大笑，说道："因为我们都看到了，你们老板很支持老板娘的事业呀！"

哈哈哈哈，周围一阵笑声，似乎大家都理解了其中的深意。

这只是一个简单的例子，但它真实地反映出不懂营销的操作方法，好主意也会产生不好的结果。营销活动最能吸引用户、提高销售业绩了。作为用户，大都喜欢在消费的时候多得到一些优惠；作为商家，都愿意通过一点让利换取更多的销售业绩。但营销有它自身的规律和规则，稍有不慎就会弄巧成拙。不仅仅是一家小连锁店的老板，即使是经营市值达上千亿元公司的企业家，照样也会犯错。

比如某社交电商巨头曾经犯过一个极其低级的错误。在某段时间内，他们上线了一个"新注册用户送优惠券"的活动。这本来是很常见的活动，然而如果有一点小小的操作误差，就会酿成"大祸"。这个活动是这么设计的：

- 新注册的用户可获得一张 100 元的优惠券。
- 该优惠券只要在消费超过 100 元时即可使用，不限产品。
- 用户注册后该优惠券立即到账，且仅限注册当日可用。

这个活动看起来没什么问题。但是作为用户，很讨厌有限制条件的优惠券。比如"满200 元减 100 元"、指定购买 ×× 品类产品（通常都要成百上千元）时可用。这种限制条件让用户觉得很麻烦。如果送无消费门槛的优惠券，不是更受用户喜欢吗？

用户确实很喜欢，但是也存在规则漏洞！一旦被不怀好意的人利用，就可能拿到很多这种无门槛的优惠券，以零成本购买商品，从而让商家损失惨重。一点小小的操作误差，竟能带来如此巨大的问题，这就是营销活动背后隐藏的致命陷阱。因此，想要做好营销工作，首先得了解清楚营销工作的基本思路与规律。

8.1.2　增加收入的利器：营销活动

营销工作的内涵很丰富，并且很多从业人员都喜欢给营销工作套上各种华丽的词汇，以显得自己做的事情与众不同。实际上，营销工作的核心很简单，就是解决"酒香也怕巷子深"的问题。帮助销售渠道更快地把产品销售出去。

至于如何解决这个问题呢，其基本思路非常直接、清晰。

- 既然"酒香也怕巷子深"，那就把酒搬到巷子口去（即渠道优化，简称 Place）。

- 酒特别香，隔着一条巷子都闻得到（即产品优化，简称 Product）。

- 酒卖得特别便宜，让人追到巷子里来买（即价格优惠，简称 Price）。

- 买酒还有好礼相送，让你就想找我买（即促销活动，简称 Promotion）。

这就是营销中最经典的"4P"理论的通俗解读，你是不是已经明白了？

当然，在每一个"P"理论之下，具体的手段还非常丰富。

1. 渠道优化

渠道优化不仅仅是开一家店这么简单，而是要考虑整个策略，具体如下。

- 单店选址：如何选择合适的门店位置、门店面积，实现投入/产出最大化。

- 区域布局：一个区域（居民区、商业区、工业区、CBD）布置多少家门店。

- 档次搭配：自营和商超渠道如何分配，自营旗舰店、社区店、CBD 店如何搭配。

- 终端装饰：门店的形象、装修、服务如何设计才能达到效益最大化。

2. 产品优化

营销中思考的产品优化和产品研发设计中所讲的"优化"完全不是一个概念。营销中思考的"优化"更关注用户的感受，即先不管产品的实际情况，而是关注用户如何看待产品。因此，营销中的产品优化其实更应该叫"产品宣传"，即通过各种宣传、介绍，改变用户认知。因此，对尚未购买过产品的用户和已经购买并使用过产品的用户其做法完全不同。

在用户购买前，其并没有体验过产品的质量，因此要减少用户的陌生感，快速建立产品与用户的联系。此时的宣传内容大多会用下面的形式。

- 名人代言——这是 ×× 名人都在喝的酒。

- 从众效应——全国 ×× 万人都在喝这个酒。

- 场景植入——春节拜年，阖家团圆，还是得喝 ×× 酒。

总之，不讲产品的功能参数，而是从人们熟悉的功能、场景、人物出发，讲一个能吸引人的故事，从而给用户植入概念，打开产品销售的局面。

在用户实际购买后，可以真正讲产品的功能、体验等卖点。此时一般会结合用户的消费记录，区分轻度、中度、重度用户，再有针对性地设计宣传方案。

3. 价格优惠

对于价格优惠，降价是最后一招。如果一个品牌或一个产品经常降价，就会让用户觉得"牌子不行""质量不佳""不好卖吧"……从而越卖越便宜，自断生路。

价格策略是一个体系，包含以下 4 个方面。

- **整体性策略**：产品本身的定位分为高 / 中 / 低端，有各自的定价范围。产品定价本身就是产品定位的重要体现，高端产品定价高，低端产品定价低。

- **阶段性策略**：在产品生命周期的不同阶段，围绕产品整体定位，有不同的销售重点，如图 8-1 所示。

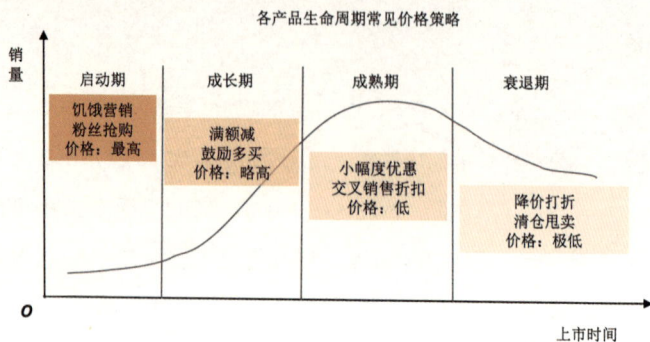

图 8-1

- **长期性策略**：可以设定不同的会员等级，越高级的会员享受越优惠的价格，且向所有用户公示，从而吸引更多的用户购买。

- **短期性策略**：针对短期内的销量波动，进行季节性 / 临时性的调整。比如突然遭遇连续阴雨天，有一批产品快到期了，就临时降价促销清理库存。

价格策略整体设计如图 8-2 所示，各种策略相互配合，才能达到效益最大化。

整体性策略	阶段性策略	长期性策略	短期性策略
高端 中端 低端	上市期 热销期 退市期	银卡 金卡 白金卡	月底清仓 换季清仓 短龄清仓

图 8-2

4. 促销活动

根据用户体验深度的不同，促销活动也有以下 4 种不同的实现手段。

- **买赠促销**：用户购买单品时附赠样品，提升用户体验。

- **交叉销售**：用户购买单品时推荐另一件关联产品。

- **增量促销**：将若干件单品打包或卖"量贩版""超大包装版"。

- **增值服务**：用户购买商品达到一定数量后提供额外的增值服务。

以销售酒为例，可以按下面的做法来做，如图 8-3 所示。

买赠促销	交叉销售	增量促销	增值服务
买酒送花生米 买1坛酒赠酒杯	美酒美食套餐 买酒送酱牛肉券	满500元减50元 买1坛送1坛	VIP客户 送代驾服务

图 8-3

以上各种手段综合反映在产品生命周期中，如图 8-4 所示。

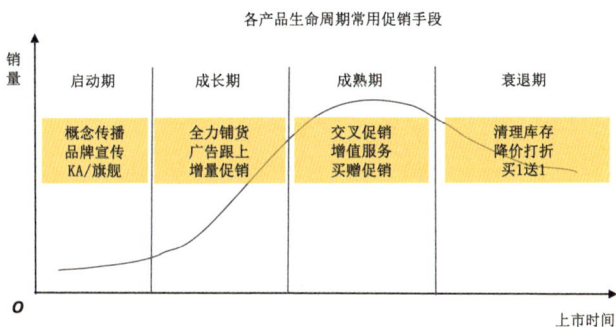

图 8-4

同时，做营销活动往往需要有好的理由，如新品上市、周年庆、新春祝福之类的。避免给用户留下"这个牌子天天都在打折，等着它打折的时候再买吧"的不良印象。并且，一般产品的销售也会随着季节而改变，因此开展营销工作时经常有季节性、节日性主题，如图 8-5 所示。

自然月	1月	2月	3月	4月	5月	6月	7月	8月	9月	10月	11月	12月
季节	冬	春			夏			秋			冬	
节假日	元旦	春节	妇女节		母亲节	儿童节	暑假	暑假	中秋节	十一黄金周	"双11"	

图 8-5

在传统企业里，营销工作一般由市场部完成。市场部会分成若干个小组，相互配合。

- 品牌传播：负责公司品牌形象广告的设计及落地，一般品牌类广告考核 ROI，不做成本考核。

- 产品管理：负责公司产品线的规划、设计，产品上架以后的全生命周期管理。

- 促销活动：负责促销类活动的设计及落地，一般促销类活动会考核 ROI。
- 公关联盟：负责合作企业的开发，合作方案的设计及落地，引入增值服务。
- 会员中心：负责针对用户的全生命周期管理、会员等级、会员礼品等设计。
- 市场调研：负责市场调查、新品测试、舆情监督、市场意见反馈等。

可以说，在很多传统企业里，市场部是企业的运转中枢，负责调动一切内部资源，提升销量。并且市场部和销售部不同，销售部是没有权力决定产品属性、价格、销售政策的，总部怎么规定，销售部就怎么执行，只负责把货卖出去。但市场部有权力修改产品属性、调整价格、制定政策，因此在传统企业内，市场部经常牵制销售部。

以上是营销的基本思路，在这些思路里，数据的作用无处不在。

- 渠道优化：要评估每个渠道的质量，节省广告成本。
- 产品优化：要测试各种卖点，哪一个更受用户欢迎，选择更好的卖点。
- 价格优惠：要监控产品走势，判断产品生命周期。
- 促销活动：要评估附送的样品、增值服务、超量供给的产品、打折后的价格，是否换回了额外的收入。

本质上，所有的促销都是以价格换销量的。额外赠送的成本得至少换回等额利润增长才不至于亏损。因此，营销工作天生和数据捆绑得非常紧密，需要时时刻刻用到数据分析方法。

还有一点很重要：营销工作是叠加在正常销售工作的基础之上产生的。因此，到底营销工作产生了多少增量？如果真的不做营销，自然销售额又是多少？这两个分析显得格外重要。正确地衡量营销增幅，才能制定出正确的政策。过度夸大营销效果，很容易导致投入失控，进而"鸡飞蛋打"。不认真考核数据，是大部分营销悲剧的起因。

当然，营销悲剧的另一个重要起因是"只有营销，没有产品"。产品的设计更新、质量保障没有跟上营销的脚步，结果除大打价格战外无第二条路可选。产品设计在吸引用户、提升销售方面也是有重要作用的。

8.1.3 看似相同的产品，为何用户褒贬不一

有一次，陈老师和一位北京的朋友去一家很有档次的饭店吃饭。这家饭店的装修非常有民族特色，期间还有身穿民族服饰的演员跳舞。同样的羊肉串，一般店铺卖 5 元一串，这里卖 15 元一串，还客人盈门，真是羡煞旁人。陈老师的这位朋友议论道："你看，带一些地方特色，同样的东西就能卖得贵，生意还好。我以后要是创业，一定也开一家有老北京特色的风味餐厅。"当时陈老师以为这位朋友只是说说而已，谁知道他真这么做了！

这位朋友真的开了一家老北京风味炸酱面馆，店里的服务员都是地道的北京口音，上菜还

非常有仪式感：把拌炸酱面需要的各种配料小菜，像寿司一样，一小碟一小碟地摆在餐盘里再端上来，然后经过服务员一套"行云流水"的拌面操作以后才供用户食用。这样一碗炸酱面定价 35 元，不算贵吧？销量应该很好吧？

结果你猜怎么着？除落了个"华而不实"的评价外，他们的生意并不是很好，最后这位朋友还是乖乖推了定价为 16 元的招牌炸酱面，这才提高了人气。回头想想，如果同样的模式，换成经营老北京涮肉或老北京烤鸭，效果都可能更好一些。这是因为炸酱面的产品属性太过单一，其本身就是一种快速填饱肚子的食物，不具备很大的包装潜力。违背产品本性去做设计，失败也是意料之中的事。

好的产品设计，能为一个企业、一个品牌树立坚不可摧的护城河。但打造好产品非常困难，不但需要设计师有独特的眼光，更需要企业积极处理好市场反馈，故步自封、盲目求新，都会导致产品设计失败。

8.1.4　保障收入的后盾：产品设计

打造独特的产品是解决"酒香也怕巷子深"问题的终极法宝。理论上，好的产品在推出的时候是不需要营销的，其良好的口碑会让用户自发地传播。2006 年的游戏《魔兽世界》、2007 年的 iPhone、2011 年的微信等，都是深远改变一个行业的产品。然而，打造产品的过程是复杂且充满危险的，一不小心就可能出现 8.1.3 节里介绍的各种问题。

打造产品的过程大体上分为研发和设计两大部分。

- 研发：实现技术突破，从硬件上满足产品的某项功能要求。
- 设计：对产品的外观、包装、造型、卖点进行设计，直接提升用户体验。

从本质上看，不同层次与需求的用户，愿意为产品支付不同的价格，因此，只要可以满足用户差异化的需求，就能吸引用户付费。并且，用户一般是不具备专业知识的，只能通过产品的外形、颜色、声音等进行判断，因此即使不对产品做根本性功能的研发，也有可能仅通过外观设计来吸引用户。

当然，这种设计受到产品本身属性的限制。产品属性越复杂，标准化程度越低，可设计的空间就会越大。比如汽车就是典型的复杂属性产品：汽车造型、喷漆、内饰、发动机……有太多细节可以调整，因此可以充分满足不同层次的用户需求，例如：

- 针对注重性能的用户，可以定制尾翼、进气、排气等功能设置。
- 针对重科技感的用户，可以配置中控大屏、自动驾驶等功能。
- 针对喜欢个性化的用户，可以在车身上喷上各种个性化的图案。

有些产品的生产标准化程度高，产品属性单一，这时候就只能从其他地方想办法来设计产品，比如像大米、绿豆这种基础粮食产品，本身没有很多卖点可以包装，这时候可以从以下方面入手。

- 包装：使用简洁、美观的包装，体现出产品新鲜、绿色的特点。
- 概念：将"高科技""绿色""无公害"等各种认证印在袋子上（前提是一定要符合事实）。
- 宣传：在高档消费场所宣传产品等。

从本质上看，产品设计的核心思想就是"投其所好，送其所要"。通过对产品改造，制造更多的卖点，可以吸引用户付费。

以上这种分析思路使得商业分析对于产品设计来说格外重要，对以下这几个方面进行仔细的分析、计算、测试，才能得出最终的结论。

- 不同层次的用户，支付能力有多大的差异？
- 不同需求的用户，喜欢什么样的个性化卖点？
- 打造出的卖点，能吸引多少用户？又能吸引多少用户付费？

不经过仔细的分析，妄下结论，很容易导致以下问题。

- 卖点根本不是用户想要的。
- 卖点不够好，用户不喜欢。
- 卖点很好，但付费吸引力不足。
- 卖点很好，用户愿意付费，但用户基数太小。

以上这些都会导致设计失败，达不到预期的效果，空耗成本。

互联网企业的产品形态与实体企业不同，有其独特的运营、设计思路。在介绍分析方法之前，下面先对互联网产品的运营、设计思路进行介绍，让读者有全面的了解。

8.1.5 互联网行业的特点：产品就是商品

上述所有案例都是以实体企业为例的。互联网企业和传统企业的一大区别在于：传统企业的产品就是商品。由于用户的消费、使用行为均为线下行为，无法记录，因此用户购买过程、产品体验等无法量化，也就不易改进。传统企业只能靠品牌广告、门店装修、门店服务等，增加产品附加值，提升用户体验，同样这些过程也不易记录。

但互联网产品不同，它们具有以下特性。

（1）数据可记录

互联网产品基于 App、小程序、H5 页面等，可以记录用户体验、用户行为轨迹。

（2）体验即产品

用户在 App、小程序、H5 页面中的体验本身就是产品体验，交易只是最后一步，如果没有做好用户体验，则根本就不会有交易行为。

（3）行为链路长

用户在 App 内可以随便浏览、查看，不一定付费，因此做好用户维护工作，保持用户活跃度特别重要。

（4）体验点增多

App、小程序、H5 页面等作为虚拟产品，可以具有不同于实体产品的用户体验，提升用户体验的方法更多元化。因此，互联网企业的结构不像传统企业。

在传统企业内，一般是销售部当"火车头"，市场部作为控制中心，供应链做支持，其他部门（如运营、IT、财务、人力等部门）与其配合，呈现出高度以销售为导向的特征。

互联网企业则体现出高度以用户为导向的特征，即以满足用户需求、保持用户在产品内的活跃度为导向，运营、产品、开发 3 个职能部门相互配合工作，具体介绍如下。

- 运营：负责除产品、开发部门以外的日常工作，内容非常广泛。
- 产品：洞察用户需求，设计产品功能，排除功能需求，监督开发进度，观察用户反馈。
- 开发：根据产品经理提出的需求，实现功能开发，维护系统正常运行。

从分工上看，互联网企业的运营部门更接近传统企业的市场部，其中比较常见的部门如下。

- 用户运营：分析用户数据，设计用户激励方案，引导用户成长。
- 活动运营：设计短期内的促销活动，提升产品数据表现。
- 产品运营：收集产品数据及用户反馈，制作产品优化建议。
- 内容运营：根据品牌 / 产品传播的需要，创作内容，实现宣传效果。
- 新媒体运营：维护微信、微博、抖音等新媒体平台的日常内容发布。
- 渠道运营：维护推广渠道，负责广告投放，获取用户。
- 销售运营：维护销售团队，提升销售团队的工作效率。

互联网企业和传统企业中各部门的对应关系如图 8-6 所示。

当然，还会有一些新的运营部门接连不断地涌现出来，如增长运营、数据运营等。从本质上来看，其实它们都包括以下 4 个方面的工作。

- 获取用户：和渠道推广、销售、广告投放有关，本质上为了获取更多的用户，接近传统企业的销售管理。
- 营销管理：和吸引用户、设计活动有关，通过促销、奖励等，提升产品 / 用户数据。

- 产品设计：和用户体验、产品设计有关，优化用户体验，提升产品表现。
- 内容宣传：和内容创作、新媒体平台运营有关。

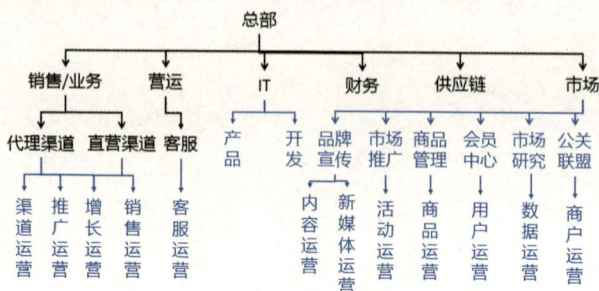

图 8-6

产品经理的职责相对清晰，就是负责产品的设计工作。这句话说起来简单，实际其工作内容非常丰富。因为互联网产品的设计点远远比线下产品丰富，例如 App 内的每一个图像、页面皆可设计，这给了运营人员、产品经理极大的发挥空间。从产品功能的整体布局，到具体每一个流程的体验，再到具体每一个页面的设计，都需要花费心思。

不过经过长时间的市场检验，互联网产品的设计也形成了一定的套路。经常使用 App 的读者会发现：游戏、社交、电商、短视频、打车、外卖等 App 往往都有固定的套路，因此其设计也不是完全天马行空的，而是要遵循一定的规律。

同传统企业相比，互联网企业的运营、产品开发都有大量的先天优势。

- 数据更丰富：这样容易采集到用户的行为数据。
- 响应速度更快：只要推送信息，用户可以马上响应，不需要亲自来线下门店。
- 内容更丰富：游戏、视频、论坛，都能增加用户体验。
- 个性化程度更高：能针对每个用户打造个性化的产品界面，推送个性化的信息。
- 对比测试更容易：能在用户无感的情况下实现分组测试，更容易对比分析。

这些优势使得互联网企业的运营、产品开发工作可以做得更细致，有更多想象的空间。但前提是用户对 App、小程序、H5 页面等有一定的使用习惯，这样在推送信息时，用户能响应信息，而不是将其当作垃圾信息。因此，互联网企业的运营、产品开发都很注重用户活跃度这个指标。

互联网产品在数据采集方面有天然的优势，因此在实际的运营、产品开发工作中，需要分析数据的地方更多。在以用户为导向的思维模式下，互联网产品会更关注用户体验，对用户使用产品的过程进行更深入的数据分析；在新的功能上线后，也能对用户使用体验进行深入的分析，对比改版前后的数据表现；还能够对用户进行分组测试，获得更真实的效果。这些都是传统企业想做但很难做到的。

8.2　用户分析：更好地认识用户

8.2.1　用户分析的基本思路

商业经营是不能脱离用户的。随着经济的发展，人们的基本生活需求已经得到满足，个性化的需求变得越来越强烈。此时，只有基础功能的商品是无法满足消费者的需求的。即使价格再低，也只能吸引一部分用户，另一部分用户会被更理解用户需求的企业抢走。"投其所好，送其所要"是产品创新、营销设计、用户运营的基本思路。因此，用户分析是开展各种营销与设计的前提。

但在很长一段时间内，传统企业缺少记录用户数据的手段。传统的线下门店只有收银台的 POS 机能记录数据。POS 机只能记录交易订单、门店、售货员的信息，无法采集用户的信息。因此，在传统的商业分析中没有用户的概念。而"人、货、场"模型中的人，指的也是售货员，而非用户。随着会员卡的普及、线上交易平台的发展，越来越多的业务场景中都能记录用户的信息，这才有了用户分析的可能性。

1. 用户分析的基础模型

用户分析最基础的模型为：

$$销售金额 = 注册用户数 \times 付费率 \times 人均付费金额$$

- 注册用户数代表了用户数量，注册的用户越多，其中包含的潜在用户就越多。
- 付费率与人均付费金额代表了用户质量。高付费率与高人均付费是业绩的保障。
- 人均付费金额代表了用户消费水平。越是高价值的用户，人均付费金额就越多。

下面举一个简单的例子，同样是对于 100 万元的年度销售业绩目标，有可能有以下两种实现途径，如表 8-1 所示。

表 8-1

	销售金额（元）	用户数（人）	付费率	付费人数（人）	人均付费（元）
情况 1	1,000,000	100,000	10%	10,000	100
情况 2	1,000,000	2000	50%	1000	1000

- 对于情况 1，用户质量差，消费水平低，因此需要开发大量用户才能达成业绩目标。
- 对于情况 2，用户质量好，消费水平高，因此只需开发少量用户就能达成业绩目标。

并且，用户消费水平越高，意味着客单价越高，企业能赚取的利润越大，而且留给营销活动／产品研发的成本空间也就越大。因此，一般企业都喜欢抓"中／高价值用户"。只有互联网企业在巨额融资的支持下，才更倾向于用"薄利多销"的策略（即使用大量补贴、几乎不盈利的产品）来吸引用户，从而快速提高注册用户数，达到占领市场的目的。

2. 扩展后的基础模型

将"销售金额＝注册用户数 × 付费率 × 人均付费金额"这个基础模型进一步拆解：

人均付费金额＝人均付费次数 × 单次人均付费金额

做了进一步划分以后，用户情况又有差异。举一个简单的例子，同样是用户一年内在某企业中消费 10,000 元，可能有 3 种典型的用户行为差异，如表 8-2 所示。

表 8-2

用户	消费月数（月）	平均每月消费金额（元）
A 用户	1	10,000
B 用户	4	2500
C 用户	10	1000

虽然这 3 类用户为企业贡献的价值是一样的，但是 A 用户明显更不让人放心：在过去 1 年里仅仅有 1 个月的消费记录，后续再也没出现过，不知道是不是因为一次购买产品太多还没用完。相比之下，C 用户更让人放心一点：几乎每个月都会来。因此，一般习惯用付费次数（或登录次数）来衡量用户黏性。用户黏性自然是越高越好。

再细看用户消费金额，可能有多种产品组合。一个企业往往有几款到几十款产品在销售，如表 8-3 所示，同样是用户每年消费 10,000 元，可能产品的组成不同。

表 8-3

	A 用户	B 用户	C 用户	D 用户
A 产品消费金额（元）	10,000	7500	5000	2500
B 产品消费金额（元）	0	2000	2500	2500
C 产品消费金额（元）	0	500	1500	3000
D 产品消费金额（元）	0	0	500	1000
E 产品消费金额（元）	0	0	500	1000
总计（元）	10,000	10,000	10,000	10,000

由于一般企业的产品线都有引流产品、爆款产品、利润产品、组合产品等不同的种类，所以用户的消费很有可能在不同的产品之间分布不均——引流产品、爆款产品消费较多，其他产品消费较少。一般上把用户消费的产品数称为产品宽度。用户的产品宽度肯定越宽越好。在表 8-3 中，如果真存在 A 用户这类情况，则企业的市场部／运营部肯定会想各种办法，让 A

用户也购买其他几款产品。

表 8-3 中的 D 用户也会引起市场部 / 运营部的关注。因为用户通常会购买爆款产品（A 产品为爆款产品，其他为非爆款产品），如果有一定规模的用户集中购买了非爆款产品（如 D 用户的情况，购买 C 产品的次数比 A 产品还要多），则说明可能存在其他细分市场。此时可以研发新产品或用旧产品开展营销，吸引这部分用户。

3. 增加用户特征后的模型

在吸引用户的时候，如果能获取到现有用户的性别、年龄、注册来源等信息，则能产生极大的作用。这些信息能够帮助市场部 / 运营部门进行更深入的思考："到底用户喜欢什么产品？"从而让其更好地设计产品、创作话题、组织活动。

举一个简单的例子，假设一家企业对其现有用户的消费行为进行了梳理，发现有 A、B、C 共 3 类用户，情况如表 8-4 所示。

表 8-4

		A 用户群体	B 用户群体	C 用户群体
年平均消费金额（元）		10,000	2000	1000
性别	男性	10%	20%	30%
	女性	90%	80%	70%
年龄	20 岁及以下	20%	30%	40%
	21 ~ 30 岁	50%	40%	30%
	31 ~ 40 岁	20%	20%	20%
	41 岁及以上	10%	10%	10%
注册渠道	线上	60%	70%	80%
	门店	40%	30%	20%

很明显，A 用户群体是高价值用户群体，其年龄集中在 21 ~ 30 岁，女性占绝大多数，并且这些人在门店注册的比例明显高于其他群体。所以可以进一步研究这些用户的画像，把他们的特点、需求共享给门店，指引店员重点关注。在线上传播时，创作的话题也可以以这些用户的喜好为主。

以上就是用户分析的基本思路和常见指标。可能有的读者会觉得这样的计算太简单，但这些计算都是基于可采集的用户数据进行的。在用户分析方面，最大的瓶颈恰恰是数据采集。

8.2.2　用户分析的关键：采集用户数据

1. 采集用户数据是关键

在商业分析中，用户分析的目标是非常重要的：通过用户获利。将这个目标细分一下，包含以下 6 个子目标。

- 针对尚未接触的潜力用户，将其发展成注册用户。

- 针对已注册的用户，促进其活跃。

- 针对活跃用户，促进其消费。

- 针对已消费的用户，促进其持续消费。

- 即使是暂时不消费的用户，也可以让其介绍几个朋友来消费。

- 即使是不再想消费的用户，也可以让其继续在社群中活跃气氛。

因此，用户分析的结果要有明确的指向性才可以。具体包括以下内容。

- 发现用户当前的状态是潜在、已注册、活跃、消费、高消费、流失……中的哪一种？

- 发现用户更喜欢产品的功能、外观、价格、包装……中的哪一类？

- 发现用户的购物习惯是哪类，更青睐的价格是在什么区间，关注的话题是什么等？

为了明确以上内容，需要了解以下几个方面。

- 用户目前处于什么状态？

- 用户喜欢什么、讨厌什么？

- 即使用户不喜欢产品，还有什么能阻止其离开？

了解了这些之后，可以进行以下行动。

- "投其所好，送其所要"，让用户活跃／消费。

- 用流行的话题吸引用户关注、用便利的购买方式吸引用户消费，总之要满足用户的需求。

- 给予用户超低的价格、独特的体验等，即使同类产品很多，也要让用户不拒绝你的产品。

然而，阻碍这些目标实现的"头号大敌"仍然是数据采集。没有用户喜欢被企业窥探隐私，因此需要综合利用各种合法的手段，实现数据采集。

2. 3种基础数据采集手段

在用户与企业接触后，有以下3种基础手段可以采集数据。

（1）会员卡信息

对于通过门店接触的用户，可以通过让用户申请会员卡等方式记录他们在门店体验服务／产品的信息。

（2）网页访问信息

对于通过App、小程序、H5页面接触的用户，可以通过用户注册、埋点等方式获取用户的信息。

（3）用户意见采集表

对于用户的意见反馈，可以通过网站留言、客服回访、业务员回访等形式收集。

然而这 3 种手段都有一定的局限性。

- 即使能采集用户信息，也只能采集到最活跃用户的信息，有些用户就是对会员卡 App、小程序、H5 页面不感兴趣，所以他们的信息能采集到的很少；或者能采集到的都是相对极端（极端不满意或极端满意）用户的信息。沉默的用户始终是大多数，这些用户缺少数据记录。
- 即使能采集到最活跃用户的信息，也只是采集到用户的行为，用户内心真实的想法很难知道，只能通过意见采集表慢慢采集。
- 即使用户愿意填写意见采集表，企业也不可能一次性采集很多信息。让用户填写长长的意见采集表，只会让用户厌烦，甚至离开。

比如，在租金高昂的商业区，有一家客单价比较低的小店（经营酸辣粉、牛肉面、盖浇饭、麻辣烫等）。周边饭店最便宜的一份单人餐需要 25 ~ 38 元，这家小店的一份单人餐只需要 15 元。此时如果询问在这里就餐的客人的评价，他们会说"实惠、好吃"一类的词语。然而只要这里涨价，评价就立马变成了"难吃，不划算"等词语。用户所谓的"实惠、好吃"，其实指的是"在这个价位下，饭菜很好吃"。

用户的态度就是这么微妙，理论上可以把这种微妙的态度量化为下面的 3 个指标。

- 定序变量——满意度：例如评分 5 分。
- 连续变量——次日复购率：例如 80% 的复购率。
- 分类变量——态度标签：例如实惠、味道好。

看似用 3 个指标能说清楚，但实际上，在人来人往、拥挤不堪的小店里，根本没有任何有效的技术手段能采集这些信息。

理论上，可以找专业的咨询公司 / 市场调查公司，由经过训练的专业人士通过现场访谈，现场让用户评分。这种做法可以获得相对精确的数据，但是无法大规模复制（不可能让每个店门口都有专业人士守着进行访谈）。从一个小小的例子就可以看出获取精确的用户数据非常难。因此在采集用户数据的时候，行为数据才是采集的重点。尽可能使用简单易行的方法获取用户行为，之后再通过分析手段判断用户态度，这是更可行的方法。

3. 5 种进阶采集手段

在移动互联网高速发展的今天，采集用户数据又有了以下 5 种新手段。

① 引导用户在线上下单，在线下提货 / 接受服务。这样既能方便用户，又能采集到用户线上的行为与线下的真实地址。

② 为导购员配置系统工具，以帮助用户查询商品信息 / 商品优惠信息的名义，登记用户需求爱好。这样既能方便导购员查询商品信息，又能采集用户对不同商品的评价，一举两得。

③ 增加个性化服务的环节，比如先测评用户需求，再根据用户需求，个性化展示商品方案。这样在提升用户体验的同时，也同步保存了用户信息。

④ 以手机号作为用户 ID，记录用户累积积分及用户信息。这样节省了用户大量的时间，还能通过手机号联系到用户。

⑤ 在产品内包装上粘贴二维码，吸引用户扫描二维码积分，从而记录用户信息。这样既给了用户实惠，又能记录到用户真实消费了哪些商品。

以上这些手段能极大弥补用户数据的不足，在一定程度上丰富了用户数据。

但是，即使采集到了这些用户数据，离真实、全面反映用户的情况，还是有一定距离的。

- 用户的消费行为很有可能是盲目、冲动的，没有逻辑可言。特别是对于啤酒、瓜子、矿泉水这一类价格便宜的快消品，用户在购买时真的没有什么逻辑，想买就买。这样的情况是很常见的，因此，通过过去的数据不见得能预测未来的结果。

- 用户的消费行为可能被竞争对手掌握了。即使分析出来用户喜欢 ×× 类产品，如果竞争对手抢先举办了促销活动，用户就被抢走了。

- 企业的营销、运营动作，也是"反理性"的。企业在营销的时候，一直在致力于降低消费者理性思考的能力，诸如：

① "今日超级特价，再不买就没有啦！"——其实还会有的。

② "使用 ×× 品牌，尽享尊贵人生"——到底哪里显得尊贵了？

③ "用了 ×× 产品，腰不疼了，背不痛了，心情更好了"——效果可能没有那么明显。

这种"反理性"的行为，会进一步破坏用户的思考逻辑，让数据预测更不准确，而在现实中这些手段又恰恰非常好用！

4. 学会在缺少数据的情况下做分析

以上众多问题集合在一起，使得真实企业中的用户分析呈现出了与经典的心理学、社会学、营销学等学术派研究完全不同的状态。

- 学术派研究：把用户放在一个虚拟的、排除各种干扰因素的环境里，细致地观察、对比用户的行为，深挖用户的内心感受与态度。

- 真实的用户分析：结合营销动作、数据采集手段，顶着各种干扰因素迎难而上。可能到最后也不能精确区分用户购买的原因，但是用户确实购买了！

所以，想进行高质量的用户分析，一定要充分理解数据采集的复杂性与业务的主动性的关系。

- 在业务设计阶段，考虑现有数据质量，基于现有数据做决策。
- 在业务执行阶段，增加采集数据的节点，及时获取用户反馈。
- 在分析结果阶段，及时用数据给用户贴标签，积累分析经验。

这么做的好处在于不需要等着数据分析的结果再进行下一步的工作，而是在获取数据的同时，直接获得了抓住用户的"武器"，从而避免了前面所说的"即使分析完数据，用户还是被对手抢走了"的问题。

总之，洞察用户需求，不能纸上谈兵，更要结合营销动作，主动出击，在合适的时间、用户聚集的场所，以有竞争力的"武器"，主动抓住用户：先把用户圈进门，再一边运营一边分析。这样在用户分析质量和营销效率上都更胜一筹。

8.2.3　认识用户的三大模型之 RFM 模型

RFM 是 3 个英文单词的首字母。

- R（Recency）：最近一次消费的时间。
- F（Frequency）：一定时间内的消费频率。
- M（Monetary）：一定时间内累计的消费金额。

RFM 模型是最基础的用户分析模型。因为其使用的是交易数据，所以只需要"用户 ID+ 交易记录"即可建模。企业内的交易数据的准确性还是很高的，因此通过 RFM 模型很容易建模。虽然用的数据简单，但是通过 RFM 模型能在一定程度上反映用户的需求，因此 RFM 模型具有可用性。

1. RFM 模型介绍

R（Recency）：最近一次消费的时间。在获取用户数据时一般取用户最近一次消费记录到当前时间的整数日期间隔，比如用户最后一笔消费记录发生在 2021 年 2 月 15 日，那么在 2021 年 2 月 17 日获取数据时，R 值即为 1 天（间隔了 1 天的数据——2 月 16 日）。一般互动 / 消费频率高的业务，比如游戏、生鲜，可以按天 / 周来获取数据；互动 / 消费频率低的业务，比如日用品，可以按月来获取数据。

即使单独分析 R 值也很有意义。除非用户购买的是房子、汽车一类的大件耐用品，几年甚至几十年才买一次。否则，在常规情况下，用户在上一次消费后长时间未到店里消费，很有可能已经转投其他品牌了。即使用户消费频率再低，到了季节更替的时候，其也会参与购买（这意味着用户消费最长的时间间隔是 3 个月，即 90 天）。理论上 R 值越大，用户与企业／平台的联系就越松散，再次购买概率也就越小。因此，可以通过分析找到用户购买率下降较大的点，进行普遍唤醒。

很多公司的用户唤醒机制都是以此来制定的。比如用户 30 天／ 90 天／ 120 天不到店，就会向用户推送优惠信息，唤醒用户消费。至于 R 值到底设为多少才合适，可以用一个简单的检验办法。

- 设置观察点和检验期。
- 计算观察点上用户的 R 值并分类。
- 观察不同 R 值的用户在检验期的购买率。

举一个简单的例子，设 2021 年 1 月 1 日为观察点，计算截至 2020 年 12 月 31 日的用户 R 值，以月为计量单位，观察该批次用户在 2021 年 1 月的购买率，发现数据如图 8-7 所示。

不同R值的用户在次月的购买率

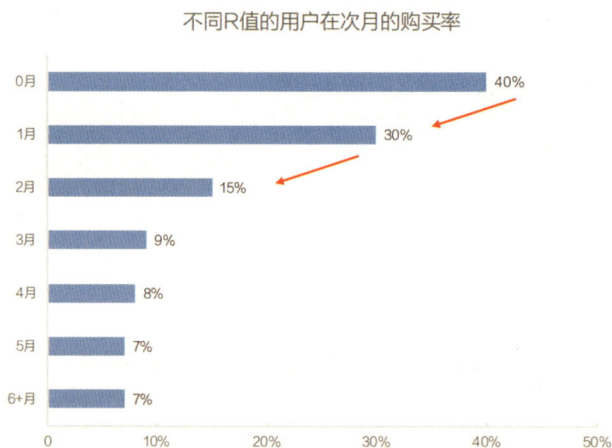

图 8-7

备注：R=0 月，即最后一次消费在 2020 年 12 月发生；R=1 月，即最后一次消费在 2020 年 11 月发生，依次类推。

F（Frequency）：一定时间内的消费频率。一般是计算一个时间段内用户的消费频率。和 R 值一样，频率高的业务获取数据的时间更短（比如一周登录多少次），一般的业务方会按一年内用户有多少个月消费了来计算。从直观上来看，用户消费频率越高，就显得越忠诚，且 F 值越高，企业就有越多的机会影响用户。很多企业的用户激励机制都是基于这个制定的，第一次购买后还想让用户第二次购买，第二次购买后还想让用户第三次购买……总之，F 值越高越好。

M（Monetary）：一定时间内累计的消费金额。一般是计算一个时间段内用户消费的金额，比如一年内用户消费的金额有多少元。从直观上来看，用户消费金额越多，其价值就越大。很多公司的 VIP 机制是基于这个制定的，如消费满 10,000 元可成为 VIP 银卡用户，消费满 20,000 元可成为 VIP 金卡用户等。

F 值和 M 值指标经常联合使用，可构造如图 8-8 所示的矩阵。

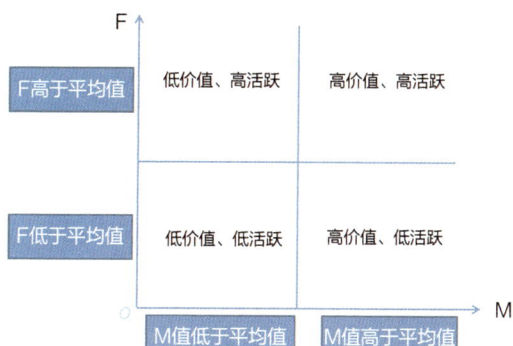

图 8-8

- 对高价值、高活跃用户（M 值高，F 值高）来说，要关注其是否流失。

- 对高价值、低活跃用户（M 值高，F 值低）来说，要关注其二次消费，提升消费频率。

- 对低价值、高活跃用户（M 值低，F 值高）来说，要关注其消费金额的提高，推荐高价值产品，扩展产品宽度。

- 对低价值、低活跃用户（M 值低，F 值低）来说，要区分其中的用户类型，具体分为以下两类用户。

  ① 对新注册的"双低"用户来说，可以尝试提升其消费频次（一般消费频次容易提升，购买一个小物品就行，提高消费金额相对较难）。

  ② 对"双低"的老用户来说，可以根据其过往购买品类的记录，推荐相关产品，促使其二次活跃。

当然，RFM 模型中的各部分也可以联合使用，比如有的数据分析图书会推荐按照 R 值、F 值、M 值的顺序进行分类，这样会得出 8 个分类，如图 8-9 所示。

这样分类的业务含义是简单、清晰的：M 值越高的用户越重要，R 值越大的用户越要保留，F 值越低的用户越要重点发展。除上述分类方法外，还有基于 RFM 模型中的 3 个指标各自分类的，与上例逻辑类似。

2. RFM 模型的优点

RFM 模型的一个优点是其适用面非常广，因为它的数据可采集度非常高，只要有用户 ID

和购买记录即可。对于这一点，即使只有线下门店的企业也能做到。在用户购买时，提醒用户报手机号、扫 App 或小程序的会员码即可。并且 RFM 模型分析的都是交易数据，所以准确度相对较高。

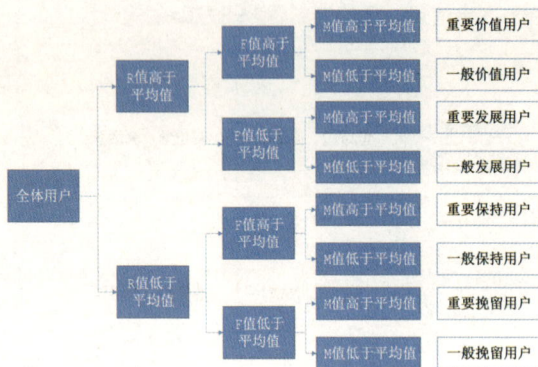

图 8-9

RFM 模型的另一个优点是：它符合商业经营的直观逻辑。

- R：用户距离上一次消费时间越长，越得唤醒一次。
- F：用户消费频率越低，越得激活一下。
- M：用户消费金额越多，越得多点返利。

在生活中常见的商户优惠活动如下。

- 充值 10,000 元返 2000 元。
- 购买 6 次送礼品 1 件。
- 满 300 元额外赠送 50 元优惠券。

以上这些都是基于 RFM 模型来做的。

3. RFM 模型的缺点

RFM 模型的缺点也很明显，具体有以下 3 点。

① RFM 模型只依据消费记录做判断，不考虑用户的兴趣、爱好等，会造成所有的营销策略都在围绕消费做文章，在形式上太过生硬，缺少温度。

基于 RFM 模型的营销策略，往往都是"买 1000 元返 100 元""送您一张 30 元通用券"之类，即使加上一个"母亲节大放送""父亲节专享"之类的头衔，照样很唐突。这样做会给用户带来一种"反正你们就是变着法想让我消费"的感觉。

在互联网企业中更是如此，它不像实体店进去就是消费的模式。在互联网类企业中，用户转化流程很长，如果不能监控其购买之前的动作，即在用户付费之前多做工作，很有可能还没等到用户购买就已经流失了。

② RFM 模型过于依赖商业经营的直观逻辑。

"R 值"的逻辑：用户消费间隔越久就越有流失的风险。

- 如果是服装、降温 / 保温用品等这一类季节性强的消费品，用户间隔 3 个月 / 6 个月等换季时购买是很正常的。
- 如果是手机、平板电脑这种科技含量高的耐用品，用户购买的时间间隔基本跟随产品发布的周期，且间隔会在 6 ~ 12 个月。
- 如果是家居、住房、汽车这种大件耐用品，使用 R 值就失去了意义，用户也许就买 1 ~ 2 次，统计 R 值没有意义。
- 如果是预付费、后刷卡的模式，讨论 R 值就没有意义了，需要用核销数据代替。

"F 值"的逻辑：用户消费频次越高越忠诚。

- 假如用户消费是事件驱动的，比如赛事、节假日、生日、周末……
- 假如用户消费是活动驱动的，比如什么时候有优惠活动什么时候买……
- 假如用户消费是固定的模式，比如医药、汽车保养等有固定的周期……

以上情况都会导致 F 值不固定，可能是随机产生的，也可能是人为操纵的。过分强调 F 值必然会造成过多地给用户补贴，徒增成本。

"M 值"的逻辑：用户消费得越多越有价值。

- 用户可能为了图便宜，趁有折扣的时候大量囤货。
- 用户可能消费一定数量以后，失去兴趣，想换换口味。
- 用户可能有消费生命周期，比如母婴、游戏，消费到一定阶段后就会失去了购买力。

以上情况都会导致基于 M 值判断失灵。

③ RFM 模型中的 3 个维度拆解太细，不利于营销和销售执行。对于 3 个维度，即使每个维度只分为两类，也会有 2×2×2=8（个）分类；如果每个维度分为 3 类，就会有 3×3×3=27（个）分类。

这种切分太过琐碎，会导致每个客群人数太少，不利于市场部 / 运营部门批量采购；开发系统页面的时候，27 个页面的开发压力也很大；并且客群间的辨识度不一定都高，很有可能做了 27 个分类，在一线执行的时候只能辨识出来三四个分类，因此不利于营销和销售执行。

由于 RFM 模型有以上缺陷，在分析时会考虑用其他方法进行完善，在能采集到用户互动行为的时候，RFM 模型就可以进一步演化为 AARRR 模型。

8.2.4 认识用户的三大模型之 AARRR 模型

RFM 模型的最大问题在于没有用户互动记录，仅有交易记录。这对于企业经营，尤其是互联网企业经营是非常不利的。互联网企业不像传统企业，到店即消费，在这里有可能用户在线上使用某产品很久都不用花钱。因此，掌握用户互动行为，对于优化产品、捕捉营销机会是非常重要的。好在互联网中 App、小程序、H5 页面等应用能够记录用户数据，因此有了 AARRR 模型。

1. AARRR 模型介绍

AARRR 是 5 个英文单词的首字母。

- A（Acquisition）：用户获取，是指用户从未注册到注册，留下用户 ID 和联系方式的过程。
- A（Activation）：用户活跃，是指用户在 App、小程序内登录、浏览内容、购买的行为。
- R（Retention）：用户留存，指用户保持活跃状态，未进入流失状态。
- R（Revenue）：用户收益，是指用户的各种付费行为（RFM 模型的指标都在这里）。
- R（Refer）：用户转介绍，是指用户转发、转介绍其他人下载、购买的行为。

> **注意：** AARRR 模型考察的是用户的 5 个方面的行为，并非考察 5 个方面的指标。实际上，AARRR 模型中的每一项，都可能有好几个数据指标与之对应，如图 8-10 所示。

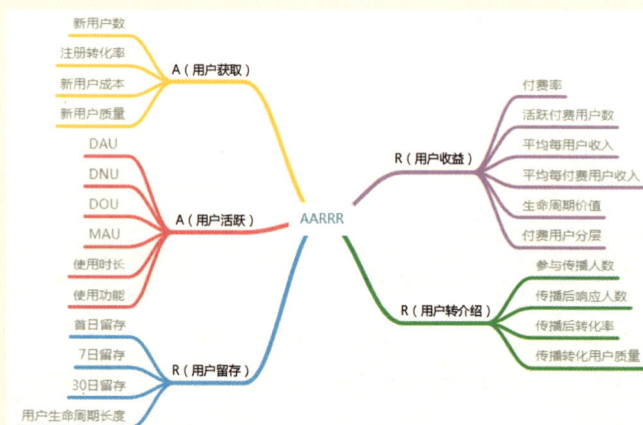

图 8-10

这里要特别强调一下：在这 5 个方面的指标中，有 4 个方面的指标是可以直接计算出来的。

- A（用户获取）：直接按照用户的注册行为（注册时间、注册渠道）进行统计。
- A（用户活跃）：直接按用户登录后的行为（登录、访问、浏览）进行统计。

- R（用户收益）：直接按用户的付费行为（购买金额、购买频率）进行统计。
- R（用户转介绍）：直接按用户的转发、拼团等行为进行统计。

唯独 R（用户留存）不是直接统计出来的，而是人为定义出来的。因为当用户流失时，他不会主动登录 App 然后输入"我走了，再见"之类的信息。用户只会默默地走掉，不会留下任何记录。因此，留存指标统计的其实是达到指定标准的活跃 / 不活跃行为。

- 活跃行为：用户注册 30 天 / 90 天后，仍有活跃动作，称为留存。
- 不活跃行为：用户注册后距今已 30 天 / 90 天，未有活跃动作，称为流失。

实际上，企业并不知道用户到底流失了没有。很有可能用户只是单纯的消费周期很长（比如旅游度假，可能一两年一次）或最近没空登录。留存指标只是辅助监控用户质量，并不是判断是否挽回了用户的唯一依据，明白这一点很重要。很多不熟悉这个指标的人，会苦苦纠结"为什么用户流失了？"很有可能只是他使用的统计方法有问题而已。

2. AARRR 模型的优点

AARRR 模型在互联网企业中的应用非常广泛。因为在互联网企业中，有很多机会可以采集到这 5 个方面的数据。大部分互联网企业是基于 App、小程序、H5 页面开展的，用户需要登录、注册才能使用，其使用行为可以通过埋点的方式被记录下来。这样可以使企业做到有数据可依。

相比 RFM 模型，AARRR 模型的数据采集难度更高。

- 埋点数据有可能不准确，出现丢失或错误的情况。
- 业务方为了赶工上新项目，会直接放弃埋点。
- 业务方为了方便用户，会提供多种登录方式，造成用户 ID 不统一。
- 业务方为了广开渠道，会同时发布多套系统，造成用户 ID 不统一且行为缺失。
- 业务方为了方便用户，不一定会在第一步就要求登录，因此会失去一些用户访问行为的数据。

所以即使排除技术问题，互联网企业本身的流量来源多、业务更新迭代速度快的特点也会给数据采集造成麻烦，所以需要加大数据建设投入才能保证质量。

在使用方面，AARRR 模型也很符合直观的商业逻辑。

- 源源不断的用户获取是增长的起点。
- 用户活跃与用户留存是收入的保证。
- 用户收益是证明 App、小程序盈利能力的重要证据。
- 用户转介绍意味着 App、小程序的成长能力。

所以，AARRR 模型在使用上非常方便，运营人员只要盯紧这 5 个方面的指标，努力提高业务方在这 5 个方面的表现即可。

这些指标单独使用也很有价值，以下为常用的几个方面。

（1）用于诊断渠道投放质量的指标（包括以下两个）

- 新用户成本（Customer Acquisition Cost，CAC）。
- 新用户价值（质量）（Customer Value）。

一般以渠道为单位，统计一定时间内一批新用户的获取成本（投放成本、促销成本、宣传成本）和该批次用户产生的付费收入，从而判断该渠道质量如何，再决定是否继续用该渠道获取用户。如表 8-5 所示，通过新用户成本与新用户质量对比，可以轻松看出哪个渠道更有必要追加投资。

表 8-5

渠　　道	新用户数（个）	新用户成本（元）	新用户价值（元）	ROI	单个用户净回报（元）
A 渠道	5000	150	500	1：3.3	350
B 渠道	25,000	100	200	1：2.0	100
C 渠道	20,000	80	110	1：1.4	30
D 渠道	20,000	70	90	1：1.3	20
E 渠道	30,000	60	70	1：1.2	10
F 渠道	30,000	20	35	1：1.8	15

注：表中部分数值为保留一位小数后所得。

（2）用于监测产品表现的活跃指标（包括以下 3 个）

- DAU（Daily Active User）：每日活跃用户数。
- DOU（Daily Old User）：每日老用户数。
- DNU（Daily New User）：每日新用户数。

DAU=DOU+DNU，DAU 能直观反映产品表现的好/坏。如果 DAU 指标出现大幅度下降，则要分别看是新用户少了还是老用户少了。由于新用户在注册首日一定有活跃动作，因此可以首先排除是否是因为获取新用户而产生的问题，再看看老用户是哪个时间段进入的？哪个等级的用户在流失，从而准确定位问题。常见的诊断思路如图 8-11 所示。

遇到指标下降时，首先要排除周期性波动、自然波动、数据错误；其次要检查是新用户的问题还是老用户的问题。

- 如果同时出现大幅度的波动，则很有可能是系统基础功能出了问题（特别是登录功能）。
- 如果新用户有问题，则要检查获客渠道，看该渠道是否按时做动作了，转化链接是否正常。
- 如果老用户有问题，则要先细分客群再看情况。如果用户本身就在衰退期，则可能是正常流失；如果是成长期用户出现了问题，则需再检查这些用户使用了哪些功能，看是不是某个路径出了问题，阻碍了用户使用。

图 8-11

（3）用于诊断产品表现的留存指标（包括以下 6 个）

- 首日留存用户：完成注册且有效互动时间大于 ×× 分钟的用户。

- 次日留存用户：首日注册后，次日仍然登录的用户。

- 3 日留存用户：首日注册后，3 日内仍然登录的用户。

- 7 日留存用户：首日注册后，7 日内仍然登录的用户。

- 30 日留存用户：首日注册后，30 日内仍然登录的用户。

- 季度留存用户：首次注册后，本季度内至少有 1 天有效活跃行为的用户。

这些指标可以绘制成用户留存曲线，即同一群体在首日、次日、3 日……仍有留存比例，如图 8-12 所示。

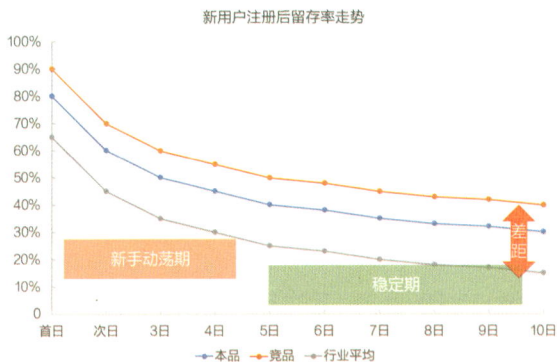

图 8-12

之所以在新用户注册后分首日留存用户、次日留存用户、3 日留存用户等，主要是因为互联网产品都有新手适应期，用户可能因为不习惯操作、不习惯页面、进入程序后不知道能做什么等原因会快速流失。一般操作频率越高的应用程序（类似游戏、短视频、社交、UGC），用户越容易在早期流失；使用频率低的应用程序如电商 App、打车软件等，可能还需要将观察期再延长一些。因此，关注用户留存情况能反映出产品对新手用户的引导是否顺畅，以及其能否让用户尽快体验到核心功能。

> **注意：** 无论怎么做，一定有一部分用户会流失，因此做用户留存分析时，需要参考竞品数据，把用户流失控制在一定范围内即可。

（4）用于诊断裂变效率的转介绍指标（包括以下 3 个）

- 转发用户人数：有多少用户参与了裂变。

- 转发后响应人数：用户转发后，新增了多少用户。

- 响应后带来有效转化行为人数：在新增用户中，产生有效行为的用户数。

在"裂变式"活动中，很有可能用户参与裂变只是为了得到转发奖励，这些新用户的质量并不高。因此可以将这几个指标结合，对所有转发用户分层，如图 8-13 所示。从中找到真正能带来有效转化作用的群体，计算该群体用户带来的有效用户数，从而参照正常获客成本，给予转化群体更好的奖励，促进裂变持续开展。

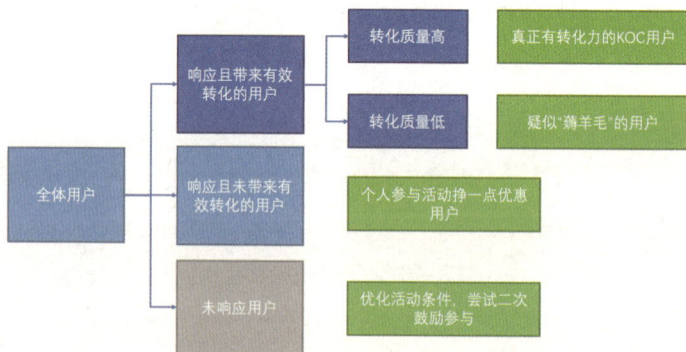

图 8-13

与具体的商业模式结合后，利用 AARRR 模型可以对用户群体进行统计，会呈现出一些固定形态。比如以下几种情形：

- 对于棋牌、休闲类游戏应用程序，玩的人多，付费的人少。

- 对于角色扮演、卡牌类游戏应用程序，容易使人沉迷，出现付费大户。

- 对于打车、外卖类应用程序，大多会受天气因素影响，如天气差的时候使用的人多。

- 对于音乐、视频类应用程序，寒暑假期间用户人数高涨，小长假期间用户人数也有小幅度增长。

- 对于旅行类应用程序，春季和秋季用户需求旺盛，节假日前会出现订票高峰。

- 对于电商购物类应用程序，有促销活动的时候用户登录频繁，商品卖得好。

因此，在使用 AARRR 模型监控业务时，其指标也会出现自然周期、生命周期性的变化，读者能区分出这些指标波动对于合理解读指标含义非常有用。

另外，在每一类业务中，都有核心用户与边缘用户的区别，他们甚至完全是两类不同需求的人。

- 订票平台：经常出差的商旅用户与偶尔旅游的用户。

- 打车平台：平时经常打车的用户与天气不好时偶尔打车的用户。

- 电商平台：经常在电商平台买东西的用户与只有电商平台搞促销活动时才买东西的用户。

如果企业对用户不加以细分，只单纯统计 AARRR 模型的 5 个方面的指标，就会被平均值抹去这些鲜明的特征。这样企业在运营中会失去重点，盲目投入，导致失败。因此，在监控整体数据的基础上，需要对用户群体再进行细分，比如常用的活跃与付费矩阵（见图 8-14）就是从平均值里区分出来"粉丝用户"与"边缘用户"的，从而更精细地设定策略，进行管理。

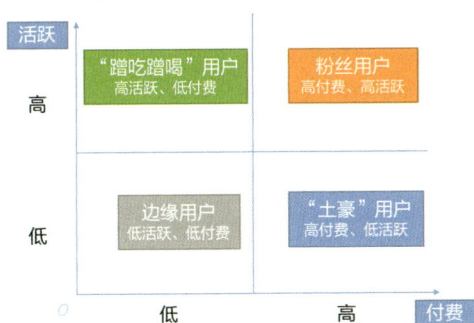

图 8-14

实际上，有相当多的互联网企业之所以经营不下去就是因为其不注重用户细分，只盯着整个 AARRR 模型的 5 个方面的指标，一味地投入资金做用户增长。就像打地鼠一样，刚解决了一个问题，又冒出来了另一个问题。这样做导致的结果就是成本失控、把用户培养成了"不给优惠我就不来了"的习惯等。

3. AARRR 模型的缺点

AARRR 模型存在的缺点和 RFM 模型是一样的。

- 用户高活跃、留存久，不代表付费就多。

- 用户过去高活跃、高付费，不代表未来照样高。

因为在本质上，AARRR 模型只是引入了用户消费前的行为，对用户从注册到消费的整个路径监控得更详细而已。它并没有解决困扰 RFM 模型的核心问题"用户到底想要什么"，如果想采集到用户的想法，就得使用 AIDMA 模型。

8.2.5 认识用户的三大模型之 AIDMA / AISAS 模型

AIDMA 模型尝试解决"用户到底想要什么"的核心问题，其含义如下。

- A（Attention）：引起注意。比如从产品包装、广告语、门店装修、活动设置等方面先吸引用户的眼球。

- I（Interest）：引起兴趣。比如产品外观、宣传口号、价格设置，让用户感兴趣并愿意了解。

- D（Desire）：唤起欲望。比如产品外观、宣传口号、价格成功击中了用户的需求点，让用户想购买。

- M（Memory）：留下记忆。比如用户成功记住了产品卖点、宣传口号、图像对应的产品，有机会就购买。

- A（Action）：购买行动。比如用户真的付诸行动，前去购买。

AIDMA 模型完整地模拟了用户接触产品 / 品牌的心路历程，层层深入地揭示了用户的思考过程，因此能解释"用户到底想要什么"的问题。

> 注意：与 RFM 模型和 AARRR 模型不同，AIDMA 模型并非统计用户的整体行为，而是有高度的指向性。在使用该模型的时候，会给到目标用户一个具体品牌 + 具体产品，然后利用调研问卷 + 访谈的方法，具体了解用户 AIDMA 5 个方面的指标，从而收集到用户对一个具体品牌、产品的反馈，如图 8-15 所示。

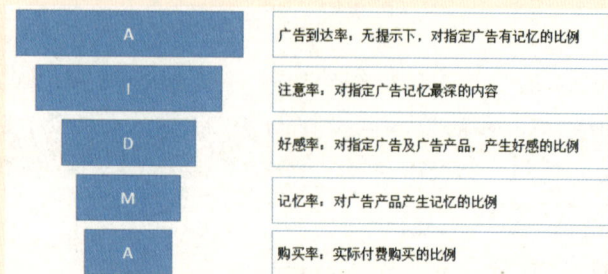

A	广告到达率，无提示下，对指定广告有记忆的比例
I	注意率，对指定广告记忆最深的内容
D	好感率，对指定广告及广告产品，产生好感的比例
M	记忆率，对广告产品产生记忆的比例
A	购买率，实际付费购买的比例

图 8-15

这种看起来更深入反映用户需求的方法，反而比 RFM 模型和 AARRR 模型的历史更长，因为它利用的是调研手段。要知道调研的方法已有上百年的历史了，即使只有纸和笔，也能进行调研。

常见的调研包括事前测试和事后调研两种，具体介绍如下。

事前测试：对一组即将上市的广告选择目标用户进行测试。让用户先观看广告，再记录其 I、D、M 的数值和内容，从而评估哪一种广告效果最好，广告带来的记忆点是否符合策划人员的初衷。这种做法主要用来优化广告设计。

事后调研：广告上市后选择目标用户进行调研。先在无提示的情况下，询问用户的 A、A 指标，评估广告的真实效果。之后再在有提示的情况下，了解用户的 I、D、M 的数值和内容，从而分析为什么广告没有被记住：是用户真的没看到，还是广告做得不好？

当然，调研方法的局限性很明显，具体表现为以下几个方面。

- 数据采集的成本高。
- 数据采集的时间长。
- 需要精心设计的实验。
- 数据难以复制到大多数用户身上。

因此，调研方法现在应用得相对较少，往往用在测试新品上。而且在新品测试阶段，产品也不适合大面积投放市场。此时产品经理、研发人员可以充分利用各种"学术派"的专业手段，把目标用户放到理想的环境里，测试产品的效果。

近些年，有些研究机构试着改变 AIDMA 模型以适应新的环境，故推出了 AISAS 模型。

- A（Attention）：引起注意。
- I（Interest）：引起兴趣。
- S（Search）：进行搜索。
- A（Action）：购买行动。
- S（Share）：进行分享。

在这 5 个方面中，Search、Action、Share 这 3 个方面都能用系统采集数据，因此更适合当前使用，但核心的 Attention、Interest 仍然需要用调研手段。因此，这样做从本质上没有解决数据获取难、复制难的问题。

以上就是最常见的 3 个认识用户的模型。综合来看，目前在监测用户行为上，数据能发挥很大的作用，只要数据库建设投入力度足够，就能采集到数据。在挖掘用户需求与态度上，有可用的"学术派"方法。但在现实中，受制于数据采集的难度，不可能事无巨细地收集所有数据，因此，衍生出一些"短平快"的方法，这样能粗略、迅速地抓住用户的核心需求。

8.2.6 用户的生命周期消费与自然周期消费

从本质上看，企业需要掌握的不是用户的全部需求，而是用户愿意在企业这里以消费产品的形式实现的需求。用户消费产品，首先是为了满足自身的某种需要，因此和个人成长、季节变化有相应的关系。这时就要洞察和掌握用户需求的两个基本脉络了。

1. 基于用户自身生命周期的需求

每个人都有不同的成长阶段，因此我们对产品的需求也表现出了差异性，具体如下。

- 0～3岁：幼儿健康成长阶段——婴幼儿奶粉、尿不湿、学前教育。

- 4～18岁：少儿成长学习阶段——教育、体育锻炼、玩具。

- 19～25岁：继续教育、走向社会阶段——教育/培训、消费品、旅游、休闲娱乐。

- 26～35岁：成立自己的家庭阶段——婚庆、旅游、首次置业、首次装修、首次购车。

- 36～50岁：由于财力区别，发展出现分化阶段——二次置业、投资理财、休闲娱乐、哺育子女。

- 51岁以上：养老/退休需求。

这里有一些重要节点，如出生、上幼儿园、上小学、上大学、结婚、首次置业、自己创业等，对个人成长、消费需求的变化有明显的识别作用。虽然具体到每个人可能完成的时间点不同，却是有迹可循的。这给了我们一个重要提示：只要抓住"年龄""性别""是否有孩子"3个关键字段，就能大概区分用户的需求，从而避免了烦琐的数据采集。

在条件允许的情况下，还能略微增加一些有用的关键字段。

- 是否在生育期（怀孕第××周）。

- 孩子年龄（在上幼儿园、小学还是中学）。

- 是否已首次置业（准备阶段、已置业未入住、已入住）。

- 是否已二次置业。

有了这几个关键字段，就能比"闭着眼睛盲目捞人"更精准地找到目标客户。对于母婴用品、汽车、装修、房地产、婚庆、旅游、消费贷款等行业来说，这种分析方法有至关重要的意义。因为对这些行业来说，如果不能准确抓住目标用户，即在用户决策期介入，就有可能永远错失用户：提前发广告，用户没感觉；错过了时机再发广告，只会贻笑大方（就像婚庆广告，永远不能说"欢迎您下次结婚还来"一样）。

这些关键字段在某些行业内常常是通用的，比如婚庆，一旦用户开始准备结婚，就会有婚纱、珠宝、购车、置业、装修、旅游、消费贷款等一系列的需求。并且，用户会在多个地方留下行为轨迹（比如参加婚博会，关注婚纱摄影信息，关注说房/说车的自媒体"大V"）。

因此，只要我们能拿到一个置业相关的数据，就能触类旁通地发现机会。

2. 基于自然周期的需求

另一类重要需求的来源是自然季节的变化。人的生理需求会随着时间的改变而出现周期性重复。

- 每天要吃饭。
- 每天要刷牙、洗脸、洗澡（日用品消耗）。
- 每周星期一至星期五要上班。
- 每个周末出去娱乐、休闲。
- 每个月要交房租、水电费、电话费。
- 每个月的某天发工资。
- 每个季节要买服装、保暖 / 降温产品。
- "清明节""五一劳动节""中秋节""国庆节"等假期的出游、娱乐。
- 四年一度的世界杯、奥运会，每年一度的各大赛事。

对于这种自然循环的需求，要注意以下 3 点。

- 用户会在特定的时间点发起需求，企业只要在这个时间点发出广告，那么就有机会吸引用户。
- 用户的需求满足是周期循环的，这意味着一次消费后，过一段时间会有补给需求，可以持续跟进用户促使其二次购买。
- 用户的需求并非完全理性，"反正到点了，该买就买"的情况很多，因此即使之前和用户没有交情，也有机会在此刻吸引用户；有交情的，则更容易促进消费。

用户的这种需求特点，给了我们一个重要的启示：企业不能被动地等着用户提交信息，而是需要主动出击。如果说用户自身生命周期的消费代表着用户理性、刚需的消费，那么用户自然周期的消费就代表着用户感性、习惯性的消费。企业完全可以在自然周期节点上主动出击，一方面可以及时获取有需求的用户，另一方面也可以创造采集数据的机会，通过用户在特定节点上的消费，反向了解用户需求。

以天为单位的消费需求，如外卖行业。

- 用餐时间：午餐、下午茶、晚餐、宵夜。
- 用餐区域：CBD、老城区、新城区、郊区。
- 用餐人数：一人、三人、多人。

综合这些情况的出现频率，可以反推出用户用餐是满足消遣还是刚需，是一人还是多人，这样推荐其他产品或服务（比如办会员卡、买菜送菜、买药送药等）也更有方向性。

不固定的消费需求，比如打车软件。

- 用车时间：周末、工作日、大型节假日或不确定。
- 用车方向：医院、学校等指向性强的地点，城内向城外或城外向城内的路线。
- 重复用车：固定线路重复 n 次、不定线路。

综合这些情况的出现频率，可以反推出用户用车的刚需程度，从而更容易结合用户需求，在下雨的工作日／风和日丽的周末，推送内容或优惠来吸引用户用车，提升用户黏性。

以月为单位的消费需求，比如购物。

- 购物时间点：工作日、周末、特定节日。
- 购物品类：日用品、礼品、玩具，特别是指向老年人、母婴类的产品。
- 重复购买：是否针对特定产品补货，是否在特定时间内重复消费。

综合这些情况出现的频率，可以反推出用户的消费倾向，特别是识别出和频繁消费相关的关键因素，比如家里有孩子的用户、美食爱好者、二次元忠实粉丝等。

当然，用户消费不见得只和生理需求有关，也和更高层次的精神追求有关。比如同样的产品，用户可能对产品档次有要求，而产品档次又直接和用户消费能力与支付意愿挂钩，因此需要单独进行分析，锁定真正的高端用户。这就是用户分层分析的思路。

8.2.7 用户分层模型与 VIP 用户识别

每个企业都有自己的 VIP（Very Important Person，重要的人）用户。VIP 用户是企业的核心用户，能贡献远超一般用户的商业价值。因此，对用户进行分层，让企业找到自己的 VIP 用户非常重要。

常见的 VIP 用户有两种类型。

- 第一种：用户本身的消费能力很强 ，能购买大量的、高价的商品。
- 第二种：用户本身的消费能力一般，但乐于为某种产品花大钱，是该产品的重度用户。

1. 识别消费能力很强的用户的方法

最直观地识别本身消费能力很强的用户的方法，是直接采集用户的资产数据。然而资产情况是最私密的数据，采集难度极高，一般只有银行才有能力采集。况且银行采集这些数据也不是伸手就能拿到的，而是有配套的优惠措施，比如大额理财产品（购买门槛高，只有现金多的人才买得起）、高额度高年费的信用卡（消费能力很强的人才需要）、机场贵宾休息厅（意味着用户有经常坐飞机的需求）等。通过高端服务，筛选出资产良好的用户，这样才能在真正的主营业务——信贷业务中积累更多的信用信息，在避免欺诈的同时可以开展更多的接待业务。

借鉴这个思路，延伸出了 3 种常见的采集高消费能力用户信息的做法。

- 以有门槛的高端服务吸引高价值用户。

- 以超高单价的产品 + 超高性价比的服务，自然吸引有高消费能力的用户。

- 以私人聚会 + 小圈子转介绍 / 邀请制的方式，通过老用户发展新用户。

这 3 种做法都是采用营销措施与数据采集手段并行的方法进行的，这样能一方面采集用户的真实信息，一方面提前锁定用户，避免错失营销时机。

需注意的是，如果不捆绑服务，仅仅以类似"消费 10 万元即可成为金卡会员"的方式，把 VIP 用户当成买赠促销的活动对象，很容易引发不正当的获利行为。采用捆绑服务的方式不仅可以增加获取数据的机会，还能一定程度上过滤掉那些不法分子。

但即便如此，想要直接采集用户的身份信息，难度依然很大。简单的方法是直接从有记录的数据里筛选出 VIP 用户。此时筛选的 VIP 用户，是乐于为企业的产品花大钱的重度用户。

2. 识别乐于消费的重度用户的方法

如果只用一个筛选维度，那么理论上应该使用用户净利润指标。但由于净利润核算规则复杂，不够直接，因此一般用用户消费金额取代。企业可以统计一定时间内的用户消费金额，采用平均值法和十分位法进行分类，找出高价值用户。

如果用两个维度筛选，则可以用消费金额和购买频率（RFM 模型中的"F"和"M"），原则上有下面的分类。

- M 值高 + F 值高 = 最高端用户

- M 值高 + F 值低 = 较高端用户

- M 值低 + F 值高 = 较低端用户

- M 值低 + F 值低 = 最低端用户

如果用更多的维度筛选，则可以采用 AARRR 模型。然而，由于互联网企业中存在大量的不付费、只活跃的用户，且这些用户并非完全无价值（比如可以为 CPM 广告贡献点击次数），因此不能只依据消费行为划分用户档次，还要考虑活跃情况。同时，由于互联网企业的获客成本非常高，因此能通过转介绍带来新用户的用户，其价值也应该被考虑。此时划分原则如下：

- 活跃用户≥不活跃用户。

- 高活跃用户≥低活跃用户。

- 活跃且付费用户≥纯活跃用户。

- 有转介绍行为用户≥纯活跃用户。

- 高付费用户≥低付费用户。

至于转介绍行为和付费行为哪个价值更高，则要看互联网企业的获客成本。如果每个活跃用户获客成本是 100 元，则转介绍一个新的活跃用户的价值就是 100 元，依次类推。

3. 利用用户分层结果指导业务

有了这个划分后，就可以对比 VIP 用户与非 VIP 用户之间的差异了。

- 用户特征：性别、年龄、职业、城市（如果采集过这些数据）。

- 用户来源渠道：线上／线下。

- 用户办卡时间：从办卡开始到目前经过的月份数。

- 用户消费路径：首次购买什么产品，次月购买什么产品（看主要产品即可）。

- 用户复购行为差异：一年内的复购次数，最近两次购买行为之间的时间间隔。

- 用户参与促销的频率：促销订单占总订单的比例。

- 用户最常参与的促销形式：各类型促销占比（如果促销活动有标签）。

- 用户消费产品排行：总消费中，A、B、C、D、E 产品的占比（A 产品至 E 产品的价值呈由高到低的趋势）。

- 用户交叉消费行为差异：在同一个订单内，高频出现的、同时购买的产品。

> **注意：** 因为是依据 F 值和 M 值进行的分类，所以这两个维度不再拿出来比较，为什么核心用户的 F 值比 M 值高？因为选择用户的时候就是选 F 值很高的呀！看到这些数据以后，会有一些简单的商业逻辑衍生出来：
>
> - VIP 用户消费 5 次，非 VIP 用户消费 1 次，所以应该让非 VIP 用户消费够 5 次……
>
> - VIP 用户消费完 30 天内必复购，所以非 VIP 用户也应该消费完 30 天后就进行复购……
>
> - VIP 用户消费 A 产品占比 50%，非 VIP 用户消费 A 产品占比 10%，所以应该引导非 VIP 用户多消费 A 产品……
>
> - VIP 用户消费 A 产品的同时，有 30% 的概率同时消费 B 产品，所以应该让消费 A 产品的非 VIP 用户也消费 B 产品……
>
> - VIP 用户首次消费，有 50% 的概率从 A 产品开始，非 VIP 用户有 50% 的概率从 C 产品开始，所以应该从一开始就引导非 VIP 用户消费 A 产品……

甚至有人把这些朴素的商业逻辑整理成方法论，称为"魔法数字法"或"消费升级法"。

这些方法并非完全没有用，它们之所以有效是因为其背后有一个假设前提：目前自己企业的 VIP 用户，就是这个品类 / 行业的 VIP 用户。如果这个假设成立，那么这套方法论也是成立的；如果这个假设不成立，那么这套方法论有可能存在巨大隐患。

4. 用户分层的潜在问题

以企业目前的产品、品牌、渠道吸引而来的 VIP 用户很有可能是有偏差的。有可能站在企业内部数据的视角看他们是优质客户，但站在整个行业的角度来看他们可能是非 VIP 用户。阻碍非 VIP 用户向 VIP 用户发展的原因也不是营销 / 运营动作没有做好，而是 "你在他们眼里不够好" ——真正的 VIP 用户都去了别人家。

检验本企业的 VIP 用户是否就是品类 / 行业的 VIP 用户有一个简单的办法：看目前企业的销量占整个行业的市场份额。如果份额占比大于 60%，处于垄断竞争或绝对垄断地位，那么不用担心，自己就是行业的主流，竞争对手占据的是或高端或低端的细分市场。如果企业占行业的市场份额低，或者干脆整个行业都处于分散竞争的状态，那就得小心求证了。

目前的 VIP 用户并不代表企业未来的发展方向，也不一定要把现在的非 VIP 用户全部发展成 VIP 用户。因此，不能完全按照当前数据上的 "核心" 来圈定未来。当前数据的核心是提供参照物，在决策者设定方向的时候有一个清晰的参考，能帮助他们列出类似以下条件即可。例如，未来要发展的 VIP 用户特征如下。

- 性别、年龄、职业分别是 ××。
- 来源渠道集中于 ××。
- 偏好 A、B 两款产品。
- 注册后首月内消费金额达 ×× 元。
- 注册后次月内复购率达 ××%。

有了清晰的发展目标，就可以继续探讨如何按图索骥区分出哪些用户更接近理想状态了。要注意的是：VIP 用户不一定一进来就消费很多，也会有从低到高的转化。用户从接触一个产品到养成使用习惯，再到逐渐厌弃产品，追求更好的产品，存在一个转化过程。因此，静态地区分 VIP 用户 / 非 VIP 用户，可能还不足以指导经营活动，需要考虑用户生命周期价值与用户旅程。

8.2.8　用户生命周期价值与用户旅程分析

用户接触企业以后，整个过程分为接触、体验、深入、满足、衰退。在这个过程中，消费者一开始仅仅体验一两样产品，体验良好以后便会持续购买，直到满足，之后新品推出，兴趣慢慢转移。这个过程也被称为用户的生命周期，只不过指的是用户在企业内消费的生命周期变化，并非用户自身的生命周期变化。

1. LTV 基本概念

基于此，可以计算用户生命周期价值（Life Time Value，LTV），即从用户注册开始，到一个指定时间（如 3 个月 / 6 个月 / 12 个月）内用户产生的总价值。LTV 数值有多种应用方法。

- 应用 1：用来做用户分层，划分高 / 中 / 低价值用户。

- 应用 2：LTV 越高，意味着越有让利空间，可根据 LTV 制定让利比例。

- 应用 3：一个渠道获取用户的 LTV，代表了该渠道的质量，可以评估渠道效果。

在基于 LTV 进行用户划分后，可根据 LTV 在用户注册后每个月的分布形态，分析用户的培养方式，如图 8-16 所示，3 种形态分别对应着 3 种培养方式。

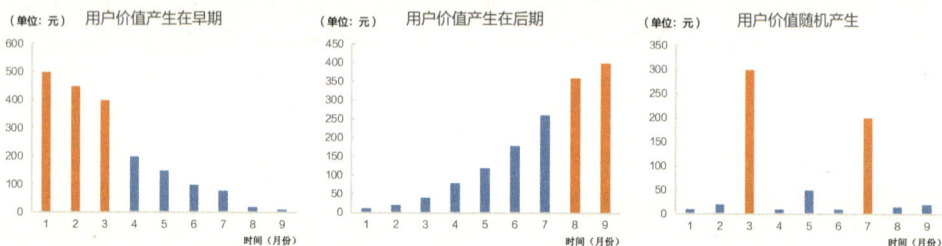

图 8-16

- 用户价值产生在早期，后续消费越来越少，因此重点要获取目标用户。

- 用户价值产生在后期，意味着有长期的培育价值，因此重点要培育用户。

- 用户价值产生不固定，意味着需要季节性促销，时不时联系一下用户。

这里的情况其实代表了下面的 3 种思路。

- 放弃培养用户，快速变现的思路：既然用户价值产生在早期，那就尽快促成交易。

- 用"养鱼"方式培养用户的思路：不管用户眼前有没有价值，先保留用户，慢慢促成交易。

- 不看用户成长路径，关注具体场景的思路：只要在特定场景内有活动，用户一定回来，日常保持联系即可。

这里产生了一个问题：用户的行为是否是不可改变的，在这里有两种不同的观点。

- 观点一：假设用户的行为是不可改变的，所以要尽可能找真正的目标用户，产品围绕目标用户打造，尽快促成用户付费。一般想快速变现的人，会持这种观点。

- 观点二：假设用户的行为是可以改变的，所以要铺设好用户成长路径，尽可能引导用户成长。一般追求业务长期发展，特别是做新兴业务的人，会持这种观点。

2. 利用 LTV 指导业务的两种基本方式

如果持前面提到的观点一，则要求对目标用户有清晰的画像（参见 8.2.7 节所讲的分层方法），在获取用户的渠道选择上，要选取目标用户密集的渠道，比如可以在公园、游乐场、大型购物中心获取数据。这种线下集中推广的方式，被很多行业广泛使用。

在线上，用户同样会聚集。只不过聚集的方式不是以网站、App 的形式出现，而是以话题的形式出现。每个风靡一时的话题背后，都是特定群体的情绪集中表达。

* 有大学学历的玩家，才会更有动力转发《当年在寝室一起玩游戏的兄弟》这类文章。

* 在写字楼加班的白领，才会加入"甲方乙方互喷群"，转发《我们都是打工人》这类文章。

这意味着，在线上拦截有需求的用户，不再像线下一样，以某个网站 /App 为单位进行广告投放。恰恰相反，用户上网的时候早已习惯了各种广告插入，对于自动弹出来的广告，人们习惯性的做法是关掉或无视它。在线上拦截用户，抓取关键用户标签，靠的是内容运营，在特定的话题 /"大 V"下找到成堆的有潜在需求的用户。

如果持观点一，在产品打造上，也不会太考虑非目标用户的感受。这种做法不但能更好地满足目标用户，也可以逆向筛选，过滤非目标用户。

如果持观点二，则要求有一个清晰的用户成长路径。在用户经过接触期后，每个阶段都有 MOT（Moment Of Truth，关键时刻），也有称为 Aha Moment 的，让用户体验到价值感，从而引导用户一步步付费。

在线下交易中，MOT 一般都是体验产品的时刻。以某教育机构为例，MOT 可能为下面的步骤。

* 家长和小朋友首次试听课程。

* 小朋友首次接受能力测试。

* 家长和小朋友首次接受名师指导。

这样就形成了体验升级的台阶，家长看到小朋友能接受课程，学有所得，就愿意持续付费。家长先体验普通课程，再体验名师课程，发现名师教得更好，就有机会花更多的钱。

类似的设计，在有体验的产品，比如健身、成人教育、美容、保健等行业都有应用。有些行业，比如房地产、汽车、家具、装修，虽然体验过程不会特别长，但也有相应的体验过程，因此可以做类似的设计。比如带用户看房源、带用户首次试驾、带用户体验样板间等，此时好的销售员会额外注意用户体验的痛点与痒点，注意扬长避短，吸引用户购买。

在互联网产品中，这种体验设计可以做得更极致。比如游戏，用户首次战斗、首次 PK、首次抽奖 / 开箱子等动作，都是经典的关键时刻，让用户体验到游戏"好玩""刺激"。

3. 提升 LTV 的 5 种方法

除良好的体验，用户会忠实一个产品，还有以下原因。

- 品牌驱动："我很喜欢这个牌子，我还想买。"
- 功能驱动："这个产品的功能很突出，我觉得它很好。"
- 价格驱动："这个产品真的很便宜，太划算了。"
- 便利驱动："这个产品买起来方便，我懒得逛了。"
- 设计驱动："这个产品真的挺好看，买它买它。"

此外，引导用户成长还可以用一些简单的手段。

- 品牌驱动：建立小圈子，推广文化群体，文化小圈子是最容易培养用户忠诚度的做法。通过小圈子社群运作，可以有效提升用户忠诚度，促成用户更多的消费。
- 价格驱动：牺牲部分利润，给用户造成"越买越便宜"的感觉，促成用户持续购买。比如购买完毕后立刻派发下次购买时可使用的满减券，在用户办卡后次月 / 生日 / 季度末都派发优惠券，消费达到指定等级后可以享受更多的福利等。用利益手段促使用户参与购买，并且给优惠券时不一定是直接派发。
- 便利驱动：线下业务的成功一般直接靠选址实现，占领了大型小区、大型商超、CBD 位置的好门店，可以自然垄断周围流量；线上业务是否成功则可以从 App、小程序的使用频率、使用的功能点数量来区分。使用频率越高，再加上采取的营销手段，触动机会就越大。
- 设计 / 功能驱动：在产品线中，区分基本款 / 升级款 / 主题定制款等，除了基本款，每一款的附加功能卖点都有清晰的定位，可对用户选择 / 购买情况进行识别。

利用数据区分用户是否可以被驱动对于经营有重要的意义。如果在业务中发现用户很难被驱动，则可采用尽快变现的思路，快速获取利润；如果发现用户有可行的培养路径，则有希望沉淀为忠诚用户，建立起业务"护城河"。总之，根据数据的变化，调整赚快钱还是赚慢钱的节奏。

8.2.9　认识用户的要点：营销与数据紧密配合

本章用了很长的篇幅介绍如何认识用户，是因为认识用户是营销和设计工作的基础。"投其所好，送其所要"是营销、设计最基本的原理。想要吸引用户，可以从以下 4 个方面入手。

- 方向：用户需求。
- 手段：吸引用户的渠道、内容、产品。
- 时机：沟通用户的话题、时间、场合。

- 力度：产品功能吸引力，促销优惠力度。

四者缺一不可，因此对用户的分析必须详细讲解，力争讲深、讲透。

在认识用户的过程中，销售人员需要避免的问题如下。

- 我就是用户——默认自己就是用户，忽视真实用户的反馈。
- 用户不懂，我才懂——把自己的主观意愿强加在用户身上。
- 我从业 20 年，还能不懂用户——不注意现实世界的变化，墨守成规。

这些做法，本质上是盲目自大和对用户的轻视。在商业竞争白热化的今天，这样做很容易使自己处于被动的地位。

但是，认识用户的道路又是曲折的。

- 用户信息采集难，因此得想各种办法。
- 用户信息采集很难精准，因此得抓关键维度。
- 用户信息采集过程漫长，因此得结合营销动作，同步行动。

这样才能避免坐而论道，错失营销机会。

相当多的企业会犯以下这些错误。

- 为了采集用户数据，把业务流程复杂化，降低用户体验感觉。
- 为了减少用户操作，错失用户数据采集机会，事后无从分析。
- 盲目迷信所谓"大数据供应商"，外采数据，结果准确率无从保证。
- 缺少营销手段配合，数据与营销脱节，最后劳而无功。

正是因为见过太多失败的案例，所以作者才在介绍用户分析的时候，直接把常用的营销手段一起介绍了，这样才能让数据和营销有效地配合以达到最好的效果。在后续营销、设计分析章节，读者会看到，当有了用户数据支持时，营销和设计的工作可以很简单。

8.3　产品分析：打造高质量产品

8.3.1　产品分析的基本思路

产品分析是商业分析中最"古老"的三大内容之一（另外两个是财务分析和销售分析）。传统的产品分析关注的是产品的进销存数据，关注的是产品的财务表现。好卖的就多卖，不好卖的就清仓，是其中核心的逻辑。

之所以存在这套逻辑是因为以下原因。

- 传统经营模式以线下门店为主，渠道为王，用户能挑选的范围有限。

- 传统经营模式宣传渠道太少，用户能感知的卖点很少。

- 传统经营模式数据采集太难，无从得知用户反馈。

在这套逻辑下，产品的迭代、更新、设计的思路都很简单、粗暴。

问：什么叫好产品？

答：该产品销量占据本公司销量排行榜榜首/前三位（总之越靠前越好）；该产品竞争对手在做，且销量占据对手排行榜榜首/前三位（总之越靠前越好）；该产品的库存周转速度快于其他产品（越快越好）；该产品的订货单源源不断，需要不停地补货（越多越好）；该产品的每一款新品上市后 LTV 都比其他产品好（越多越好）。

这种思路能直观看出产品的好/坏，并且只需要看一两个指标就能下结论，所以应用非常广泛。只是这种做法太过粗糙，并不能区分用户购买产品的真正动机。不过，在过去也没有办法大范围采集用户数据，所以这种问题即使存在，也无从验证。

在这种"好产品"思路的指引下，产品创新的思路也很固定，一般的做法如下。

- 拿过去的好产品，换个外观，做新款继续卖。

- 拿过去的好产品，降低成本/减配，作为"大众版""青春版"继续卖。

- 拿过去的好产品，增加一些新功能，作为"高端版""尊享版"继续卖。

- 实在没什么做的，看看过去的好产品没有覆盖什么功能，出一个全新款，试探市场反馈。

当然，还有更一般的要做产品改进的情况如下。

- 老板说："这个产品不好用，需要改进。"

- 产品经理自己觉得："这个产品不好用，需要改进。"

- 某个强有力的经销商说："这个产品不好用，需要改进。"

在这种情况下，产品分析的思路也很直接：做测试！因为核心功能点是不会发生大幅度变化的，因此，只要直接问用户即可。

- 目前使用的产品有哪些不满意的地方？

- 对产品还想要哪些新功能、新设计？

- 与对手的产品功能、设计进行对比，看好/差在哪里？

- 假设我们推出具有这个功能、设计的产品，是否有吸引力？

- 是否愿意为产品的这个功能、设计买单？愿意花多少钱？

这些问题大部分属于用户态度的问题，因此基本都是靠小规模的抽样市场调查完成的。这种数据采集方式可能很细致，但具有市场调查类数据的通病：无法大量复制。不过在传统企业的经营中，也不在乎复制的问题。因为他们的宣传渠道有限、销售渠道有限、用户选择有限，只要推出的新品没有明显的瑕疵，剩下的工作交给销售、营销、宣传即可。总之，只要推出的新品销量好，一切都好；若销量不好，则下一次再迭代。

然而，这种思路在互联网时代已经严重落伍了，主要是因为以下几个原因。

- 媒体多元化，购买渠道多元化，宣传方式多元化，渠道对用户的影响力减小了。
- 在宣传方式多元化的情况下，市场竞争异常激烈，不但产品很容易被抄袭，更容易在宣传层面直接被打垮。
- 现在有能力采集用户的数据，因此有能力识别谁是核心用户、谁是边缘用户。

本质上看，用户对产品的购买行为可能是纯刚需或无意识的。即使用户有意识地选择了一个产品，也有可能有 5 种驱动力。在这 5 种驱动力中，严格来说只有功能驱动 + 设计驱动才能真正说明用户对产品很满意，其他 3 个驱动力是靠营销、销售、运营来实现的。

所以，想要做好产品设计，核心问题在于区分出到底用户有多大程度是被产品吸引了。当然，这是一个研究用户态度的问题，受限于数据采集，不可能完全精细地区分出来到底哪些用户是"纯"被产品吸引了。但是，至少要有能力区分出哪些是靠渠道优势、促销吸引、运营手段赢得的用户。这样既能够客观评估产品吸引力，又能丰富获取用户的手段，如果产品吸引力真的不够，就靠渠道、促销、运营补上。

这就是为什么要先介绍用户分析的技巧，再讲产品分析的方法。识别出产品的真正吸引力后，才能进一步探讨下面的问题。

- 针对新用户，如何快速让其体验到产品的核心卖点。
- 针对老用户，如何优化体验过程中的不足。
- 如何为产品打造不同的卖点，以满足不同层次的用户。

当然，传统企业与互联网企业的产品形态有很大的差异，而互联网企业中交易型产品和内容型产品的产品形态又有很大的差异。因此下面将它们分成 3 类，分别做介绍。

8.3.2　传统企业的产品分析

1. 互联网时代传统企业的产品难题

传统企业在互联网时代面临的核心问题是电商的冲击。用户可以轻松地在网上买到便宜的产品，还能快递到家，为什么还要跑到线下门店去。如果企业直接把线下门店关了，全部转型线上，不但"自废武功"，而且面对线上激烈的竞争及巨额的流量费用，很有可能难以招架。如果企业继续维持门店但不做产品创新，则很有可能门店会沦为体验店——用户到门店看了货，最后还会在网上下单。门店没有成交量，仍然没有利润。

打破这种局面的思路当然得从经受住了互联网冲击的传统企业里找灵感。举一个简单的例子：40年前，寻常百姓家中几乎没有人拥有照相机，大部分人都要去照相馆拍照。40年后，大多数人都拥有了手机，并且大部分手机都具有拍照功能。然而照相馆作为一个行业，非但没有消失，反而更加赚钱了。正是因为人人都在拍照，所以有技术含量的照片反而变得更珍贵了。比如婚纱照、艺术照、个人写真等。便利的新技术淘汰的是那些没有技术含量的、只会继续拍大头照的照相馆。手机相机的普及让人们意识到"照好看的照片非常困难"，他们更愿意为有技术含量的照片付费。

互联网企业的兴起，为用户提供了便利的购买渠道和更低价的产品。然而这也仅仅是满足了便利驱动和价格驱动的用户。便利获取低价产品，让用户对高品质服务、体验、专业化功能、个性化方案的需求更高，也更愿意为之付钱。所以互联网企业会淘汰的是那些依然只会把产品摆在货架上，然后大喊"走过，路过，千万不要错过"的商家，以及毫无体验、毫无知识、毫无技术含量的实体店。如何丰富产品体验，强化线下成交能力，才是"破局之路"。

2. 产品线的局部分析

想达到理想的效果，首先要做的就是缩减产品线，突出爆款，把好钢用在刀刃上。这样就需要配合数据分析，首先对现有产品线进行梳理，对产品销量、利润率、库存周转速度进行排序（见表8-6）。

表8-6

产　品	定　位	价位段（元）	月销量（件）	毛利占比	库存周转时间（月）
A产品	引流款	30	300,000	15%	1.5
B产品	爆款	220	150,000	35%	1.2
C产品	（定位不清）	305	50,000	30%	4
D产品	搭配款	260	100,000	45%	2
E产品	（定位不清）	350	30,000	50%	5
F产品	（定位不清）	580	5000	65%	6

基于数据，企业需要做的是：

- 逐步把低利润、低周转的产品退出市场。

- 同一价位段，只留一款核心产品，避免自己跟自己抢流量。

- 区分出低价位、高销量的引流款产品，作为引流工具。

- 区分出高利润、高销量的爆款产品，作为主要盈利点。

- 区分出与爆款产品形成搭配的产品，重点提升交叉购买率和客单价。

- 其他定位不明的产品，如防守型产品，可以逐步退出市场，清晰定位以后再上架。

经过这样的全盘梳理，能最大限度地压缩产品成本，把成本释放出来。这样才有充足的资金，或用于产品升级，提升爆款产品的竞争力；或用于拓展互联网渠道，提升互联网渠道上的竞争力；或用于打价格战，以低价取胜。相反，总舍不得摆脱过去的束缚，只会在打造新品的时候束手束脚，最后还是会错过互联网化的机会。

3．利用数据改造传统流程

有了第一步梳理以后，可以有充足的资源做第二步的工作。第二步的工作重点在于改造传统流程，把简单的买货／卖货，利用数字化工具打造成体验的流程，如图 8-17 所示。

（1）"种草"阶段

充分利用各种互联网平台，吸引用户关注，增强用户体验。此阶段传播的内容要附带内容标签。

- 视觉型：通过视觉冲击吸引用户，比如食品测评、家装效果展示等。
- 知识型：通过知识科普吸引用户，比如科普健康、育儿、美容、运动等知识。
- 体验型：通过主播、"大 V"的个人体验，传播品牌优点，感染其粉丝群体。
- 故事型：通过品牌故事，向用户灌输品牌形象（耐用、科技、老字号等）。

这样，在后续分析的时候才能有数据做参考，对比哪一种效果更好。

"种草"	引流	促成	跟进
直播	微信群	个性化方案	微信服务号
抖音	个人微信	产品试用	CRM
微信订阅号	转介绍	限时优惠	企业微信
小红书	到店红包	微商城	小程序提醒
微博	到店体验	微信卡包	个人微信
朋友圈	线下展会		

图 8-17

注意： "种草"阶段传播的内容，要附带用户进入下一阶段的链接。

- 派发优惠券把用户引流到微商城。
- 用户留下联系方式，后续让实体店跟进。
- 让用户加入微信群／添加导购员的个人微信。

这样才能保证"种草"效果，并且保证在下一阶段有数据可分析。

（2）引流阶段

通过各种小手段，吸引用户到店。

- 优惠券：提供到店消费优惠券 / 礼品等，吸引用户到店。
- 体验券：提供低价格的核心服务体验，吸引用户到店。
- 科普讲座：提供知识讲座 / 专家面对面交流等，吸引用户到店。
- 大型展会：结合品牌宣传 / 新品上市等，吸引用户到店。

同"种草"阶段一样，给到用户的各种优惠券，需要以数字化的形式呈现，比如微信卡包、微商城礼券等，这样不但能有数据记录，而且能避免被"薅羊毛"。

（3）促成阶段

在用户到店后，落地"种草"阶段 / 引流阶段的优惠，促成用户下单。如果前两步工作做得好，则在用户到店的那一刻，接待用户的导购员就不会简单地问："您好，您想买点什么呢？"而是能清楚地知道下面的信息。

- 用户之前体验过什么？
- 用户的兴趣点在哪里？
- 用什么手段与用户沟通？

当然，想做到这个效果，也需要系统支持，需要有数字化的导购工具。

- 帮助导购了解用户的基本情况。
- 在用户提问时，能为导购员提供案例图片、专业知识、答疑话术。
- 在用户体验产品时，记录用户的问题和反馈，方便后续服务。
- 为用户配置个性化的方案并报价，查找最新的优惠信息。

这样一来，用一台 iPad 进行操作，替代传统的口头介绍、纸质资料、手写记录。不但能提高服务效率，而且能记录数据，还能防止导购员私下联系用户而把用户带走，一举三得。

对于产品有体验流程的，比如美容院做美容、教育辅导机构试听课程、健身房体验课程、汽车试驾等，可以基于小程序 / 服务号开展以下活动。

- 体验前：用户到店签到。参加一次抽奖赢积分活动，或者在门店直接领取一个体验装 / 样品 / 果盘。这样用户感觉更好，同时能记录用户体验的是哪个样品，记录用户信息，或者引导用户关注小程序 / 服务号以便留下记录。
- 体验后：用户进行体验评分，评分完毕后给予其小额的优惠券。既能收集用户意见，又能给店员 / 导购员留下下一次沟通的话题。

对于产品体验流程少的，可通过增加知识性介绍和案例展示，增加和用户互动的机会，留下数据及下次跟进的线索。

- 数码、家电、汽车等有技术含量的耐用品：提供价格、性能对比等功能，现场展示给用户。

- 家装、家具等有设计成分的产品：可以直接展示老用户的案例，供新用户参考。

- 饮食、美容等有健康要素的产品：可以对用户做测试，提供个性化方案，突出产品优势。

- 实在没有卖点的纯快消品：可以提示近期的优惠活动，告诉用户"来我这里买，实惠多"。

促成环节的关键，在于用数字化工具替代了传统店员手里的纸质宣传单、纸质价格表及脑子里背会的几句迎客语，还有门店门口纸扎的抽奖箱，因此才能更好地在互联网时代生存。

（4）跟进阶段

如果用户当场没有下单，还能利用企业微信、个人微信，跟进用户后续购买。一般大件商品，用户考虑周期长，会对比多个品牌，因此可以持续跟进一段时间，看是否还有转化机会。小件快消品，用户逢年过节都会再买，因此还可以在换季、周末、节假日、活动等节点跟进。

有了以上这 4 个阶段的工作，才能让实体店摆脱靠运气"吃饭"的窘境，并且采集到足够的数据，解决"用户到底为什么不买"的问题，后续才好做分析。

4. 深入分析产品

有了第二步的工作，才能有第三步的深入分析产品。在对产品进行深入分析的时候，分析对象已经从简单的一件产品，扩大到包含导购员、门店、品牌、内容的整体性产品。这样才能分析出提升用户体验的关键点。

在深入分析产品前要将数据分类、记录，主要包括以下几个方面的内容。

- 门店基础标签库的建立：门店的大小分级。

- 产品基础标签库的建立：产品的档次，价位。

- 导购员基础标签库的建立：导购员本人的活跃度，能力评估。

- 引流活动标签库的建立：活动类型，活动时间。

- 引流内容标签库的建立：内容类型（品牌/体验/知识），内容是否有优惠。

- 用户参与引流的信息记录：用户的报名、到店、消费、二次消费信息。

有了以上数据记录，就能单独分析出以下信息了。

- 哪些内容关注度更高，更吸引人？

- 哪些活动更吸引人，转化率更高？

- 哪些体验环节更吸引人，转化率更高？

除此之外，我们还能进行综合分析，比如在众多路径中，发现效率最高的路径，如图 8-18 所示。

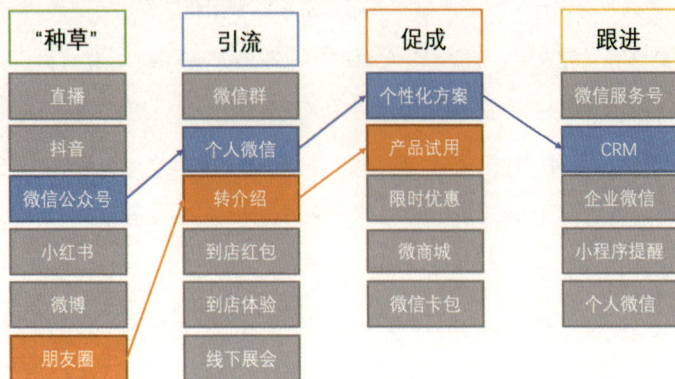

图 8-18

比如对比产品定位与实际购买的用户群体，发现产品的不足。

- 产品定位是高端产品，可用户对比的竞品都是中端产品。

- 产品定位是中高端产品，可用户都是凭优惠购买，实际支付在业内偏低。

- 产品定位是年轻活力产品，可用户年纪偏大，年轻人兴趣不足。

把这些差异情况反馈给产品设计人员，能极大地激发他们的产品设计灵感，从而增加产品的功能或增强品牌的宣传力度。

实际上，传统行业产品设计的思路演化，是与数据采集、数字化工具利用、数据分析密不可分的。如果不把产品设计升级建立在数字化 + 数据分析的基础上，继续停留在减个配置就是"青春版"、换个高档包装就是"尊享版"、涂个红色就是"女性版"的阶段，只依靠有限的交易数据，无论如何也分析不出来"用户为什么不会购买"的原因。

好在互联网企业没有传统企业诸多的弊端，互联网企业天然有条件记录大量数据，因此有更简单、清晰的分析思路。

8.3.3 互联网企业的交易型产品分析

1. 互联网企业的交易型产品分析的关键

与传统企业不同，互联网企业的产品不仅仅包括其交易的产品，App、小程序本身就是其产品，App、小程序的使用体验也是产品体验的重要组成部分。甚至对于以内容为主的社交、新闻、视频、短视频、UGC 产品，其内部根本没有什么交易流程。用户使用 App、小程序的体验就包括全部的产品体验，所以对使用体验的分析更加重要。

互联网企业在数据采集上有优势，用户在 App、小程序内的行为可以通过数据记录下来。然而这也为企业采集用户数据带来了挑战，因为用户在 App、小程序内的行为太多了。读者可以试想一下，自己一天内会打开多少个 App、会看多少条信息，其中真正产生交易的有多少次，又有多少次操作是随意的、毫无目的的。

因此，对互联网企业来说，其面临的核心问题在于要找出关键流程、关键动作，尽可能促使用户完成关键流程、多做关键动作。在这个问题上，交易型产品与内容型产品有明显的区别。交易型产品的关键流程与关键动作很清晰：尽可能多地促成交易。所以更容易梳理清楚关键流程，即交易流程，其分析目标也是很清晰的：提升交易效率，并提升总交易金额。

典型的交易型产品，包括电商平台、外卖平台、打车平台、订票软件等，这些 App 的最终目标是尽可能多地促成用户消费（消费自营产品或入驻商家的产品）。理论上，大型游戏也可以算交易型产品，游戏里捏角色、打怪、升级、PK，最终还是为了让用户消费更多。

分析交易型产品时，一般分 3 个层次。

- 宏观层面：行业数据 + 产品概况，用于判断发展态势。

- 中观层面：三大主要流程的完成情况，用于优化用户体验。

- 微观层面：细分用户的操作行为，用于发现新的机会点。

2. 宏观层面：产品生命周期分析

宏观层面，可套用之前介绍的 AARRR 模型体系，结合产品发展的生命周期与自身的市场份额，判断整个产品的发展态势。这里可能需要引入一些第三方数据，如行业的市场规模、竞品的发展速度等，用来评价自身产品的发展阶段，从而做出合理的决策。

这里主要参考的数据如下。

- 行业市场空间是否饱和？

- 竞争对手的速度较我方更快 / 更慢？

- 产品本身的用户新增、活跃、留存情况如何？

- 产品交易额、交易笔数、销售数如何？

- 有交易用户的比例、用户复购率如何？

这些宏观层面的分析最终输出的是对产品生命周期的判断，如图 8-19 所示。

产品处于不同的生命周期，整体策略有区别，对应的改进方向也不同。

- 产品孵化期：更多关注用户体验、种子用户留存。

- 产品发展期：更多关注用户获取质量、用户活跃情况。

- 产品成熟期：更多关注用户留存、用户转化。

- 二次迭代期：更多关注老用户回流／新用户、新功能的使用率。

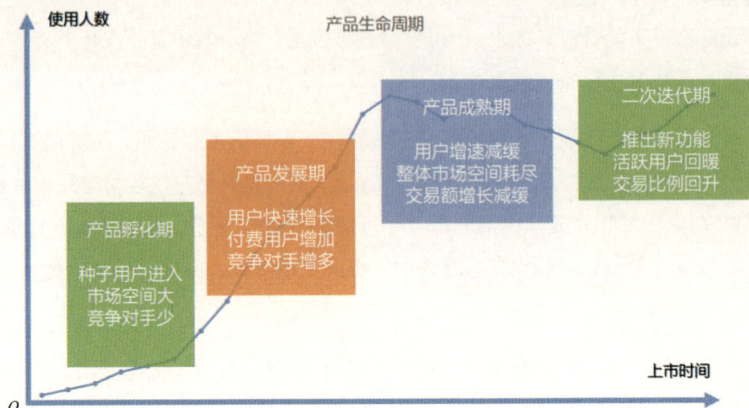

图 8-19

这些宏观层面的判断，可以为后续具体的功能点设置提供整体指导，避免只见树木不见森林，陷入流程的细节里。

3. 中观层面：三大流程分析

在清晰宏观层面的定位后，可以着手处理中观层面的流程问题。交易型产品的核心流程，可以简单归纳为 3 个阶段。

- 站外到首页：从站外各个流量渠道吸引用户，指引用户到达站内，完成注册／登录动作。
- 首页到产品：对于已注册／登录的用户，指引用户从首页抵达一个具体的产品介绍页面。
- 产品到交易：对于已经在看具体产品的用户，促成下单交易。

在数据分析上，这对应着 3 个关键问题。

- 注册流程：外部流量向内部转化的路径是否畅通。
- 流量分配：首页是否起到了很好的流量分配。
- 转化路径：从一个入口进入后直到成交的流程是否畅通。

（1）注册流程

此处的关键是关注转化率。注册是使用 App 的第一步，也是衡量广告投放，拉新获客的最关键的指标。对于注册而言，效率从来不嫌高，100% 最好。因此要日常监控各个拉新渠道的注册效率，随时进行优化。

（2）流量分配

此处的关键是引导用户。交易型产品的首页负责分配进入站内的流量，引导用户下单。正如前面所述：用户的需求有很多类，可能有的喜欢特定品牌、有的喜欢价格优惠、有的用户同时考虑购买几样产品。因此在交易型产品的首页，一般会区分不同的内容位置供用户选择。当有新的交易模式出现时，比如直播或"种草"，可能还需要有新的位置留给这些功能。

这样使得首页的流量走向非常复杂，在分析时要关注各个功能的点击率与转化率。我们可以用矩阵分析法区分出以下 4 类，如图 8-20 所示。

- 高点击率 + 高转化率："明星"位置，优先保留。

- 高点击率 + 低转化率：问题位置，考虑优化。

- 低点击率 + 高转化率：潜力位置，考虑扩大此入口。

- 低点击率 + 低转化率："鸡肋"位置，考虑优化或关停。

图 8-20

当然，为什么没有转化？要结合转化路径做深入的分析。很有可能用户点进去不转化，是因为后续路径出了问题，并非首页引流效果不佳。但长期来看，如果一个位置流量大但转化率低，是一种浪费流量的行为，要做优化。

潜力位置是不是真有潜力，需要做测试，有可能将位置放大以后，会吸引更多用户进入，也有可能这仅仅是一个小众需求，放大了也不能增加效果。同样，所有首页的改变，诸如调整位置、增加新功能，都需要测试后观察效果再做决定。

有一点要注意，短期内的改版常常会引发用户的反感。人都有依赖性，一旦出现变化，特别是重大改版，一定伴随着用户的负面口碑或流失。因此对于产品改版前后的数据监测，一定要及时到位。且要有一定的耐心，观察一段时间再下结论，特别是观察改版后新注册用户的使用行为。如果出现新注册用户行为表现顺畅，且老用户活跃在短期波动后出现回暖，则表示用户可以接受这种改版。

（3）转化路径

此处的关键是，对于每一个交易流程都能建立转化漏斗来发现问题点。在前文漏斗分析法介绍中已有相关案例，这里不再赘述。

单纯地分析流程会有一个问题，就是无法确定用户最后不下单的原因。到底是因为产品不吸引人，还是流程太烦琐，还是单纯因为用户在等价格优惠。因此，需要从微观层面对用户进行细致的分析。

- 区分促销敏感型用户。
- 区分特定品牌的忠实用户。
- 区分囤货用户，设定跟进周期。

总之，利用用户分析结果可以更好地区分问题点，从而更精准地优化产品。

交易型产品的分析思路非常清晰，因为其核心目的是尽可能地促成交易。但对于内容型产品，其交易功能没有那么突出，用户行为更复杂，因此分析的时候要思考得更广泛。

8.3.4 互联网企业的内容型产品分析

互联网企业的内容型产品包括新闻、资讯、社交、音乐、视频、短视频、UGC 等产品，这些产品虽然也有交易功能，比如出售会员资格，但大部分情况下无须交易，用户也能加好友、聊天、看帖子等。

互联网企业的内容型产品的交易流程不一定是终极目标，因为这些产品大部分依靠广告方式来变现，用户只要保持活跃就有价值。即使用户什么都不做，内容型产品也能通过 CPM 广告的方式挣钱。所以，保持用户活跃本身就很有意义，不需要像交易型产品一样，必须让用户的行为指向一个明确的付款动作。

在交易型产品中，如果用户不交易而一直浏览内容就是有问题的：要么产品没有让用户满意，要么价格没有让用户满意。在内容型产品中，这种行为却丝毫不是问题，反正有 CPM 广告呢，只要用户肯活跃就行。并且在内容型产品中，用户完成一个完整流程的速度可能很快。比如看短视频，只要 10 秒左右即可；看论坛帖子，只要一两分钟即可，因此用户的浏览行为可能非常频繁。

1. 区分用户行为

在整体思路上，内容型产品可以沿用交易型产品的基本思路，从宏观、中观、微观层面进行分析。但在具体操作的时候，如何将用户的行为评价为"好行为"，就是一个重要的挑战。交易型产品认定的"好行为"是只要完成交易即可，内容型产品的"好行为"的认定更多元化。

比如一个短视频产品，用户观看一个短视频可能仅仅需要几秒，但产生的行为非常丰富。

- 观看行为：包括观看时长、观看比例（观看时长／总时长）。
- 点赞行为：是否点赞。
- 转发行为：是否转发，转发到哪个平台。
- 保存行为：是否保存到本地。
- 举报行为：是否举报，举报问题的类型。
- 购物行为：是否点击视频内的购物链接。
- 查看个人信息行为：从视频切换到创作者的主页的行为。

用户登录后，有可能在数十个短视频之间来回切换，产生的行为更加丰富。从如此多的细节里提炼出"好行为"，难度非常大。

因此，内容型产品的分析重点在于：如何定义高价值动作。有了判断的标准，才能分析如何引导用户多做"好行为"，从而实现产品的价值。

2. 引导用户多做"好行为"的两种分析方法

（1）方法 1：先对用户分层，定义出高价值用户，再反向找用户行为

第一步，先定义高价值用户。可以用 AARRR 模型的相关指标进行定义。

第二步，对用户价值进行分层，区分高、中、低价值用户。

第三步，对高、中、低价值用户行为进行对比分析，找到差异最大的行为。

第四步，检查高、中、低价值用户的画像，观察其群体差异是否为同一群体。

以专业知识类 UGC 社区为例，可以先将用户每周登录天数作为分层标准，之后对比不同层次的各类用户的行为差异。如图 8-21 所示，我们可以发现：登录 0 天、仅 1 天的用户与更高层的用户相比，主要差距体现在关注人数方面；登录 2 ~ 3 天、4 ~ 5 天的用户与更高层的用户相比，主要差距体现在点赞次数方面。这样一个相对清晰的关键行为路径就产生了：先引导用户关注一定数量的创作者，再引导用户点赞，增加互动。至于是靠何种手段促成用户点赞的，还需要下一个阶段的深入分析。

这种方法有一个缺陷：目前的高价值用户／重度用户，不见得就是未来的高价值用户／重度用户。很有可能目前的高价值用户／重度用户只是众多用户类型中的某一种，想要吸引其他用户需要额外的手段。所以第四步操作就非常有必要了，配合用户画像方法，检验当前的重度用户和轻度用户是否是同一类人，是否有不同的需求。

如果是同一类人，则可以直接引导现有的轻度用户沿着重度用户的发展路径发展，减少

路径中的发展阻力。如果不是同一类人，则可能要结合其他客群的特征来寻求思考新的方法，来引导轻度用户的发展。

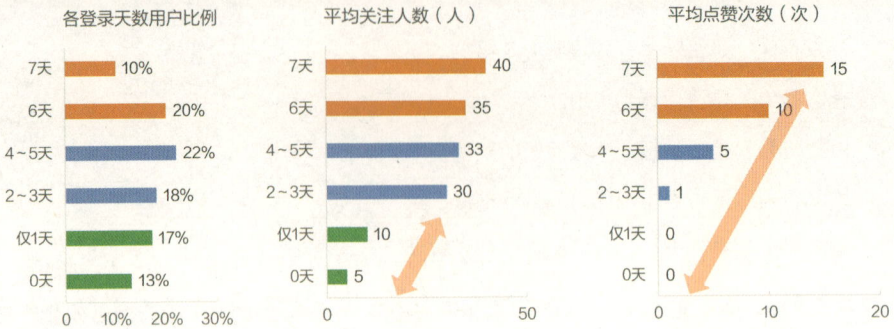

图 8-21

（2）方法 2：先对用户行为分类，定义出高价值的行为，再验证用户频繁地进行这个行为是否有利于提升整体产品的表现

还以专业知识类 UGC 社区为例，从业务逻辑上进行分析。

- 用户在社区内分享的专业知识越多，越能增强社区的吸引力。
- 用户在一个话题下贡献的信息越多，该话题受关注度越高。
- 用户在社区内的转发行为能够在社区引来更多的曝光，从而提升社区的质量。
- 用户在社区内的点赞、收藏行为，能激励创作者进行更多的创作，从而吸引更多的人浏览。

以此，可以列出高价值行为清单。

- 创作者行为 1：分享专业知识的次数。
- 创作者行为 2：分享专业知识的点赞数。
- 读者行为 1：转发内容的次数。
- 读者行为 2：为创作者点赞的次数。

> • 注意：这份清单只是一个假设清单，其真实价值是需要验证的。
> - 比如 / 假设：创作者一周内创作次数为高价值行为。
> - 行为结果：一个话题下，一周内创作者创作次数越多，该话题关注人数越多。
> - 验证方式：对比分析法，对比未来一周内不同创作次数的话题及关注人数。
> - 验证结果如表 8-7 所示。

表 8-7

本周话题关注	创作者本周创作次数（次）				
人数（人）	1 ~ 50	51 ~ 100	101 ~ 200	201 ~ 300	301+
1 万 ~ 10 万	50%	20%	10%	0%	0%
11 万 ~ 20 万	30%	20%	20%	10%	0%
21 万 ~ 50 万	20%	30%	30%	10%	10%
51 万 ~ 100 万	0%	30%	30%	50%	40%
101 万 +	0%	0%	10%	30%	50%
合计	100%	100%	100%	100%	100%

从表 8-7 中我们可以看出，确实新增内容越多，关注人数越多，此时验证成立。并且我们注意到，比如在新增创作次数 201 ~ 300（次）的话题中，有 10% 的关注人数，关注人数很少，这些创作次数多但关注人数少的话题，很有可能引发作者流失（作者辛苦写出来的文章没人阅读），因此可以更精细地制定策略。

当然，也有可能验证不成立。比如，发现作者创作次数增加的同时并不能带来话题关注人数的增加，此时就说明有其他情况存在。比如，发现话题关注人数其实和话题是否是当前热点话题有关，只要是热点话题，关注人数自然多；非热点话题，关注人数就少。那么，此时就推翻了"创作次数是高价值行为"的结论。在业务上，与其鼓励作者多创作，不如主动抛出热点话题，吸引创作者 / 读者关注。

在实践中，这两种方法都可用，其区别在于产品经理专业能力的强弱。专业能力越强的产品经理，越有能力依据产品内在的逻辑，找出高价值的用户行为，这时候数据只要起检验作用即可；专业能力弱的产品经理，就只能通过数据慢慢总结了。

对于用户"好行为"的定义也随着产品发展阶段的变化而变化。

- 在产品预热期，能积极转发分享，带来新增用户的用户行为是"好行为"。
- 在产品发展期，能持续留存，保持活跃时间的用户行为是"好行为"。
- 在产品成熟期，能产生转化，带来商业价值的用户行为是"好行为"。

根据整体发展态势，阶段性地调整标准能更好地指导产品的发展。

3. 激励用户手段的分析方法

产品经理在找出"好行为"以后，还要能设计激励手段，激励用户多做"好行为"。内容型产品有一个优势：激励用户的手段比交易型产品丰富。交易型产品，要么通过爆款产品吸引用户，要么派发优惠券吸引用户，这些都是采用真金白银的物质奖励，代价太大；内容型产品除采用物质奖励外，还能以等级、勋章、头衔、认证等方式回馈创作者，给创作者荣誉性的激励，这些激励手段可能比实际物质奖励更好用。

因此，在找到高价值用户行为以后，需要进一步用数据验证激励手段的有效性。比如在一个知识类 UGC 社区中上线创作者等级制度，规定创作者 3 个月内创作 10 篇文章即可达成 1 级，创作 20 篇文章即可达成 2 级，享受荣誉标签，那么可以观察激励手段上线后，创作者行为的变化，如图 8-22 所示。

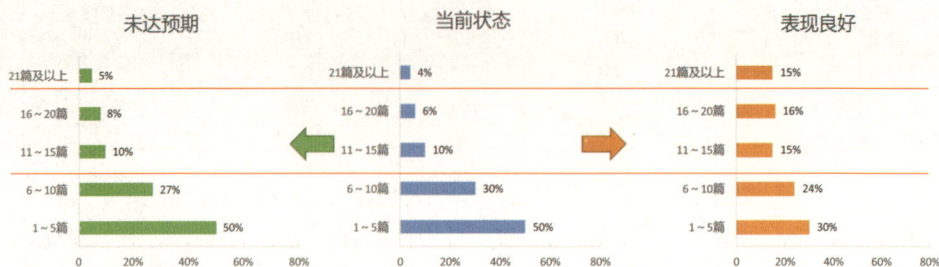

图 8-22

如果出现达成标准的创作者明显增加，则说明激励手段见效；如果达成标准的创作者没有明显增加，则要考虑更换手段。

> **注意：** 激励规则可能要做得更隐蔽一些，如果真的像例子中直接指定文章数量＋点赞数量，则很可能引起创作者故意刷量的行为，导致产生虚假数据、劣质内容，进而导致激励手段失效，这些明显的设计问题是要在设计阶段就提醒产品经理们注意的，不要等到数据出来以后再"望数兴叹"。

了解了产品分析的基本思路，可以进一步来看营销 / 运营数据分析的基本思路。

8.4 营销 / 运营分析：提升运营效率

8.4.1 营销 / 运营分析的基本思路

无论是传统企业的营销工作，还是互联网企业的运营工作，本质上都是一个"踩油门"的动作：在现有业务运作节奏的基础上，通过额外增加资源的行为，对业务进行提速。这样做或者想让业务发展得更快，或者想让业务质量更好，或者想让业务朝特定的方向发展。

所以，所有的营销 / 运营分析思路都包含以下几个方面的内容。

- 监控业务发展现状。
- 设定发展目标、速度、质量、方向。
- 判断现状与目标之间的差距。

- 选择合适的手段。

- 计算投入 / 产出效果。

- 采取行动，监控过程。

- 复盘效果，总结经验。

> **注意：** 在企业里，运营是一个大工作范畴，里面的分支非常多。分工不同，每个部门承担的职责也不同，具体分工如表 8-8 所示。

表 8-8

运营分工	工作职责	主要指标
新媒体运营	"两微一抖"等平台日常运作	平台粉丝数、内容点击、转发、转化
内容运营	内容创作用于内外部媒体投放	内容全网点击数、转化数、涨粉数
用户运营	维护用户新增、活跃、留存	AARRR（新增、活跃、留存、转化、转介绍）
活动运营	组织活动，实现短期目标	活动目标、参与人数、达标人数、活动 ROI
渠道运营	选择渠道投放资源，提高流量	投放数量、用户转化、销售转化、投放 ROI
商品运营	销售商品的进销存管理	商品进货、销量、库存、利润、周转
产品运营	产品体验优化、升级、改版需求	产品路径、用户使用率、跳出率、停留时间

这么多个运营部门，它们在工作中是相互支持的，并非孤立作战。因为用户在购买产品时，要考虑的因素就是多元化的，吸引用户的手段也不止一种。以电商业务为例，其整个流程至少包括 6 步，从开始投放广告到用户注册，各类运营部门要通力协作，如图 8-23 所示。

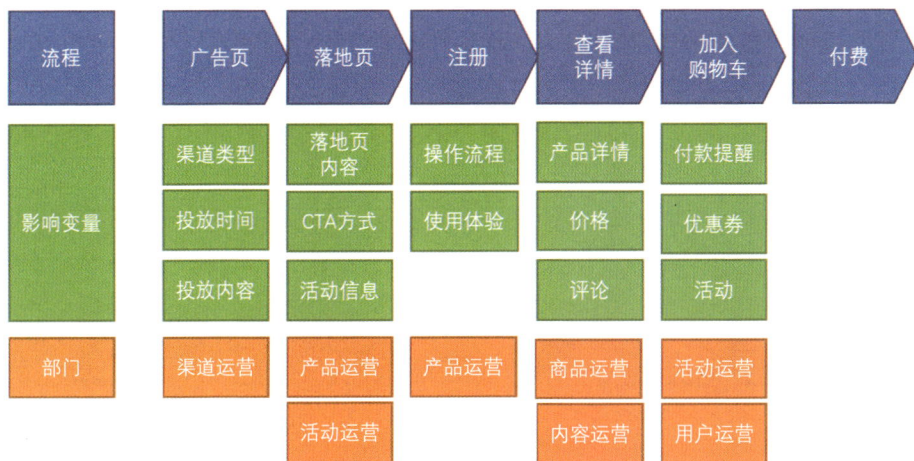

图 8-23

这种合作关系，使得运营部门在工作时，不能孤立地看各个部门的目标，而是要关注整体目标，否则很有可能出现局部效益很好，整体效益很差的情况。因此，整个运营数据分析的思路可以分为三大步骤。

1. 共识整体目标，制定整体战术

各个运营小组要对年度大部门的整体目标（比如 DAU、转化率、销售金额等）达成共识，并且选择落地大目标的战术，把大目标分解到各个月。

> **注意：** 分解方法不一定是按月平均或按过往趋势分摊的，其可能和战术选择有关，如图 8-24 所示。
>
>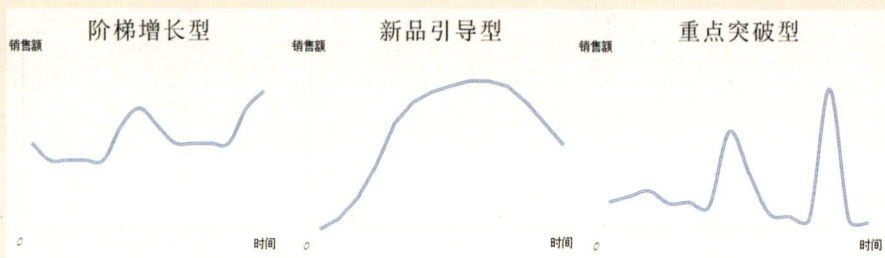
>
> 图 8-24
>
> 常见的增长策略如下。
>
> - 阶梯增长型：不指望爆款，每个月稳步推进。
> - 新品引导型：指望新版本推出 / 爆款引入，围绕一个重点做推广。
> - 重点突破型：指望关键节点（"6.18""双 11"）让销量暴增，平时做辅助。

单独来看，每一种策略都有优势，关键看业务上有没有做好相关的准备，比如是否有足够的持续资源投入，又比如爆款是否真的能指望上、真的够"爆"，万一新品失败了，第二手准备是什么？策略的选择和人的决策有关，一旦选择了某种策略，就得根据过往数据的发展趋势，做好充足的准备，否则失败是必然的。

2. 设定阶段性重点，各小组分配任务

比如某企业制定了年度运营目标：整体 GMV（商品交易总和）超过 ×× 亿元，实现盈利。这是宏大的目标，拆分下来需要每个月有配套的具体实施方案才能实现，这样就有了各月份的小目标。

要注意的是：在实际解决任务时，各个执行部门之间要有主次之分。比如在图 8-25 中，某企业的大目标是提升 GMV，实现盈利。具体策略是通过活动来实现的，因此活动运营要承担

主要责任，渠道、商品配合活动，做好前期引流与后期销售支持。也有可能大目标是追求用户增长，此时渠道运营主要负责用户增长，活动、用户运营。总之，在清晰整体目标的情况下进行任务分解，那么各自的小目标就很清晰了，也便于我们选择执行方法。

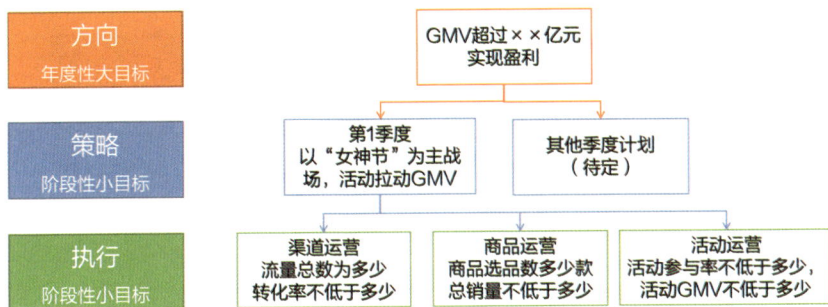

方向 年度性大目标	GMV超过××亿元 实现盈利	
策略 阶段性小目标	第1季度 以"女神节"为主战场，活动拉动GMV	其他季度计划 （待定）
执行 阶段性小目标	渠道运营 流量总数为多少 转化率不低于多少	商品运营 商品选品数多少款 总销量不低于多少	活动运营 活动参与率不低于多少， 活动GMV不低于多少

图 8-25

3. 分解阶段性指标，各部门执行、监测、反馈

这一步就是常规运营数据指标的监控过程，此处不再赘述。有了前两步工作，每个阶段的运营工作就有了清晰的主任务，就不用再纠结"到底自然增长率该写多少合适""又有几个客户投诉很激烈"……整体目标达成就好。细节问题，可以在各小组复盘的时候，找到改进点。

4. 监控执行进度，从小到大检讨效果

想避免各部门之间的推诿，可以参考作者总结的"检讨三原则"。

- 在执行到位前，不质疑策略。
- 在投入可调时，不修订策略。
- 在策略失效前，不质疑方向。

整体目标未达成是因为以下几个方面没有做好。

- 再好的策略，执行不到位也不可能成功。
- 再好的策略，投入不到位，也不可能成功。
- 再正确的方向，没有好的策略配合、没有执行落地，也就无法实现。

这是一个层层相扣的逻辑，因此要优先复盘执行到位的情况。在执行尽全力的时候才能判断策略到底有没有问题，整个检讨逻辑如图 8-26 所示。

当所有部门在部门例会上能完成对于目标达成共识→跟踪进度→反馈问题→协同工作这一流程时，这套机制就算正常运转起来了。这样能保证整体目标的最大化落地，也能提醒各小组其关键任务是什么。

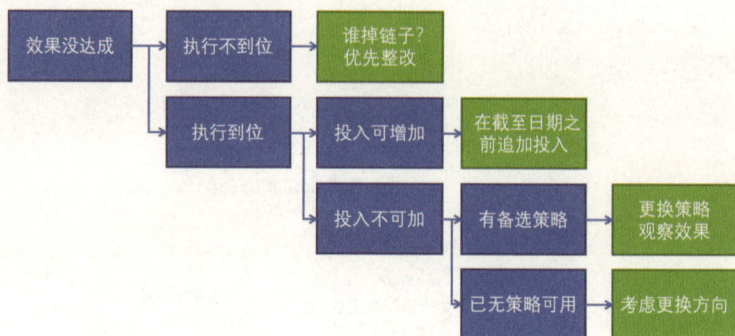

图 8-26

当然，具体到每一类运营活动上时，因为业务形态的差异，分析思路也会有所不同。下面主要介绍新媒体运营、内容运营、用户运营、活动运营、渠道运营，以及近年来热门的用户增长运营的分析方法。

8.4.2　新媒体运营分析

传统的品牌宣传很少做数据分析，因为传统的宣传渠道很少。在很多年前，几乎所有的企业都在争抢电视台中为数不多的广告位，能抢到就很不错了。同时，企业也没有可靠的数字化手段能够采集数据。传统的媒体研究靠的还是留置问卷的方式：把问卷留在受访者家里，让受访者自己填写如"晚上 9 点到 10 点收看了 ×× 电视台"信息。这种数据采集的方法太过粗糙，且采集面太窄，因此指导意义非常有限。

在移动互联网时代，用户获取信息的渠道被极大地扩宽了，不但被分散在微博、微信朋友圈、微信公众号、抖音、快手、B 站、小红书等众多新媒体平台之间，而且即使在一个平台内，也会被分散在多个"大 V"、普通博主之间。渠道分散，意味着过去集中"轰炸"的方式已不奏效。但好处在于这些平台都是数字化媒体，可以记录数据，因而有了分析数据和改善现状的机会。

新媒体与传统媒体最大的区别在于"经营"二字。传统媒体在其领域内基本处于垄断地位，所谓"电视台播什么内容，用户就看什么内容"；而对于新媒体，选择权在用户手里，用户不喜欢就不会关注，因此不能再用强塞的手段。

所以，新媒体非常重视经营用户。作为一个新媒体平台，平台先要有足够的粉丝数量、文章要有足够的阅读量，才能起到宣传信息、影响别人的作用。如果只有孤零零的一个账号，没有粉丝、发布的文章没有阅读量，文章只靠自己的下属 / 员工去转发和点赞，那么完全起不到数字化媒体的传播效果，如图 8-27 所示。

图 8-27

因此，数字化媒体有了四大基本职责。

- 提高粉丝数量：增加粉丝数量。

- 提高阅读量：增加阅读量。

- 发布内容：宣传自己想说的事情。

- 提高转化率：发广告让用户下单。

其中，提高粉丝数量、提高阅读量、提高转化率三大基本职责是分开执行的，并不能靠同一篇问卷、同一个视频一气呵成。这一点做过自媒体运营的读者会深有感触，没做过的读者会很疑惑：不能毕其功于一役吗？

除此之外，这四大基本职责也不能一次性完成，因为这四大基本职责的目的不一样。

- 提高粉丝数量：给用户好处、福利（比如优惠券、礼品及特别有价值的信息）。

- 提高阅读量：满足用户的好奇心，站在用户的立场说话。

- 发布内容：满足企业的宣传需要，发布企业的产品、活动信息。

- 提高转化率：让用户消费，使企业盈利。

虽然所有的企业在宣传中都会说出下面这些话：

- "我在给大家谋福利！"

- "新年大酬宾，好礼送不停！"

- "好消息！好消息！我们的产品降价啦！"

但是对用户而言，只要让他们花钱，就都不是"好消息"！最好的消息是不要让他们花钱，直接把福利免费送上门！

同样，比如企业发布关于育儿知识的内容，某些有需求的用户会很喜欢看。如果内容做得够好，它就可能起到提高粉丝数量或阅读量的作用。但是企业在发布育儿知识以后，如果不停地强调"我们的产品才是符合完美育儿标准的好产品"，就会让用户心生厌恶，认为这是一种"王婆卖瓜，自卖自夸"的行为。

所以，这四大基本职责一定要分开执行才能起到好的作用。相对应地，在这个过程中还需要监测常规数据指标。

1. 提高粉丝数量的分析

在此任务中，需要分析的数据有以下几个方面。

- 账号的粉丝数量、新增粉丝数量、取消关注的粉丝数量。
- 最近 7 日／30 日新增粉丝数量、取消关注的粉丝数量。
- 单日最大新增粉丝数量、取消关注的粉丝数量。
- 每净增长一个粉丝的成本。

单日最大新增粉丝数量的增长时刻，一般都是发生在采取运用运营措施的时候。常见的运营措施，比如联合推广、付费引流、抽红包派福利等活动，此时会有成本发生，且在有大量新粉丝关注的同时，也会有一定数量的粉丝取消关注。因此一般用单次新增粉丝总成本 ÷（单日新增粉丝数量 − 取消关注的粉丝数量）来考核粉丝增长效果。单次粉丝数量净增长越多，每个净增长粉丝的成本越低，表明粉丝增长工作质量越好。

以公众号为例，一般在发布一篇文章以后，70% ～ 90% 的阅读量是来自发文后两天以内的，之后几乎没有长尾流量。所以，公众号文章的考核周期一般为文章发布当日或 3 日内。如果其他媒体平台有可观的长尾流量，则可以适当放宽考核期。

2. 提高阅读量的分析

在此任务中，需要分析的数据有以下几个方面。

- 最近 7 日／30 日文章平均阅读量、打开率、转发次数。
- 最近 7 日／30 日文章最高阅读量，最近 7 日阅读最多的文章、文章转发次数。
- 文章被转发次数、被其他媒体转发次数、转发后新增粉丝数量。

数字化媒体有一个共同的特点：高阅读量从来都不是来自自身的粉丝阅读的。实际上，对于单篇文章，其自身粉丝的阅读率能达到 10% ～ 20% 就已经到顶了。高阅读量经常来自粉丝的二次、三次乃至 n 次的转发，因此在分析粉丝阅读工作时，不仅仅要关注文章本身的打开率，更要关注文章的转发量。能引发大量用户转发的文章，其新增粉丝数量、总阅读量都有保证，特别是能引发自媒体"大 V"点赞、关注、转发的文章，就更能达到一传十、十传百的效果。

3. 发布内容的分析

在此任务中，需要分析的数据有以下几个方面。

- 最近发布文章后的阅读量、打开率。

- 发布文章后取消关注的粉丝数量。
- 发布文章后的转发量、粉丝增长数量。

当企业的媒体平台发布有关企业自身的内容时，可能没有发布用户所喜好的内容引发的阅读量多，这样做一定会引发一些粉丝取消关注，此时关注自身文章的阅读量、打开率即可。

4. 促进转化率的分析

在此任务中，需要分析的数据有以下几个方面。

- 发布文章后的阅读量、打开率。
- 发布文章后的转化量、转化质量（此处的转化指由读者转化为粉丝）。

通过内容促进用户转化，和其他销售渠道分析一样，要关注文章的阅读量、转化量、转化率等指标。要注意的是，在通过内容提高转化量的时候，阅读量和转化量可能存在矛盾，比如同样的产品推荐文章采用不同的标题，其效果可能是不一样的。

- 如果标题是《×× 公司新品发布》，那么打开率可能较低，但转化率可能更高，因为点击阅读的都是真正关注的粉丝。
- 如果标题是《解决你生活烦恼的八大妙招，都在这里》，那么打开率可能很高，但是转化率可能很低，因为会有很多粉丝认为这是一则广告。

因此，作为数据分析师，更多的是要寻找折中点来分析问题。如果使用矩阵分析法，在数字化媒体领域，高打开率、高转化率的文章很有可能是不存在的（或者说只有可能在品牌特别强势、粉丝特别忠诚的情况下才存在），此时应尽量寻找靠矩阵中间点的转化方式求得平衡，如图 8-28 所示。

图 8-28

数据不同，策略不同，具体分析如下。

- 高打开率 + 高转化率："宝藏"内容，树成标杆，继续复制。
- 高打开率 + 低转化率：标题党，优化产品 / 内容。

- 低打开率 + 高转化率：小众需求，更换标题 / 渠道。

- 低打开率 + 低转化率：失败作品，"回炉"重做。

因为这四大任务是分开执行的，所以就有了排兵布阵的规划问题。一般来说，排兵布阵的方案是由内容运营方制定的，根据每个月的宣传节奏、活动方案配套展开。但作为数据分析师，可以进行一些操作指导，因为太过密集地进行发布内容、提高转化率的操作，势必过度透支粉丝的信任，最后把好不容易建立起来的媒体资源耗尽。图 8-29 所示就是某企业某个月的新媒体运营计划表，由此可知：

- 四大类任务的总数量。

- 四大类任务在每周、每月的时间分布。

- 四大类任务的前后关系。

这些排列组合，会带来不同的效果，结合新增粉丝、转化数据，可以分析怎么排列组合效果更好。

星期日	星期一	星期二	星期三	星期四	星期五
1	2	3	4	5	6
8	9	10	11	12	13
15	16	17	18	19	20
22	23	24	25	26	27
29	30				

促转化   发内容

图 8-29

在做好记录的同时，可以关注不同排列组合的情况下，文章的阅读量、转化率、新增粉丝数量、取消关注的粉丝数量，从而找到更好的方式。

- 总量控制：每个月发布促进转化率的文章不超过 ×× 篇。

- 排列优化：连续发布促进转化率的文章不超过 ×× 篇，避免过度营销导致读者不满意；提高粉丝数量的文章不要放在促进转化率的文章后边。

- 单点优化：提高阅读量的文章在周六发布效果更好。

这些分析能及时提醒运营方不要竭泽而渔，要有节奏、可持续地进行。

当然，仅仅有新媒体运营是不够的，本质上能吸引用户的还是高质量的内容。新媒体运营更多的是起到"搭台"的作用，"唱戏"的主角还是内容运营。

8.4.3　内容运营分析

1. 内容运营的基本分析思路

内容运营是一项需要极高专业技能的工作，同样的题目，优秀的创作者与一般的创作者创作出来的文章是有天壤之别的。并且，内容运营在本质上是不需要数据支持的。创作的本质是一件艺术性的工作，需要的是创作者的天赋和灵感。

在内容方面，不光创作者很感性，读者也一样感性。而且媒体上关注的话题总是飘忽不定，没有人能猜到什么新闻会成为热点。特别是新媒体平台，经常有某个热点毫无征兆地兴起，又毫无征兆地消失。过去的经验在未来不见得有用，这一点在内容方面体现得淋漓尽致。

因此，在内容运营上，数据分析的方法要屈居次位，其主要为创作者提供服务。

- 创作之前：提供素材，帮助创作者寻找灵感。
- 创作之后：提供验证，确认创作质量，树立标杆。

2. 创作内容之前的分析

一条内容可以被拆解为以下 4 个方面。

- 主题来源："蹭热点"一直都是数字化媒体常用的手段，问题是"蹭哪个热点？"
- 态度与情绪：煽情、引发群体共鸣一直是数字化媒体吸引读者的手段，问题是"两个群体争吵的时候，我们站在哪边？"
- 内容质量：严肃的科普讲解和大众化的通俗讲解，这两种方式都有可能引发读者认同，问题是"哪种方式适合当下的话题？"
- CTA（激发用户行为的动作）与转化形式：粉丝更喜欢特价产品、专属产品还是领券优惠？

这 4 个方面有相当大程度是难以量化的，比如主题、情绪、讲故事的方式。因此，想要进一步分析怎么使创作的内容更好，就得为内容贴标签，把上述的各种影响结果的因素用标签的形式量化记录，才能方便后续深入分析。

- 标签 1，目标分类标签：提高粉丝数量、提高阅读量、优化发布内容、提高转化率。
- 标签 2，主题来源标签：热点新闻、热点事件、名人名言……
- 标签 3，内容写法标签：陈述事情经过、科普知识……
- 标签 4，文章情绪标签：开心、冷静、愤怒……
- 标签 5，态度立场标签：中立、偏向某一方……
- 标签 6，转化内容标签：产品销售、用户注册、活动参与……

- 标签 7，CTA 标签：特价产品、稀有产品、专属产品、爆款产品……
- 标签 8，转化流程标签：直接商城购买、添加企业微信、添加个人微信……

比如，最近正在播出一部电视剧，剧中的内容主要是讲婆媳因为带孩子问题发生矛盾，引发热议。作为内容运营部的员工，此时脑子里可能有很多种思路。

- 中立态度，客观分析事情，比如如何带孩子才科学。
- 表达愤怒情绪，站在媳妇一方，科普老年人带孩子的误区。
- 表达悲伤情绪，站在婆婆一方，表达老年人的内心感受。

这些似乎都有道理！

此时，想要做分析可以从以下方面入手。

- 关注第三方平台、公众媒体、竞争对手，对此热点进行报道，确认是否有足够的热度。
- 先看大方向：此类热点文章在提高粉丝数量、提高阅读量、优化发布内容、提高转化率方面哪一个效果更好？
- 再看细节：在已确认要提高阅读量的情况下，分析过往做法／成功标杆，如表达何种情绪、站在谁的立场，长度控制在什么范围。
- 检验效果：等实际上线后，跟进发布文章的反馈，检验目标是否达成。

这样虽然不能直接帮助运营人员创作内容，但是可以为运营人员提供灵感，引导运营人员学习别人成功的经验。同时，能极大地让运营人员避免"踩坑"：过去一些已经明显证明是失败的做法，就不要再做尝试了。整个流程如图 8-30 所示。

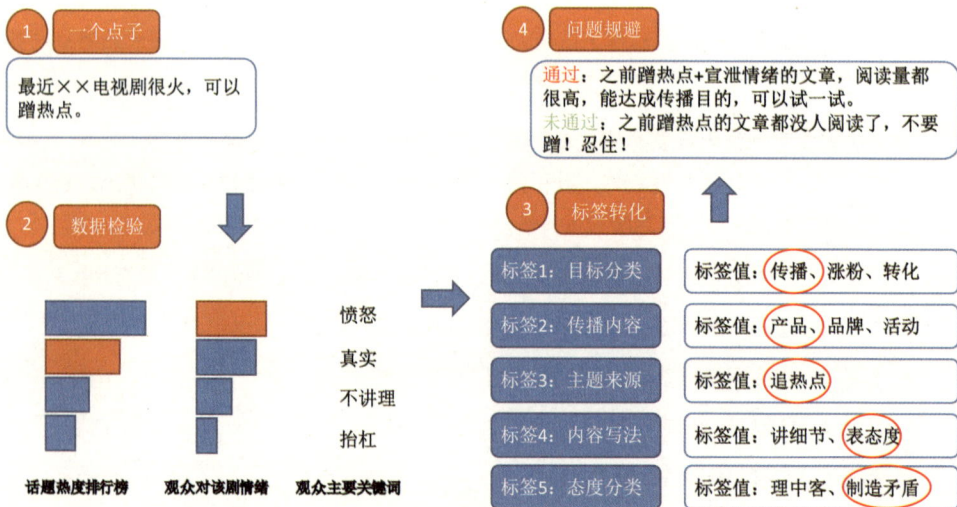

图 8-30

> **注意：** 有很多初级运营创作者能力很差，没有能力独立完成创作，因此把希望完全寄托
> 在数据上。比如看到观众的情绪是悲伤的，就往抒情的方向写。这是一种偷懒的
> 行为，所谓观众的情绪，只是观众们在网站 / 论坛 / 社区留言的关键词的抓取，并
> 不代表观众真的就很认可这一类文章。因此直接复制不一定能成功，这跟数据分
> 析的准确度没有关系。

3. 创作内容之后的分析

在文章创作成功以后，就要关注效果了。除了关注单篇文章的阅读量、转发量、新增粉丝
数量等数据，为验证创作质量，还要关注同一标签下同类文章的质量发展趋势，如图 8-31 所
示。因为"好用就一直用"是很多运营人员的策略，一篇文章内容很好，很快就会出现模仿者，
下次有同样的话题还会继续这么写，这是运营人员的习惯。

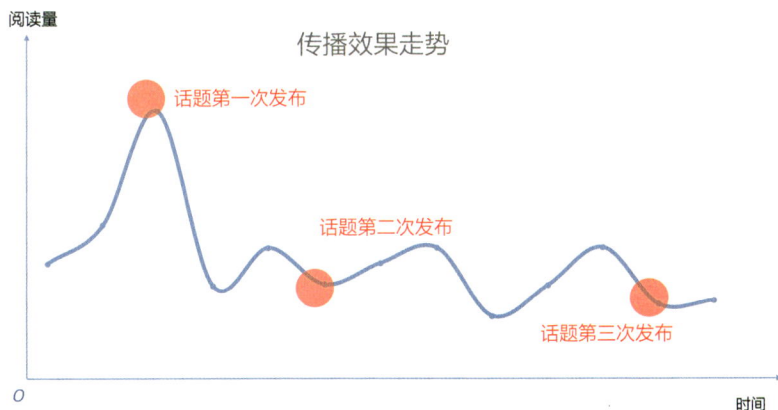

图 8-31

当然用户观看次数多了会疲倦，所以数据监控效果更重要的是关注这个套路是否还能达成
目标，如果不成功就要做出报警（如图 8-31 中的话题第二次发布），如果连续不成功就得考
虑更换（如图 8-31 中的话题第三次发布）。这样做很有意义，因为运营人员总是记得自己的
"高光时刻"，忘记了形势的变化。如果交给运营人员自己来看，那么他们很有可能过了很久，
还在炫耀第一次发布文章时的辉煌战绩。

4. 对专业创作者的分析

还有另一种形式的内容创作，即找专业的内容创作者——俗称"大 V"的群体进行合作。
这种行为更像是吃现成饭——"大 V"已经帮助企业完成了提高粉丝数量 / 提高阅读量的任务，
企业只要考虑发布内容 / 发布转化的效果即可。此时要考虑下面的内容。

- "大 V"的宣传力度是否足够。

- "大 V"的受众目标是否是企业想要的受众目标。

- "大 V"的转化效果是否可接受。

对应地，要观察的数据如下。

- "大 V"的阅读量 / 播放数量等指标，检验宣传力度。

- "大 V"的粉丝画像，如性别、年龄、地域、兴趣爱好，看是否匹配期望值。

- "大 V"过往带货效果（如果没有参考数据，就尝试一次）。

> **注意：** "大 V"不可能完全满足企业的期望。很有可能"大 V"收费很高，但是实际传播 / 转化效果并没有达到预期。在目前的媒体环境里，数字媒体的话语权是掌握在这些"大 V"手里的。企业如果没有能力自己培养媒体，就得承受这种意外的损失。类似企业在开实体店时，如果没有自己的销售队伍，靠合作方来铺货，就要承受合作方执行不力等问题一样。

企业在与"大 V"合作的时候可以从以下几个方面来监控效果。

- 在投放前，提前了解"大 V"过往 7 日 / 30 日的数据情况，对基本阅读量、转发数据有所了解。这样在投放中出现了明显超过常规的情况，就可以及时发现问题。

- 在投放前，还要提前监控"大 V"与其他品牌合作的数据，对于发生了负面口碑的"大 V"，直接弃用。

- 在投放中，监控"大 V"账号的数据走势，看是否符合该平台正常的数据分布。

比如在公众号平台中，一般发布文章后 1 小时内阅读量占到了当天阅读量的 40% ～ 50%，后续阅读量呈现明显的衰退迹象。如果不符合这个趋势，甚至出现忽然某天阅读量增加了的情况，则必定是数据有问题。总之，利用数字化媒体就要多做数据监控。

8.4.4　用户运营分析

1. 用户运营的两大目标

用户运营是读者在生活中经常接触到的运营手段，其中包括优惠券、大减价、"买 1 送 1"、积分、会员卡、增值服务……各种营销手段。用户运营的目标有以下两个。

- 对公司整体而言，用户结构处于一个理想状态，高、中、低端消费的用户各有一定的比例。

- 对单个用户而言，要引导低端消费用户向高端消费用户转变，增加公司收入。

因此在数据监控上，可以从公司整体和单个用户两个维度来进行分析。

从公司整体上看，AARRR 模型能全面地分析用户运营的现状，其常用指标如下。

- 拉新数：新注册用户数。
- 活跃率：活跃用户数，活跃用户在线时长，活跃用户中的交易比例。
- 留存率：次日 / 3 日 / 7 日 / 30 日留存率。
- 收入：消费用户的比例，消费用户的客单价。
- 转介绍（传播）数：转发、裂变用户人数，人均带来新用户数。

通过这些指标，能监控到公司全局，从而结合公司当前的需要，进一步给出活跃率、留存率、付费率的目标，指导运营工作的开展。因此，当活跃率、留存率、付费率不达目标或下降时，就开始考虑采用用户运营的手段，提升指标、维持用户质量。这是整个公司健康运营的保证。

对单个用户而言，在不同的用户生命周期，有不同的运营小目标。

- 接触期：提高用户吸引力，吸引用户尽快注册。
- 新手期：帮助用户减少体验障碍，尽快体验核心产品 / 服务。
- 成长期：促进用户增加体验、多消费、持续消费。
- 成熟期：保持用户消费、用户黏性，不流失。
- 衰退期：挽留用户，推出新品持续服务用户。

这些小目标，与 AARRR 模型的大目标是对应的。

- A（拉新）对应的是接触期、新手期。
- A（活跃）对应的是成长期。
- R（收入）和 R（转介绍）对应的是成熟期。
- R（留存）对应的是衰退期。

每一个小目标，都有具体的运营手段才可以实现，其中有 7 种手段是经常使用的。在日常工作中，正是这 7 种手段的循环使用，才不断促成小目标的达成，进而达成大目标。

2. 用户运营的 7 种常用手段

（1）送抵用券

直接减去付费金额的抵用券看起来最优惠，且能降低用户付费的门槛，因此一般用在用户生命周期的早期或晚期。在早期，促成用户注册 / 首次下单；在晚期，全力挽回要流失的用户，激活已沉睡的用户。

（2）购买前送样品

通过送样品等方式，能让用户感受产品的质量，促成交易，因此一般用在用户生命周期的早期或中期。在早期，可以获取用户信息，促成新用户首次下单；在中期，可以促成用户多消费其他品类的产品，提升客单价。

（3）送满减券

满减券有一定的使用门槛要求，因此不适合尽快促成新人下单，一般用在用户生命周期的中期，对于已经有一定购买经历的用户，可以提供满减券，鼓励其买得更多。

（4）购物后送赠品

在用户购物后送赠品，特别是送一些高价值的赠品，也是提升用户消费力的行为。这让用户有一种越买越划算的超值体验。本质上，这种做法是把满减券的优惠额度换成了赠品。同满减券一样，此方式适合用在用户生命周期的中期，鼓励用户买得更多。

（5）提供增值服务

提供增值服务一般是在用户生命周期的早期和晚期应用，并且目的并不相同。应用于用户生命周期早期的增值服务更类似联合销售，比如用户开通某平台的视频会员资格后则送某外卖平台会员资格；开通某银行的手机银行则在该银行合作的商家消费享折扣。通过增值服务，同时加强两个合作企业的竞争力，增加用户注册数量。在用户生命周期晚期提供增值服务，则有助于挽留重要客户，即在用户已经大量消费产品的时候，提供更多的附加价值。

（6）定制会员等级

很多企业都有会员制度，这种制度有入会门槛的要求，达到不同消费、互动等级以后可以有相应的福利，等级越高福利越多。会员制度在用户生命周期的早/中/晚期都可以用，但用法不尽相同。

- 早期：用户生命周期早期的会员制度，倾向于加大会员/非会员之间的待遇差额，比如零售价和会员价差别很大，从而促使用户办理会员卡。这种会员制度通常和预付费卡结合，能提升新用户的客单价。

- 中期：用户生命周期中期的会员制度类似购物后送赠品，一般针对已注册的用户，可以使用户在消费满一定条件后享受会员福利。还可以将会员等级分为铜牌、铁牌、银牌、金牌、白金等等级。最低级的铜牌除消费行为外，还可以通过提供信息、完善资料等手段获得，在激励用户消费的同时顺便采集用户的数据。

- 晚期：用户生命周期晚期的会员制度，更倾向于挽留用户。比如在银行中，聚集着一批高净值用户，即使用户暂时贡献不大，流失了也非常可惜，而且这些人也是其他银行的目标用户。因此，银行会推出会员俱乐部制度，给予更多福利、专项服务以挽留用户。

（7）使用积分模式

作为奖励，积分本身不够直接，需要累积一定数量才能发挥作用，因此更适用于用户生命周期晚期，比如针对成熟期的用户，用积分游戏、积分兑换礼品保持活跃度；针对衰退期的用户，用积分＋现金交易的方法挽留用户。

不过，积分模式有 3 个好处。

- 积分不等于现金，用户不兑换就不会产生成本。

- 用户兑换率一般不会是 100%，因此可以节省相当多的成本。

- 用户不消费也能给予其小额积分促进互动，反正成本低。

所以，很多企业在用户生命周期的早期也会使用积分作为促进用户互动的手段。

3. 5 种业务形态下的用户运营重点

如果孤立地讨论每一种用户运营手段，会给读者一个错觉：只要肯"砸钱"，用户就会跟着企业的节奏走，越买越多。实际上，脱离具体的业务形态，单纯"砸钱"非常容易引发成本失控。因为在很多业务形态下，用户的个人消费、活跃度、转化率是有上限的，并非给点小恩小惠就能无限制地增加购买次数。因此，一定要结合具体的业务形态来看运营手段，选择合适的分析方法。

常见的业务形态有以下 5 种。

类型 1：用户单人付费金额低，复购次数多，极少或没有特别高的个人消费用户。典型的例子有日用零售品商店、便利店、外卖 O2O 平台、休闲类游戏等，此时的用户运营思路就集中在以下这些方面。

- 保持用户规模。

- 保持用户活跃。

- 适当提升用户群体的付费率。

如果用 AARRR 模型观察整个业务形态的结构，则更关注 A（活跃）和 R（留存）指标。

此时的用户运营手段就不是推出高等级的 VIP 服务了，而是以增加用户黏性为主。比如对于休闲类游戏，经常举办娱乐型赛事（而非强制 PK 排名）、增加荣誉墙／成就勋章、每天 10分钟小任务等。通过这些手段保持用户日常活跃。

又如外卖平台，单靠吃饭，用户能贡献的 GMV 非常有限。此时单纯地提高用户的消费频次、金额意义不大，更多的是任务式运营，扩展用户使用场景。

- 下午茶。

- 宵夜。

- 跑腿。

- 买菜。

- 休闲场所预订。

此时的运营方式也是更偏"任务式"地引导用户多用其他功能，通过扩展使用场景来保持用户活跃／挽留用户。

类型 2：用户单人付费金额高，复购次数少，甚至没有。最典型的例子是耐用品消费，用户可能 5 年、10 年，甚至更久才买一次电视，并且只有在买的时候才会关注，平时不会关心"彩电的最新动向""彩电的 25 个新功能"等信息。

对于耐用品，区分不同类型的用户特别重要。比如家具行业，若用户是置新房、搬新家，则有可能一次性采购大量的产品。如果用户只是置换、新增一两件产品，就只会购买一两件产品。因此区分用户需求，正确引导成交及引导交叉销售是关键。

对于耐用品，用户考虑的时间会比快消品更久，越是大量、成套地采购，考虑得越久。因此，在了解用户需求的基础上，可以进一步了解用户已经对比了哪些品牌、考虑了多久。用户越是考虑得久、对比的品牌多，对产品的选择会思考得更细致，此时可以直接给大力度的优惠吸引用户成交。如果用户考虑得很少，思考的时间很短，则可以慢慢教育引导用户。

此时，要关注的是成交流程中的转化率。

- 在初次接触用户的时候：关注需求类型、购置预算范围，从而区分出大宗采购用户与少量采购用户，分别进行跟进。

- 在与用户沟通的过程中：关注用户的考虑时间、是否已有意向品牌，从而锁定自己的竞争对手，及时采取对应的营销策略。

- 针对已成交用户：关注用户是否有传播动作，可以给一些利益（比如直接送某些配套家具／设备／保养或直接返现金）促成用户传播，带来更多的新用户。

在 AARRR 模型中，关注的核心是 R（收入）和 R（转介绍）。

类型 3：目标用户看似规模大，但真实有需求的人数少，单人付费金额高。最典型的例子是耐用品，但由于成交率太低，因此形似大海捞针，需要从众多的目标用户里寻找。比如汽车、房地产、高端家具、保险、各种电话销售等，大部分人可能只看不买，转化率不会很高。此时要么企业有能力，找到真正目标用户数量多的渠道；要么就只能靠人海战术，不断地、大量地收集新的用户线索，一轮轮地过滤。此时 AARRR 模型中，更关注的是 A（拉新）。

类型 4：目标用户规模小，但刚需群体的支付意愿强，单人付费金额高。这种模式类似寻宝，要从大量普通用户里找到核心用户。最典型的例子是美容、保健、健身产品，一个高价值的用户，消费能力超过 1000 个只花 39 元体验一次的用户。

在这种模式下，整体用户运营策略就不是一级级地提高活跃用户，而是通过数据分析，直接锁定核心用户，找到如何从人群里识别出核心用户的手段。其中要关注的问题如下。

- 核心用户的定义、画像是否清晰。

- 100 个 / 1000 个新用户里能转化出多少个核心用户。
- 在拉新渠道里，转化为核心用户的效率是否下降了。
- 在拉新渠道里，吸引新用户人数是否下降了。
- 存量核心用户是否流失了。

这样通过大量的拉新活动，可以筛选出足够的核心用户。在 AARRR 模型中，关注的重点是 A（拉新）和 R（收入）。

类型 5：混合多种用户需求。最典型的就是订票平台，其中至少包括以下几种用户需求。

- 经常出差的商旅用户：高频次、高金额。
- 婚庆、大学毕业、高考结束旅行：一生就一次，但金额高，时间长。
- 周末、假期出游：跟季节变化有关，平时活跃度低，甚至看似用户流失了，其实没有关系。

这时就需要根据前面介绍的用户标签的做法，将不同类型的用户区分开，细化管理，而不是只盯着用户的整体表现；活跃用户少了就想办法提高活跃用户，转化率低了就想办法提高转化率。

用户运营往往是通过具体的活动落地运营手段来实现的，比如通过拉新活动获取用户，通过促销活动提升用户的活动度，因此需要和活动运营结合起来分析。

8.4.5　活动运营分析

1. 活动运营设计的六大要素

活动运营是所有运营形式中最多样、做法最灵活的，几乎所有的短期运营任务，都能以活动的形式推出。

- 商品积压了，举行打折促销活动。
- 活跃用户少，举行登录有礼活动。
- 品牌做宣传，举行转发抽奖活动。

这些活动还会被配上各种宣传页与千奇百怪的理由或名字，比如"母亲节大派送""金秋好礼"等，让人眼花缭乱。

因此，想要把活动梳理清楚，就不能浮于表面。抛开各种修辞，活动本身就是为了短期提升指标，其核心内容，包含以下六大要素。

- 活动目标：想要提升的指标是销售额 / 活跃率 / 购买率 / 客单价……
- 活动对象：谁可以参加活动？
- 参与条件：参加活动需要达到的门槛。
- 达标门槛：参加活动后，达成什么要求能拿到奖励？

- 奖励形式：抽奖（随机奖励）、固定奖（达标即获得奖励）、浮动奖（多劳多得）……
- 奖励内容：拿到的具体奖励是什么？包括现金／礼品／权益／价格优惠……

所有活动设计都是围绕着这六大要素来完成的。

2. 活动设计的基本原则

从表象上看，活动设计可以做得很随心所欲，实际上，受经营条件的制约，活动设计有其内在逻辑。比如，活动不能太频繁，避免用户养成习惯，没有优惠活动就不买了。活动设计的具体原则如下。

- 活动规则不能太复杂。规则太复杂，就会让用户看不懂，用户也就没兴趣参与了。
- 活动宣传不能太花里胡哨。太过花哨的宣传海报、文案，会让用户反感，自然参与度就不会高。
- 奖励力度与达标要求要匹配。需要用户付出越大代价达成的行为，奖励得就越多；越简单的任务奖励得就越少。比如对于首次注册、首次消费等行为，此时用户可能对平台不熟，需要有大的奖励刺激。但是用户的日常登录就是一个简单的动作，给的奖励力度就小。
- 奖励要有吸引力。奖励的东西得是用户喜欢的，随便挑一些小产品做奖励，用户很可能看不上。
- 效果与投入相关联。最终活动效果受投入的影响：投入越大，效果越好；投入越少，效果越差。

在这些基本原则的制约下，形成了一些固定的活动设计的模型。

- 在用户生命周期上，要对新用户给予大力度优惠，鼓励其首次下单；对老用户则采取交叉销售、增量销售的方式，鼓励用户购买更多品类。
- 在产品生命周期上，在新品上市的时候，可以采取买赠促销或满减促销的方式，鼓励用户买更多的产品，成交额也会更大；在产品快退市的时候，再采取打折促销的方式。
- 在用户行为上，对于转发、登录等简单的行为，可以采取积分奖励或抽奖等这些奖励力度较弱的方式；对于让用户介绍新用户等高难度的行为，则可以采取价格优惠、礼品等大力度奖励的方式。

由于不同的用户、不同的产品所处的生命周期不同，所以活动的设置方式也不同，具体有以下两种。

- 全人群活动：所有人均可参与，类似"全场 8 折""新用户注册有礼"一类。
- 细分群体活动：让某些特定用户参与活动，不同的用户有不同的活动方案和奖励措施，又称精准营销。

当然，有时活动设计得看起来是面向全部用户人群，但因为参与条件／达标门槛定得太高，造成了只有部分人能参与。在设计活动的时候，这是需要避免的，因为一般设计全部用户人群参与的活动就是希望大量用户参与，增加用户基础。如果活动设计得门槛太高，还不如做细分群体活动效果好。

以上就是活动设计的基本原则。之所以要这么详细地介绍活动设计的原则，是因为很多活动在设计阶段就缺少思考，只是为了做活动而做，没有进行很好的设计。

3. 活动分析的基本思路

活动分析共有 5 个基本步骤。

- 厘清现状：当前经营情况如何？在哪个方面有缺失？是缺新用户、缺转化用户？还是缺销售额？
- 明确目标：本次活动主要提升的指标是什么？
- 分析适合目标的手段：从历史数据来看，用哪种手段更能完成目标？
- 监控活动进度：实际上，活动进度如何？执行是否到位？实际提升多少？
- 评估活动效果：提升效果是否令人满意？ROI 是否令人满意？

其中，最重要的就是明确目标。有了明确的目标，才好分析目标对象，选择合适的手段确保目标的达成。明确目标看似简单，可在实际工作中经常被忽略，常见的问题如下。

- 稀里糊涂："老板让做我就做，至于为什么要这么做？我也不知道，我也不敢问。"
- 呆头呆脑："我就是要做拉新用户，别管拉多少，拉来新用户就完成任务了！"
- 投机取巧："反正以前做过 / 别人也在做，我照着抄就行了。"
- 浑水摸鱼："这是在改变用户心智资源，岂能用数据来衡量！"

总之，不明确目标，盲目行动的事情时有发生。一旦目标模糊，就无法评价结果的好 / 坏。连结果好 / 坏都评价不了，自然无法分析过程的利弊了。

4. 活动分析案例

下面介绍一个具体活动分析的案例。某音乐类 App 为新用户举办了一个"新注册即送7 日会员权益"的活动，以提升用户人数。用户注册后，自主决定是否点击领取会员资格，为期 1 个月，那么该如何评价这个活动呢？

在这个案例中，最终的答案应该是以下几种类型之一。

- 这个活动很好，该继续做。
- 这个活动不好，不能做。
- 这个活动不好不坏，属于"鸡肋"产品。
- 这个活动没有任何优势，做了也白做。

以上这 4 句话才是核心结论，离开这 4 句话，其他的都没有什么意义，例如下面这些。

- 活动期间有 7 万个新用户注册。
- 活动期间注册用户人数比活动前多了 1 万多人。
- 活动期间新用户点击率是 80%。
- 活动期间新用户权益使用率是 30%。

这些统统不是结论，只是分析过程而已。到底注册 4 万个用户是好还是不好，是需要提前定目标的。所以，这个案例就是一个典型"看似目标清晰，实则目标不明"的例子。因此在分析以前，应先把目标定清楚。

比如，目标可设为以下几种。

- 活动前：在 3 月份至 5 月份，这 3 个月里均无新用户注册，3 个月月均新用户注册 3.5 万人，业务部门不满意。
- 活动后：业务部门期望 6 月份举行活动后，新注册用户数达到 8 万人。对新用户的要求：登录后必须有 10 分钟以上的有效使用时间，拒绝登录即退出的无效用户。

这就是一个清晰的目标，可以进行分析。有了清晰的目标，活动评估的数据才能有意义。比如活动期间实际新用户注册数量有 7 万人，看起来比活动前多了 1 倍，可仍然没达成 8 万人的目标，如图 8-32 所示。此时的评价就是未达标，接着要进一步分析未达标的原因。

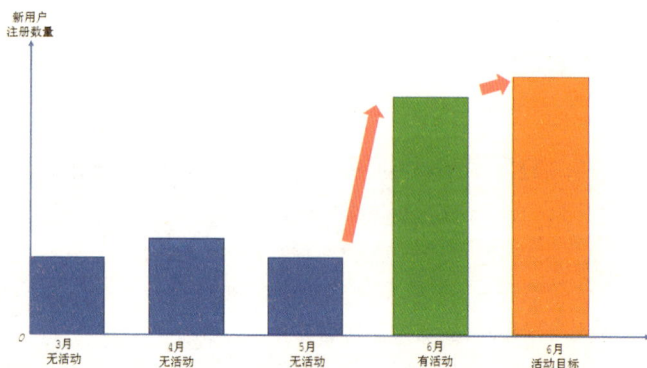

图 8-32

该活动是一个用户类活动，显然是为了提升新用户的数量。常见的用户类活动目标，如图 8-33 所示。

在设置活动目标时，一般采用主指标加上 1 ~ 2 个副指标组合的形式，主指标越高越好，副指标不低于 / 不高于某个水平。比如新用户领 7 日会员资格，用户在 7 日内能享受更多的权益，活跃度也会提升，且 7 日后用户继续购买会员的概率也会提升。

这时候可以设置以下指标。

- 主考核指标：新用户注册人数。

- 副考核指标 1：7 日内用户活跃率不低于 ××%。

- 副考核指标 2：7 日内用户登录天数不少于 ×× 天。

A	拉新类活动	**主指标**：新人数　**副指标**：投放成本、投放ROI、新人价值
A	促活类活动	**主指标**：活跃用户数/活跃率　**副指标**：活跃用户时长、活跃用户转化率
R	留存类活动	**主指标**：留存率/流失率　**副指标**：高价值用户流失率、留存用户活跃率
R	转化类活动	**主指标**：收入/利润　**副指标**：转化率、折扣率、客单价、库存数
R	裂变类活动	**主指标**：新人数　**副指标**：参与裂变人数、裂变K因子、新人收入

图 8-33

常见的运营活动都有类似的限制，一方面是为了约束活动策划，不要投机取巧，为提升用户数量而以牺牲用户质量为代价；另一方面，活动往往投入巨大，管理层也希望能毕其功于一役，多实现一些目标。因此，目标的主次关系要分清楚，以便跟进效果。

在观察活动结果时，本案例中用了前后对比法，这适用于之前无活动的情况。除了前后对比法，还有结构对比法、分组对比法和总量法，这 4 种方法的介绍如图 8-34 所示。

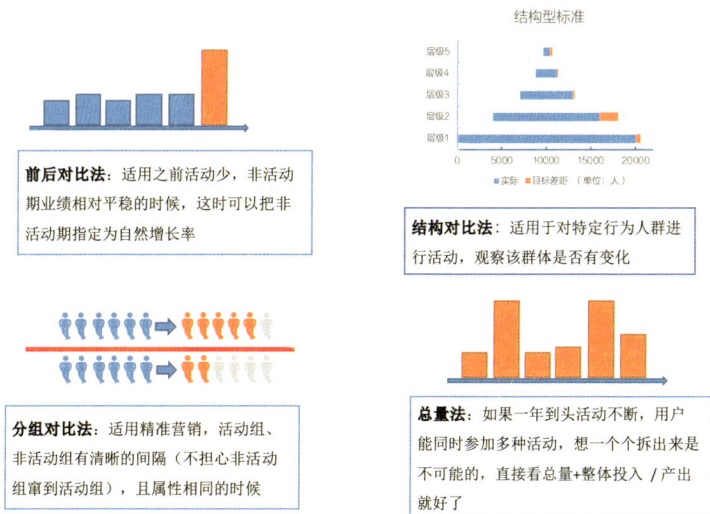

前后对比法：适用之前活动少，非活动期业绩相对平稳的时候，这时可以把非活动期指定为自然增长率

结构对比法：适用于对特定行为人群进行活动，观察该群体是否有变化

分组对比法：适用精准营销，活动组、非活动组有清晰的间隔（不担心非活动组窜到活动组），且属性相同的时候

总量法：如果一年到头活动不断，用户能同时参加多种活动，想一个个拆出来是不可能的，直接看总量+整体投入／产出就好了

图 8-34

> **注意：** 因为活动有"指哪打哪"的效果，因此很有可能出现有活动的时候业绩表现良好，没有活动的时候业绩表现不佳的问题。比如新用户有 7 日权益，很有可能有老用户拿新手机号注册获取权益，因此可能出现老用户的活跃人数减少等问题，这些是很难避免的。如果把规则定得太"死"，不但新用户没得到，老用户也会流失。

所以，活动分析更讲究平衡。一般在关注活动效果的时候，可以顺带关注可能产生的副作用。一般来说，只要副作用不太大，比如老用户活跃率没有出现断崖式下降，则可以接受一定程度的副作用。相应地，活动期间对整体指标的监控也不能放松。

在已经得出结论"活动效果不好"以后，可以对活动进行细致的分析。这里可以将活动的流程梳理清楚，看哪个环节出了问题，如图 8-35 所示。

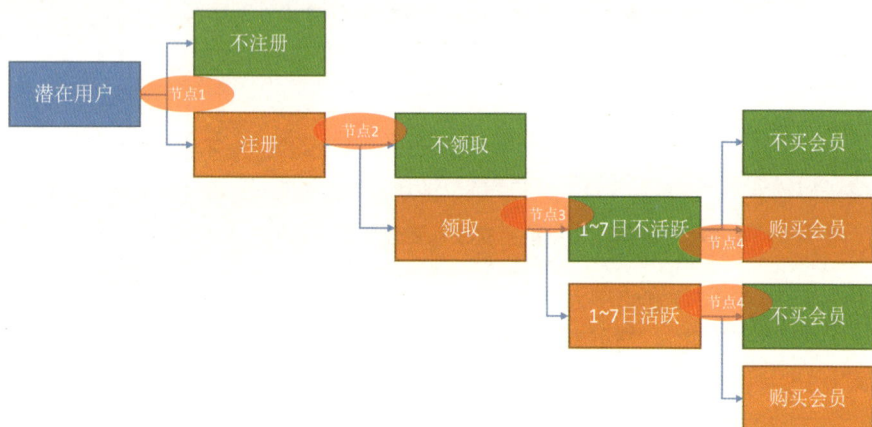

图 8-35

这里可能有 4 个节点能影响结果。

- 节点 1：推广环节，投放渠道、投放时间、投放内容、渠道本身的质量会影响用户转化。
- 节点 2：点击环节，页面弹出时机、页面文案、权益卖点会影响用户转化。
- 节点 3：体验环节，用户本身使用是否重度，用户体验产品的功能点、权益力度会影响用户转化。
- 节点 4：转化环节，用户本身使用是否重度，会员价格、推送时机会影响用户转化。

在后续分析中，我们应该先梳理清楚：到底哪个环节出了问题，是吸引来的新用户数量太少了，还是新人不愿意领取权益，之后才是具体分析每个环节怎么做才能提升质量。

> **注意：** 活动往往是各种运营手段的综合结果，所以在定位完问题后，需要其他的分析来配合。

- 用户响应问题：做用户分析，看看用户喜欢什么，投其所好。
- 渠道问题：做渠道分析，看看哪个环节出了问题。
- 产品问题：做产品分析，看看哪个方面做得不好。

总之，只要清晰评价了活动质量，定位清楚问题点后就能找到深入分析的引子，继续深入。

8.4.6　渠道运营分析

1. 渠道运营的核心问题

互联网的渠道运营类似传统企业的销售，只不过换成了广告投放的方式，通过线上手段获取用户。渠道运营的主要目标就是获取高质量的用户，因此应该非常注重转化率。毫不夸张地说：渠道转化率就是整个互联网的核心。渠道没有转化率，大量的渠道资源就会被白白浪费，产出得不到保证，企业前景也会很危险。渠道运营分析，核心就是渠道转化率分析。

由于互联网广告的投放渠道非常多，且每年都有新渠道产生，因此一一列举较难穷尽。下面通过一个例子，为读者展示渠道运营的全分析流程，读者可以结合自己的投放渠道、投放形式加以利用。

2. 转化率分析的基本做法

问题场景：某在线教育网站售卖课程的流程是广告投放→用户注册→销售员邀请用户试听→试听后销售员跟进→用户下单。广告投放由市场部负责，在超过 20 个渠道分散投放（包括社群、微信公众号、网站广告等）。销售部负责跟进用户，课程部负责制作课程。在 8 月 1 ～ 15 日的最终用户转化率（流程起点到终点的转化率，广告投放→客户下单）暴跌 60%，那么该如何分析转化率下跌的问题呢？

转化率分析的基本做法包括以下几个环节。

- 梳理业务流程，先看有几个环节。
- 统计过程数据，每个环节有多少人，到下个环节还剩多少人。
- 统计分类数据，如果总流程由若干个子流程构成，则分别统计每个子流程的数据。

比如在本案例场景中，基础业务流程包括 5 个步骤：广告投放→用户注册→销售员邀请用户试听→试听后销售员跟进→用户下单，因此这就涉及 4 个转化率。

- 广告投放→用户注册。
- 用户注册→销售员邀请用户试听。
- 销售员邀请用户试听→试听后销售员跟进。
- 试听后销售员跟进→用户下单。

其单个流程的转化情况，如图 8-36 所示。

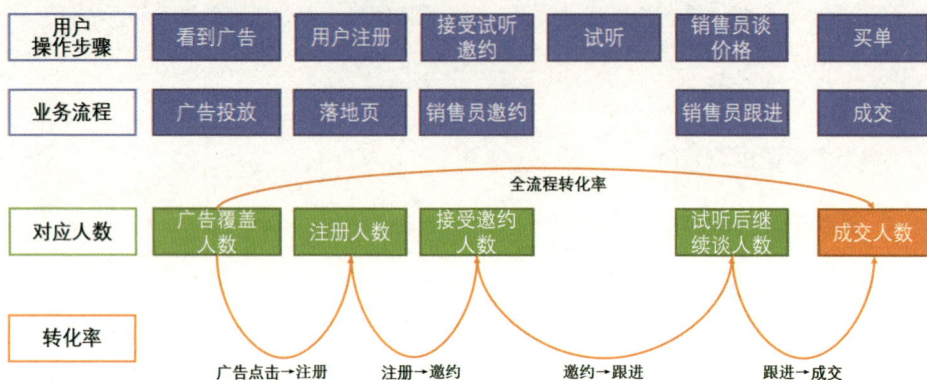

图 8-36

同时，由于市场部有 20 个以上的投放渠道，所以存在 20 个以上的子流程。基于以上信息，可以归纳的转化过程如图 8-37 所示。

图 8-37

有了这两个基础，就可以利用漏斗分析法，对各个环节的转化率进行分析，找到薄弱环节，如图 8-38 所示。

转化漏斗示例

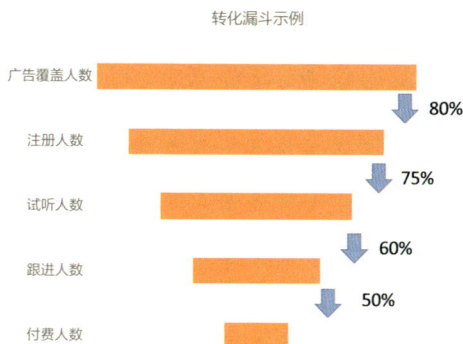

图 8-38

依照上述方法，把 20 个渠道全部展示一遍，即可找到表现优异的渠道和表现不佳的渠道。看清楚每个渠道的薄弱环节，从而进一步思考优化办法。

3. 深入分析转化率

·注意： 做到这一步，仅仅是发现问题，并没有解答问题。业务部门期望得到的结论，不止于"×× 环节转化率低了""×× 渠道不行"，而是更进一步的分析。

- 转化率低，是因为产品竞争力差。
- 转化率低，是因为广告投放有偏差。
- 转化率低，是因为销售话术不行。

因此，需要更深入地分析。

（1）深入分析的第一步：对可控要素分级

在渠道运营中，有很多因素是不可控的，比如某些渠道突然没有流量、某些时间突然爆出热点，这些"黑天鹅"因素很难提前预知，因此无法主动管控。想要把渠道运营做得深入，就要把精力放在可以管控的要素上，如广告渠道、产品、销售。

一个渠道人员的能力有其上限，销售员的能力有区别，产品质量也并不都是业界最好的，有些产品竞争力高而有些产品竞争力低。因此可以对产品预先进行分级，划分出 S、A、B、C 级别。这样在后续解读数据的时候，更容易区分哪些属于产品问题，哪些属于销售问题，如图 8-39 所示。

（2）深入分析的第二步：区分内外部影响

有了分级以后，就可以对内外部事件的影响进行区分了。想要做好区分，首先得对内外部可能影响转化率的事件进行收集。

- 内部的影响：产品存在 Bug／销售员离职／收费涨价……

- 外部的影响：对方抢到了渠道的黄金档期／对手上架了更优质的产品……

有了这些信息，就能与转化漏斗的表现结合，进行深入的分析了。

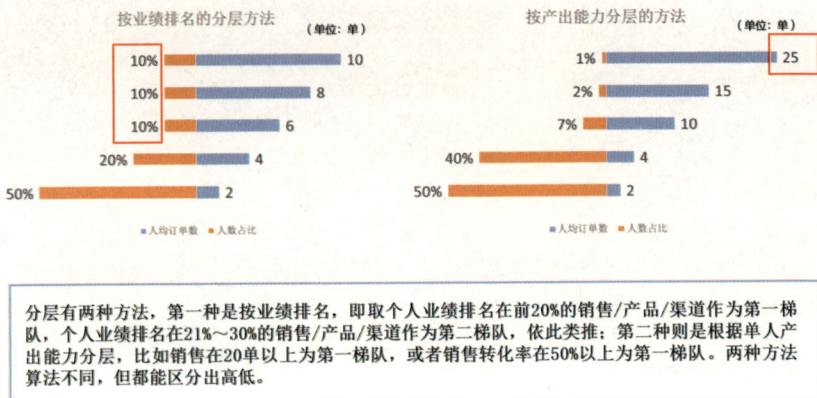

图 8-39

比如发现对方在 6 月 25 日推出一个爆款课程，单纯课程品质要优于自己现有的产品，那很有可能会影响我方的转化情况。此时可以结合数据进行对比，如果确实在对方上线后，出现转化率下降的情况，则可以确认该影响，如图 8-40 所示。

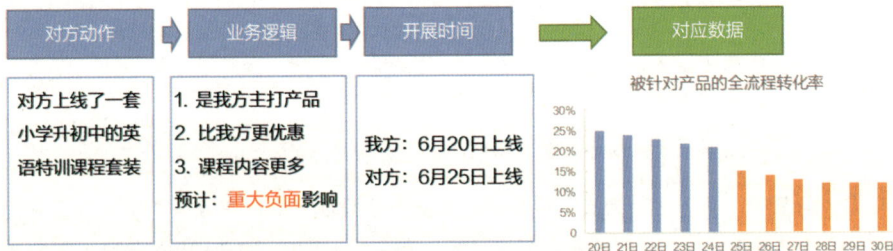

图 8-40

注意：所谓对方的影响是有限度的：

- 市场的垄断程度越高，影响越大，在自由竞争市场中影响就比较小。

- 在一个行业内，大企业对小企业有影响，反之不见得成立。

- 同类产品竞争有影响，差异产品不见得有影响。

- 高质量／低价格的产品才会有影响，反之未必有影响。

- 竞品上线后才产生影响，上线前不产生影响。

所以，监控对方的动作，并不是给自己推卸责任找理由，而是客观地反映问题。

内部问题也是同理，可以通过数据把发生的问题与数据变化联系起来。比如通过观察数据发现销售环节的转化率下降严重，此时可以结合各等级销售员的情况来分析，看看是因为销售员能力差，还是销售员人数减少了，如图 8-41 所示。

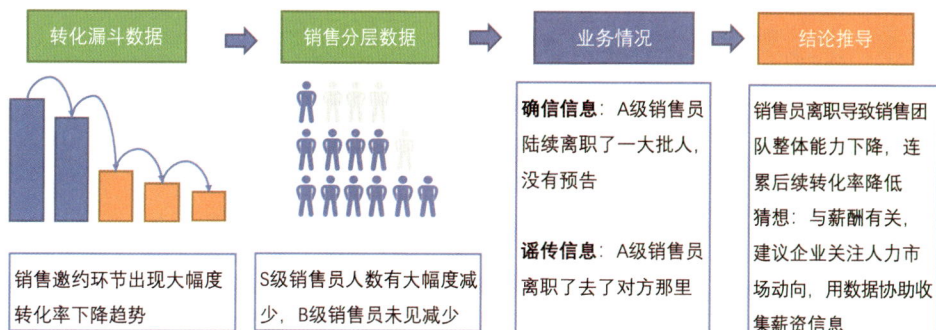

转化漏斗数据	销售分层数据	业务情况	结论推导
销售邀约环节出现大幅度转化率下降趋势	S级销售员人数有大幅度减少，B级销售员未见减少	**确信信息**：A级销售员陆续离职了一大批人，没有预告 **谣传信息**：A级销售员离职了去了对方那里	销售员离职导致销售团队整体能力下降，连累后续转化率降低 猜想：与薪酬有关，建议企业关注人力市场动向，用数据协助收集薪资信息

图 8-41

（3）深入分析的第三步：检验内部改进效果

内部改进效果可能有以下两种。

- 局部改进：只对某个环节有作用。
- 全局改进：对各个环节都有作用。

比如在本案例中，在广告投放时改个文案标题，只能影响用户点不点击广告；销售员改进跟进话术，只能影响试听过课程的用户。但是课程内容的增加、课程价格下降，则会影响全过程。毕竟用户是来购买产品的，产品价格便宜、内容丰富，才会具有吸引力。这些环节的优化效果是可预期的，因此可以做深入的分析。

所以，在有了基准线以后，每一阶段都要收集业务的改进动作，预判指标变化方向。把开放题变成检验题，这样就能避免毫无意义地说"数据上升了或下降了"，而是变为："因为本次改进发挥了作用／因为新产品不受用户欢迎"，如图 8-42 所示。

（4）深入分析的第四步：整体投放策略检讨

之所以把整体策略检讨放在最后，是因为在实际工作中，很有可能运营部门没有整体计划表。他们或者是凭经验／习惯进行投放；或者是黄金渠道就那么几个，必须抢资源；或者是面对新渠道经验不足，长期处于碰运气状态。总之，整体投放策略的制定是建立在对渠道有充分了解的基础上的，因此可以在积累了足够的数据后再做检讨。

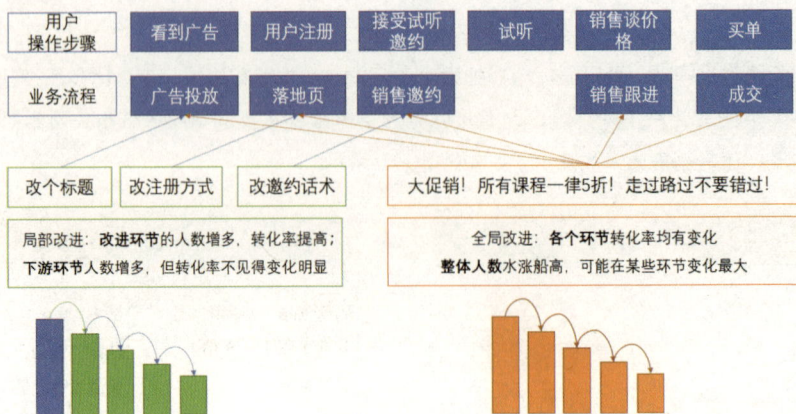

图 8-42

整体投放策略主要是在覆盖人数和转化质量之间进行权衡，因此可以建立渠道人数/转化率矩阵，对所有渠道进行分类，如图 8-43 所示。

- 渠道覆盖人数多 + 渠道转化率高："金牛"渠道。
- 渠道覆盖人数多 + 渠道转化率低：大众渠道。
- 渠道覆盖人数少 + 渠道转化率高：垂直渠道。
- 渠道覆盖人数少 + 渠道转化率低："鸡肋"渠道。

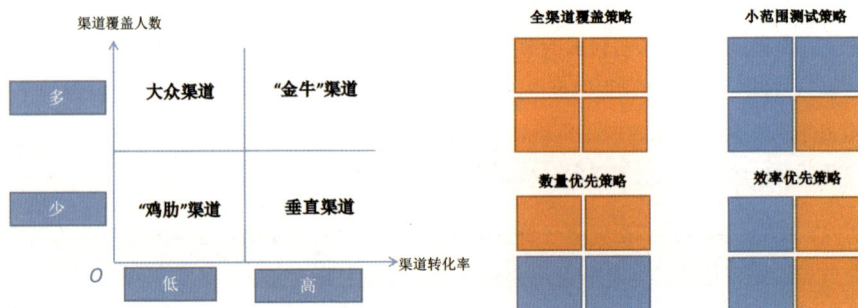

图 8-43

对渠道有了基础认识，可以结合当前业务目标，设定渠道策略。如果有预算就全渠道覆盖；如果没预算，就选转化率高的渠道，效率优先。如果追求覆盖人数，就优选大众渠道；如果没有经验，就选垂直渠道，先进行小范围测试，逐步淘汰"鸡肋"渠道。

渠道策略也能为每个渠道的优化提供方向：如果渠道整体上偏重流量质量，就在中间转化环节多下功夫，提升效率；如果渠道整体上偏向流量数量，就优先保证资源投入，花大钱抓住主要流量来源，这样不至于让渠道优化陷入细节中无法自拔。

8.4.7　用户增长运营分析

1. 用户增长运营的基本概念

近年来，运营领域中开始流行一个新词："用户增长"（或者类似的"增长黑客""增长团队"之类的称呼），并且这些岗位在工作要求上看起来似乎是用户运营、渠道运营、内容运营、活动运营的混合物，即要求通过各种手段，对用户人数 / GMV 等业绩指标的增长负责。并且对该岗位的需求越来越多，特别是在互联网公司中。那么，这一类岗位到底是做什么的？又如何做分析？下面系统讲解一下。

互联网领域中的很多概念都来自硅谷，"用户增长"或"增长黑客"的概念也来自硅谷。用户增长的原始叫法是：Growth Hacking（直接翻译的结果就是：增长黑客）。其要解决的是"大家都知道 50% 的营销费用被浪费了，却不知道浪费在哪里了"的问题。

因为在传统企业中，销售的主导权在销售部门、业务部门或分公司手中，营销活动需要通过销售来落地。因此，在考核营销活动效果时，很难讲清楚销售 1 亿元，有多少元归功于营销活动的策略，有多少元归功于产品本身的吸引力，还有多少元归功于销售员的拼命推销。因此，产品管理、活动策划、市场推广的作用很难被衡量。

品牌宣传的作用就更难被衡量了。企业只看到每年有大量的经费花在了媒体广告方面，这些经费真正起了多少作用，根本无从说起——没有任何数据能证明电视、报纸、路牌、电梯间、网站上投放的广告，到底吸引了多少用户进行购物。在互联网时代，这种状况也没有多少改观，即使企业在网站中投放了广告，用户观看了广告，但最后他们可能还会在实体店进行购买。

基于智能手机的移动互联网时代改变了这一切，这是因为以下几个方面的原因。

- 移动支付 + 智能手机可以让用户随时随地消费。
- 基于智能手机，企业可以直接和用户互动。
- 物流一类的基础服务得到了极大的完善。

以上这些原因使得企业的营销推广，第一次可以通过智能手机直接传递到用户身上，并且可以通过数据记录发现真实的效果。于是，随着智能手机和 4G 技术的普及，从 2013 年开始，各类互联网应用产品开始出现并迅速占领了用户的手机。同时，《增长黑客》一书中明确提出了"用数据衡量增长"这一概念。一时间这在营销界掀起了很大的风浪，甚至有人宣称，以后只有 CGO（Chief Growth Officer，首席增长官），没有 CMO（Chief Marketing Officer，首席营销官）了。

2. 用户增长的 3 种常见模式

用户增长，本质上对抗的是营销的不可知性。对于移动互联网应用产品，这确实可以做得到，原因如下。

- 用户不需要线下购买，所以不需要和销售部直接沟通交流。
- 用户对广告的点击、下载应用、应用内的购买行为均可以被记录。
- 基于智能手机，企业利用记录的数据可以直接联系到用户，并得到用户的反馈。

基于这3点，企业可以相对精确地记录以下信息。

- 投放的广告获得了多少用户点击、下载？
- 客户更容易反馈××类的产品、活动、宣传。
- 没有反馈的客户，停在了哪个环节？

基于这些精确的记录，企业可以做以下调整。

- 追溯客户来源。
- 了解客户需求。
- 分析广告效果。
- 改善产品设计。
- 改善操作流程。

经过这些数据对比后，负责营销推广的部门终于可以理直气壮地说下面的话语了。

- "我们投入营销费用，实现了用户增长！"
- "我们知道钱花到哪里去了！"
- "我的 ROI 是 1：5，花 1 元能挣 5 元回来！"

这就是用户增长的概念流行一时的原因。由于国内互联网行业经历了高速发展的阶段，因此在实际落地用户增长思路的时候，企业往往喜欢采用大量投入以快速获取用户增长的方法，用资金投入驱动用户增长。用户增长的具体落地方案，高度依赖其投放广告的平台，广告需要符合平台特点才能取得最大的效果。因此，久而久之，产生了三大基本流派。

（1）裂变流派

这种方式是基于微信生态圈，做各种裂变活动，比如邀请朋友帮忙助力购买产品，所有参与者都有优惠，或者邀请几个好友后能获得现金奖励等。总之，这种方式就是通过大额度优惠，吸引用户发展新用户加入，从而获得增长。

（2）投放流派

这种方式是基于各大广告平台，用大量资金来购买广告位，用大量的广告来吸引用户加入。投放又分为公域投放（网站 / 朋友圈 / 短视频等平台）和私域投放（与自媒体"大 V"合作）。还有把公域投放获得的用户引流到企业微信群或添加到企业员工个人微信中，再做二次转化的方式。

（3）A / B 测试流派

一些大互联网平台常常积累了很多的存量用户，这些存量用户也是企业实现用户增长的宝贵资源。同时，由于近年来国内互联网的用户覆盖率趋近100%，吸引新用户的难度越来越大，因此开始有大平台倾向于用多轮测试的方法，不断寻找刺激老用户带来新用户的手段。因为其核心技术是 A / B 测试技术，因此也称这种做法为 A / B 测试流派。

3. 用户增长的分析思路

用户增长要对抗未知性，必然依赖数据分析，可以说数据分析是增长团队的核心能力之一。用户增长的分析分以下 4 步。

- 制定用户增长目标。
- 选定阶段性策略。
- 制定具体的用户增长方案。
- 监控用户增长表现。

具体的分析思路和活动运营 / 渠道运营非常像，本身用户增长就是靠裂变活动或广告投放实现的。这里重点讲解 3 个不同流派的侧重点。

（1）裂变流派：K 因子与超级传播者

裂变流派的核心在于参与裂变的用户有多大比例能真正响应，同时响应裂变的用户能带来多少新用户。因此，裂变流派喜欢用 K 因子（K 因子 = 邀请数 × 转化率）来衡量裂变效果。不过从实际操作上看，超级传播者的分析思路会更适合。因为每次裂变后，真正能带来大量新增的往往是少数的 KOL（Key Opinion Leader，关键意见领袖）或至少是一个 KOC（Key Opinion Consumer，关键意见消费者），所以判断是否存在超级传播者，其传播力到底有多强，对于设计裂变方式有非常重要的参考意义，如图 8-44 所示。

可以按照传播者带来的新用户数可以将其划分为以下 4 个层次。

- 超级传播者：能带来大量新用户。
- 普通传播者：能带来少数（$n>3$）新用户。
- 个人传播者：能带来一两个新用户。
- 无效传播者：无传播能力。

这样的划分能让我们看清楚传播者的结构与传播能力，从而得出一个重要结论：到底是依靠人海战术实现的用户裂变，还是依靠少数"大 V"实现的用户裂变。一般来说，金字塔越扁，说明产品本身的传播能力越弱，越适合做大众模式传播；金字塔越尖，说明"明星效应"越大，越适合用 KOL / KOC 模式传播。这对于设计传播形式有重要的意义。

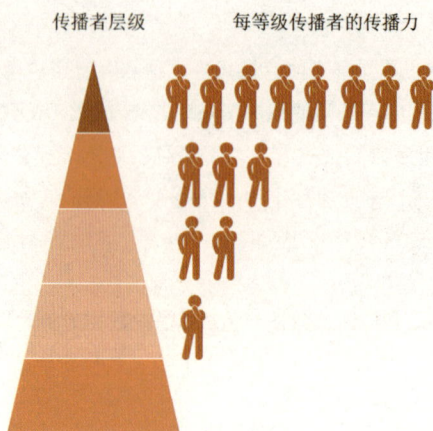

图 8-44

（2）投放流派：渠道选择与转化漏斗

投放流派的核心就是选择合适的投放渠道，优化转化漏斗，提升转化效率。

（3）A／B测试流派：基于A／B测试的增长实验

增长实验，重点在"实验"。通过分组对比，可以找到能高效提升业绩的方法。这么做主要是区别于以往做增长"大干快上、跟风走"的做法，先通过小范围的实验，选对方法，再逐步加大投放力度。

第一步：清晰实验目标。实验目标并不完全等同于增长目标，实验是有级别的，具体包括以下3个级别。

- 战略级：整体策略实验。
- 战术级：具体手段实验。
- 战斗级：过程优化实验。

因此每次实验前，要定好本次实验是哪个级别，对应地找到实验的目标。

第二步：设定待实验的增长路径。增长路径，指的是落地增长手段的场景。具体场景有很多种，但在整体策略上有4种基本手段，如图8-45所示。

- 基本策略1：硬性提升，直接降价，压缩流程。
- 基本策略2：软性优化，优化页面，更换产品。
- 基本策略3：扩充渠道，在原有范围内增加。
- 基本策略4：新增渠道，小程序、直播都用上！

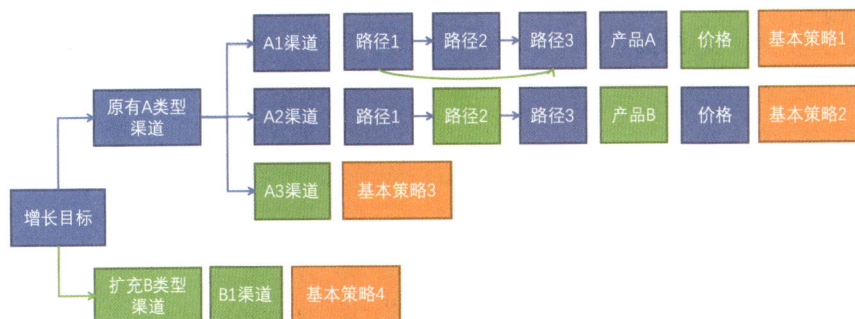

图 8-45

> **注意：** 增长路径设定是一个业务动作，有经验的运营人员能基于自己对业务的理解，设计出新的路径，其中数据更多的是作为参考，在设计好路径后，其要做好执行监控。

第三步：设定具体的增长手段。具体的手段由内容、渠道、促销等部分组成。做用户增长，往往在一个路径上有很多个不同的手段同时在进行测试，如图 8-46 所示，从而找到更好的方法。

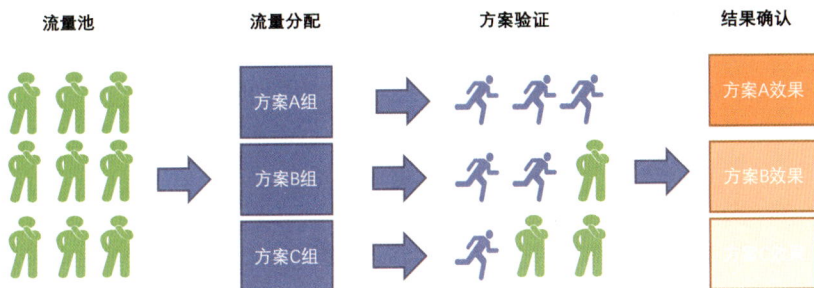

图 8-46

第四步：观察实验结果。对单次实验而言，数值并不是最终的结果。在实验中，人们更多地期望能探索出一条成功的道路。因此，对实验数据背后的含义解读更重要。

要判断增长效果，需要回答 5 个核心问题。

- 业务流程是否能跑通，是否有设计缺陷？
- 在流程能跑通的前提下，第一次实验是否达到了预期？
- 在第一次实验达到预期的前提下，第二次实验是否可复现？
- 在第二次实验可复现的前提下，第三次实验是否有边际收益递减的情况？
- 在边际收益递增 / 递减的前提下，峰值 / 谷底在哪里？

经过多轮测试，实验结果很可能呈现以下 4 种效果，如图 8-47 所示。

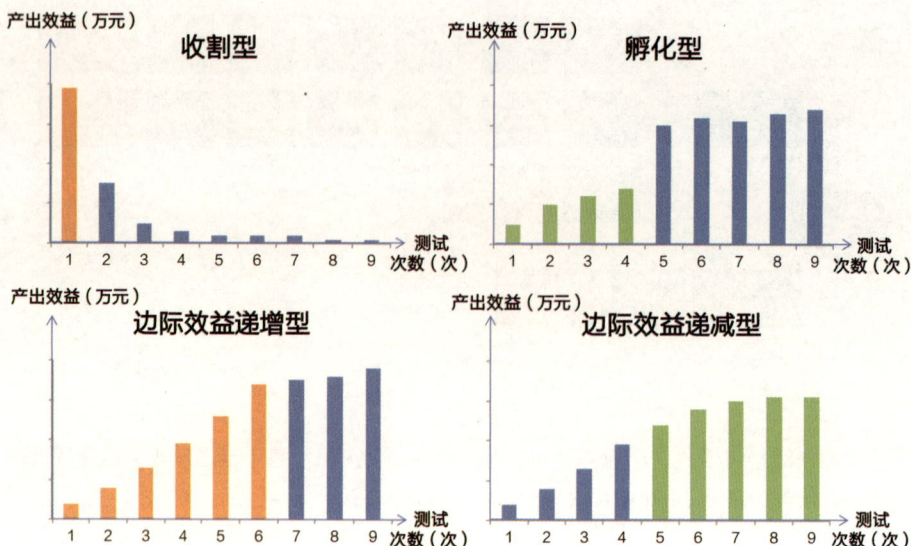

图 8-47

每种类型有不同的特点，具体介绍如下。

- 收割型：这个渠道只能用一次来吸引用户，第二次就没效果了。

- 孵化型：需要持续投入资源 / 优化方式，达到一定程度后才会出现效果。

- 边际收益递增型：投入越多，效果越好，说明发现了潜力渠道，要加大投入。

- 边际收益递减型：当投入达到一定水平后，产出即稳定，难以大量提高用户增长。

这些结果对于明确后续用户增长方向、开发新的用户增长方法有重要意义。可以根据实验效果来调整后续工作：好的措施继续用，不好的措施舍弃，积累经验，这样就能推动业务越做越好。

显然，这种做法比"事前拍脑袋，事后拍大腿"的做法要靠谱很多。因此在未来，用户增长方法的使用也会越来越多，相关的分析也会大量增加。从用户增长的分析流程可以看出，这是一种高度依赖数据驱动的方法。

第 9 章

商业分析的高级方法：
从千头万绪中找出关键

9.1 高级方法的作用

商业分析的难点在于影响业绩的各种因素相互交织，难以区分。这一点在运营、营销、产品设计等工作上体现得尤为明显。这些工作就是叠加在正常的产品进销存之上才起作用的，因此很难区分清楚：在 1 亿元的业绩里，促销额外贡献了多少金额，产品设计又贡献了多少金额。

从本质上看，用户决策就是综合性的。当用户花 100 元买一件产品的时候，是不会区分以下信息的：50 元付给产品本身，30 元付给门店的装修，10 元付给产品包装，10 元付给销售员的微笑……产品价格、包装、门店装修、销售的服务、优惠活动、品牌口碑，共同促成了这 100 元的消费。

但是，如果能区分出哪一点是真正驱动用户消费的关键因素，就能实现四两拨千斤的效果，因此才衍生出了商业分析的高级方法。几乎所有的高级方法都是围绕着厘清复杂因素、找到关键驱动因素进行的。

在自然科学领域，厘清复杂因素有标准的实验方法：控制变量法。比如培育种子的方法，科学家们会把不同类型的种子放在封闭的实验室，逐一调节光线、土壤、温度、水分、养料等因素，一项项地进行实验，测试清楚一种因素的影响后再测试下一种因素的影响。这样才能获得翔实的数据，还能在后续逐步添加新因素，从而发现各种因素之间的交叉影响。

对于商业问题，这么做显然不现实，没有企业能把用户关在实验室里为其做实验。而且很多红极一时的广告、营销创意、商业活动，都是利用了用户的冲动情绪，在这种环境下，用户的决策本身就是非理性的，既难以用数据量化，又难以总结经验、复制使用。一旦某个举措被证实有效，竞争对手也会快速跟上，从而引发外部环境的改变。这些都让商业分析无法直接复制自然科学实验的方法。

在使用商业分析解决这些复杂问题时，首先要从排除自然增长率开始，也就是要区分出在没有内部的运营/营销动作，也没有外部环境的影响情况下，用户到底有多大概率进行自然消费。自然增长率的衡量是评估运营、营销、产品设计等因素的基础。

其次，利用单维度分析方法对单个业务的假设进行检验。如果某个因素的影响特别大，以至于超过其他所有因素，就能在这种单维度检验中得以验证。这样有利于发现重大的影响因素，先抓重点问题。如果想进一步区分其他因素的影响，则需要借用多维度分析方法，建立复杂的分析假设。

最后，分析结论很有可能无法完全通过事前分析确认，此时需要进行事后测试检验来分析结果的真实性，这就需要用到数据测试的方法了。

有了自然增长率、单维度分析、多维度分析、数据测试这4种方法，就有了解决问题的基本思路。利用这些方法，可以对因果关系、指标异动、关键问题、未来趋势等进行分析，从而在一定程度上解决复杂的问题分析。

9.2 自然增长率

1. 自然增长率的基本概念

运营、营销产品设计等行为，都是在正常的销售节奏上"踩油门"的行为，为了促进企业的销售业绩更好，或者引导用户向企业期望的方向发展，这样就带来了一系列问题。

- "正常发展的情况下，下个月的销售额是多少？"
- "如果不做促销，下个月的销售任务能达标吗？"
- "如果做了促销，又会额外增加多少销售额？"

这些问题都和一个关键指标有关：自然增长率。

自然增长率是指在不开展运营、营销、产品设计等辅助类工作的情况下，单纯靠销售和供应，在现有产品、政策制度下，销售金额、销售数量、新用户人数等业绩指标的自然发展水平。正确地评估自然增长率，对于评估运营、营销、产品设计活动的质量至关重要，如果不能计算自然增长率，就无从分析这些活动的真实效果。而且，业务部门为了夸大自己的业绩，极有可能故意夸大运营、营销、产品设计活动的效果。如果把判断建立在这些吹嘘的数据之上，就会导致过度营销和成本失控。

自然增长率，是相对于人工增长率而言的。严格来说，在商业上是没有纯粹的自然增长率这个说法的，所有的业绩指标都是靠营销活动、运营措施、销售员跟进等业务举措做出来的，但是有些部门是能直接衡量其业绩产出的，比如销售部门和供应部门，它们处于业务的最基本流程中。对于销售部门的人员直接看卖了多少货，对于供应部门的人员直接看供给了多少货，一目了然。

有的部门较难直接衡量业绩产出，比如品牌、营销、推广、用户运营、活动运营，它们的成果是叠加在销售、推广的基础上的。比如一个用户看到门店有促销活动，进去买了产品，促销到底对用户有多少影响，产品本身又有多少影响，很难直接衡量出来，需要做深入分析。

2. 衡量自然增长率的方法

自然增长率有以下 3 种基本的衡量方法。

- 时间区分法。
- 人群区分法。
- 产品区分法。

（1）时间区分法

没做活动之前是自然增长，做活动期间是人工增长。如图 9-1 所示，某业务部门在今年 11 月首次开展"双 11"大促销活动，之前均无活动。这时可以把无活动期作为自然增长率的参照期。用今年 11 月的销售业绩减去参照期业绩，得出活动带来的增量。

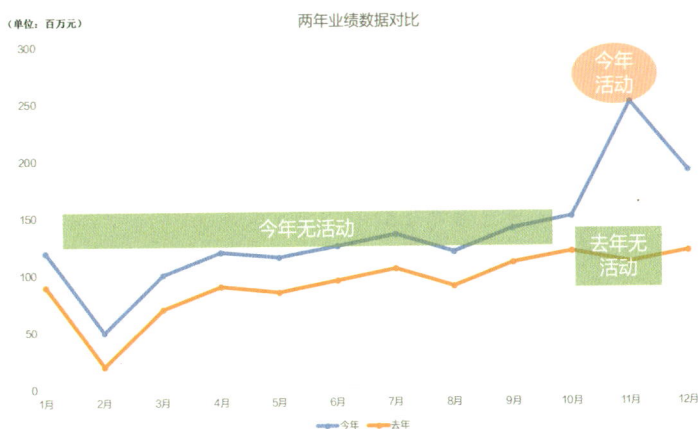

图 9-1

> **注意：** 无活动期，在这里有 3 种算法。

- 算法 1：环比计算。即用今年 11 月份的业绩对比今年非活动时间的业绩。比如在上例中，今年非活动时间除 2 月份外均发展平稳，因此可以用除 2 月份外非活动时间的业绩平均值作为参照。如果在非活动时间业绩本身有明显的季节波动或呈现持续上涨的态势，则应选取与活动期同季节的，或者相邻的时间周期作为参照。

- 算法 2：同比计算。即用今年 11 月份的业绩对比去年 11 月份的业绩。这种方法适合两年业绩差异不大的情况。
- 算法 3：综合计算。即用今年 11 月份的业绩对比（今年 10 月份的业绩 × 去年 11 月份的业绩 ÷ 去年 10 月份的业绩）的数值。这样既考虑了年度差异，又考虑了本年度的增长趋势，是一个相对折中的办法。

显然，在图 9-1 所示的业务走势中，环比有波动，同比也有增长，因此用综合计算法更合适。但很多时候活动是不定期开展的，因此无法进行综合计算，只能退而求其次，用简单的环比计算或同比计算。综合计算法的优点是含义简单易懂，缺点则是必须有可比的非活动期。如果活动频繁，甚至每个月都有，就无法这样简单计算了。

（2）人群区分法

通过活动而购买的用户属于人工增长，没有通过活动而购买的用户属于自然增长。通常在活动中，用活动组和参照组来区分人工增长用户与自然增长用户。如图 9-2 所示，假设某活动在投放前将用户分为活动组和参照组，每组各 12 人，此次活动仅对活动组的用户投放，参照组无人参与活动。在活动期间，参照组的购买人数就是自然增长量；活动组的购买人数超过参照组的部分，就是活动带来的增量。

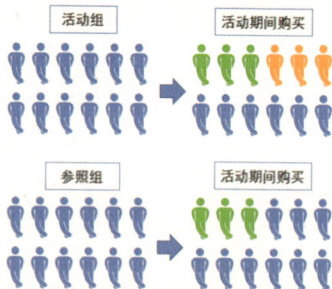

图 9-2

• 注意：设参照组是有前提的。

- 活动已封闭信息提供：参照组不知道有活动存在，也无法加入活动组，这样才能保证参照组是"自然"增长。如果活动是公开的信息，不但参照组用户可能加入活动组享受优惠，而且可能因为对用户不公平而被举报。
- 用户能快速响应活动：活动的时效性对于合理评估活动效果很重要。如果时效性差，比如用户从参与活动到兑现条件用了一个月甚至数个月的时间，则最终用户响应效果也可能混杂更多的因素，无法区分到底是不是受活动的影响。

- 参照组的基本特征和活动组类似：不同的用户没有可比性。因此得找特征相似的用户进行活动／参照分组对比。如果两组用户本身差异巨大，比如一组消费率很高，另一组消费率很低，则自然无法客观衡量。

因此，综合来看，在门店渠道较难用这种方法，类似方法适用于电话销售、App、H5 页面等互联网渠道。因为这些渠道信息封闭程度高，用户响应速度快。从科学性上看，这种方法更合理，但并非所有活动都适合，比如品牌活动、大促销活动、产品促销、产品行为培养等，本身定位就是全体用户参与的活动，不方便使用这种方法。

（3）产品区分法

此方法是根据产品属性对产品进行分类的，比如 A、B、C 类产品，之后根据历史上同级别产品上市后的生命周期走势，定义为该级别产品的自然增长率，如图 9-3 所示。其背后的逻辑就是：既然以前同款产品能卖出这种走势，那么现在的同款产品也能卖出这种走势。

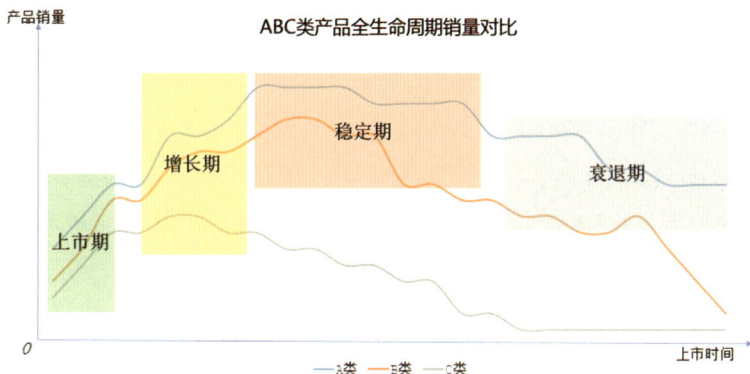

图 9-3

这么做似乎很简单、粗暴，但是非常好用。以产品生命周期管理为例，其每个阶段都有活动。因此，不可能区分出完全没有活动的时间。每个阶段的活动全员都可参与，特别是在上市期与增长期，参与的用户越多越好，因此不可能做分组对比。在这种情况下，还要评估产品表现，就只能看过往的参数了。

这种做法也有可取之处，即根据过往的发展趋势，框定了眼前产品发展的合理范围。从而能让我们基于产品过去的走势，指导眼前产品的发展策略。比如一款原本分类为 A 类的产品，在上市期增长态势就远远低于过往 A 类产品的水平，则后续运作方向已经很清晰了：要么加大力度，提升表现；要么控制力度，降低期望，把它降级为 B 类产品处理。这样也能得出结论。

同理，对用户、门店也能做类似的处理，先对产品进行评级，之后以过去的标杆产品作为判断自然增长率的依据，当目前的用户群体、门店表现达不到自然增长预期时，再进行干预。

3. 自然增长率计算方法面对的挑战

这是 3 种常用的手段，虽然很有效，但在现实工作中经常会面临以下问题。

挑战一：非活动时间数据分布不均，造成了选取非活动时间的范围难确定。从本质上看，用户不到店买东西的时间不是平均分布的。用户想逛街，要等下班、周末、放假的时候；用户想上网，得等有空了、孩子睡觉了的时候。因此，非活动期间的数据本身就是高低起伏的。到底选 3 个月的数据，还是选最近一个月的数据或最近一周的数据，各个部门间经常难以统一意见。

挑战二：几乎天天都做活动，没有非活动期。这种情况在零售业、电商平台、游戏等行业中都很常见，活动几乎天天都在做，无法选非活动期。或者非活动期只有两个大活动期之间的短短数周，本身处于大活动结束后的回暖时期，根本不足为据。在这种情况下，时间法基本就无法使用了。

挑战三：产品属性、生命周期不同，无法类比。一般很难选出一模一样的产品进行对比，两款产品或多或少存在差异。特别是科技型产品（因为有新出现的高科技成分，难以评估实际效果）、网红产品（因为有网红带货等非理性成分，难以评估实际效果）、高设计度的产品（比如电影、短视频、工艺品等强 IP 属性的产品，很难评估"艺术性"带来的效果），这些产品即使是业内资深人士，也很容易看错以至于做出错误的评级。

挑战四：不是所有活动都适合划分参照人群。比如"6.18""双 11"这种大型促销活动，商家还嫌参与的人数不够多呢，不可能排除某些人不参加的情况。比如非电商渠道或非即时消费产品，如果搞区分人群定价，则很容易引发窜货，或者被用户举报。

挑战五：参照人群的划法很难一碗水端平。即使分参照人群，也很难说明问题。因为最终要测试的是用户的购买行为，而影响用户的购买行为的因素有很多，如性别、年龄、过往购买频率、品牌忠诚度、促销敏感性等，因此通过分析抽样，可以轻松做出来购买率很低的参照组，从而让分组对比失效。

挑战六：外部影响没有考虑。即使以上因素全部考虑进去，依然有人会说："你没有考虑宏观环境 / 天气 / 政策 / 社群族群等影响。"

4. 解决自然增长率计算方法的问题

从更深层面来看，之所以有这么多争论，本质就是各个部门只考虑了自身的利益。想要从根本上解决这个问题，就得"站在二层楼上"看问题，站在企业全局的角度思考：到底做到什么程度才真的对业绩有帮助，如何完成自己的任务，提高整体效率。

首先，我们需要排除的就是把问题推脱给外部因素，具体方法在后续章节会有详细的介绍。

其次，对于直接产生业绩的部门，比如销售部和供应部，根本就不需要讨论自然增长。业绩达标就是达标，不达标就是不达标。如果业绩不达标，就要想尽办法让它达标。对这些部门，盯紧其 KPI / OKR 完成情况即可。

再次，对于辅助部门，可以协助其计算自然增长率，但是要将服务部门的工作，按照任务类型、数据记录难度，分为六大类型，分别计算自然增长率，如图 9-4 所示。

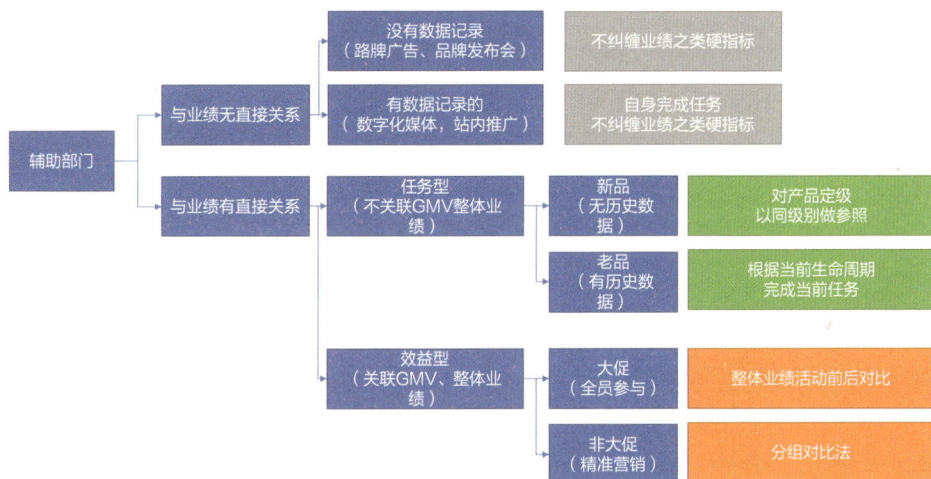

图 9-4

第一类：与业绩无直接关系，且没有数据记录。比如不带二维码的路牌广告、传单、电视广告，根本连观看人数都无法记录，在这种情况下根本无从考证，也不用纠缠是否对业绩指标有影响。

第二类：与业绩无直接关系，且有数据记录。比如不带购物链接的微博、微信、抖音广告等，品牌类广告本身就不需要考核业绩，因此不用纠缠。

第三类：与业绩有直接关系，但肩负推广新品任务的活动。因为是新品，所以很难提前收集足够的数据预测，只能通过对产品定级，然后找过往产品做参照。

第四类：与业绩有直接关系，且是有数据记录的老产品，需要完成老产品的特定任务。以前的产品有数据参考，可以对产品定级，也能观察产品生命周期所处的阶段。因此可根据当前产品生命周期所处的阶段，完成所需的铺货、增量、清库存等任务，用同级别产品生命周期做参考。

第五类：与业绩有直接关系，且作用于全体人群的大促型活动。大促型活动不会拆分人群，参与的人越多越好，因此关注其对整体业绩的作用，用活动前后对比法，关注活动对整体业绩的影响。

第六类：与业绩有直接关系，且作用于细分人群的精准营销类活动。精准营销活动可以拆分人群，因此能做分组对比，较客观地体现收益。

当然，还有最简单的办法，就是"买定离手法"：所有参与决策的人，在行动开始前要对自然增长率的计算方法达成共识，用最近××周也好、用去年同期也好，总之，在项目开始之前要有共识。之后便遵守"买定离手法"原则，无论结论好坏，不再修改这个共识，这样能从机制上解决问题。

有了对自然增长率的判断，就能对业务的发展态势做出梳理，但影响业务的因素来自内部或外部等诸多方面，需要一条条梳理清楚，这样才能得出正确的结论。因此，首先要掌握的就是单维度分析方法，先把一个维度分析清楚，才能分析更复杂的多维问题。

9.3　单维度分析：从单维度检验业务假设

1. 商业分析中"假设检验"的含义

单维度分析的应用场景很常见，比如业务部门抱怨："门店业绩不好，都怪下雨了。"这就是一个典型的单维度假设检验问题。分析维度只有一个：下雨。要检验的结论是下雨对业绩的影响大小。这种看似简单的分析，是有数据论证、科学决策的基础支持的。

如果不把这些单维度假设检验清楚，则很可能让业务部门陷入无意义的争吵之中。如：

- "谁说下雨天业绩不好？我们这下雨了业绩照样好！"

- "下雨了业绩不好，你要我求雨停吗？"

- "如果一下雨业绩就不好，今天飘了一滴雨，那么业绩肯定被这一滴雨打败了！"

总之，想分析本质原因就要停止凭经验、感觉、习惯下判断，而是要用数据验证判断。

很多有统计学基础的数据分析师，会把商业分析中假设检验与统计假设检验混淆。统计学上讲的假设检验，是指用来判断样本与样本、样本与总体的差异的，主要用于区分其差异性是由抽样误差引起的还是本质差别造成的。而商业分析中的假设检验范围更广，它指的是检验一个商业动作与商业结果之间的关系。具体的商业动作可能有很多很多种，甚至有些是很难量化的，比如"员工缺乏积极性""管理者水平不高"等，因此，商业分析的假设检验，需要更关注商业场景，而非统计公式。

2. 进行假设检验的基础做法

商业分析师想要做假设检验，首先要做的是把每个思考维度的事实表现、数据考察、影响结果三大内容填写完整，不能仅凭口头一句没头没尾的话就开始分析。比如"下雨会影响业绩"这就是口头表达，没有讲清楚到底下雨是怎样影响业绩的。

如果要补充完整，则可以写成下面的句子。

- 事实表现：下雨。
- 数据描述：当日天气预报软件显示天气为"下雨"。
- 影响结果：同等条件下，下雨天业绩低于非下雨天业绩。

这样，"下雨"就是一个清晰的分析维度，"下雨会影响业绩"就是一个清晰的待验证假设，下面就可以代入数据进行验证了。如图 9-5 所示，如果验证结果如情况 1 所示，下雨天的业绩低于不下雨天的业绩的 30% 以上，则证明假设成立，下雨天的业绩确实很差；如果验证结果如情况 2 所示，下雨天和不下雨天的业绩只有 5% 的差异，则假设不成立；如果验证结果如情况 3 所示，下雨天的业绩甚至比不下雨天的业绩更高，则假设也不成立。

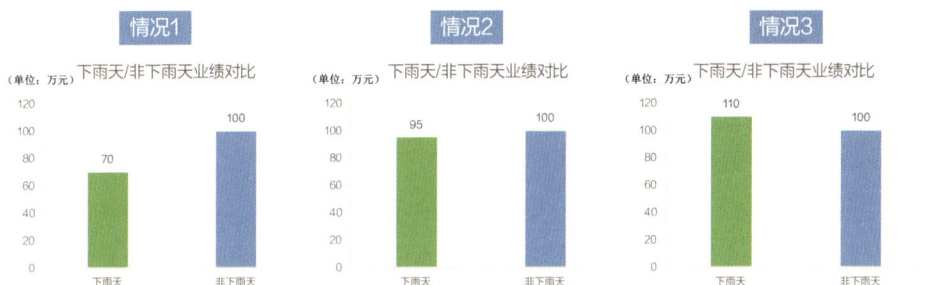

图 9-5

以上只是一个简单的示例，在实际操作时有很多细节要考虑。

3. 分析细节之一：数据描述方式

不同的数据描述方式会影响到输出结果。还是以"下雨"这件事为例，描述下雨的情形时可能有 3 种方式。

- 用分类型变量描述，比如当日天气预报软件显示为：下雨 / 不下雨。
- 用定序型变量描述，比如当日天气预报软件显示为：小雨 / 中雨 / 大雨。
- 用连续型变量描述，比如当日当地气象局播报的日降雨量为 10mm。

描述方式的不同，直接造成了后续分析方法、得出结论的方式、落地难度都不同。理论上，如果能用连续型变量进行描述，就能用很多统计模型进行计算了，计算复杂程度可以高出很多。但实际上，连续型数据不见得能采集到，且连续型数据不见得真的有用。

4. 分析细节之二：数据形态

所谓"有影响"，反映在数据上可能有不同的形态。还是以"下雨天"为例，即使下雨天真的影响业绩，也可能有 3 种不同的形态。横轴代表日降雨量，纵轴代表门店每日业绩，如图 9-6 所示。

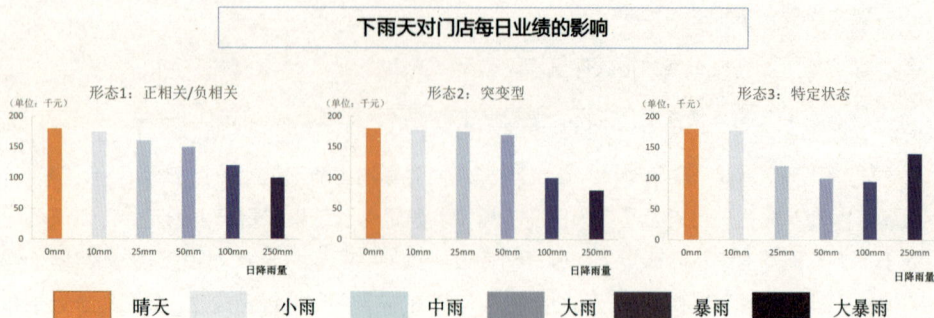

图 9-6

- 形态 1：两者呈正相关 / 负相关的关系。其可以直接用函数表示，比如类似最简单的：下雨天业绩＝正常业绩 −1000× 当日降雨量。这样在理论上，只要输入当日降雨量，就能算出当天业绩可能是多少。这种关系在数据上有明显的趋势，呈现出如图 9-6 所示的形态 1 部分。

- 形态 2：两者呈突变型的关系。当影响因素突破某个关键值后，结果发生突然的变化。当日降雨量很小时，没有大的影响；当日降雨量级别达到大暴雨时，就会严重影响业绩。此时是不需要知道具体的降水数值的，只要看定序变量，比如今日是否有暴雨警告即可。这种关系在影响因素达到一定程度后突然出现，呈现出如图 9-6 所示的形态 2 部分。

- 形态 3：两者呈特定状态的关系。比如在降雨量特别小的时候，用户依旧会外出购物，其实没什么影响。在降雨量特别大的时候，用户会在配送平台下单或打电话请门店送货上门，所以也没什么影响，反倒是在降雨量在中等水平时，用户既懒得下单，又不想出门，这时的影响最大。这种关系在特定场景下触发，呈现出如图 9-6 所示的形态 3 部分。

作为数学、统计学专业毕业的数据分析师，可能倾向于寻找类似形态 1 的结论，这样看起来更科学一些。但反过来想，即使真的是形态 1，结果又怎样？下雨了让店员们拿着量杯在门口测量日降雨量吗？测出来日降雨量又能怎样？这种就是典型的看似科学，实则对业务无用的分析。

在"下雨天"这个场景里，有可能有一个分类 / 定序变量的结论就够了。比如看到暴雨警告，提前给用户打电话、在用户群发消息提醒用户囤货，联系老用户提供主动送货上门服务，提前减少备货等。对业务方而言，能看到了就行动的数据，才是好数据。

因此，在描述问题的时候，对单一维度分析就得考虑周全，找能落地、能采集数据、能指导业务行动的描述。在此标准下，很多常见的说法会显得不堪一击。比如"用户都不满意""员工干劲不高"……根本无法有效衡量，且无法证明是否改善了，说了等于白说。虽然站在公司管理的角度来看可能也会考虑这些因素，但是站在经营的角度来看是无法论证其实际效果的。

5. 分析细节之三：数据代表性

到底需要对比多少天的数据才能使分析结论更客观，因为这些数据带来的结论是完全不同的。往往选取越短的时间周期，越容易选取到特殊情况；选取越长的时间周期，越容易把个性抹杀。如图 9-7 所示，实体店销售有自然周期：周末业绩好，工作日差，周一最差。如果下雨天刚好是周日，非下雨天是周一，则按上述的分析方法很可能得到完全不同的答案：下雨天的业绩比非下雨天的业绩好。

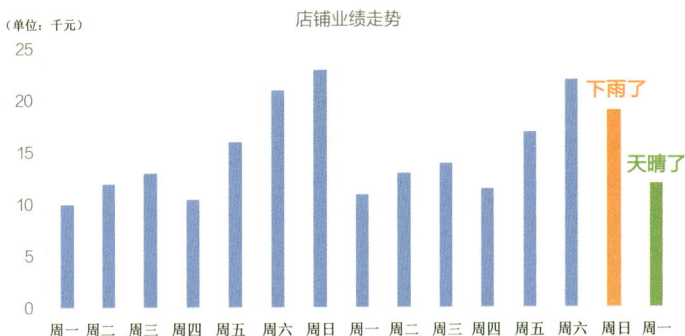

图 9-7

因此，即使是一个简单的假设也得小心求证。从本质上来看，商业问题本身就是很复杂的，是多种因素相互交织影响的结果，因此从单个维度来论证很难完全讲清楚。如果寻找的维度是对结果有关键影响的维度，则结果指标可能表现出较为明显的差异性；如果寻找的维度只是次要影响，甚至没有影响，就没有差异性了。

9.4　多维度分析：用 MECE 方法处理多维度业务假设

1. 多维度分析定义

要研究门店的业绩，除了看是否"下雨天"这个维度，至少还得考虑时间维度。要把工作日和工作日进行比较，把非工作日和非工作日进行比较，这样就至少要比较两个维度了。按照这个思路，很快又可以想出其他的分类维度。

- 门店位置：CBD 店、社区店、地铁站店的业绩可能有差别。特别是地铁站店，日常人流量都很大，跟是否"下雨天"关系很小。
- 门店经营能力：经营能力强的门店，下雨天业绩也照样好；经营能力不强的门店，天下不下雨业绩都不好。
- 门店经营时间：经营很久的门店,大多有一批忠实的老用户,下雨天可以邀约用户上门；

新开业的门店只能依赖过往的人流，可能受影响更大。

- 门店规模：太大的门店成本高，资金周转困难；太小的门店吸引力差；只有规模适中的门店收益最好。

这样深入思考下去，分析问题的维度会越来越多，因此就形成了多维度分析的问题。多维度分析，即要从众多维度对问题进行分析，找到其中影响最大的维度，从而抓住解决问题的关键。

多维度分析问题在现实中非常常见，在分析成功经验或失败原因的时候，人们总是随口而出一大堆理由。如：

- "主要是最近天气异常。"
- "用户的喜好已经发生变化了。"
- "临近节假日，人们的心情都不在工作上。"
- "不，我们宣传得很好，就是执行力不够。"
- "不，我们执行得很好，就是宣传力度不够。"

总之，100个人有100种说法。虽然这些说法都能用单维度分析——验证，但要注意很多说法之间是会相互重叠、相互影响的。比如到底是因为产品不好，所以销售员卖不动，还是因为销售员不会卖，所以显得产品不好。

要把如此纷繁复杂的问题弄清楚，找出解决问题的关键线路，就得有一套清晰的分析逻辑，把问题的层次分清楚，按一定顺序有条不紊地去检验，否则各种因素相互交织，会造成分析不够清晰。因此，单维度假设检验是更深入分析的基础。在遇到问题时，可以先把各个维度用数据化方式列清楚，之后再梳理这些维度的逻辑关系，进而进行深入的分析。这里推荐使用MECE方法，对复杂的问题梳理逻辑。

2. 用MECE方法解决多维度分析问题

MECE，即Mutually Exclusive Collectively Exhaustive，可以将其简单归纳成8个字：相互独立，完全穷尽。这指的是当从多个维度分析问题时，每一个层级的分析维度都符合相互独立，完全穷尽的模式。这样能保证分析逻辑的清晰、有条理、不混乱。

初次接触的读者可能觉得这样做很难，怎么可能穷尽问题的答案呢？不要着急，一步步地由浅入深推进即可得到。MECE方法要求的是一个结果，并没有说一步把结果做出来。实际上，好的MECE方法都是要做很多步的。

下面举一个简单的例子：某公司的员工小张，在一个月（22个工作日）的时间里竟然迟到了19次。本来公司设有人性化的考核制度，员工一个月允许迟到两三次，可小张也太夸张了！于是人事主管把这件事报告给了领导，领导责问小张迟到的原因，小张却非常理直气壮。

小张有下面这些理由：

- "项目组好多人都迟到，你们也不管。"

- "遇到下大雨，全城道路大堵车，你们又不管。"

- "临近项目上线，夜里加班很晚，所以迟到正常。"

- "我的工作比其他同事都多，为什么不减少我的工作量？"

乍一听，似乎句句都有道理，可实际情况该如何分析呢？

如果不采用 MECE 方法，只做单维度分析，就能列出一个问题清单。

- 迟到原因 1：堵车。

- 迟到原因 2：下雨。

- 迟到原因 3：项目上线。

- 迟到原因 4：加班。

- 迟到原因 5：自己懒。

- 迟到原因 6：其他原因。

这么做的话，我们很快会发现：各种原因是交织在一起的：下雨了路上容易堵车，加班和项目上线也是经常重叠的；个人问题又和所有问题是重叠的；更有可能既下雨又加班了，小张懒得起床……根本分不清到底是客观原因，还是小张主观意向的问题。

如果用 MECE 方法，则可以分以下 4 步进行操作。

（1）第一步：明确目标

> **注意：** 现实中就是一个问题多个因素缠绕在一起的，因此到底怎么把问题归类，首先取决于决策的目标。比如要分析小张的问题，首先要做的是分清楚到底是想惩罚他，还是帮助他。

- 惩罚：严格要求，只要掺入一点个人因素，就是个人的问题，不要狡辩！
- 帮助：宽松要求，只要发现能用外因解释的，就不会归罪个人，宽大处理。

明确了目标，就能在多因素混杂的时候把握好尺度，从而避免思路跑偏。

（2）第二步：分步骤分解问题

> **注意：** 相互独立，完全穷尽是操作完 MECE 方法的最终结果。并不是要求一步到位，一下就能穷尽所有原因。在分解每一层的原因时，用二分法才能最便捷地实现相互独立，完全穷尽的要求，因此分析问题的逻辑层次可以很多，但每一层用的指标尽量少，要切分清晰一点。

比如，如果定了目标为"帮助"，就得尽量排除合理的迟到理由，避免错怪员工。"前一天加班时间长"是一个合理的理由，但是如果直接分解为"加班时间长""加班时间短"就会有问题。因为这场分解默认了员工一定会加班，忽视了员工可能是正常下班的情况，此时就没有做到"完全穷尽"。

因此，在分解"前一天加班时间长"这一个理由的时候，可以分两个层级来分解。第一层级划分为：有加班 / 无加班。由于加班状态只有这两种，所以这样的划分肯定符合"相互独立，完全穷尽"的要求。

第二层级划分：再对有加班的情况下的加班时间进行拆分。如果加班时间很短，比如不到 1 小时，其实是不会影响第二天正常上班的。因此，加班时间可以分为：1 小时以内（0 ~ 59 分钟），1 ~ 3 小时（60 ~ 179 分钟），3 小时以上。这个分类把时间分为 3 段，也是符合 MECE 标准的。

如图 9-8 所示，在 MECE 的分类基础上，就能具体讨论"加班时间长"是否属于合理的理由。比如，公司可以约定：加班超过 1 小时造成的迟到可以原谅；加班在 1 小时以内造成的迟到不予原谅，直接合并到"未加班"之中。这样的划分简单清晰，便于执行，也便于深入讨论。

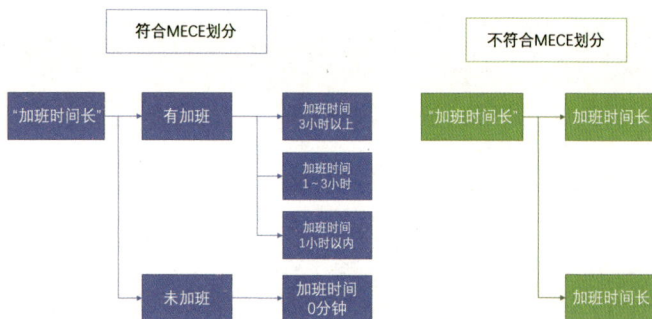

图 9-8

> **注意：**加班有可能是个人能力问题，也有可能是整体工作任务都很重。因此想进一步区分，可以增加：仅个人加班 / 有其他同事一起加班。这样就把第一层级中有加班的情况又进行了分解，如图 9-9 所示。正是通过逐层分解，让问题越来越清晰了。

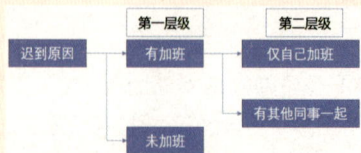

图 9-9

第三层级，自己加班，有可能是工作量太大引起的，也有可能是个人能力不足引起的，所以这一层利用工作量分类，分为工作量大于平均值 / 小于平均值。

到了第三层，其实已经能指向一些结论了。

- 情况 1：因为工作量太大，导致加班时间长，所以才会迟到。此时可以考虑调整其工作分配，减少工作量。
- 情况 2：工作量小于平均值，但是还是会加班，很有可能工作方法有问题，或者任务太难，总之得改进工作方法。
- 情况 3：项目组中的若干同事都在加班，整体工作量大，因此情有可原。

运用 MECE 方法进行分解到此时就可以停止了。原则上，只要分解能指向一个具体的、可落地的业务动作，就可以结束分解。过度分解也是问题，很有可能考虑了几十个维度甚至更多，但是业务上行动没有什么差异，此时的分解就是无意义的，如图 9-10 所示。

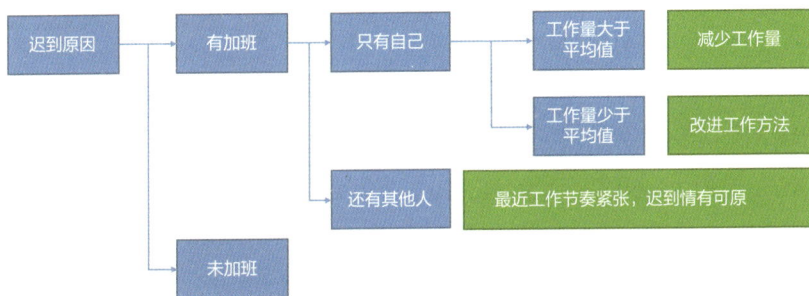

图 9-10

> **注意：** 分析的最终目的是能指向明确的结论，进而指导业务改善，因此分析逻辑应指向业务可以落地的地方。比如这一条逻辑的分析是完全没有考虑天气问题的。因为工作量多少是领导安排的；法不责众是领导可以接受的。在业务能动性范围内讨论的时候，尽量不要涉及业务不能控制的因素，这样能直接导向一个有用的业务结论。

同样，在分解第二逻辑分支的时候，既然大目标已经定了"帮助"。就可以用"下雨了，全城堵车"之类的理由来开脱。注意，这里又有一个小技巧：**选择切入维度时选可量化的维度。**

比如"下雨了，全城堵车"，听起来是一个好理由，但是还有下面的原因。

- 如何量化降雨量呢？
- 是小雨、大雨还是暴雨？
- 小雨也堵车吗？

- 堵车就一定会迟到吗？

这些都很难量化清楚，所以可以换一个更简单的量化方法。"下雨了，全城堵车"指向的结果是："大家都会迟到"，那就直接看"大家是否都迟到了"就好了，如图 9-11 所示。

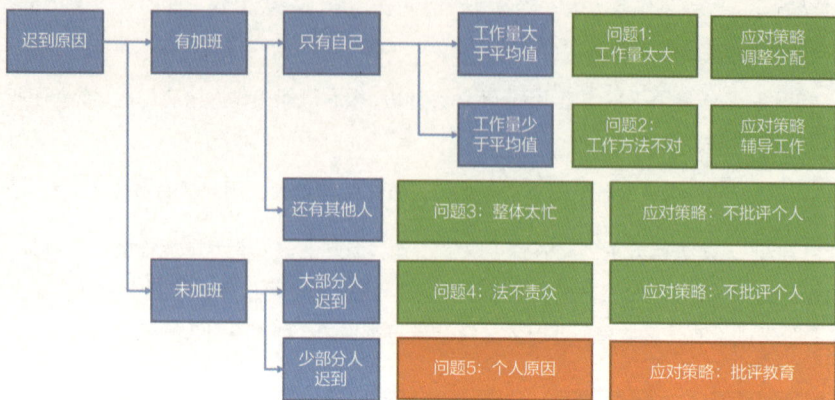

图 9-11

（3）第三步：代入数据量化

在建立了清晰的分类以后就能将数据量化，具体看每一类问题发生的数量是多少。通过对问题梳理的统计，能梳理出各类问题占整体的比例，从而得出问题结构。问题结构本身就能在很大程度上说明问题，如图 9-12 所示，某人（也就是情况 1）一个月有 19 次迟到，都同时具有 4 种原因，但 4 种原因所占的比例不同，所以得出的结论也完全不同。

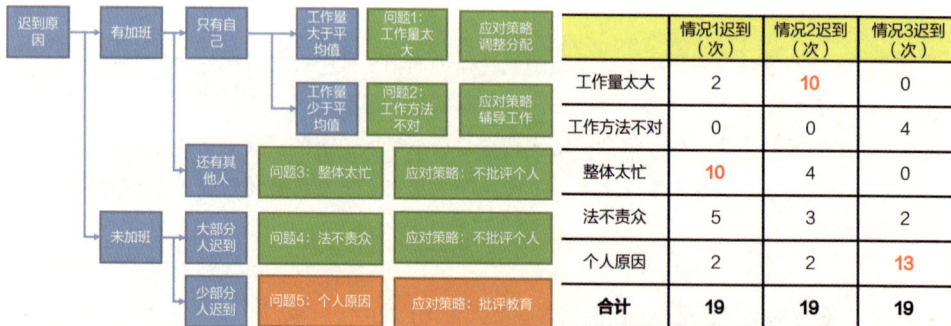

	情况1迟到（次）	情况2迟到（次）	情况3迟到（次）
工作量太大	2	10	0
工作方法不对	0	0	4
整体太忙	10	4	0
法不责众	5	3	2
个人原因	2	2	13
合计	19	19	19

图 9-12

很明显，虽然迟到的理由各种各样，但是情况 1 更主要是整体太忙，应该不予批评；情况 2 更主要是个人工作量太大，应及时调整工作分配；情况 3 则是真正以个人原因为主，必须批评教育。这样整体看，就避免了陷入某一两次的迟到细节无法自拔的状况。这也是用 MECE 方法拆解问题的最大优势：避免被个例带歪，要从整体上把握全局。

（4）第四步：导出业务结论

有了清晰的分类与数据量化后，可以推导业务结论了。

业务结论包含以下两个方面。

- 第一，来自整体结构的判断。小张迟到到底是主观原因，还是客观原因。
- 第二，对每一个细化问题点的小结论。到底是找应对策略辅导工作，还是不追究。

注意： 不同数据代表的含义不同。

- 情况 1：整体太忙 / 集体迟到共有 15 次，因此可以不批评个人。
- 情况 2：工作量太大问题占比大（10 次），因此需要调整工作分配。
- 情况 3：个人问题占比大（13 次），因此需要批评。

做完了推断，还能直接设定观察指标，持续观察问题走势，具体包括以下几个方面。

- 数量变化：是不是迟到的次数减少了。
- 结构变化：是不是因为客观原因迟到的次数减少了。
- 细化问题点变化：因为工作分配导致的加班天数，是不是在消减工作量后减少了。
  如图 9-13 所示，如果对小张的迟到情况进行连续追踪，就会反映出一个问题。

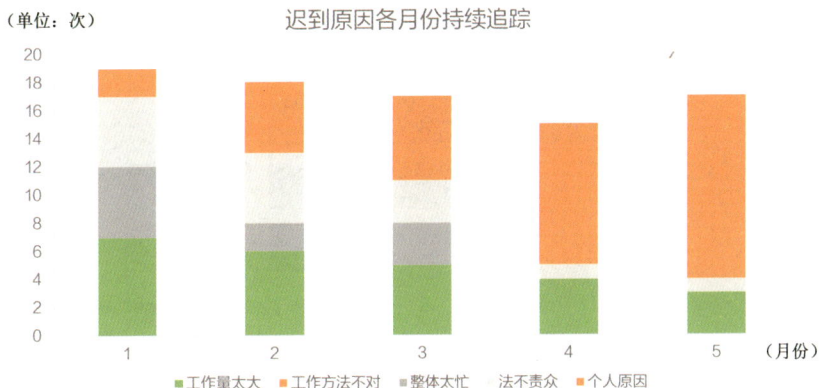

图 9-13

一开始，确实是加班太多 / 运气太差导致的迟到次数过多，于是不予责罚，可在 5 个月的时间内，其因为个人原因迟到的比例越来越高，整体迟到的次数虽然有所下降，但是因为个人原因迟到的次数越来越多。此时人事主管就得反思，是不是太过纵容导致小张越来越忽视公司的制度管理了。

这样通过 MECE 方法建立分析逻辑，梳理复杂问题，能清晰地导向解决问题的结论，从而达到良好的数据驱动的作用。注意：MECE 方法的梳理方向，与想达到的目标直接相关。在上例中如果从一开始目标不是帮助小张，而是惩罚他，则梳理时考虑的维度、每个维度内划分的标准可能是完全不同的。

3. MECE 方法应用场景

在商业分析中，MECE 方法的用途非常广泛。因为大部分商业问题都是千头万绪的，需要细致梳理。要注意的是问题虽多，但具体到一个业务部门身上，其关注的问题重点是不同的，解决问题的手段也是有限的。因此，自然而然地产生了分析顺序的区别。在构造商业分析逻辑的时候，往往从业务部门最直接负责的工作、最容易采取的手段入手。

比如，分析实体零售企业门店业绩，虽然都是从"人、货、场" 3 个维度入手，但是切入点可能根据部门的差异而不同。

- 业务部：更关注"人"的角度，销售团队是否出现动荡，执行是否出现问题？
- 市场部：更关注"货"的角度，热销产品是否缺货，是否要做促销拉动？
- 营运部：更关注"场"的角度，卖场设备是否老化，卖场管理是否到位？

因此，从"人、货、场"这 3 个维度出发，在各个部门梳理问题时，这 3 个维度的出场顺序完全不同，优先排除自己的问题，优先考虑自己能做什么，就能把主观能动性发挥到最大；优先考虑别人的问题，则是推卸责任的做法了，如图 9-14 所示。

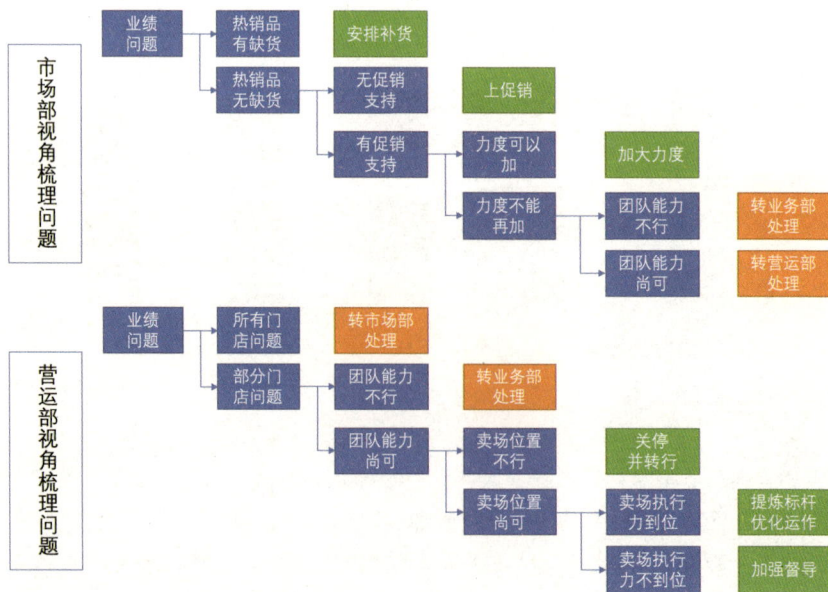

图 9-14

比如在互联网企业中出现活跃用户下降的现象，可能是因为推广引流的质量太差，新用户太少；也可能是因为运营做得不好，老用户流失；还可能是因为产品的某个功能出现了问题，导致使用该功能的用户大量流失。因此，同样可以构造 MECE 方法的分析逻辑，如图 9-15 所示。

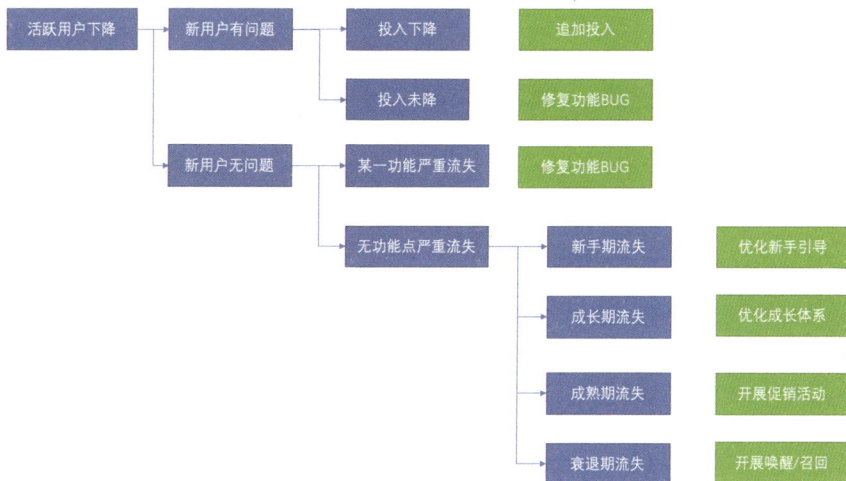

图 9-15

如图 9-16 所示，如果发现是情况 1，老用户活跃下降，则优先分析用户使用功能。如果进一步发现：使用 A 功能的用户有 80% 出现流程无法完成，次日不进行登录，则说明 A 功能就是最大的问题，应优先解决。同样，当两个维度同时出现问题时，优先解决问题更大的那个，比如图 9-16 中的情况 2，新用户 / 老用户均出现了活跃下降，但新用户下降幅度更大，此时应优先处理新用户问题。

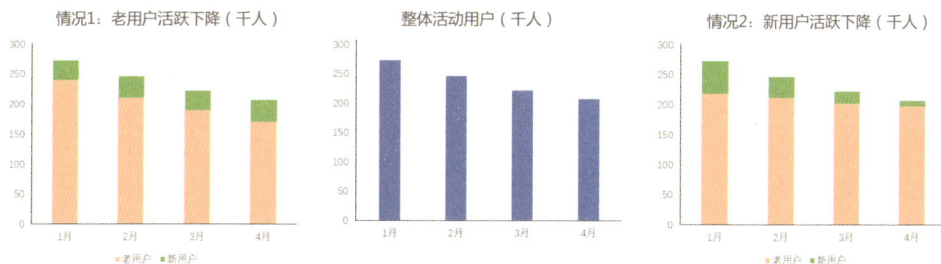

图 9-16

这样一层层分析，像剥洋葱一样，找到核心症结，最后呈现出来的就是完整的诊断逻辑。MECE 方法是一套基本的方法，需要长时间、多次数的训练才能掌握。读者可以结合自己的工作 / 生活问题，随时随地地展开练习，从最基础的"一个维度 + 二分类"开始练习，慢慢充实分析逻辑。

问题梳理最终是为了找到解决问题的答案。这份答案必须经过测试才能知道是否有效，因此分析问题必须结合测试方法，这样就能知道分析得是否准确了。这就需要掌握数据测试的基本原理。

9.5 数据测试分析：测试分析结论的正确性

数据测试是一种解决问题的有效手段。俗话说："是骡子是马，拉出来遛遛"。数据测试就是"遛马"的过程：通过实际效果，判断分析结论的正确性。数据测试常常应用于以下 3 个场景中。

- 对新产品、新功能、新渠道的测试。
- 对旧产品、功能、渠道做改进升级的测试。
- 发现业务方的问题后，确认问题点，寻找解决手段。

之所以称为数据测试而不是业务测试，是因为数据测试并非简单地"让业务方先做几次，我们等着看数据"这么简单。数据测试有很多专业性的要求，具体包括以下几个要点。

1. 测试要点

（1）明确测试目标

测试目标分为"带假设和不带假设"两种。在对问题完全没有认知的情况下，可以进行"不带假设"的测试，作为最原始的数据积累，这种情况一般用于测试新产品、新功能、新渠道。在大部分情况下，人们对问题是有预定假设的，比如"因为促销力度不够，所以业绩不佳，因此要加大促销力度"。此时再做测试，就是"带假设"的测试。

如果是"带假设"的测试，则一定要提前把待验证假设列清楚，并且在条件允许的情况下，尽可能排除其他因素。比如"因为促销力度不够，所以业绩不佳，因此要加大促销力度"这个假设，包含了两层含义。

- 待验证的是增加促销力度与业绩之间的关系。
- 促销形式、产品和业绩没有关系，仅仅是促销力度的问题。

有了这个假设，在设计测试方案的时候，就得注意只增加促销力度，避免再更换产品，或者修改促销形式。

（2）确认测试投入

测试是有业务代价的。

- 如果是实验室性质的小范围测试，就要承担准确度低、上线后可能不见效的损失。

- 如果是直接投入业务的大范围测试，就要承担可能影响业绩、上线后业绩下降的损失。

总之，只要是测试就有风险，因此需要提前做规划。

- 花多少钱？

- 用什么形式？

- 要做多少效果？

- 测试几轮见效果？

- 测试几轮的损失能不能承担？

这些都得事先有一个清晰的界定才能避免纠结。

（3）确认测试设计

要确认测试设计，可以包括以下几个方式。

- 测试一种页面布局是否能提升点击率，可以同时做两个页面，看点击率的差异。

- 测试一个产品是否受欢迎，得考虑目标人群、购买渠道，选好参与对比的新款 / 旧款。

- 测试一个产品的促销活动效果，得考虑活动投放渠道、投放时间、目标人群，活动形式、奖励力度、奖励兑现方式等重要因素。

测试的业务流程越长，影响其最终结果的因素就越多，需要设计的测试就越多，在事后分析的时候，需要区分的各种因素就越多。所以对于待测试的业务问题，提前准备多个版本进行对比，方便找到真正的关键影响因素。但在实际操作中，是不可能为一个活动设计几十个版本进行测试的——太耗费精力，同时又有太大的业务风险。

因此在测试前，提前做好规划，找到待测试的关键假设非常重要。不然，盲目测试不但增加成本，也会陷入各种纠缠不清的因素中无法自拔。这种设计的复杂性，也从侧面说明了测试绝不是简单地让业务部门随便做再观察数据结果的行为。如果在业务部门行动的时候，没有清晰的规划，测回来的数据本身就是乱七八糟的，无法分析。

（4）确认执行顺序

既然有若干个版本要进行测试，因此需要规划测试步骤，逐一进行。一个有效的测试顺序是按先粗后细、先简后繁的步骤进行的。

- 如果对业务完全不了解，没有假设，就需要先进行无假设的盲测，收集基础数据。

- 如果有了假设，但对细节没有信心，就采用实验室性质的小范围测试，找到关键假设。

当假设范围缩小到屈指可数的几个假设时，可以上线进行大范围测试，确定结果。

2. 测试执行阶段

某互联网教育公司听说"私域流量"的概念很火，准备通过投放公众号广告的方式来获取投资客户。但是该公司从来未在公众号渠道尝试过，现在计划在线进行测试，那么要怎么做呢？严格地说，测试需要分以下 4 个阶段执行。

（1）第一阶段：设计阶段

设计阶段要解决的是战略问题。

- 到底要测试多久？
- 为测试可以投放多少资源？
- 测试出什么结果才满意？

在本阶段中，我们要进行新投放渠道测试，则首先得搞清楚渠道的定位。渠道定位一般分为以下几种。

- 主力渠道：承担 50% 以上的流量来源，主要投资方向。
- 助攻渠道：承担 20% 以上的流量来源，次要投资方向。
- 边缘渠道：单渠道流量不超过 5%，选择性投放。
- 零散渠道：有它没它关系不大，聊胜于无。

可以根据当期的整体渠道投放目标，然后反推需要的流量。之后根据业务上的策略（下决心建立新渠道，还是只跟风尝试），把任务分配清楚，最后定义好本次测试新渠道的定位。有了清晰的定位，自然很容易得出"投多少钱，测试多少次"这一结论了。有了财力、人力、时间的界定，后续设计方案就简单了，如图 9-17 所示。

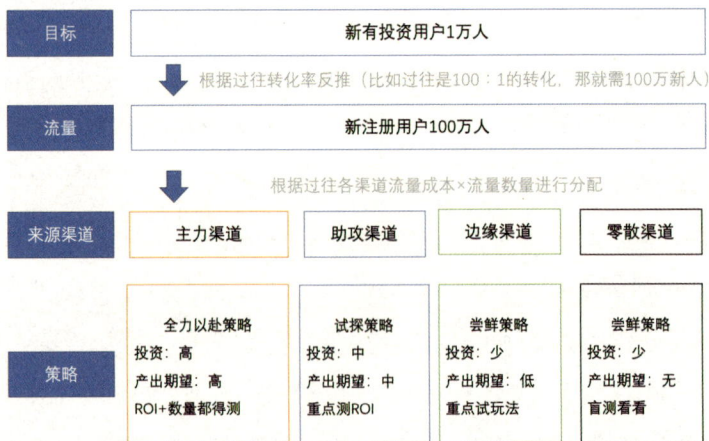

图 9-17

（2）第二阶段：准备阶段

准备阶段要解决的是战术问题，具体包括以下几个方面。

- 到底测试哪些渠道？

- 到底测试哪些版本？

- 到底测试哪些产品？

在本阶段中，我们采用的是公众号广告投放的形式。这种形式看起来很简单，就是一篇公众号文章而已，可实际上包含很多要素，如图 9-18 所示，至少包含以下要素。

- 文章标题。

- 创作者。

- 投放时间。

- 创作原因。

- 文字内容。

- CTA 动作（Call to Action，激发用户行动的动作，如图中的"获得一对一指导"）。

- 转化形式（转化为购买行为的形式，如图中的"点击左下方阅读原文"）。

每一个要素都有可能影响转化结果，因此要提前做好准备。

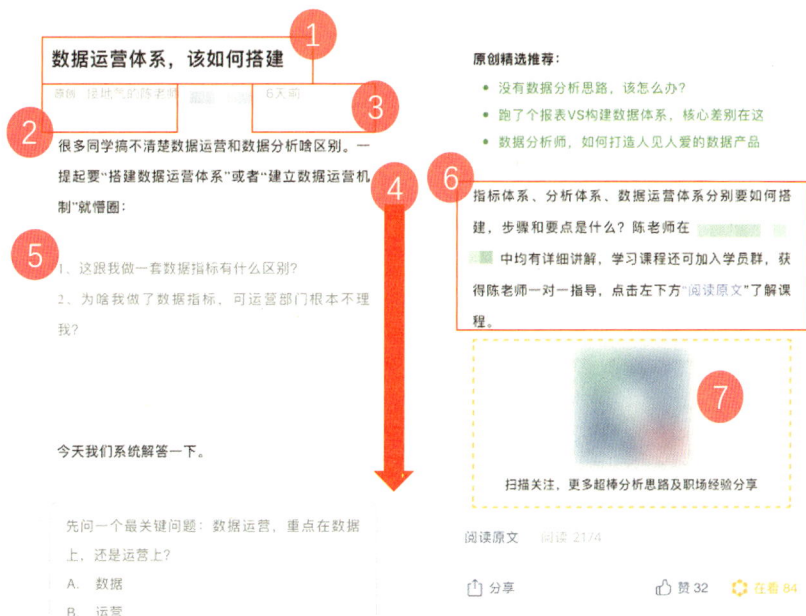

图 9-18

在本阶段中，由于企业完全没有经验，处于盲测状态，因此第一个版本可能需要较多的设计。比如让有经验的乙方公司提供帮助、参考同行的案例、内部市场／运营／产品人员共同创作等。特别是同行的案例学习与同行的数据采集，对于盲测阶段更重要。虽然不能得到完全准确的数据，但至少可以参考一下。

- 同行投放了哪些账号？
- 可观察的文章曝光量是多少？
- 转化率是多少？
- 同行用的是什么形式？

经过梳理，企业至少有了一个大概的方向，比"闭着眼睛"做要强。

> **注意：** 站在用户角度来看，影响用户行为的因素是综合性的。比如公众号渠道投放，文章标题、投放时间、创作原因、文字内容、CTA动作、转化形式等都会有影响。因此需要拆分多个版本进行测试，并且早期测试版本差距不能太大，以避免回收数据完全无法对比。摸索一段时间后，可以逐步缩小测试范围。

（3）第三阶段：测试阶段

方案准备好以后，可以进行上线测试了。在上线测试阶段，要注意不同版本的更换顺序，迭代要有顺序进行，产品、价格、内容要分开。最好一次换一个，但不要3个版本同时换。一次性更换太多，在后期分析的时候非常难以区分出来每个因素的影响。

在互联网推广投放中，建议的优化顺序如下。

- 如果点击率不行、页面停留时间短、跳出率高，则优先换内容。
- 如果点击率够，但从点击到转化之间的链路长、用户流失多，则优先缩短链路。
- 如果转化率不行，则优先看是否还有降价空间，先降价，最后才是换产品。

主要因为产品因素实在太复杂（如图9-19所示），单纯对产品进行测试，又涉及产品功能、外观、卖点等众多因素，太难讲清楚。而产品又对销售转化的全链路有影响，因此很难夹在各种因素中测试清楚。

相比之下，投放素材、落地页、转化流程这些要素影响的是用户转化链路的早期，测试起来相对容易，只要保持产品一致，做不同投放版本／落地页版本，测试用户点击情况，就能看清楚哪一个更能吸引用户，因此适宜优先解决。

价格虽然也会影响用户转化的全流程，但容易测试。因为价格的属性单一，一个产品只有一个原始价位，之后可以通过优惠10%、20%、30%等方式，测试用户购买率，从而推测出用户能接受的价格范围。或者以抽奖的形式，给予同一群体用户不同面额的优惠券，从而测出：什么价位更容易吸引用户购买。

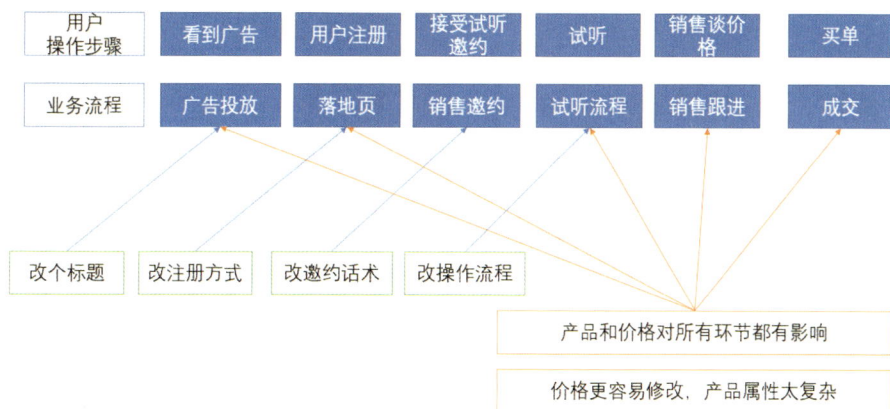

图 9-19

（4）第四阶段：复盘阶段

本阶段是渠道投放，且目标就是获取新的投资用户，因此考核结果指标相对简单、清晰，主要分析转化来的用户数、用户投资率、用户投资金额等指标即可。只要测试结果能达成部署阶段的目标，就算渠道合格，任务完成。如果不行，则可以根据事先制定的迭代方案进行迭代优化，进一步观察效果。

这里特别要强调：既然是测试推广渠道，因此应先关注该渠道整体的表现，是否能达成之前的目标。对于渠道覆盖的用户数与转化率，可以构建一个评价矩阵。

- 人数多 + 转化率高："金牛"渠道。
- 人数少 + 转化率高：垂直渠道。
- 人数多 + 转化率低：大众渠道。
- 人数少 + 转化率低："鸡肋"渠道。

如果从整体数据上发现在测试几轮之后，渠道表现都很"鸡肋"，那么后续的决策就是放弃该渠道，不再投入。如果从整体数据上看，该渠道尚有价值（垂直渠道／大众渠道），则下一步可以继续观察该渠道的成长性，再看细节优化。

这种"从大到小"的分析方法是很有意义的。很多时候，测试人员会努力优化一个整体表现很差的方案，这样只见树木不见森林的做法，对企业的成本和精力投入都是极大的浪费。因此，建议按图 9-20 所示的方法，从整体到细节，一步步进行复盘。

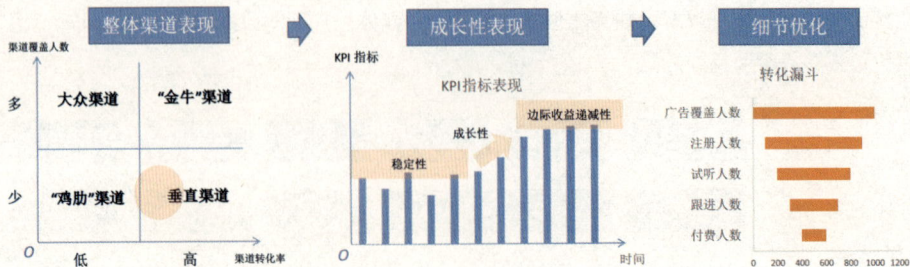

图 9-20

整体的测试流程归纳如图 9-21 所示。经过这样多轮测试，对于公众号渠道的以下几个方面的问题都能得到有效的回答。

- 宏观层面的问题：在整个渠道布局中，公众号渠道能承担什么角色？

- 中观层面的问题：公众号的成长性如何？一个公众号的天花板在哪里？需要多少个公众号？

- 微观层面的问题：设计、产品、价格怎么做才能提升流程转化率？

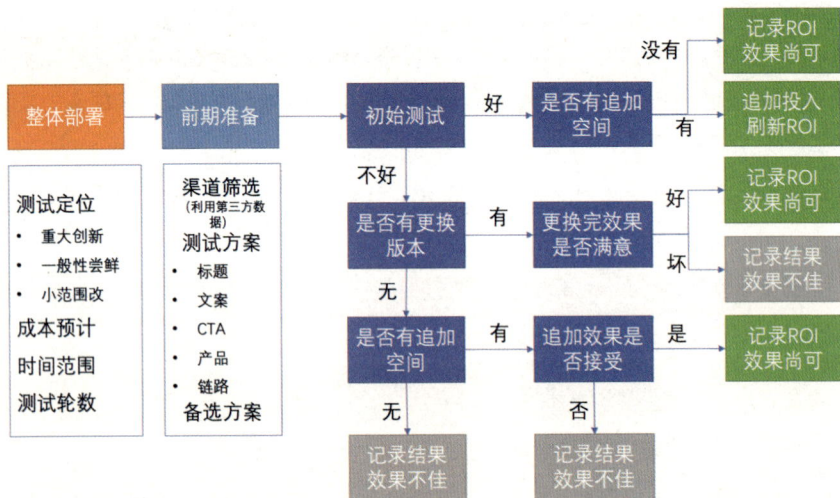

图 9-21

本例中的实验设计得很复杂，主要有以下几个方面的原因。

- 渠道流程长，要素多。从投放到转化，需要考虑太多环节。

- 企业使用的是外部渠道（公众号详细数据企业无法获得），因此只能通过业务调整观察结果。

- 企业追求的结果是最终收入，因此不能放在实验室里完成，必须接受实战检验。

3. 互联网数据测试应用：A／B 测试方法

实际上，在互联网企业中，不见得有这么复杂的业务要求。很多时候测试很简单，如一个页面上要放一个链接，到底放在页面的左边还是右边？这就是两个方案之间的简单选择。这种测试，一般都具有以下特点。

- 流程简单，考虑要素少。
- 使用内部渠道，数据可采集。
- 追求的结果是点击率，容易观察。

因此，可以直接在测试系统中实现，这就是所谓的互联网 A／B 测试方法。当然，为了充分利用流量，真实的互联网 A／B 测试方法会把若干实验叠加进行，因此衍生出很多细节操作方法，比如如何分配流量，如何设计测试顺序等，在此不再赘述，有兴趣的读者可参考相关文章。

> • 注意：互联网的 A／B 测试方法，难点主要在技术层面而非业务层面。比如做了两个版本页面，如何把两个版本分发到用户终端？如何为两个页面分配足够数量的用户？如何实现页面埋点采集数据？采集回来的数据如何存储等，因其过程与 App 开发和数据存储相关，因此技术工作很多。

同前文中强调的"要关注测试的整体结果，不要陷入细节"一样，在商业分析中的数据测试关注的核心是：到底要测试的问题是什么？这么测试完到底有什么商业价值与业务含义？因为现实的商业问题非常复杂，要测试的内容也很多，远远不止分为 A、B 两个分组。此时，就不能指望——测试了，而是要有复杂归因的分析能力才行。

9.6　因果关系分析：追溯问题源头

当销售、产品设计、营销等多重因素叠加的时候，企业需要弄清楚下面的问题。

- 到底每一种手段能推动多少结果？
- 当问题发生时，到底发生在了谁的身上？
- 当结果表现良好时，到底是因为谁做的贡献大？

这些问题归根到底都是一个问题：到底业绩发展的原因是什么？这个问题可能是整个商业分析的终极问题，如果能分析出来，就掌握了打开商业成功大门的钥匙了！

寻找因果关系的常见方法有 4 种，具体介绍如下。

1. 拆解法

拆解法就是把一个结果指标，从多个分类维度拆解，找到对结果指标影响最大的变动点。

举个简单的例子：在一次目标为拉新的推广活动中，共有 4 个子推广渠道一起推广，活动时间为两天。第一天一共获客 100 人，第二天一共获客 80 人。问获客数量减少的原因是什么？

具体分析如图 9-22 所示。

- 把总获客数按 4 个渠道拆解，发现 A 渠道获客数量减少的人数最多（少 15 人），B 渠道获客数量减少的人数居其次（少 5 人）。得到的结论：主要原因是 A 渠道少了，次要原因是 B 渠道少了，所以总获客数量少了。

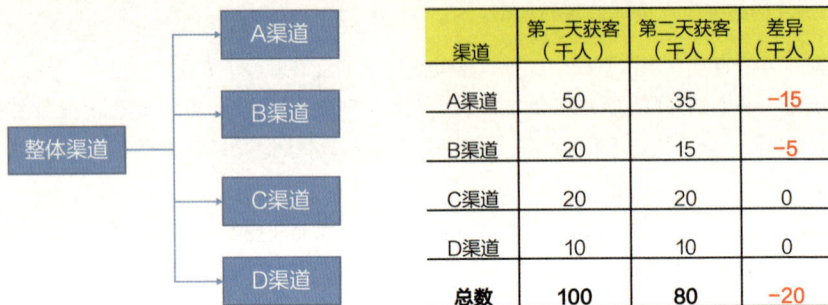

渠道	第一天获客（千人）	第二天获客（千人）	差异（千人）
A渠道	50	35	−15
B渠道	20	15	−5
C渠道	20	20	0
D渠道	10	10	0
总数	100	80	−20

图 9-22

- 把 A 渠道的获客数量按获客流程拆解，拆解为展示页→落地页→转化三步，发现 A 渠道第二天是在转化环节获客数量变少了。因此得到结论：因为 A 渠道的最终转化环节出了问题，所以总获客数量少了，下一阶段应改善 A 渠道的表现（见图 9-23）。

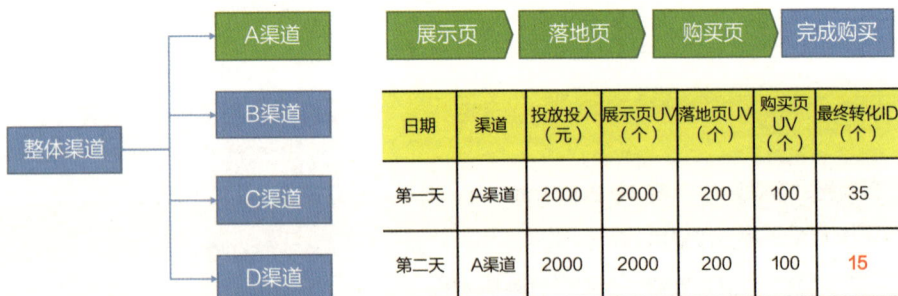

日期	渠道	投放投入（元）	展示页UV（个）	落地页UV（个）	购买页UV（个）	最终转化ID（个）
第一天	A渠道	2000	2000	200	100	35
第二天	A渠道	2000	2000	200	100	15

图 9-23

看起来回答得很完美，原因已经找到了。可这种回答经不起业务部门的追问："为什么 A 渠道的转化率降低了？"

- 投放经费未减少。
- 展示页、落地页的设计未更换。
- 前后只差 1 天，为什么差异这么大呢？

- 为什么只有 A 渠道变得那么差，其他渠道不变呢？

估计这些问题，分析师很难立刻回答上来。

所谓的拆解法，本质上只是通过细分锁定了问题发生的位置，但是并不能找到导致问题的"元凶"。所以常常被用来发现问题，而不是解释问题。不过，在某些分工明确的企业中，能锁定问题的发生点已经足够了。比如在上面的案例中，发现 A 渠道的获客数量大幅度下降后，可能负责 A 渠道的业务部门已经开始着手制订优化计划了，此时只要继续验证其优化计划是否见效即可。

2. 相关系数法

统计学里有一些可以确认数据之间相关分析的方法，如经典的 Person 相关分析法。举个简单的例子，有一家企业，各产品年度营销投入与年度销量之间的关系如图 9-24 所示。

产品类型	年度营销投入 （百万元）	年度销量 （万件）
A	120	36.3
B	114	33.5
C	100.1	35.9
D	105.6	34.5
E	54.8	22.5
F	68.7	20.7
G	72.2	24.3
H	76.6	13.2
I	8.7	8.1
J	0.1	7.1
K	21.5	5.6
L	1.4	4.4
M	5.3	4.3
N	1.7	4.3

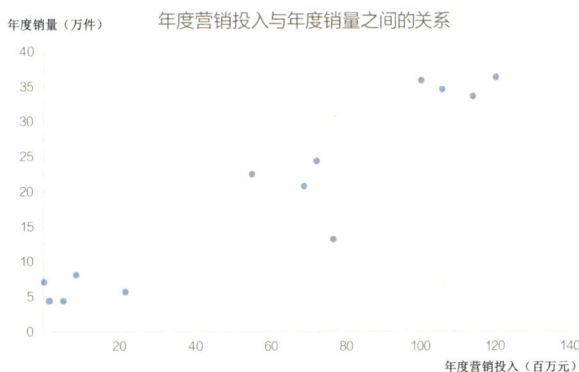

图 9-24

即使不用统计学公式，通过观察数据散点图我们也能看出：年度营销投入与年度销量之间有一定的关系。这种关系可以通过统计学的公式进一步得到确认。比如在图 9-24 所示的数据中，通过 Excel 工具中的 CORREL 函数，可以计算出年度营销投入与年度销量的相关系数是 0.95（相关系数越接近 1，说明统计意义上的相关性越大）。

要注意：相关分析、回归分析、聚类分析，本质上不是"分析"，而是计算。通过计算，得出两列数字或几列数字之间的关系。至于这个关系到底有没有含义，计算公式本身是不负责解释的。因此，如果不考虑现实场景，生搬硬套，则经常出现一些让人哭笑不得的问题。

比如，统计学领域经典的"龙脉说"。

- 国家 GDP 年年涨。

- 我家门前的树年年长。

- 把两个数据分别填进去，通过计算得出其相关系数为 0.99。

- 所以，我家门前的树是国家的"龙脉"！

所有的统计学方法都有类似的问题，**只能解释数据本身的关系，解释不了现实中两个事物的关系**。更本质地看：是否所有的业务行为，外部因素都能量化？完全不是。比如用户对品牌的信任、产品体验的好坏、竞争对手的吸引力，这些都很难量化。

因此，统计学方法经常用于大范围的筛选指标。比如在不清楚情况的时候，将可能有关系的数据指标全部放到计算工具里计算，挑出统计意义上相关系数最大的指标，再进一步分析是什么样的业务逻辑，造成了这两个指标相关系数最大。

3. 趋势分析法

基于最朴素的业务逻辑：既然 A 事件会引发 B 事件，那么 A 事件产生了，B 事件就应该产生，A 事件结束了，B 事件也会慢慢结束。基于这种朴素逻辑，可以总结出因果推断的四大原则。

- 原因发生在结果以前。

- 原因发生以后，结果发生。

- 原因持续期间，结果持续。

- 原因消失以后，结果消失。

这样的推断符合人们的直观感受。更重要的是，做这种判断需要的数据非常少！只要一个指标走势就能"看图说话了"。

举个简单的例子，某实体店店长反馈：这个月因第三周连续降雨，导致本月销售受到了明显的影响。此时，有了一个简单的推断逻辑：因为下雨，所以业绩降低了。想要检验这个逻辑是否成立，需要查看 4 个条件，如图 9-25 所示。

- 雨开始下，指标下降。

- 指标下降得很厉害。

- 雨持续下，指标持续下降。

- 雨停了，指标恢复了。

这样才能说下雨是影响业绩的主要原因，要不只能说这是影响因素之一。

这么分析有一个很大的问题，就是无法排除杂糅因素，只能观察到影响最大的那个因素，更无法看到隐藏在背后的深层因素。比如观察外因的时候，只能观察到天气、机动车尾号限行这种明显的因素；观察内因的时候，只能观察到降价这种因素。如果进一步细分降价、产品改版、业务员培训各自能驱动多少？则完全无能为力。

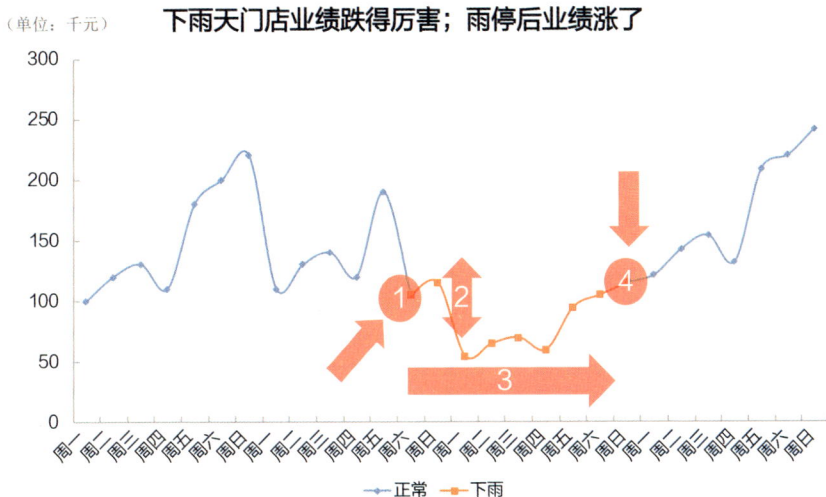

图 9-25

因此，这种方法常常用来做排除法，排除不合理的借口。比如："你说天气不好，业绩就不好，那为什么天气差时别人家照样有业绩？"至于推动业绩的因素到底是什么？还得用其他方法分析。

4. 控制变量法

想排除杂糅因素，最好的办法就是分组测试，把样本塞到密封的箱子里，然后一组组地测试效果。比如，想测试用户对不同文案的响应率，理论上应该用同样的产品、价格、转化位置，选同一批人、同一个渠道，然后可以开始测试了。

举个简单的例子，在一个转化流程里，业务方有 3 个落地页方案：A 方案、B 方案、C 方案，因此分别分配了 2000 个用户来测试转化效果，测试结果如图 9-26 所示。

方案	展示页UV （个）	落地页 UV （个）	落地到购买 转化率	购买页UV （个）
A方案	2000	200	50%	100
B方案	2000	150	40%	60
C方案	2000	100	30%	30

图 9-26

可以看到，A 方案落地页到购买页转化效果更好，因此 A 方案更适合使用。

> **注意：** 在测试中，尽量测一个变量，保持其他影响因素不变，这样收到的数据准确率最高。
>
> 常见的影响因素包括以下几个方面。
>
> - 客群：可能有的客群就是刚需，购买率高。
> - 产品：爆款产品更受青睐，买的人就是多。
> - 价格：便宜的东西就是好卖。
> - 渠道：渠道不同，对应的用户也不一样。

不过在现实中，很难做到完全区分，因此至少抓住产品和价格这两点。因为这两点最容易引发剧烈波动，用户群体特征很难穷尽，所以抓其中关键的，比如累计消费、消费频次即可。这种测试的方法在 A / B 测试中仍然会用到。

但是，测试手段也有其他问题。

- 很难找到一模一样的两组人，完全排除杂糅因素。

- 很难穷尽目标用户类型，因此测来测去可能都是同一类人的意见。

- 测试环境很难完全封闭，特别是要测试的是大促销、新品这种热门话题。它们天然就自带热度，很难排除。

- 很难在合法合规的情况下，完全搞差异化方案，这涉嫌价格歧视与欺骗消费者，很有可能引发投诉和相关部门的关注。

- 用户永远是趋利的，一旦发现"同人不同命"的结果，就会主动想办法突破测试屏蔽，获得优惠最大的方案。

各种问题导致的结果就是，理想化的测试需要同时符合"即时反馈 + 封闭信息渠道 + 个性化推送"三大要求。在各种业务中，类似打车软件、短视频软件、订票平台最接近这个场景。反馈速度稍微慢的，比如电商平台，在做差异化测试的时候，很容易被用户发现其中的问题，最后用户还是哪个便宜买哪个。

5. 归因分析的局限性

综上所述，在因果推断方面，几乎没有一种方法完全可靠，包括很多经典的统计学方法和科学实验方法。因为本质上，企业经营是一个社会科学问题，不是自然科学问题。在自然科学领域，有物理、化学、数学等客观原理做支撑，这些原理是稳定、科学、可量化的，因此可以通过"数据统计 + 科学实验"，慢慢地发现背后的自然规律。

社会科学问题则完全不是这样的，一来它本身就是多种因素共同影响的，很难完全排除干净；二来在于人们在很大程度上就是感性且冲动的，不是所有行为都有理性的思考；三来人们的主动行为能操控改变事情的走向。因此，在社会科学领域，很难直接套用自然科学的方法解决问题。在实践中，以上 4 种基本方法（拆解法、相关系数法、趋势分析法、控制变量法）都能用来发现规律，可以根据条件选择适合的方法。

可现实是残酷的，往往还会有下面的问题。

- 有问题发生时，部门之间因为责任划分而争吵，很有可能为了撇清责任而强行找理由。
- 有成果产出时，部门之间因为利益分配而争吵，很有可能为了彰显自己的功劳，强行找亮点进行人为干扰，让商业分析更难得到真实的答案。

无论什么问题，一旦和利益挂钩就非常棘手，书本里的各种手段就无法运用了。要怎么解决"人心"这个大问题呢？从本质上看，利益冲突不是靠数据分析这种理性方法能解决的，而是通过管理手段解决的。数据分析起到的作用是找应对问题的手段，找收益最大的点。因此，抛开职场问题，找到关键问题点与实现增长的手段才是重中之重。

9.7　指标异动的关键原因分析：从多种原因中锁定关键原因

1. 分析指标异动的基本思路

想要在解决问题的时候找到关键原因，首先得定义清楚问题是什么。在商业经营中，业绩指标出现波动是很正常的事，也是非常难判断的事。

- 指标下降 1%，算不算波动大？
- 指标下降 5%，算不算波动大？
- 指标下降 10%，算不算波动大？
- 指标下降 50%，算不算波动大？

在企业中，经常出现指标下降了 50%，业务部门没任何反应，在下降了 1% 的时候却急得团团转。如果不去解读指标背后的商业含义，只是从数值上观察波动，则很有可能陷入上述问题中，百思不得其解。

举个简单的例子，在限速 120 千米 / 小时的高速上，开车开到 122 千米 / 小时，看起来只有（122-120）÷120 ≈ 1.7% 的波动，但结果是很严重的：超速了！违反了限速规定。所以衡量指标是变化的，它反映的不是数字本身的大小，而是数字背后的业务问题。

指标波动不重要，指标波动代表的业务含义才重要！读懂指标的商业含义，是分析问题的关键。

2. 三大类指标异动问题

指标可以分为三大类。

（1）硬指标

有一些指标是考核业务部门的刚性指标。比如：

- 考核销售：业绩、回款。
- 考核产品：库存、毛利润。
- 考核客服：接听率、投诉率。

这些指标考核业务的结果，是刚性的，意味着必须达成指定数量，否则即使差 1% 都有问题。因此，常把它们称为硬指标。例如，对于销售部门，业绩目标是硬指标，哪怕只差 0.5%，没达标就是没达标，即没有完成任务！

因此，要完成硬指标考核的部门，对硬指标波动最敏感。硬指标不达标，因为可能直接意味着完不成业绩。

（2）软指标

软指标是指注册用户数、用户点击率、转化率一类的指标。

这些指标往往反映的是达成业务结果的过程，就像得先有注册用户，才有后面的浏览、加入购物车、消费等行为。软指标的上升或下降不见得有问题，有可能是一种新的业务形态。如图 9-27 所示，从 5 月份开始，消费用户数减少了很多，那是因为调整了销售策略，从大量发展低客单价（100 元左右）的用户，改为了发展高客单价（600 元左右）的用户。销售业绩（销售业绩 = 消费用户数 × 消费用户的客单价）仍然是逐月上升的。

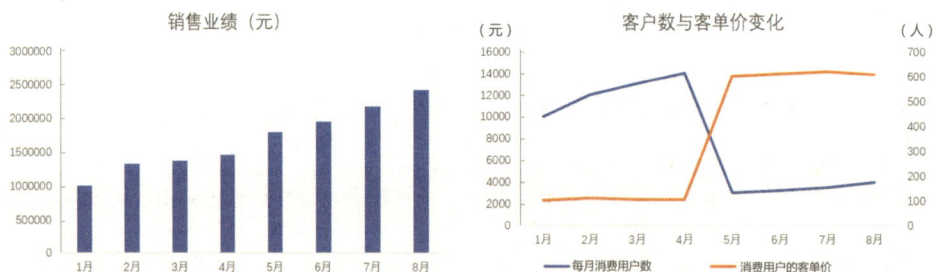

图 9-27

因此，软指标的变化不会直接引发业务波动。人们更多关心的是这种变化到底是好还是坏，会不会对硬指标有潜在的影响。这种纠结的情绪，会让分析格外麻烦。

举个简单的例子，如表 9-1 所示，在这 4 种情况下，用户总消费金额是一样的。因此单纯站在产出的角度来看，完全是同一个结果，但是其过程指标完全不同。

表 9-1

	活跃人数（人）	转化人数（人）	转化率	客单价（元）	总消费金额（元）
情况 1	10,000	1000	10%	100	100,000
情况 2	10,000	100	1%	1000	100,000
情况 3	20,000	2000	10%	50	100,000
情况 4	50,000	2000	4%	50	100,000

情况 4 明显比情况 3 更糟糕，在同样产出的情况下，情况 4 的客单价与情况 3 相似，但转化率低了很多，这是明显的低效率，如果有其他选择，就可以淘汰情况 4 的做法了。

但对于情况 1、情况 2、情况 3 就很难直接进行比较了。

- 情况 1 是情况 4 的"高配版"，用户更少，客单价更高。

- 情况 2 明显是"捞大鱼"模式，对极少数超高价值的用户进行服务。

这是 3 种发展路线的区别，因此不能直接评价其好坏。

在这种情况下，更重要的是要考虑发展路线的背后有没有潜在的问题。

- 情况 1 潜在的问题：这种不高不低的模式，会不会被竞争方打压？万一对方打价格战，自己是否有应对计划（比如向情况 3 发展）？对方是不是已经开始打价格战了？

- 情况 2 潜在的问题：这种发展高端用户的模式，有没有可持续发展的空间？高端用户数量会不会有上限？转化率会不会进一步降低呢？

- 情况 3 潜在的问题：这种大量吸引用户的模式，会不会被获客成本"卡脖子"？获客成本是不是已经开始高涨了？要不要发展高端用户来对冲获客的压力？

对这些潜在问题的分析，远远比纠结软指标本身的波动更有价值，也更能评价到底目前的发展形态是好还是不好。

> **注意：** 硬指标和软指标的区分不是一成不变的。比如很多互联网公司会考察"用户增长"数据，这时候注册用户数就是一个硬指标，需要推广部门完成。因此，区分硬指标和软指标，要看部门具体的 KPI 要求。

（3）边缘指标

边缘指标是指类似满意度、知名度等指标，这些指标有 3 个共同特点。

- 指标本身是由抽样调查得来的，非全量统计。这意味着抽样方法、问卷方法、调查时间等非业务动作，也可能影响到结果，它不能直接反映业务问题。

- 这些指标与硬指标、过程指标关系不大，或难以直接验证结果。比如满意度，满意度高是不是意味着所有用户都会购买？不见得；满意度低，是不是意味着没人买？也不见得。

- 对于波动"3"的位置，会认为"这是大促后的业绩自然回落"。

整个分析看起来没什么问题。可结合整月目标与单日目标后会发现，这一点儿都不正常。11 月整体目标没有达成，11 月 11 日当天的销量却高涨了，这属于异常波动。很有可能为了11 月 11 日的销量达标而用力过猛，影响了正常销量。

因此，对于达成业务期望的，无论波动范围多大，都属于可接受的范围。既然是主动引起的指标增长 / 下跌，肯定是指标变化越大越好。对于未达成期望的，要看波动与期望值的差距，差距部分才是要分析的异常值。

（3）第三步：量化外部影响

有很多波动是由外部因素导致的，比如政策限制等。注意：外部因素有很多是不能收集到数据进行量化的。也有很多情况是即使知道了影响因素，也无法做什么——总说下雨影响业绩，那也没办法，我们左右不了天气。

因此，对于外部因素影响，评估其引起的波动大小时，不要看一天的绝对值，而是要测算该影响预计持续时间，然后推算在这个时间内总共产生的波动值，这个数值才是衡量波动的标准，要基于这个数值进行判断，如图 9-30 所示。

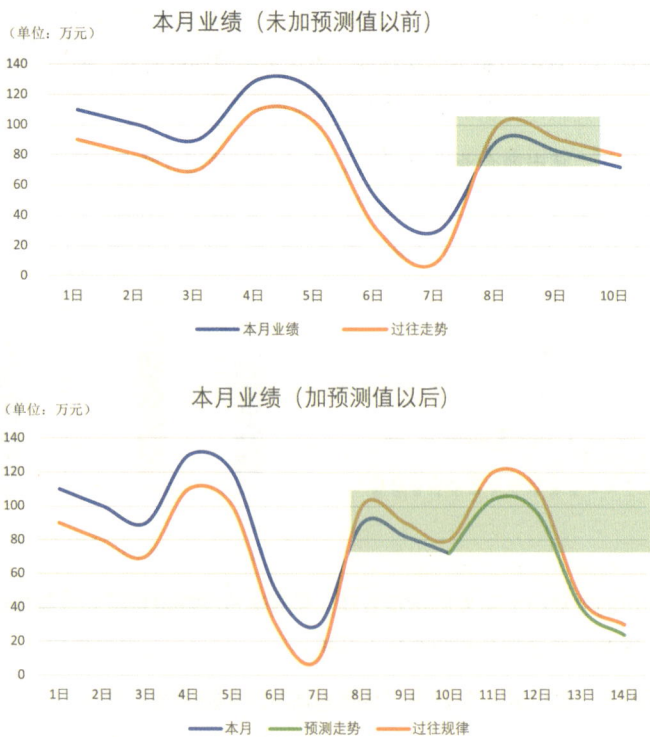

图 9-30

外部因素很容易成为业务员推卸责任的理由，"都是大环境不好"是最常见的托词。实际上，如图 9-31 的情况 1 所示，如果真的"都是大环境不好"，那么一定是公司整体业绩都受到影响，各个地区、各条业务线均出现问题。如图 9-31 的情况 2 所示，只有部分业务线受到影响，有的业务线下业绩不降反升，这就说明还有努力的空间，至少是"危中有机"，得各部门一起想办法提升业绩，而不是一直喊"都是大环境不好"。

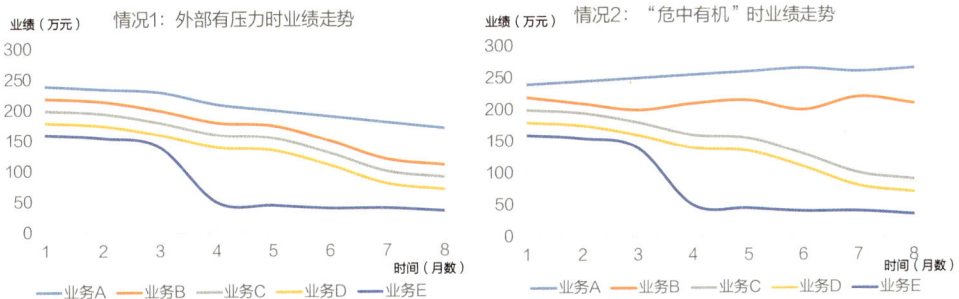

图 9-31

（4）第四步：细分其他意外波动

是否有既不是业务员的主动行为，又不是外部因素影响，可是就是发生波动的情况呢？

有！这个时候应首先定位波动的发生点。

- 是全局性波动还是局部性波动？

- 是持续性的波动还是突发性的波动？

- 是波动数值大还是小？

然后按以下标准判断问题大小：

- 全局性问题 > 局部性问题。

- 持续性问题 > 短期性问题。

- 波动值越大，问题越大。

这里可以运用 9.7 节中讲的方法，先找到在哪个业务环节出了问题。

找到问题点后，可以具体分析原因了。即使分析不出来也没有关系，因为已经知道问题点在哪里了，各个部门可以从自己的角度思考对策。实在不行，大家各自拿出方案来测试，直到问题解决为止（见图 9-32）。

整个应对问题的分析逻辑如图 9-33 所示。

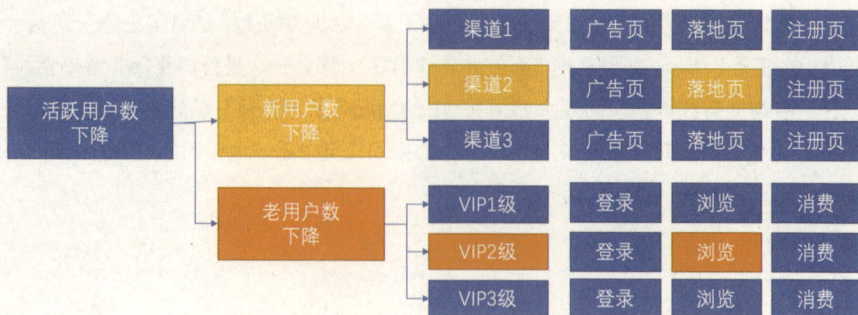

图 9-32

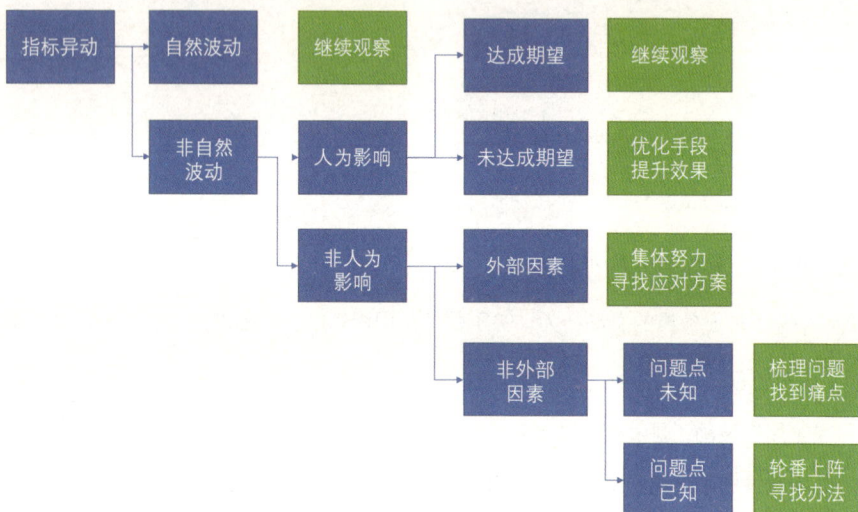

图 9-33

这样区分以后，就有了清晰的处理方向：该及时处理的就及时处理，该继续观察的就慢慢观察。

4. 指标异动与感性情绪

实际上，人们的判断经常被感性支配，如图 9-34 所示。

例如在看数据的时候，出现下面的情况。

- 情况 1：突然有一天下跌了。
- 情况 2：连续下跌了好几天。
- 情况 3：连续上涨然后下跌……

指标波动

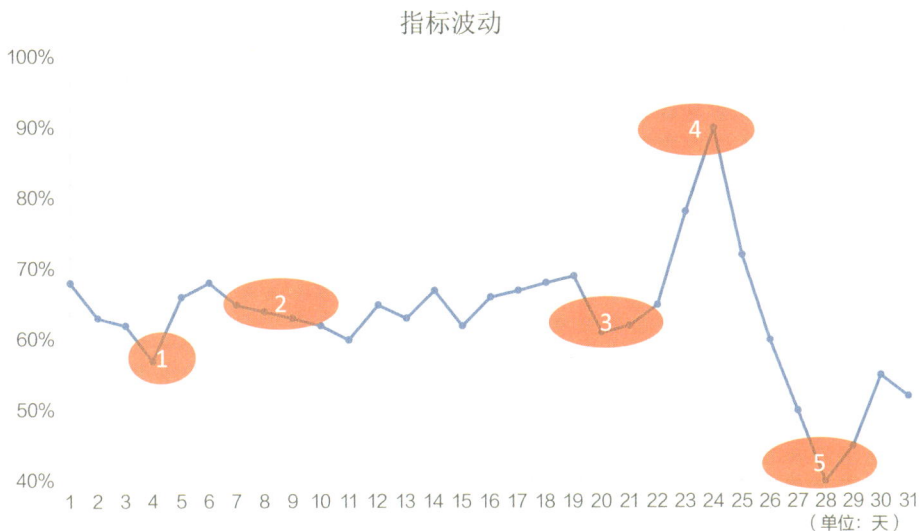

图 9-34

人们都会紧张，所谓"三人成虎"，明明在数值上变化不大，可就是会引发焦虑，大家会反反复复地问："是不是有问题？是不是有问题？是不是有问题？"结果未来出现真正的暴涨（情况 4）或暴跌（情况 5），我们发现原来之前的波动都不是问题呀！这时候大家才反应过来，可已经太迟了。

所以，做商业分析有前瞻性非常重要，能提前感知到问题，而非等到问题发生后才来慢条斯理地分析，这就需要掌握前瞻性的分析方法。

9.8　前瞻性分析：预判未来走势，发现商机

1. 什么是前瞻性的商业洞察

如何做出有前瞻性的商业洞察？先做一个小测试。已知某企业 1 月至 5 月的业绩，如图 9-35 所示，问 6 月份业绩可能是多少万元？

是不是会有人脱口而出："200 万元。"

做出这种判断是很自然的，因为上面的数据走势就是每个月比上个月依次少 100 万元。然而，这个判断是错误的！因为数据仅仅是一个结果，没有展示出造成这个结果的原因。当想要做出前瞻性的判断时，原因远远比现状重要，现状只会告诉你"目前是什么"，原因才能告诉你"未来会怎样"。

（单位：万元）　　　　　　　各月份业绩

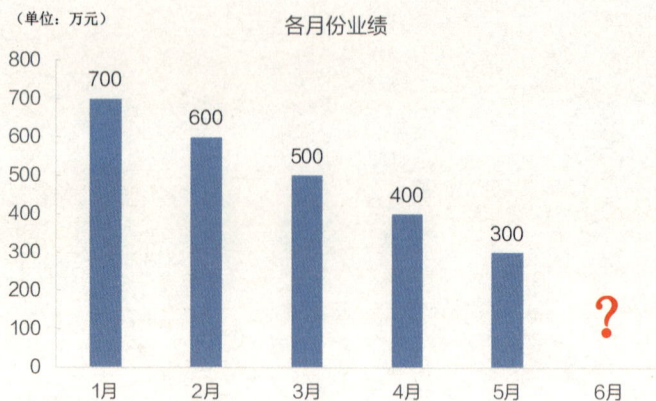

图 9-35

常见的走势形成原因如下。

- 业务生命周期和自然周期走势。

- 业务方主动的动作。

- 外部环境带来的整体性变化。

- 内部其他问题。

本质上，所谓的前瞻性就是一个定性预测：通过数据走势，发现业务规律，进而对未来的数据走势做出方向性的判断。做预测的关键是找到影响未来的因素，这些影响因素才是支撑指标曲线的真正支柱。支柱倒了，指标自然下跌；支柱稳固，指标自然高涨。所以，想做好预测，不能只对着数据本身就数论数，而是得找到数据背后的原因。因此作者才先介绍因果关系分析方法与指标异动的关键原因分析方法，之后才是前瞻性分析方法。

2. 前瞻性洞察的基本分析方法

想做前瞻性分析，要分步骤进行，具体如下。

第一步：对过往数据进行分析，总结生命周期和自然周期的规律；总结各类型主动行为的效果，投入/产出等参数；总结外部环境对内部的影响力。这些基本知识储备是后续分析的基础。

第二步：对现状进行梳理，识别当前的生命周期和自然周期的状态；识别当前是否有外部影响；识别当前各条业务线、各个分公司的发展状态。这些现状认识是判断后续走势的起点。

第三步：整理未来可能发生的情况，包括以下几个方面。

- 生命周期和自然周期下一阶段的走势是什么？是自然向上、企稳还是下跌？

- 业务方的主动动作是什么？是加大投入、保持不变还是减少投入？

- 外部是否有足以产生影响力的变化，比如政策调整、上下游企业异动。

第四步：输出对未来定性的判断。结合自然走势与未来发生的情况，做出判断。

举个简单的例子，比如本章开头的分析企业业务走势的案例，通过对比去年的数据可以发现业绩走势具有以下特点。

- 周期性：业务本身有周期性，每年 6 月和 11 月是高峰期。
- 主动行为：主要增长来自大型促销活动（"6.18"和"双 11"）。
- 外部影响：没有影响业绩的外部情况。

其业绩曲线如图 9-36 所示。

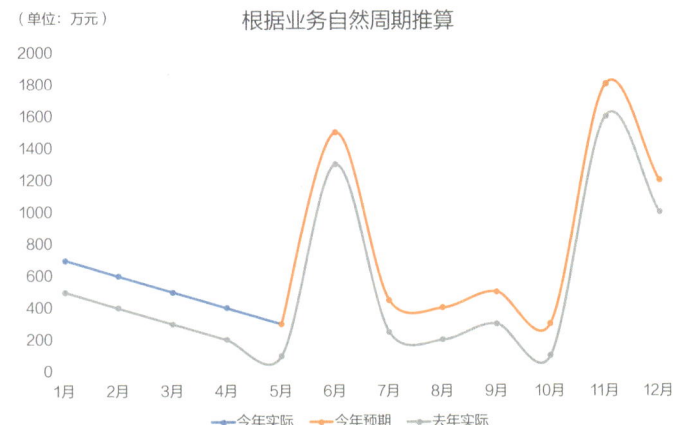

图 9-36

那么，对今年 6 月的业绩走势的基本判断，就是相比去年同期有上涨。1 ~ 5 月的业绩增长幅度较去年上涨幅度至少相同。这样才是抓住了业务规律的前瞻性。

定性的判断看起来很不准确，只是对方向性进行判断，但它已足以影响决策。因为通过定性判断，能够提前感知到危机，从而提前采取应对措施。还是上一个例子，很有可能企业今年的发展并非一帆风顺，这是因为从以下几个方面进行判断的。

- 周期性：今年 1 ~ 5 月的业绩尚不如去年。
- 主动行为：今年的促销资源没有去年丰富。
- 外部影响：今年整个行业都不如去年景气。

那么，可以预见的是今年 6 月的业绩很有可能不会大幅上涨，甚至有可能不如去年。商业分析需要数据支持，没有理由能证明在基础不牢、投入不足的情况下，业绩会突然上涨。因此在定性分析中，已经感知到风险的时候，就得提前行动。

3. 前瞻性洞察的深入分析方法

有一类变化是需要更加深入分析的，就是过程指标变化引发的结构性变化。举个简单的例子，如图 9-37 所示，虽然总体业绩在上涨，但是其中的用户结构已经悄然在变化，原本依靠高端用户，现在低端用户数量增加。这种变化到底是好还是坏，需要仔细研究才能做出前瞻性判断。

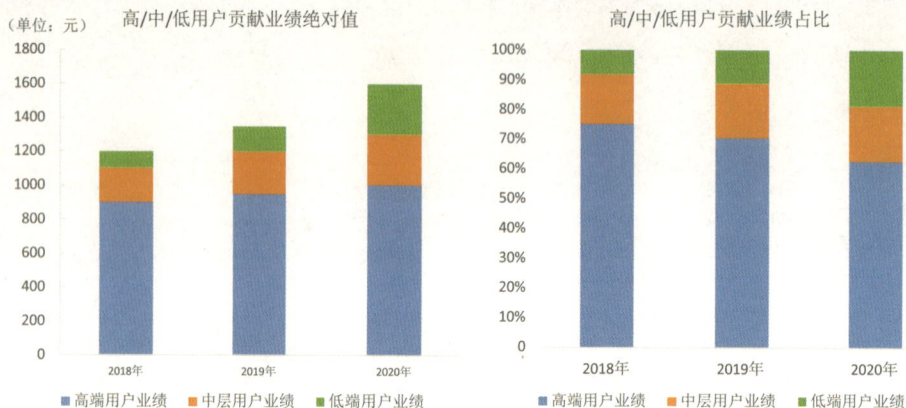

图 9-37

这里有两个基本判断方向。

- 整体市场上，高端用户数量在减少，低端用户数量在增加。
- 整体市场上，高端用户数量未减少，仅是本企业获取的高端用户数量在减少。

两个方向指向的结论是不同的。

- 整体市场上高端用户数量在减少，则需要调整业务线，推出低价产品，开发低端市场。
- 仅本企业的高端用户数量在减少，则要加强高端业务线，增强在市场上的竞争力。

这两个方向的指向是完全相反的，这凸显出深入分析的重要性。如果方向判断错误，或者无视变化，继续维持现状，则很有可能在未来某个节点出现高端用户增长乏力、低端用户缺乏吸引力等问题，从而导致业绩增长趋势逆转。因此，对于结构性变化必须深入分析，且配合测试手段加以验证，才能保证前瞻性洞察分析的有效性。

4. 利用算法模型进行前瞻性分析

以上都是定性分析的方法，是否有定量分析的方法呢？当然有。但要提醒大家的是，在统计学、数学中，定量分析的方法有很多种，但并非都适合解决商业问题。典型的定量分析方法有以下两种。

- 时间序列分析方法：基于过往数据发展趋势，用平滑法、移动平均法、自回归模型等手段，预测未来走势。

- 因果关系预测方法：找到量化的，影响销售的指标，用线性回归（用于预测连续型变量，如消费金额）、逻辑回归（用于预测二分类变量，比如是否消费）、机器学习方法（神经网络模型）对未来进行预测。

举个简单的例子，比如预测下个月的销售金额，可以用的方法如下。

- 如果有历史上各月份销售金额的数据，则可以用时间排序方法，通过平滑法、移动平均法、自回归模型，计算下个月的销售金额。

- 如果有影响结果的指标，比如营销投入、人数、销售能力、备货充足度、业务执行力等，则可以尝试使用机器学习模型，通过复杂的特征工程生成特征变量，再训练模型。

- 定性分析方法：把下个月的任务按业务线分解，之后看各业务线的发展趋势、人员 /营销投入，根据过往 ROI 推算是否能完成目标。

前两种方法看似简单，但是在商业分析上有致命的逻辑缺陷：无法和具体的业务动作结合。比如某个月的销售目标是 1000 万元，用时间排序或机器学习方法，预测出来的下个月的目标是 900 万元。业务部门会问下面的问题：

- 为什么会少 100 万元？

- 少的 100 万元是哪里少的？

- 销售员再努力一下，能否多挣回来 100 万元？

- 销售员要多努力，才能挣回来 100 万元？

- 如果销售员不努力，靠营销拉动，追加多少投入能挣回来 100 万元？

单纯依赖算法的模型，完全无法解释，因此很容易引发业务员质疑。

- "这些都不考虑，你是怎么预测的？"

- "你预测不达标，我到底要怎么做才能达标？"

- "你预测都达标了，是不是我以后这几年就不用工作了？"

更不要提很多时候影响因素根本无法量化了，比如政策文件修改、业务部门领导离职等，这些难以量化，却实实在在地会影响结果。用定性分析方法，业务上理解程度就高多了，相当于偶尔做一次战前动员：把每个部门的现状、资源、ROI、存在问题盘点一遍，谁要加强、谁要保持看得很清楚。

因此，3 种方法对比如表 9-2 所示。

表 9-2

方 法 名 称	需要数据多少	算法复杂度	业务理解程度
时间序列分析法	极少	中	低
定性方法	中	低	高
机器学习方法	极多	极高	极低

但算法预测有其优势，就是在定性分析中经常出现业务部门讨价还价、推过揽功的问题。故意把环境讲得很恶劣以压低期望，缺少经验、拍胸脯承诺很高的目标等问题经常发生。因此，算法预测经常作为内部参考值，对形式做一个加强版的定性判断：到底是更好还是更差。从而在业务讨论中，能多一张底牌，避免被业务部门牵着鼻子走。

因此，商业分析从来都不是以方法的复杂程度或理论的高深程度作为选择方法的依据，能满足当前业务场景需求，指导下一步业务行动的方法就是好方法。

第4篇

高阶篇小结

真正的高级方法

这里先问读者一个小问题：开车时使用导航软件，那么司机是高手还是"菜鸟"呢？从操作上看，依赖导航开车确实很低级，只有"菜鸟"才用。

再问："不用导航，能不能开车？"答："绝对可以。"实际上导航软件的普及也没几年。但没有导航软件，开车会异常麻烦：找不到路、错过路口、堵在路上不会绕路……总之，开车效率低了很多。

在这种情况下，只有精通驾驶、熟悉路况、把地图牢记于心的老司机，才能又快又准地抵达终点——这通常是人们心目中的"高级司机"。如果你去采访他，他一定有很多"高级开车方法"可以分享。比如走某条小路可以不绕路，看到某些迹象说明前方堵车等。

但是有了导航软件以后，人们开车的成本极大降低了。以前连路都找不到的人，现在按着导航软件的提示走，也能很快到达终点。虽然高级的司机肯定还是会略快，但是他们之间的差距已经大大缩小了——因为结果上的差距拉近了很多。从这个角度讲，导航软件确实是一个高级工具，它太能提升效率了！

可以看到，对于所谓的"高级"，人们有两种理解。

- 形式上的高级：被少数"高人"掌握，秘不外传，讳莫如深。
- 结果上的高级：能帮助大量"菜鸟"提升效率，因为其操作简单。

导航软件在形式上并不高级，但实现的效果确实很高级。之所以举导航软件的例子，是因为数据分析和导航软件非常相似，通过下表的对比，读者可以看出，两者都是基于大量的、基础的、看似简单的工作，最后输出一个能提升效率的结果。

共同特点	导航软件	数据分析
非刚需产品	没有导航软件，车也一样开，开了好多年了	没有数据分析，生意也一样做，做了好多年了
使用简单	输入终点，点确认	打开报表，看数据
需要大量的基础数据	GIS数据：官方地图、实地外采、航拍卫星 POI数据：数据采集车、手工采集、地址反向编译、网站抓取、信息购买	注册数据、消费数据、行为数据、第三方数据 埋点、接口、ETL、数仓
需要积累经验	常规路线记录、存储、预计算	常规报表，经验判断
需要算法辅助	路径规划、实时动态调整	预测、分类模型
能极大提升"菜鸟"水平	新手看了也能驾车快速到达目的地	新手看了也清楚问题在哪里，要做到多少
无法胜过老手的操作	老手路面经验碾压导航软件的规划	老手业务员判断比数据预测准得多

两者解决问题的手段也是类似的，如下表所示。

工作内容	导航软件	数据分析	常见问题
设定目标	司机输入目的地	业务设定目标，数据分析帮忙厘量化的目标数值	很多时候业务方给的目标是模糊的，类似"提高业绩""用户增长"到底从多少增加到多少，根本没有说明，这时候需要数据分析挺身而出，提示问题
现状展示	导航读取当前定位信息	现状报表，看清楚目前目标数字是多大	注意：很多报表只有现状，没有目标，没有评价标准，因此现状好不好完全无从谈起
计划提案	提示当前位置到目的地有多远、有几条路	现状报表，基于现状和目标，计算按自然增长/常见手段，预计达标时间	很多数据分析师不懂业务，缺少积累。比如做活动有几种形式，每一种能提升多少业绩，他们一无所知，自然无法参与提案
计划选择	提示每条路的长度、红绿灯数量、预计到达时间供决策用	预测/测试每种策略的效果供决策用	不见得非得用预测模型。无方案的情况下，数据分析师可以用业务模型推演；在有方案的情况下，可以做A/B测试，看数据质量和时间紧迫度做
计划确认	交给司机选择路线	交给业务员选择方案	最忌讳数据分析师把自己当老板，指点着让业务员干这干那
过程监控	监控过程，发现堵车点	监控过程，发现问题	过程监控需要数据支持，最怕为了赶着上线没做好埋点，后期一塌糊涂
问题调整	给出更优方案	给出解决建议	不见得所有问题都得追溯到原因，也可以拿着解决方案来试试，只要能遏制住问题就行，具体原因不一定重要

续表

工作内容	导航软件	数据分析	常见问题
结果复盘	保存行车记录及关键信息（比如ETC收费数据）以便核对	保存相关数据，积累分析经验	就怕最后变成推卸责任或邀功大会，数据结果重要，立场更重要

真正高级的数据分析，是体系化作战，以业务流程为保障、以数据采集为基础、以报表为骨干、以数据产品为卖点，兼有业务经验沉淀与模型辅助，是一套简单易用的工具体系，如下图所示。

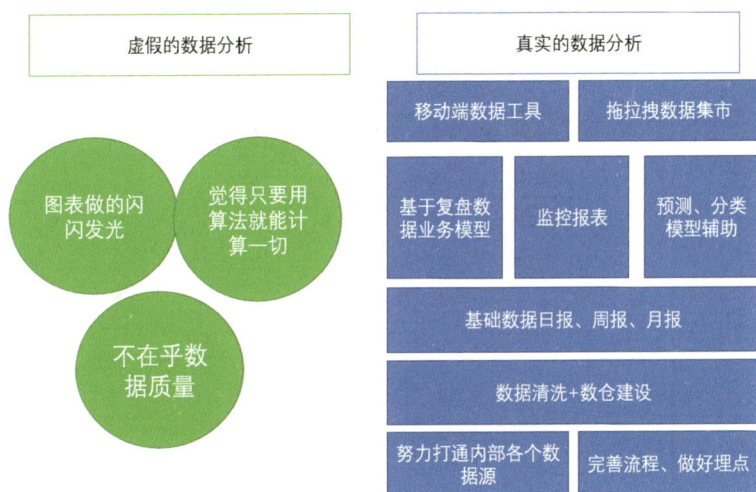

可是，为什么不理解这些工作的人那么多呢？因为这些工作大部分是脚踏实地的基础工作，不会出现在外行人眼中。甚至越高级的数据分析，在外行人眼中越简单！

当你试图给外行人解释："获得数据很困难！需要打通n个系统，做n多个埋点，采集n多条数据，进行n次反复的实验……"外行人是听不懂的。因为外行人不懂这些系统流程，在他们眼中数据就是阿拉伯数字，他们认为这并不复杂。

就像跟外行人解释："导航软件需要卫星遥感、街道实拍、预计算路径……工作很复杂。"他们既听不懂，也不觉得高级。在外行人眼中："导航软件不就是导入地图，然后输入一个地址吗？有什么难的？"总之，在外行人眼里，操作简单就是方法简单，只要听懂名字就等于理解了过程。外行人普遍认为：过程听不懂且效果惊人的操作，这才叫高级。

- 如果你是业务员或老板，请给予商业分析师足够的支持和理解。
- 如果你是商业分析的从业人员，请坚定地走正确的道路，不要指望旁门左道。

那么这些基础工作，如何变成一份高级数据分析的成果呢？

如何实现高级分析

1. 高级分析案例

下面介绍一个高级分析的简单案例。

问题场景：某互联网大厂的 to B 业务线，可以向平台商家提供 SaaS / Paas 类服务，但苦于销售员水平不高，沟通话术质量不佳，导致转化率不足。现计划进行话术培训，提升客户转化率。

最简单的做法是定义两个版本的话术：A 话术和 B 话术。让销售员采用这两个版本的话术与客户进行沟通，最后看转化率，哪个高了就说明哪个好！（见下图）。

可分组时，做分组对比

	线索数（个）	签约数（个）	转化率
整体	200	78	39%
A话术	100	46	46%
B话术	100	32	32%

不分组对比时，对比前后转化率

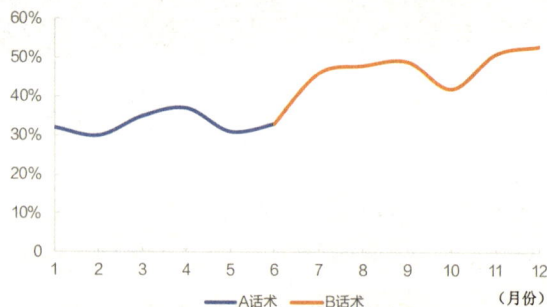

这么做存在什么问题呢？至少存在以下 3 个方面的问题。

- 问题 1：未考虑销售员本身的影响。有可能销售员本身能力强，所以才卖得好，并非话术影响。因此，需要针对不同层级的销售员，比如 S 级、A 级、B 级、C 级，单独分析话术效果。

- 问题 2：未考虑客户的影响。有可能特定客户就是容易成交，并非话术影响，因此需要区分客户等级，比如 VIP1、VIP2、VIP3 级别客户，分别看效果。

- 问题 3：未考虑话术实际影响大小。可能有的客户不受销售员的话术影响，只关心产品；有的客户则不管销售员说什么都没用，只关心价格。因此要做交叉测试，找到能受话术影响的客群，如下图所示。

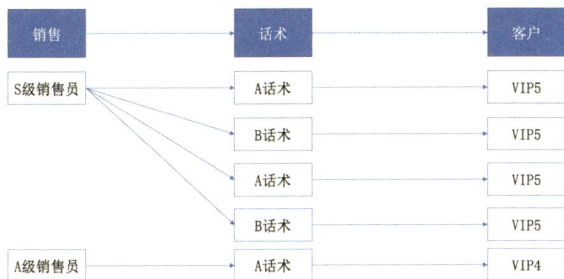

在设计交叉实验的时候，要注意控制实验复杂度。比如可以根据业务实际发生的频率，排除样本情况（比如 C 级销售服务高级的 VIP4 客户的情况），还可以精简分类维度，聚焦最核心的客户等级、行业等，不用一次照顾所有情况。如果不控制复杂度，很容易会因为实验太过复杂，导致销售员抵触，最后无功而返。

最后，得到的结果可能如下图所示，为每一类销售、每一种客户配置合理的话术，最大化产出。注意：作为测试结果，不见得非得是从 A 话术和 B 话术中二选一，很有可能发现以下问题。

- 情况 1：话术根本不重要。

- 情况 2：A 话术和 B 话术都不行，需要 C 话术。

- 情况 3：不讲 ×× 就不会出问题。

这些都是有用的测试反馈。

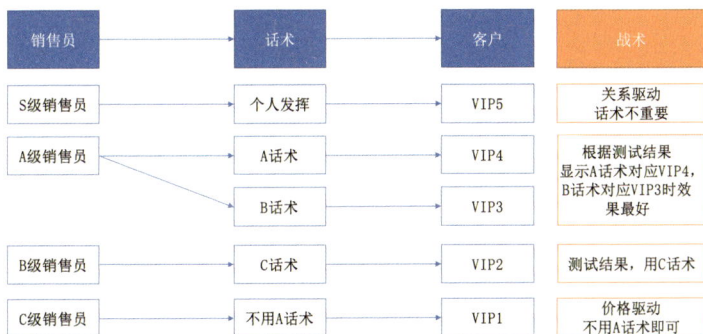

看起来，这样的分析已经很高级、很有用了。然而，这样的分析需要哪些技术的支持呢？

2. 技术支持之一：基础数据分类

问个简单的问题：销售员的分级（S、A、B、C 级别）是怎么来的？这些分级都是基础数据分析的成果。既然有分级，那么就得有判定标准，而构建判定标准本身又是一个"大工程"。

- 业绩表现好的，就是好的销售员吗？

- 意向、签约、回款、复购，哪个方面能证明他是一名好的销售员？

意向、签约、回款、复购这 4 个方面，每个都至少有数量和金额两个指标。

- 如果选签约和回款，两个指标交叉就是一个矩阵，怎么定义好？

- 如果是 3 个指标呢？如果是 4 个指标呢？

如何标注好样本，本身就是一件难事，考虑的指标越多，情况就越复杂（见下图，两个指标就有 4 种情况了），标注好样本是非常重要的。对销售员而言，如果一开始找的榜样就不够好，那么其总结出的经验根本不靠谱；如果找的客户是用不正当手段签约订单的，那找到了也没法复制，所以分级本身需要单独有专题分析。

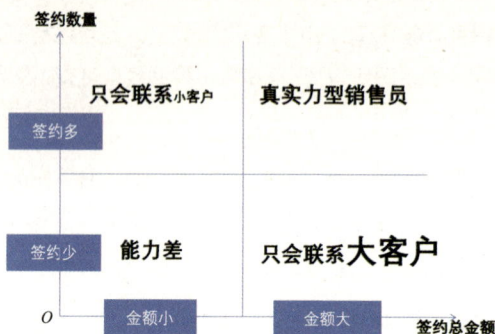

以上所有问题，都得有一番纠结才有产出。现在简化问题，假设就考察签约金额，签约金额高的就是好的销售员。那么，又有新的问题："考察多长时间内的表现呢？"一加入时间维度，新的纠结又开始了。

新的问题如下：

- 考察 1 个月的表现算不算好？ 3 个月？半年呢？

- 考察 1 个月，这个月好，下个月不好，到底销售员的表现算不算好？

- 考察 3 个月，是考察总量、平均值，还是单月达标次数？

- 考察 6 个月，若销售员稳定性好，则业绩越来越好；若销售员为先好后差的，那么业绩要不要作区分？

即使只关注一个指标，比如销售业绩。不同的销售员，也可能有不同的走势，其差异之大，甚至可能直接影响到整体策略。比如，销售员的业绩，是季节性优秀 / 偶然性优秀 / 持续性优秀，说明话术可能不是成功的关键，抓队伍建设才是重点。如果是生命周期型，就证明培育旧用户没有用，需要源源不断地招募新人，这些基础的分析，直接影响后续方法的选择（见下图）。

以上所有问题的处理，都是为了得出一个简单的业务员分级标签。

同样的问题，在分析客户那里也存在，也很让人纠结。比如评定客户等级。

- 考察哪些指标？

- 考察多长时间？

- 指标到什么水平算好？

- 考察期波动怎么处理？

- 在未签约前要不要做预测？怎么预测？

- 要不要在签约进度中修正预测？怎么修正？

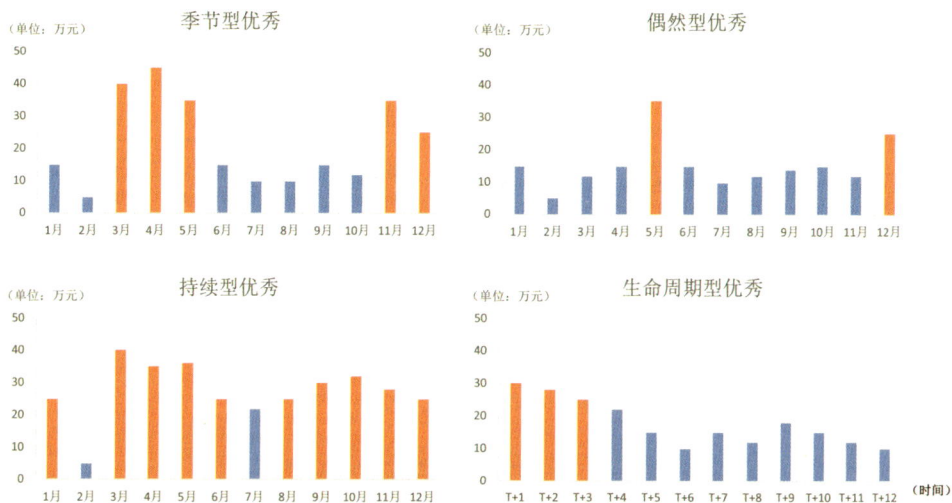

都分析清楚了才能有准确的客户评级，特别是售前评级。

正是因为以上工作太过纠结，所以衍生出 3 种常见的处理办法。

- 从简单到复杂：先做单指标分类，再慢慢增加，迭代几次。

- 先抓典型再总结：比如先让业务方标注几个正样本，然后研究他们的特点。

- 从结果倒推：比如业务方的 KPI 是签约额，那为了达成这个目标，需要怎么做才行。

每一种方法都有各自的工作办法，这里就不一一展开了。只是为了让读者感受到想获取一个准确的分类，需要投入人力、物力和财力，不然就只能做最简单的、充满 BUG 的分析。

然而，就算这样依然不够，配合第一层地基的是第二层地基。

3. 技术支持之二：业务分类与业务标签

A 话术这个分类又是怎么来的？

实际上销售员卖东西时很少只说一句话，特别是 to B 类销售员，他们前前后后需要介绍很多，这里至少有 4 个部分。

- 开场问候：开场寒暄，引入话题。

- 产品介绍：主动介绍产品的特点、优势，以及对客户的用处（见下图）。

- 问题答疑：针对客户的问题，解答客户的疑惑。

- 促单话术：催着客户赶紧下单。

Feature （特点）	我们的系统集成了新媒体营销的 16 种主要功能，包含内容制作到上线后数据监督的全链路。——标签：功能多	打业务标签非常重要！业务标签是解读数据含义的线索，通过构造分类变量的方式把数字背后的业务含义突显出来。
Advantage （优点）	这样无需开发，就能直接实现新媒体运营的全链路功能，能直接套用。——标签：直接用，免开发	比如左边的话术，是一个包含 FAB 的完整话术，通过打标签，可以识别出这套话术的卖点、对象，这样匹配客户响应率数据，就能解读是卖点没讲对（比如对面不是小公司，不想省成本，你说这句话没意义），还是卖点本身不够给力
Benefit （利益点）	这样开发能力不足的小公司，就能直接套用，能节省很多的时间和成本——标签：针对小公司，节省成本	

这里又衍生出来两个问题。

- 这 4 个部分的话术如何分类、打标签？进而加入分析之中。

- 如何知道销售员说了什么？

针对问题一，话术本身如何分类、打标签？可以采用以下做法。

- 产品介绍的版本。

- 客户问题点：功能、价格、体验、案例、系统接口。

- 促单的话术分类：按项目进度、优惠、资源控制。

总之，有了这些扎实的基础工作，才能有最初的 A 话术这个分类标签。这个看似简单的标签，实则凝聚了大量的工作。

然而，这还只是第二层地基，还需要有第三层地基。

4. 技术支持之三：基础数据采集

针对问题二，核心在于数据怎么采集。

- 如果有 SCRM 系统，那么交易流程可以系统化实现，即在一定程度上补足数据，比如展示了哪些案例（产品介绍环节），调用了哪些资料（问答环节），查询了哪些优惠（促单环节）。

- 如果没有系统的支持，那就只能从其他行为反推，比如销售培训、销售策略；比如申请体验样品类型、数量；比如申请优惠。

那么，又衍生出下面的问题。

- 销售培训记录，培训类型标签库。

- 销售策略记录，策略分类标签库。

- 申请样品记录，申请类型标签库。

- 价格申请记录，产品价格折扣标签库。

没有这些记录和标签，整个销售过程处于失控状态：一方面人们不知道做了什么，另一方面关联不到工作结果，根本无法深入分析。总之，一有记录，二有标签，这样分析起来才能得心应手。

如果孤立地看"怎么找一个好的话术"，似乎在地表建筑阶段就已经做得很完美了。可实际上，脱离了底层大量的地基建设，再华丽的地表建筑也盖不起来。整个流程串起来，就是用一个庞大的体系，解决了一点点业务上的问题。虽然工作量大，但是它真的有效，如下图所示。

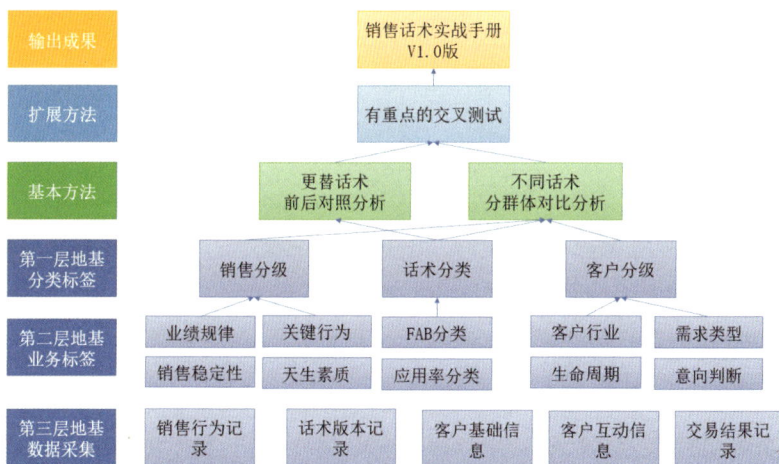

以上就是从基础数据采集，到标签制作，再到数据检验的全过程。即使如此简单的一个问题，也需要大量的基础工作才能做得完美。如果想做出高级数据分析，那么基础工作越多越好，所谓"食不厌精、脍不厌细"正是这个道理。

高级方法与算法模型

很多人会习惯地把高级方法等同于模型，似乎只要用了模型就很高级。可是在企业内不同部门的人口中，模型的含义是不一样的。广义上讲，只要是对现实问题的抽象，都可以叫模型。但狭义上讲，只有统计学、运筹学、机器学习等用到了数学公式的才能算模型。下面系统盘点一下，到底有多少种模型的说法，以及这些模型与高级方法之间有何种关系。

下图所示的五大类共九小类方法，都会被不同的人称为模型。

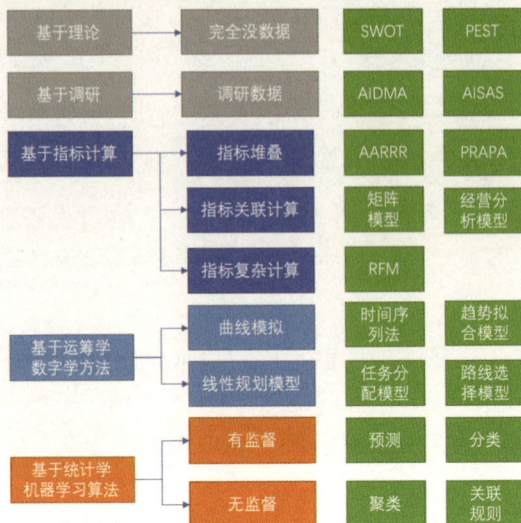

基于理论	→	完全没数据	SWOT	PEST
基于调研	→	调研数据	AIDMA	AISAS
基于指标计算	→	指标堆叠	AARRR	PRAPA
	→	指标关联计算	矩阵模型	经营分析模型
	→	指标复杂计算	RFM	
基于运筹学数字学方法	→	曲线模拟	时间序列法	趋势拟合模型
	→	线性规划模型	任务分配模型	路线选择模型
基于统计学机器学习算法	→	有监督	预测	分类
	→	无监督	聚类	关联规则

1. 类型一：纯理论模型

纯理论模型类似 SOWT、PEST、4P、4C 一类，这些模型往往来自《管理学》《营销学》课程，其内容大多是定性描述，没有定量分析。比如 SOWT 的介绍如下。

- S（Strengths）：优势。
- O（Opportunities）：机会。
- W（Weaknesses）：劣势。
- T（Threats）：威胁。

在业务部门进行汇报的时候，这些术语很好用，能把汇报内容分为四大模块。但是真要量化分析，比如"我们的产品到底为业绩带来了多少亿元的优势""我们的品牌不足又降低了多少亿元的业绩"，完全无法量化进行。其他的，如 4P、4C、PEST 的分析也是类似的。

所以严格来说，这些不能算数据分析模型，只是一个思考方式和分析方向。大部分情况下是做纯业务汇报，只有少数有可量化指标的时候才能做量化分析。比如 PEST 中的 P（Political），即政策。如果有政策限制，要求下架一些不合规的产品，则可以通过这些不合规的产品的销量，来分析政策的影响。

2. 类型二：基于调研数据的模型

调研数据的模型类似 AIDMA、AISAS、PSM 模型。这些模型是经典的营销分析模型，之所以经典，是因为它们大部分基于调研数据，如用户态度、感觉、评价，是基于传统调研的手段获取数据的。在当下，能获取用户数据的方法很多，直接采用 A/B 测试方法，比通过问卷问态度再反推更直观，因此这些模型适用范围已大大缩水。从理论上看这些模型没有问题，但是直接运用的话，其运用范围很有限。

为了体现自己的价值，调研公司、咨询公司、广告公司还是很喜欢介绍这一类模型的，毕竟用户没有开数据接口，行为数据记录再多，还是不能直接推导出用户的想法的。为了让这些模型能和现有数据结合，有些调研公司对模型进行了更改。如下图所示，仅用调研解决用户兴趣问题，其他环节则替换成可记录的数据。因此在产品经理、运营人员、研发人员对用户需求很迷惑的时候，还是会求助于市场调研，从而用到这些模型。

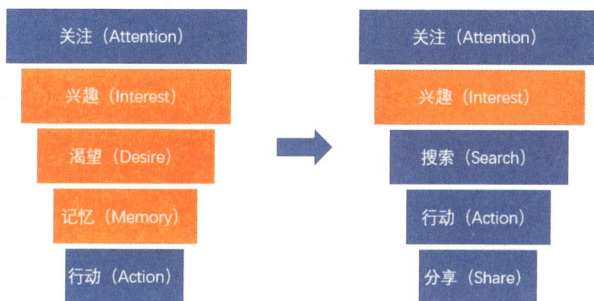

3. 类型三：指标计算模型

指标计算模型类似 AARRR、RFM 这些模型。这些模型才是业务员提及率最高的，介绍得最多的模型。这些模型往往直接使用业务部门的 KPI 指标，以有逻辑的方式呈现，因此业务部门在讨论问题的时候可以直接往里边套数据，非常好用（见下图）。同时，这些模型都是可以基于指标继续拆解的，因此业务讨论完了，可以直接按小组分配任务，并且监督任务的完成情况。这两项优势，使得业务员非常喜欢用这一类模型，时不时还可以自己创造两个。

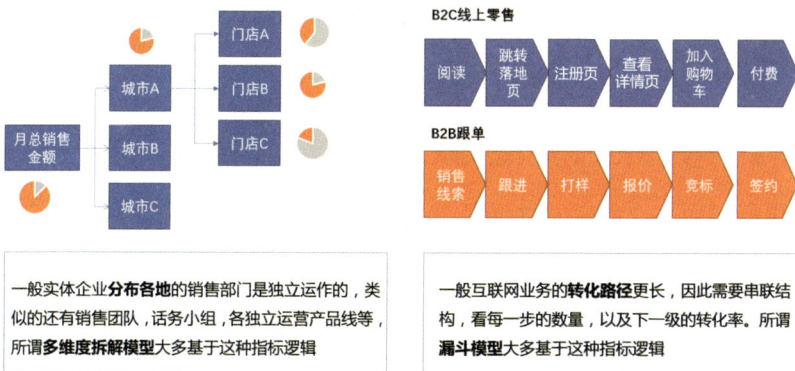

一般实体企业**分布各地**的销售部门是独立运作的，类似的还有销售团队，话务小组，各独立运营产品线等，所谓**多维度拆解模型**大多基于这种指标逻辑

一般互联网业务的**转化路径**更长，因此需要串联结构，看每一步的数量，以及下一级的转化率。所谓**漏斗模型**大多基于这种指标逻辑

但是，这一类模型有一个致命的缺点，就是关键参数来自经验，未来预测全凭"拍脑袋"。

当问业务员"为什么估计转化率是20%"时，得到的回答不是"最近几个月都是20%"，就是"我觉得它会是20%"。

因此，这些模型更适合展示现状，分析过往数据，不太适合对未来进行预测。

4. 类型四：指标计算模型

指标计算模型类似曲线拟合法、时间序列法、线性规划法构造出的模型（见下图）。

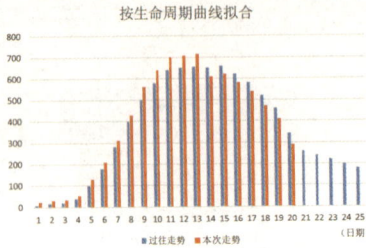

按生命周期曲线拟合

比如产品上市上线，都有明显的引入—上升—稳定—衰退过程，往往在预测时先**评级**，根据产品性能、价位、市场推广力度，评为 ABC 级的某一级，然后直接套这个级别的走势做预测。某些生命周期明显的 App（比如游戏软件）也能这么简单地预测

按固定转化率拟合

	T+1	T+2	T+3	T+4	T+5	T+6
DNU1	60%	45%	35%	15%	15%	
DNU2	58%	44%	33%	15%		
DNU3	57%	43%	34%			
DNU4	61%	46%				
DNU5	59%					
DNU6						

比如左面的表格中在"T+4"以后，新用户当期活跃率**稳定**在15%，此时DAU6=DNU6+DNU1×15%+DNU2×15%+DNU3×15%+DNU4×34%+DNU5×45%留存率稳定的情况下，就能沿着趋势继续推，模拟活跃用户走势，从而推算留存率

曲线拟合法一般用来预测整体指标走势，比如整体销量、整体产品数量、用户流失数量等。这种做法简单、粗暴、不看原因、只看结果，拿结果数据的过往走势，拟合未来走势。虽然看起来粗暴，但是非常好用。因为需要的数据量少！只有一个结果数据即可。很多情况下，简单省事就是王道，因此适用范围非常广。

线性规划法是经典的科学管理模型，往往用在已定目标或分配任务的场景中。

下面举一个简单的例子：有A、B两款产品需要备货，总量350件，A产品起订量为125件，生产工时为2小时/件，B产品生产工时为1小时/件，总工时不大于600小时。A产品成本每件2元，B产品每件3元，问如何安排生产？

该问题可以转化为一个线性规划问题：设两个产品各生产 a 件、b 件

目标：min（$2a+3b$）

约束条件：

- $a \geqslant 125$

- $a+b \geqslant 350$

- $2a+b < 600$

- $a \div b > 0$

之后求解该线性规划模型即可得到答案。

理论上，线性规划方法在生产、库存、运输、采购等领域有广泛的应用。但实际上，在国内企业的应用很有限，只有少数供应链复杂的大型企业有研究。其中最大的制约来自基础数据的积累：线性规划方法，需要对供应链的生产力、运力、人力、执行力有长期的数据监控与积累，才能沉淀稳定的数据。而在现实中，大部分企业供应链管理粗放，他们往往更喜欢用突击加班、增加外包等方式应对，数据积累少。在营销端更是如此，规划方案往往依赖领导层"拍脑袋"，缺少数据积累，当然无法做量化分析。

5. 类型五：算法模型

算法模型类似 LR、KNN、xgboost、SVM 一类的模型。

近几年特别火热的机器学习算法和传统的统计模型，都是算法模型，也是狭义的"模型"含义。但是，这些算法大部分不是用来解决企业经营问题的，而是应用在工业中，比如安防、辅助驾驶、语音识别、语音控制、内容推荐、商品推荐、反欺诈、风控等。这些都是生产系统，非数据分析 / BI 系统。在架构上一般都是专门的算法组 / 风控模型组负责，不会和数据分析组重叠。

在企业经营方面，算法有一些经典的应用场景，比如响应率预测、消费能力预测等，但始终不是数据分析的工作重点。因为大部分企业经营场景面对的问题是"没数据！"采集数据、整理数据、分析数据才是数据分析组的主要任务。且大部分算法理解性差，业务员既无法参与，也无法理解，因此能输出的成果非常有效，从而限制了算法在分析上的使用。

多个模型如何在企业实际运用呢？举个简单的例子，比如预测 12 月的销量，那么可以参照下表来进行。

模型选择	需掌握数据	输出结果	指导动作
时间序列模型	历史上整月销量	12 月整体销量	看总数
经营分析模型	历史上整月销量，各分公司、各产品销量，新用户数、活跃用户数、转化率等统计结果数据	1. 12 月整体销量 2. 销售需完成新客数量 3. 运营需保证活跃率 4. 商品需保证供应量	1. 销售分解工作任务 2. 运营制定工作日历 3. 产品计算补货进度 4. 客服安排人力
两阶段模型 先预测买不买（二分类） 再预测买多少（回归）	每个用户的性别、年龄、购买习惯、访问记录等明细数据	1. 用户购买率 / 购买金额分级 2. 12 月整体销量	看总数 识别出不购买的用户

这样直观对比就能看出来，为什么统计学 / 机器学习算法模型，在实际场景中运用很少了。

这些模型需要的数据多，需要的数据颗粒度细，建模过程复杂，输出的结果反而更简单，业务员看了能做的事也少。

相比之下，套用经营分析的模型进行拆解，虽然主要参数都是"拍脑袋"，但也变相地给各个部门下了军令状："你必须做到这么多！"这样更容易驱动业务部门行动。用时间序列法虽然算出来的也不能落地，但是它需要的数据少，只有一串数据照样用，因此省事。

> **注意：** 上面的对比并不能说明机器学习方法不适合经营分析，只是场景不合适而已。换个场景用，比如用二分类模型预测用户购买率，就有两种典型好用的用法。
>
> - 在响应率低的时候，压缩业务工作量，提高产出率。最典型的就是外呼，用户如果不接电话，任凭外呼员巧舌如簧也没用。并且外呼成功率特别低，自然成功率只有 1.5% ~ 2%，因此哪怕模型只提高一个点的接听率，也能让外呼员的效率提高一大截。
> - 在响应率高的时候，识别自然响应群体，减少投入。最典型的就是营销成本控制。如果想压缩优惠券投放，最好的办法就是预测人们是否购买，之后把购买概率高的群体的优惠券去掉。对于释放费用，非常好使。

所以在工作中，复杂性不代表正确，更不代表有用。根据以下维度，才是发挥作用、争取认可的好做法。毕竟企业工作，追求的是低成本高效率地解决问题，如果一味追求复杂尖端，效果并不好。

- 数据丰富程度。
- 数据质量高低。
- 结果使用场景。
- 期望上线时间。

但反过来说，套上一个模型的外壳，的确能让分析显得高级很多。所以读者可以根据这5类模型的特点，把自己的工作也对应套上模型的光环，瞬间可以增加高级感。

第5篇

基础实践篇

面对更复杂的商业问题

第 10 章

商业分析在传统企业中的综合应用

10.1 典型问题：新品上市，该如何分析

背景介绍：一家 3C 类产品的大型代理商，正在考虑一款新手机（A 款手机）的发布上市事宜。这款新手机是由知名的生产商 ×× 公司推出的新款手机，用户定位为中高端用户群体。该大型代理商旗下有线上的天猫国际自营店铺，也有数百家线下的实体门店，同时还为大量的中小经销商供货。问题：如果你是负责此事的经理，应该从哪些方面着手新款手机的发布上市事宜呢？

10.2 整体思路：5 步做出完整的分析

如果直接把问题抛给读者，则可能会引起他们各种各样的疑惑。

- 有的读者会问：什么是生产商？什么是代理商？什么又是经销商？

- 有的读者会问：听起来不就是卖手机吗，有什么好分析的？

- 有的读者会问：又有自营店，又有经销商，这不是一个分析问题吧？

- 有的读者会问：是不是有一个"手机分析模型"能一下子分析清楚？

- 有的读者会问：数据表在哪里？数据分析不都是基于现成的数据表做的吗？

以上种种疑问，都是因为还没有建立起完整的分析思路，只会分析单个问题所造成的。在实际工作中，商业分析要面对的问题是一项很具体的工作。正如同本案例描述的一样，就是"有一款新手机将发布上市，请分析一下"。没有人会把商业背景、分析方法、数据集都提前准备好，然后让分析师去做。

换句话说，真实的商业分析是需要分析人员有能力把一个具体工作描述转化为待分析的问题。而待分析问题所涉及的商业背景、分析方法、数据集，需要做商业分析工作的人自己去准备。

想要解决问题，在整体思路上应该分 5 步走。

第一步：理解商业背景。厘清待分析的问题涉及的各种概念，这是所有分析的基础。

第二步：制订分析计划。很有可能待分析的问题不是一个孤立的事件，而是由一系列事件组成的。因此，不可能通过一种分析方法、一个数据集、一套分析工具完成所有的分析，要先制订分析计划。特别是要区分清楚，哪些是支持现阶段决策的分析，哪些是执行阶段需要进一步跟进的分析。

第三步：推导分析结论。对于现阶段决策所需的分析，要依赖可收集到的数据，推导分析结论，支持决策制定。

第四步：跟进执行效果。对于执行阶段，要建立数据监控指标来跟进效果，及时发现、调整执行中的问题。

第五步：全局复盘总结。在整个工作完成后，对本次分析的所有环节进行复盘，总结经验。

整个流程如图 10-1 所示。

图 10-1

下面将结合本案例，向大家具体展示如何做一个完整的商业分析。

10.3 第一步：理解商业背景

如今，除了未成年人，几乎其他人都在使用手机，可并非使用手机的人都卖过手机。外行人会以为如果要卖手机，那么想卖多少部手机就进多少部手机不就行了吗？有什么麻烦的？实际上并非这么简单。因为手机销售的商业模式并非简单的自产自销，而是有复杂的销售链路的，如图 10-2 所示。

在销售链路上，包括以下角色。

• 上游厂商：负责研发、生产手机。

• 代理商：从上游厂商进货，向用户或下游经销商卖货，是典型的 B2B2C 模式。

- 代理商自营的线下门店、线上网店：B2C 模式，向用户销售手机。
- 下游经销商：B2B2C 模式里的二级、三级、四级……中间商。

图 10-2

本案例分析的对象是代理商，其在链路中扮演着承上启下的角色。这种承上启下的角色存在以下问题。

问题 1：上游厂商带来的压力。一般上游厂商对代理商的进货量有要求（比如订购量至少 10 部），而且还会有一些附加条件（比如爆款手机和销量一般的手机捆绑销售）。于是下游经销商会纠结：不进爆款手机，没有销量；进了爆款手机，各种捆绑条件是否能接受？

问题 2：下游混乱。下游的中小经销商会表示："好的好的，我要订货。"可一回头，有些小经销商已经从别的上游厂商进了更便宜的货，从而放弃订购；有些经营不善的小经销商已经倒闭了！总之原先承诺的订货量不准了，那么代理商因此而产生的积压库存又该怎么处理呢？

问题 3：分配难题。代理商自身旗下的网店、实体店该怎么分配进货量，才能使得利润最大化呢？如果接受上游厂商的附加条件，那么自身渠道该如何消化捆绑销售的产品呢？如果下一级的中小经销商突然变更需求，又该怎么处理额外产生的积压库存呢？

问题 4：产品生命周期短。虽然用户购买手机后会使用很久，可对经销商来说，手机的生命周期非常短。一款新手机上市后，即使其设计很先进、外形很美观，几个月后，还会有设计更先进、外形更美观的新款手机上市，到时候老款的手机就只能降价处理了，经销商会有损失。所以，经销商的整个销售工作要尽量在 3 个月内全部完成。这就使得对所有积压产品的处理必须及时完成，不能浪费时间。

这些问题导致卖手机不能像卖白菜一样轻松、快捷。同样是卖产品，卖白菜的商家每天凌晨四五点去批发市场进货，晚上再盘点一下每种蔬菜的剩余情况，他完全可以凭当天的行情、价格，临时决定第二天进多少货。即使有损失，损失的也就是一天的货款。手机的销售就显得错综复杂了，而且手机的单价很高，一旦积压，就是上百万元乃至上千万元的投入，因此必须仔细衡量。

不过，一般在企业内，新品上市销售并非由一个部门独自承担工作，而是由各部门分工协作，如图 10-3 所示。一般包括以下两个阶段。

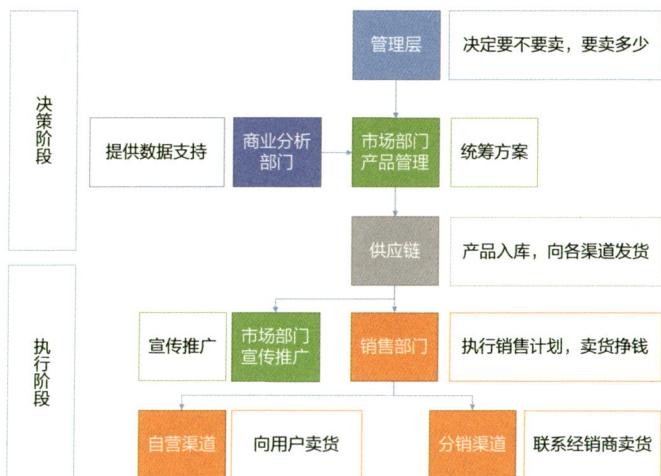

图 10-3

（1）决策阶段

- 市场部门负责产品的管理与统筹，与厂商沟通，提供产品评估和上架计划。

- 商业分析部门提供数据支持，支持评估结论。

- 管理层最后决定要不要卖及卖多少。

（2）执行阶段

- 市场部门负责做宣传推广。

- 销售部门负责向用户卖货和联系经销商卖货。

按部门将工作拆分后，每个阶段要做的事情就很清晰了。

在决策阶段要做的事情主要包含以下 5 步。

- 第一步：决定要不要卖？

- 第二步：决定要卖多少？

- 第三步：决定下级经销商 / 自营门店各自卖多少？

- 第四步：预设多久能卖完？

- 第五步：预设如果卖不完的后备方案？

因为决策完毕了才能执行，因此有了决策阶段的行动指引，就能推进下一步的工作了。

10.4　第二步：制订分析计划

看到这一系列任务，有的读者会迷惑："只要能完全精确地预测销量，不就万事大吉了？"如果真能完全预测准确，确实没有这些问题。但问题是按现有的技术力量，很难做到这一点，因为会面临以下难点。

- 难点 1：这是一款新手机，无过往数据可参考。
- 难点 2：手机是高级科技产品，不能用类似的产品直接模拟。
- 难点 3：单方面预测产品销量没有用，厂商可能提条件，经销商可能要货 / 退货。

特别是难点 3，让整个分析过程变得不理性、不可控。以往经常有新手机在发布上市前被吹嘘，经销商疯抢，在手机发布上市后发现口碑不佳、纷纷退货的情况。因此，如果不结合业务，单纯指望用数据来预测就很容易引起决策失误。

在这种复杂的情况下就得做分析计划，分步骤解决问题。而制订分析计划的核心在于区分哪些是由商业分析得出的结论，哪些是由人工判断得出的结论。最后综合商业分析和人工判断，得出综合型结论。经过梳理，整个工作计划如图 10-4 所示，其中共有 11 个工作。

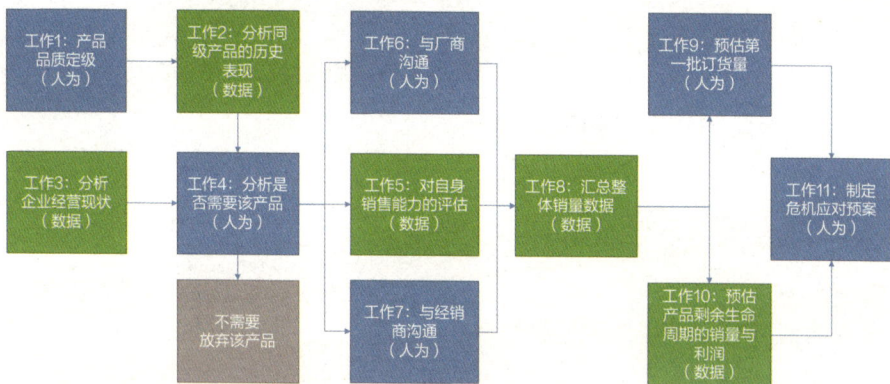

图 10-4

这 11 个工作可以分为 3 个阶段。

1. 第一阶段：判断要不要做

这一阶段是所有工作的前提，包括以下 4 个部分的工作。

工作 1：产品品质定级。这一步是为找到标杆产品做准备的。由对手机熟悉的内外部专家参与，考虑该手机的市场地位、用户喜好、厂商重视度、经销商态度等因素，先把手机的等级定下来：该手机到底是旗舰机、大众机还是试验机等。

另外，由于手机配件的成本在市场上是公开的，因此，在确定好手机配置后，就能初步估计产品成本、可能的定价范围。由于手机的性能在很大程度上是由配件决定的，因此拿到配件信息，也就能评估产品市场竞争力等信息，这些应该由专业人士给出意见。

工作 2：分析同级别产品的历史表现。在产品已经定级（比如 S 级、旗舰机、3000 元以上价位段）以后，就能结合历史上同类型产品的表现，对产品预期的表现进行评估了。

此阶段进行的还是逐步预估，首先要解决的是该产品在企业内部的销售，预计带来的收益和成本，对产品的潜力划定范围。由于早期的评级数据不见得特别多，因此，此时看数据，只要看到该级别产品大概率属于爆款、走量款、盈利款、失败款中的哪一款即可（见图 10-5）。

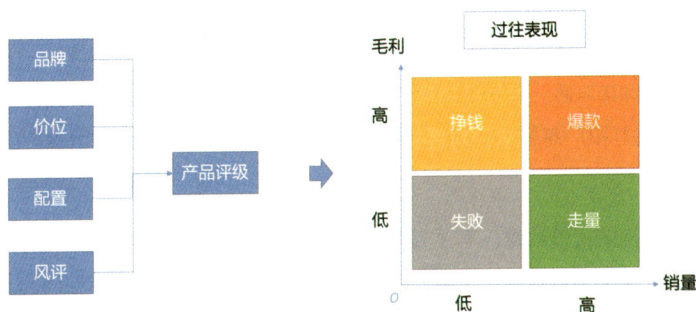

图 10-5

> **注意**：产品上市前的预估可能不准。上市前期望值越高，上市后一旦市场反响达不到预期，积压的货物就会越来越多，风险也越来越大。并且，上市前的期望值越高，厂商越有可能提出无理的要求，经销商越有可能激进进货，从而扩大风险。所谓机会与风险并存，就是这个道理。

工作 3：分析企业经营现状。这一步是为管理层决策做准备的，主要包括以下几个方面的内容。

- 当前的经营走势如何？ KPI 的完成情况如何？是否需要一款走量款或盈利款产品？
- 如果引入该产品，则有可能贡献多少利润？贡献多少销售额？承担多少风险？
- 如果放弃该产品，则有可能损失多少收入？是否影响企业的市场地位？

对于这些基础的经营情况应该让管理层先了解，这样做出的决策才能更准确。

工作 4：分析是否需要该产品。该步骤是由人为决定的步骤，要看管理层的态度。因为即使预估产品销量很好，很有可能因为今年的任务已经完成了，管理层不愿意承担额外的风险，

- 微观层面的角度：该产品能否替代某些过时的产品。

从宏观层面的角度来看：企业整体业绩是否需要新品支持？这个问题可以从关键 KPI，如销售数量、销售额、毛利等数量的达标率角度来分析。如图 10-7 所示，站在毛利角度看，从 9 月开始毛利出现下降趋势，并且业绩达标率从 3 月开始一直在下降，且接近 100%。如果没有新品支持，则很有可能在之后的月份中出现业绩不达标情况。**因此，可以推导出结论 1：站在整体业绩角度看，企业需要新品（高端产品）支持。**

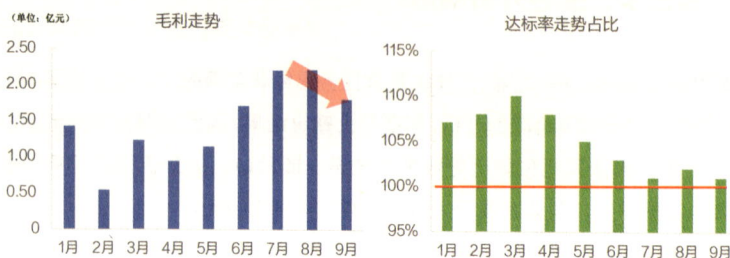

图 10-7

再细化一些，站在产品线角度，可以分析各价格段产品的销量占比。如图 10-8 所示，从 1 月以来，价格在 3000 元以上的高端手机占比持续下降，可见缺少高价格、高利润的高端产品可能是导致利润达标率下降的原因。而此时新品恰好是高端产品，因此有可能改善当前的状况。**因此，可以推导出结论 2：站在产品线角度看，企业需要新品（高端产品）支持。**

再细化数据看一下，站在单品角度，可以分析各类型单品的销售 / 供给情况。如表 10-1 所示，当前现有的 3 款高端产品已经处于生命周期末尾，且再过 2 ~ 3 周就售罄了。此时需要新的高端产品进行补给，支持业绩。**因此，可以推导出结论 3：站在单品角度看，企业需要新品（高端产品）支持。**

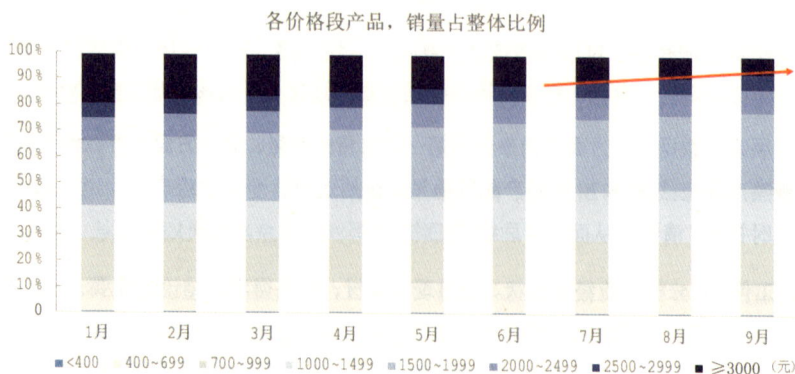

图 10-8

表 10-1

产　品	价格段（元）	最近 1 周销量（千件）	库存（千件）	库存可用周数（周）	产品生命周期
A 产品	3000 以上	30	80	2.7	**尾期**
B 产品	3000 以上	15	40	2.7	**尾期**
C 产品	3000 以上	5	7	1.4	**尾期**
D 产品	2000 ~ 2499	30	90	3.0	中期
E 产品	1500 ~ 1999	60	160	2.7	中期
F 产品	700 ~ 999	40	120	3.0	早期

注：表中部分数值为保留一位小数后所得，后同。

这样综合各方面的结论，可推导出根据企业当前业绩的发展，需要新品（高端产品）支持的结论，从而支持领导层的决策。在推导结论的时候，讲究"孤证不立"，即支持论点的论据越多，论点也就越坚挺。因此，越是重大的决策，越需要从多个角度进行论证。

当然，以上结论只是指向了企业当前业绩的发展需要一款高端手机支持，并不能直接指向这款手机（A 款手机）能承担起任务，甚至有可能是反向的：这款手机不仅不能承担任务，而且导致高端手机的销售更加艰难。在产品未实际上线之前，一切都有可能。因此如果担心决策出现偏差，则需要通过事前调查、市场走访等方式，测试这款手机真的受欢迎吗？真的能承担任务吗？当然，进行测试也需要投入资源和精力，但越是重大的决策，越担心有风险，就越得做好充足的准备工作。

比如**工作 5**，对自身销售能力的评估。一般企业都有丰富的销售数据，因此有能力做相对准确的预测。要注意的是，不只外部经销商、厂商可能不靠谱，内部的销售渠道也可能不靠谱。比如电商渠道，需要花钱买流量，广告投放水平直接影响产出；比如线下渠道，有可能不同地区的客户结构不同，销量有差异。因此，想要对于内部的销售渠道预测准确，需要拆分场景，对不同的销售渠道做细致的了解，如图 10-9 所示。

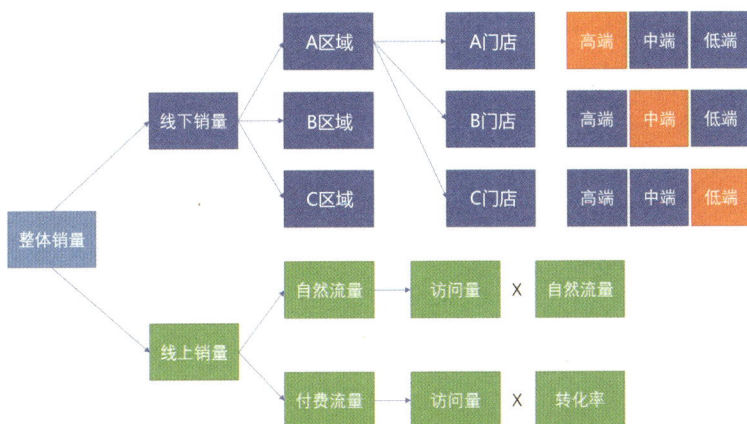

图 10-9

因为本款手机是新品，无历史数据可参考，在预测时用人为推演的方法比用算法模型更合适。人为推演的方法是基于过去同级别产品的销售情况，模拟未来产品的销售走势。更重要的是，使用人为推演的方法可以在对过去数据的复盘中，提前发现问题，比如了解哪些渠道根本就做不好高端手机的销售，从而让企业在制定策略的时候，能更有针对性地思考解决方案；也能提前解决问题，避免销售任务分配不均。

比如**工作7**，如果直接让产品经理找经销商收集需求，则很有可能收集回来的是一个不确定的数据。为了提升数据的可靠性，可以根据过往经销商的订货金额、信用程度、需求确定程度，对经销商进行分级（见表10-2）。把经销商中不稳定的群体挑出来，从而可以缩小数据的不确定性，锁定一批高质量的经销商，也能知道在收集回来的数据里，有多少是相对准确的数据。

表 10-2

经销商名称	经销商等级	经销商资质	预订货量（台）
A	1	优	3000
B	1	优	2000
C	2	中	1000
D	3	差	200

以上是部分工作的示例。实际上，在真实的工作中，一份分析报告需要数十页甚至更多页的 PPT 来呈现是很常见的情况。越是重大的决策，需要的数据越多。

但是，在实际中，很多时候是员工只有初始的几个数据就开始分析，之后根据领导的反馈、销售情况不断补充数据，他们从来就没有把问题分析得特别清楚。

所以，制订分析计划很重要。把复杂的问题拆解为一个个具体的分析环节，层层推进，不但能让分析思路更清晰，而且在补充数据、增加分析时，也能起到"指哪打哪"的效果：哪个环节做得不够好，就往哪个环节补充数据。这样分析的准确度和工作效率都能极大地得到提升，达到越做越准的效果。

> **注意：** 即使做完了以上所有工作，也只是完成了前期准备。很有可能产品上线以后表现不好，需要启动应急预案。俗话说："是骡子是马，拉出来遛遛"，到底效果如何，还需要持续的数据检验。

10.6　第四步：跟进执行效果

当决策已经完成，开始进入执行阶段后，此时核心的工作就是监督执行进度、关注目标完成情况。比如经过前期的分析已决定：要上线这一款新手机！那么，要做哪些工作呢？

此时，首要的任务就是盯紧第一批订货。此前所有分析的结论，都会在第一批订货的实际销售过程中得到检验，因此，第一批订货的销售数据非常重要。其中关键内容包括以下几个方面。

- 第一批订货分配到每个城市、每个门店，各是多少？
- 第一批订货到货以后，各个城市、门店的销售情况如何？
- 销售未达标的原因是什么，还有没有希望达标？
- 销售达标的还有没有空间可以销售得更多？
- 整体销售目标是否有希望完成？如果没有希望，该请求何种支援？

> **注意：** 这里的 5 个问题，除第一个问题是策略性问题，在"排兵布阵"外，其他 4 个问题都是跟踪进度问题。想要跟踪进度，数据的更新就要尽可能快，这样才能让看数据的人掌握第一手信息。一般销售进度数据需要每天更新，遇到大促销时，比如"双 11"，可能需要每分钟更新数据。

同时，跟踪数据时不要只紧盯一个主指标，还需要把相关的数据一并跟踪。比如跟踪销售情况时，往往会连同库存数据一起看。如果发现产品销量太好、库存不够用了，就紧急调货；如果发现产品销量不佳、库存积压严重，就得采取措施，优化销售办法，或者把库存调到销量好的地方。对于以上数据，可以统一制作成销售进度跟踪表，方便跟进每周销量、库存量，

比如，某公司的新产品上线后在某段时间的销售进度跟踪情况如表 10-3 所示。

表 10-3

区域	1 月销量目标（件）	1 月实际销量（件）	完成进度	最近 1 周销量（件）	剩余库存（件）	库存预计可用（周）	情况
C 区域	571	552	96.67%	300	240	0.8	**缺货警报**
F 区域	501	444	88.62%	750	623	0.8	**缺货警报**
G 区域	276	242	87.68%	50	43	0.9	**缺货警报**
D 区域	1261	726	57.57%	750	940	1.3	正常销售
A 区域	135	53	39.26%	150	209	1.4	正常销售
E 区域	141	17	12.06%	30	71	2.4	正常销售
B 区域	955	109	11.41%	150	900	6.0	**滞销警报**

在跟踪销售数据时，会发现销售部门存在的问题。比如在表 10-3 中，预计 C 区域在 1 月只用大约两周就几乎把全月的销售目标完成了。剩下的 240 件库存，按目前的销售进度，不到一周就会卖完，因此需要赶紧调货。同样，F、G 区域也出现了销售表现非常好、产品供不应求的情况。

相比之下，A、E、B 区域的表现较差，特别是 B 区域。注意：在这 7 个区域里，B 区域的销售目标定得很高。在制定目标阶段，一般按过往表现分配目标，B 区域过去表现很好，但这次的表现不佳。于是人们会自然而然地发问：为什么偏偏是 B 区域表现最差？这就引发了进一步的原因分析。

在分析原因的时候，很多新手会不自觉地陷入循环论证的窘境："为什么 B 区域销量差？""因为 B 区域下辖的几个门店都卖得少了，所以销量差。"——这可以说是废话！人们想听的是一个具体的、关联到业务方动作的、可改进的方案。

- 因为在 B 区域内，竞争对手新开了几个门店，分流了客人——那就让 B 区域做促销，吸引客人。

- 因为在 B 区域内，客户平均消费水平不高，可能不喜欢这款高端手机——那就把 B 区域的货调走，挪到其他区域。

- 因为 B 区域忙着处理其他尾货，没集中精力做新品的促销——那就让 B 区域整改销售策略，开始卖新品。

然而，如何从数据中发现这些问题呢？这就需要对问题进行分类。有些问题是直接可以找到证据的。比如 B 区域忙着处理其他尾货，没有把新品的上架、宣传、导购培训等工作做到位。这种问题只要通过向管理区域的领导查证，就能核实真伪。对于能收集直接证据的问题，应该优先收集证据，再解决问题。

有些问题属于猜测，不能直接收集证据。比如客户平均消费水平不高，可能不喜欢这款高端手机。而对于客户喜欢或不喜欢是无法直接得知的，需要进一步分析。在没有更多数据支持的情况下，可以简单地假设：如果客户不喜欢这款高端手机，那么意味着客户可能喜欢其他类型的手机；如果 B 区域内仅这款高端手机卖得不好，那么说明是这一款手机的问题；如果 B 区域在以往高端手机卖得好，偏偏这个月所有高端手机都卖得不好，那么说明是其他原因（比如竞争对手在抢客户），可以思考寻找其他对策。

用数据找原因的过程大致如此。这是一个剥丝抽茧、由粗到细的过程。因此，用数据找原因，需要做大量的逻辑推理。在使用 MECE 方法时，构建逻辑树，找数据证明逻辑推演的结果，才是工作的核心。比如对于 B 区域的销售情况的分析，可以构建逻辑树，如图 10-10 所示。

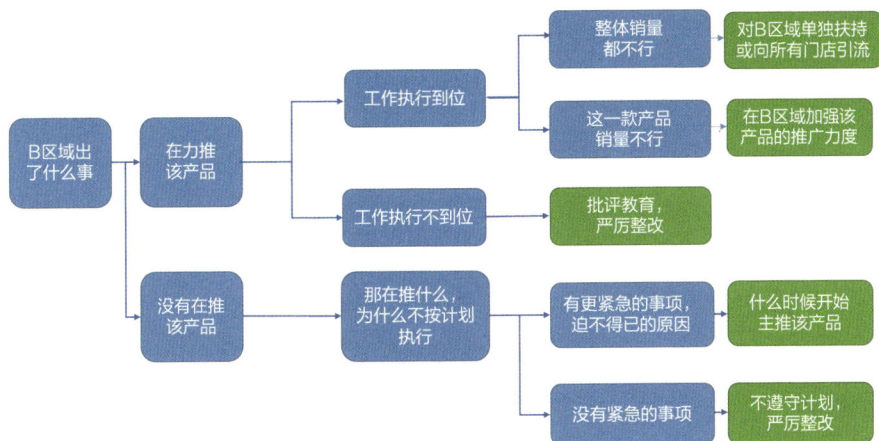

图 10-10

> **注意：** 这样构建逻辑树是一种非常负责任的做法。因为首先排除的因素都是销售部门本
> 身可控的，具体如下。

- B 区域根本没有在认真做销售。
- B 区域的工作执行没有到位。
- B 区域是不是还有其他产品在清仓。

  这些都是销售部门在自己的权限范围内能解决的问题，可以通过加强督导、调拨
  产品、整顿纪律等方法解决。而以下是推卸责任的做法：销售部门会优先分析别
  人的问题，比如先排除是不是这一款机型本身的问题。如果发现这一款机型在 B
  区域其他门店都卖得不好，就立马报告上级领导，需要促销资源，把问题留给市
  场部门去解决。

从一个小小的例子就能看出在企业里，分析问题切入的角度没有绝对的正确的，解决问题
的手段也确实有很多种。但是切分问题的角度可以从侧面反映一个部门的工作思路与责任担
当。因此，当某些部门抨击数据分析师"分析不够深入、不够全面"的时候，很有可能他们
只是想从"本位主义"的角度出发，多为自己争取资源。

在分析第一批订货的销售情况时，尽量排除内部工作执行问题是非常重要的！因为排除了
内部工作执行问题以后，才能得到新品的真实市场反馈，从而做出最重要的判断：

- A 款手机的销售是否符合预期？
- A 款手机生命周期曲线比预期更高 / 更低？
- 后续策略是扩大 / 维持 / 缩小？

对于这些决策需要排除内部工作执行不力的因素以后，才能得到相对准确的答案。

如图 10-11 所示，可以通过第一批订货在前 4 个月的销量是否与预期匹配判断走势。

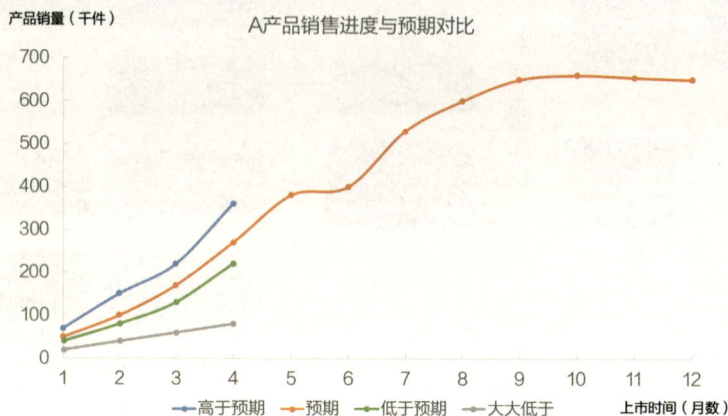

图 10-11

- 如果第一批 A 款手机的销量大大超过预期，则应加大支持力度，赶紧找厂商争取货源。

- 如果第一批 A 款手机的销量低于预期，则开始缩减投入，并特别关注是否有类似 B 区域这样局部问题严重的区域，避免问题发酵。

- 如果第一批 A 款手机的销量大大低于预期，则可能整个策略都要调整。比如，可以将该手机的评级从 S 级降到 A 级，整个策略也从"全力扶植"降到"保本就好"。

不要忘记，在策划阶段，A 款手机原本是作为支撑企业业绩的高端产品而推出的，如果其销售表现真的不尽如人意，则可能要另行选择其他产品替代。这是执行阶段的分析，会反向影响决策的效果。

当然，即使第一批 A 款手机的销售表现很好，也不代表万事大吉。市场环境瞬息万变，因此监控工作也要分批次滚动进行，这样才能保证决策跟得上市场的变化。

10.7　第五步：全局复盘总结

在 A 款手机的整个生命周期临近末尾时，可以对 A 款手机的全生命周期表现进行复盘。全生命周期的复盘意义重大，具体包括以下三重意义。

- 第一重意义，能对产品的表现做全面评价，评估收益。

- 第二重意义，能对产品的全生命周期的业务操作进行评估，看看有哪些亮点／不足。

- 第三重意义，能对事前的预判进行检验，积累判断经验，为后续的预测提供服务。

因此，对产品的全生命周期的复盘是不能省的。很多企业会忽略这一步，只关注产品销量的日常波动，这样会错失积累经验的机会，以后的决策也会缺少依据。

根据这三重意义，我们做复盘的思路也很清晰了。

- 分析整体表现：分析销售数量、销售金额、毛利等，看总销量是多少，是否达标，是否符合其定位。
- 分析过程表现：分析产品生命周期走势如何，每一个环节的执行情况如何。
- 经验总结：初始定位是否有问题，执行过程是否有问题，问题点的经验 / 教训是什么。

对于整体表现，应该坚守原则。比如预定销量目标为 100 万台，预定利润目标为 1 亿元。即使最后销售了 99 万台，完成了 9.9 千万元的利润，仍然是不达标的。虽然管理层可能因为完成率为 99% 而不计较业务部门的问题，但在数据层面不能前后不一。99% 的业绩就是不达标的，在复盘的时候照样应该找失败的原因，而不是因为领导没有处罚，就把目标改为 99 万台。坚守标准，才能有稳定的判断结论，进而进行深入的分析。

对于过程表现，应该站在产品的全生命周期角度看。如图 10-12 所示，A 产品在引入期的销量表现良好，但进入成长期后销量增长明显动力不足，和计划的销量差距越来越大。可能正因为如此，在稳定期以后，渠道才多次发力，尽快把尾货处理掉。最后衰退期的销量暴涨也是稳定期清货的结果。

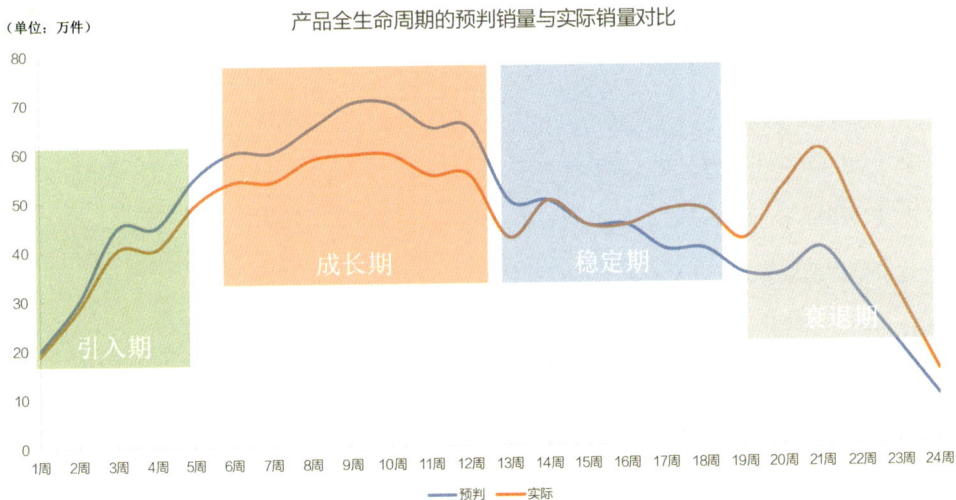

图 10-12

从产品的整个销量走势来看，显然问题出在成长期以后的运营上。如果是在初始产品定级阶段就出了问题，那么在引入期时产品的销量就会有明显偏离轨道的痕迹。而在衰退期清货时，产品的销量居然还能暴涨，甚至超过成长期的销量，可见该产品有一定的用户基础（否则在清货时也照样销售不出去）。

至于在成长期时到底在哪方面运营不足，还可以深入分析：

- 假设 1：第二波宣传 / 供给没跟上，导致后续销售乏力。
- 假设 2：价格没有优惠，导致和其他平台相比吸引力不足。
- 假设 3：市场分配出现偏差，有需求的渠道产品分配少，没需求的渠道产品出现积压的情况。

这些问题又都掺杂了外部因素和人为影响因素。因此，在分析的时候也要制订计划，把人为影响因素剔除。在事后分析时，可以先看数据有没有明显的异常，再找业务方对证。

- 假设 1 的数据证据：第一批、第二批订货出现断档，有明显的缺货现象。
- 假设 2 的数据证据：竞品同时间段的价格与自己相比有明显的优势。
- 假设 3 的数据证据：部分城市缺货或积压产品，且长时间未见调货。

这些是明显的证据，然后就可以拿着证据询问业务方：是你们忘了处理，没时间处理？还是资源不够了无法处理？

最后输出的结论应该是分层次展示的：

- 最初的判断是否有问题？
- 执行过程中是否有问题？
- 问题出在哪个环节？
- 是执行力问题还是方法问题？
- 如果是执行力问题，那么是谁掉链子了？
- 如果是方法问题，那么是否有更好的办法。

这样经过层层深入分析后总结出的经验能更好地指导后续的工作。

10.8 场景延展：换个行业，该怎么分析

之所以这里选择一个经销商卖手机的例子来讲解，是因为这个商业场景最容易理解。

- **产品简单**：大部分成年人都在用手机，大家都知道这是什么。
- **工作简单**：只有进货、卖货，不考虑研发、设计。
- **数据简单**：只有进货、销售数据。

如果换一个场景，就会有更多的工作需要考虑，有更复杂的产品需要分析，有更多的数据

需要参考。比如，还是以卖手机为例，沿着销售链路分析，其中涉及的各个渠道需要分析的内容都不一样。

- 处于链路起点的手机生产厂商：作为生产厂商，需要自己研发产品，设计品牌形象并且进行宣传，因此增加了大量的创意类工作——设计手机产品、设计品牌形象、设计宣传手段。为了配合这些创意工作，又得进行用户需求洞察、竞争态势分析、新品概念测试、新品原型测试等。创意设计效果的好坏，直接决定了后面产品的销售情况。

- 处于链路下游的线上店铺：线上店铺和实体店的最大区别是记录的数据量不同。用户在实体店内观看了什么产品、与导购员聊了什么内容，是很难用数据记录的。实体店能记录的是最后用户买单那一刻的数据。但在线上店铺中，用户进入店铺、浏览商品、加入购物车、付款、评价等全流程都有数据记录，因此它们有大量的数据可以分析。

但线上店铺也有自身的难点，就是引流难。实体店只要处于一个繁华的地段，就会有客流；而线上店铺需要源源不断地投放广告、从微信群引流等才能维持店铺的访问量。因此，同样是做销售分析，线上店铺对于流量来源、流量转化流程、各阶段流量转化率、最终流量转化效果等数据分析格外重视。通过数据分析提高转化效果，也是它们的重中之重。

- 处于链路下游的电商平台：电商平台与线上店铺的关系，类似于商业广场与广场内商户的关系。电商平台是线上的收费站，其提供的是流量来源、广告服务、金融服务等。因此，电商平台与从事产品销售的企业最大的区别在于销售的产品。比如阿里巴巴提供给淘宝网、天猫的线上店铺的广告产品就有直通车、智钻、达摩盘、淘宝客、品销客等多种形式，其最终目的都是引流，但收费方法、效果、适用场景各有不同。因此，对于电商平台的销售更关注的是以下内容。

  ① 有多少商家及多少活跃商家。

  ② 商家交易额、销售数量、收入是多少。

  ③ 商家对产品的使用，使用产品的引流效果如何。

对比了若干种场景以后，相信读者对于"为什么数据分析要结合商业场景"有了更全面的体验和更深刻的认识。以后再遇到有人说"你来分析一下手机该怎么卖"，相信你也能熟练地提出以下问题了：

- "站在谁的角度分析？是生产商、经销商、门店、网店，还是平台？"
- "分析为哪个部门服务？是销售、策划、运营还是……"
- "目前手机处于产品生命周期中的哪个阶段？是新品策划、发布上市、推广、稳定运营，还是退市？"
- "各个部门如何分工？各自制订什么目标？"

- "各个部门是何种态度？积极配合还是消极推诿？"

这就是商业分析的起点。这也是正式、规范、科学的商业分析与随口说说、聊天吹牛、拍脑袋想象的最大区别。做好这一步，后续就能做正式的商业分析了。当然，正式的商业分析流程不只这几步梳理，还有更多的后续工作。

10.9　小结：一个完整的商业分析流程

下面再来重温一下一个完整的商业分析流程，它包括 5 个步骤：理解商业背景、制订分析计划、推导分析结论、跟进执行效果、全局复盘总结。

在理解商业背景这一步，要对问题背景进行详细的梳理，具体包括以下 7 个方面。

- 理解企业商业模式。

- 理解企业发展现状。

- 理解提问人的部门归属、工作职责。

- 理解提问人的等级、具体需求。

- 理解提问人的态度。

- 理解与问题相关的业务流程。

- 理解与问题相关的数据采集情况。

对以上 7 个方面的总结，如图 10-13 所示。

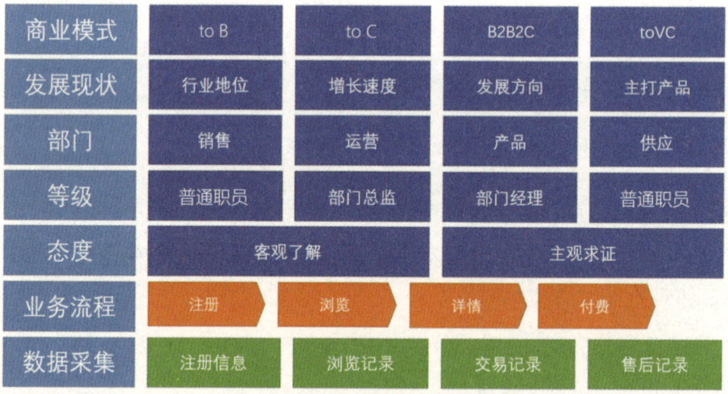

商业模式	to B	to C	B2B2C	toVC
发展现状	行业地位	增长速度	发展方向	主打产品
部门	销售	运营	产品	供应
等级	普通职员	部门总监	部门经理	普通职员
态度	客观了解		主观求证	
业务流程	注册	浏览	详情	付费
数据采集	注册信息	浏览记录	交易记录	售后记录

图 10-13

梳理了以上问题后，才能够清晰地分析问题的背景，明确分析目标，这一步是必不可少的。没有充分了解背景，就很难将数据与业务结合起来，也就无法把业务目的落地为可分析的内容。当然，详细了解问题背景不可能一步就能完成，更多的时候需要进行长期、基础、零散的信息采集具体包括以下内容。

- 关注行业内垂直媒体的新闻报道。
- 关注券商、行业协会等媒体发布的行业信息。
- 关注行业内头部企业的公告、网店活动。
- 关注本企业内部的信息发布、活动上线。
- 了解企业内组织架构、人员职位。
- 了解业务流程，必要时亲自体验流程。
- 了解数仓架构、数据采集情况、数据治理规范。
- 与业务部门 / 技术部门同事搞好关系，多沟通交流。

经过多方面的努力，才能加深自己对业务背景的理解。

制订分析计划、推导分析结论、跟进执行效果这 3 个步骤都涉及如何拆分商业问题。对于每个具体的商业问题，拆分出的分析计划都有所不同。为了提升拆分效率，可以参照下面这套简单的逻辑对商业问题进行拆分，如图 10-14 所示。

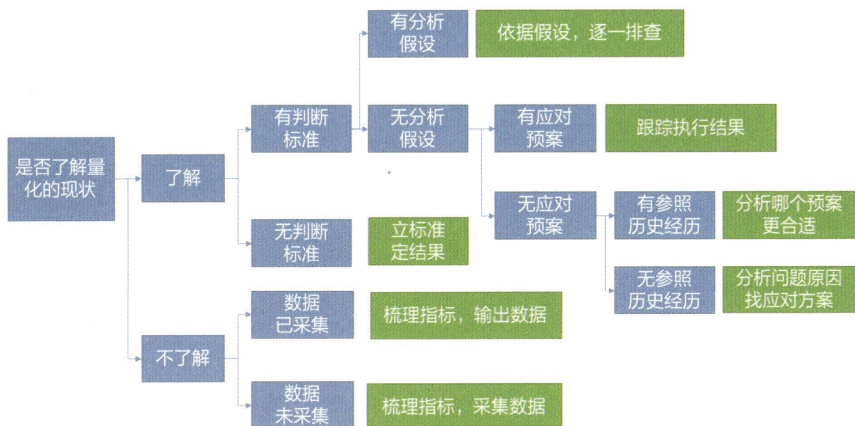

图 10-14

简单来说，包括以下 5 个方面。

第一，如果不了解量化的现状，就先采集数据。比如对现状的描述，只有"大概、很多都是、可能是"这种含糊的词语，就需要先采集数据，用数据量化现状。

第二，如果了解量化的现状，并且不能基于数据判定好坏，就先建立标准。比如现状是"销售额连续 3 天下跌，一共下跌了 30 万元"，但下跌不见得就是问题，需要有一个判断标准。此时需要通过分析，建立判断标准，输出一个明确的结果，比如"连续 3 天下跌是问题，最大跌幅不应超过 10 万元，需补回 20 万元的缺口"。

第三，面对问题，是否有分析假设。如果有分析假设，就逐一排查，用排除法找到产生问题的原因。

第四，在没有分析假设的情况下，看是否有应对预案。注意：很多时候，在短时间内无法完全分析清楚问题到底从何而来，但应对问题的预案是有的。如果有应对预案，就跟踪执行结果；如果没有应对预案，就看能否从过往的方案里找一个接近的预案做参考。

第五，连应对预案都没有，就只能参照历史经验了。如果有可参考的对象，就找当时的原因分析与应对方案。如果是全新的问题，就只能加快分析，临时找应对方案了。

在全局复盘阶段，重点是复盘之前做出的判断是否正确，评估执行效果与问题应对方案是否有效。这个阶段需要积累分析经验，供以后的分析参考。

然而，以上只是理想的状态。在现实工作中，商业分析流程混乱是常有的事。具体表现在以下几个方面。

- 做分析的人对商业背景理解太少，完全不知道数字背后的含义。
- 做业务的人不会正确提问题，眉毛胡子一把抓。
- 做分析的人不会正确引导找出问题，也不会拆解问题。
- 做业务的人没有应对策略，或者有应对策略不通知分析师，导致分析师误判。
- 没有历史经验积累，只能临时抱佛脚。渡过难关后不复盘，日后依旧没积累。
- 总之，历史经验积累太少、沟通不畅、工作不细致，都会导致流程混乱，分析结果不准确。

了解了完整分析流程与常见问题后，读者可以在平时多下功夫做好知识储备，特别是商业背景与历史参考两部分。这样在遇到问题的时候，通过加强与业务沟通，就能做出高质量的分析了。

第11章

商业分析在互联网企业中的综合应用

11.1 典型问题：用户流失率高了，该如何分析

传统企业受制于数据记录少，无法进行深入的数据分析。特别是对于用户行为记录的数据缺失很多，对下游经销商、分公司员工、门店店员的操作也缺少数据记录和行为监管，从而导致传统企业在数据上、管理上存在盲点。

而互联网企业情况相对好很多：互联网企业依赖 App、H5 页面、小程序等开展业务，其数据记录多，人工操作业务环节少，因此其数据分析相对容易。那么，互联网企业的数据分析又有何特点和不同之处呢？下面通过一个具体的案例来介绍。

问题背景：某游戏公司推出一款消除类游戏，其中近期监控数据如表 11-1 所示。

表 11-1

日　　期	累计总用户数（人）	新增用户数（人）	流失用户数（人）	回流用户数（人）	净增用户数（人）
2017/9/1	132,962	289	118	9	—
2017/9/2	133,142	1445	1430	10	180
2017/9/3	133,167	1662	1873	11	25
2017/9/4	132,967	1828	2059	12	−200

其中：

累计总用户数 = 前一日累计总用户数 + 前一日新增用户数 + 前一日回流用户数 − 前一日流失用户数

净增用户数 = 今日累计总用户数 − 前一日累计总用户数

通过表 11-1 可以问自己以下两个问题。

- 通过报表，发现了什么问题？

- 如何对该问题进行深入的分析？

请读者先思考一下这两个问题，列出分析工作计划，然后再继续往下阅读。

11.2 整体思路：从多角度分析问题

从表 11-1 所示的数据中可以看出，目前的问题是流失用户太多，导致了用户出现负增长。对游戏公司来说这可不是好事，特别是消除类游戏——这种游戏没有很多付费点，本应该有大量用户在玩才对。因此，问题的关键就是如何分析用户流失。

1. 流失用户的定义

"流失"是一个和"活跃"相对的概念，即在一段时间内没有做出活跃动作的用户，被定义为流失用户。比如对于游戏类 App，把用户登录时长超过 1 分钟定义为活跃用户，相对应地，已经 3 个月不活跃的用户，可以定义为流失用户。

> **注意：** 流失用户是人为定义出来的，我们可以定义 3 个月不活跃的用户为流失用户，也可以定义 6 个月不活跃的用户为流失用户。

严格来说，对流失用户的定义并没有对错之分，但在理论上，用户不活跃的时间越长，就越难以再次回来——可能用户早已忘了产品，或者已经找到替代品了。因此，用户不活跃时间与用户二次活跃时间之间，经常呈现如图 11-1 所示的数据关系：用户不活跃时间越长，其二次活跃概率越低。

不同不活跃时间的二次活跃概率

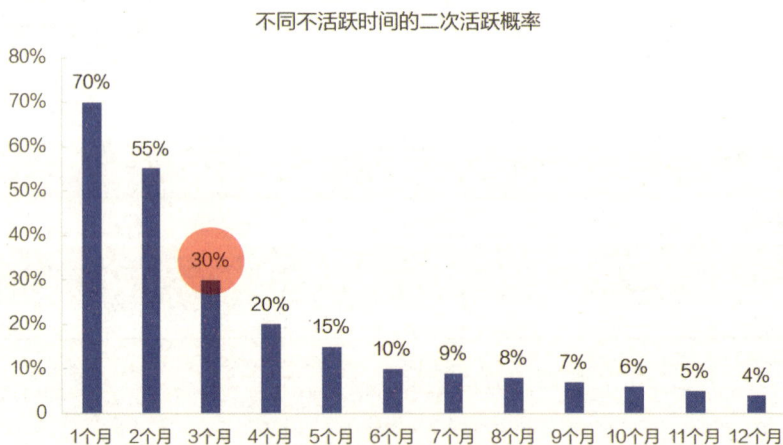

图 11-1

因此，经常有业务方把用户二次活跃概率下跌幅度最大的点，作为定义用户流失的时间节点。一般把 3 个月不活跃的用户定义为流失用户，因为从第四个月开始，用户二次活跃概率大幅度下降，已经非常低了，很难再自然活跃。

2. 流失用户的分析难点

虽然业务人员习惯上会对流失用户进行简单的定义：用户 ×× 个月不登录／不购物就定义为流失用户，但当用户被定义为流失用户时，用户可能早就已经流失了。更糟糕的是，只有极少数用户在不活跃的情况下还会提供数据反馈，比如打个投诉电话、在 App 评论里发一个差评等。大部分流失用户会直接卸载 App，或者干脆不再去门店购物了，他们不会留下任何记录。

这种情况让用户流失的原因变得扑朔迷离。比如要分析用户为什么在游戏产品里活跃，则可以直接查看活跃用户的具体行为：点击了哪些内容、玩到第几关、有没有因为难度太大卡关、有没有使用道具等。可对于流失用户，他们有可能已经有数周都没登录游戏账号了，目前很难知道其处于什么状态，即使他们之前有过充值、过关等行为，也不一定和现在的流失有关系。

还有更糟糕的就是测试流失用户很难。比如在游戏产品中，要测试活跃用户喜欢什么内容，可以直接在游戏里投放内容，之后观察活跃用户的反应，答案马上见分晓。而流失用户非常难测试，可能这批用户已经卸载了 App，即使再向其推送信息，对方也看不到了。

用户流失问题难以处理，从表面上看，是因为已流失用户留下的数据少，而且是发生在很久之前的，因此无法和用户当前的状态相关联，也很难通过测试手段获取用户反馈。从本质上看，是因为导致用户流失的原因，与用户生命周期、用户分群、用户决策流程、用户成长路径、新用户转化流程、用户体验、竞品影响等众多因素有关。而这些因素难以量化，更不可能直接用内部数据进行记录。

3. 内部数据的不足之处

比如，当问游戏产品开发人员"为什么用户流失率会增加"时，很有可能得到如下答案：

- "最近大学开学了，这是正常流失而已。"
- "我们的游戏不好玩，用户都跑掉了。"
- "我们的游戏用户已经玩够了，该升级版本了。"
- "最近流行玩 ×× 类游戏，这类游戏没人玩了。"
- "对手的游戏加大了推广，我们的用户被抢走了！"

这 5 条理由，只有两条和内部数据有关，剩下的 3 条和用户深层感受、外部市场环境有关。这些因素完全没有数据记录，如图 11-2 所示。

因此，想完全解决用户流失的问题，必须综合运用内、外部数据和多种分析手段，排查各方面的原因，才能真正找到问题点。仅仅依赖内部数据分析，其中存在的缺陷是很明显的，具体表现在以下 4 个方面。

- 无法了解行业情况。

- 无法了解竞争对手的情况。

- 无法了解用户内心的想法。

- 无法了解用户在站外的行为。

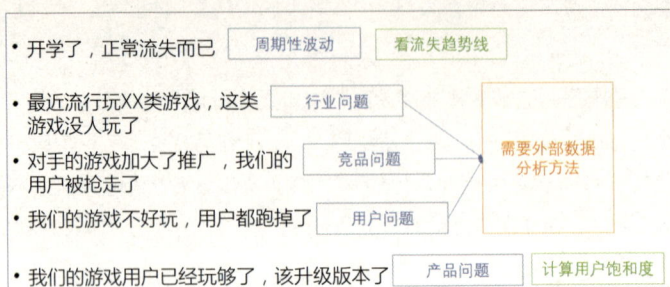

图 11-2

因此，当内部数据不足以说明问题时，就需要通过外部数据来验证假设，推导结论。理论上，如果通过用户内在心理 / 外在行为、宏观层面 / 微观层面两个维度构造矩阵，则可以看出各种方法的适用范围了，如图 11-3 所示。

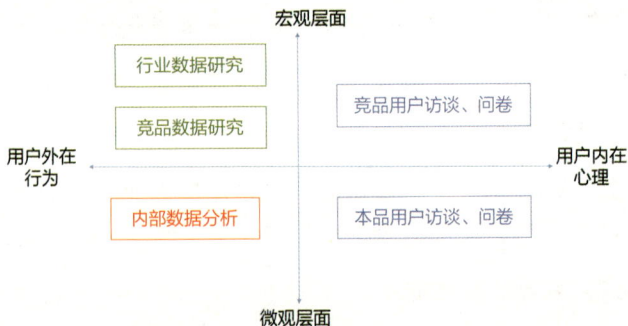

图 11-3

但获取外部数据的成本非常高昂，且准确度有限。比如要获取竞品的数据，常用的方法有以下几种。

（1）从竞品的网站获取公开数据

比如对于游戏产品，一般每个服务器可以承受的用户数量有限，可以通过对方新开服务器数量来反推对方的用户数据；很多游戏产品内有成就排行榜，可以通过排行榜数据来反推高质量用户数；对于电商网站，可以通过网站上公开的评论数、商品销售数等来反推其销售情况；对于实体店，则可以通过现场数人数、领取排队号码等方式来反推用户数据。

（2）从竞品的财报、年报、新闻发布会、融资报告中获取数据

在这些场合中，竞品会公布其用户数、收入、增长速度等关键数据。

（3）通过第三方机构公布的数据了解

有些第三方机构会通过自己的抽样调查群体等渠道采集数据，可能公布一些竞品数据。

3. 外部数据的不足之处

从获取外部数据的方法就能看出来，这些数据是零散的、不准确的，其原因如下。

- 竞品的网站可能有保护机制，无法完全抓取数据。
- 竞品的财报、融资报告数据可能经过人工美化。
- 第三方机构能力有限，且受法律约束，不会提供明细数据。

更不用说这些竞品数据很难直接和眼前的问题联系起来了。比如"我们的用户都去玩××游戏了"，除非能拿到用户身份证号 / 手机号，在两边的数据库中进行比对，否则很难确认用户真的就是从自己的游戏中流失到其他游戏中去了。

行业研究也是同理。所谓的行业数据，其实就是各个企业数据的总和。单个企业的数据获取尚且这么困难，更不用说获取全行业所有企业的数据了。越是宏观层面的数据，准确度越低。

获取用户详细数据也同样困难。排除非法监控用户手机的做法，获取用户数据最常用的方法是问卷和访谈。问卷是指通过设定好的题目记录用户数据，比如直接询问用户"最近 1 周内，您玩过哪些游戏？"之后列出选项让用户选择。访谈则是通过聊天的方式了解用户的情况，比如问用户"最近 1 周内玩过哪些游戏？"之后请用户展示最近玩的游戏，然后深入询问"为什么喜欢这款游戏？"一般来说，问卷适合较大量的、行为层面数据的采集；访谈适合少量的、态度层面数据的采集。

问卷和访谈都有数据采集成本高、速度慢、准确度低的问题。比如在本案例中，仅 4 天累计流失用户就多达 5400 多人。如果一份份地回收问卷，一个个地访谈，不知道得做到什么时候。更糟糕的是，联系用户本身就是成本高、难度大的事情。读者可以想象一下，自己是不是也经常挂掉莫名其妙的骚扰电话。其实，通过电话联系成功率会很低，通过短信联系成功率也会很低，其他渠道更是难如登天。

这样就导致了一个更深层的问题：反馈偏差。很有可能在用户访谈中，最积极、最快速反馈的是一个特定类型的用户。比如在本案例中，如果用户因为游戏不好玩而流失，那么可能真实的原因就包括以下 3 种。

- 免费的道具太少了，过不了关。
- 游戏无聊，不吸引人。

- 游戏缺乏挑战性，没意思。

在这 3 种原因中，很有可能只有第一种原因的用户会响应市场调查，因为这类用户还对游戏有所期待。而且这类用户有大概率会在调查中反馈："免费的道具太少，要多给一些道具！"至于第二、第三种原因的用户，因为其本身就觉得这个游戏没有意思，所以也懒得回应调查。这种反差导致回收的问卷有大概率反馈是："免费的道具太少！"如果游戏策划人员真的相信了这种反馈，则很有可能在后续工作中会弄偏策划方向，导致因后两种原因流失的用户越来越多。

4. 应对数据不足的办法

综合上述各种情况，在真实环境的商业分析中，都是以内部数据为主导、以外部数据为辅助的。指望通过"准确、完善、深入"的外部数据得到结论，根本就是天方夜谭。所以，即使要使用外部数据，也要先对内部数据进行梳理，列清楚问题假设，之后以外部数据作为辅助验证。

这时，要先了解目前业务人员对于问题的认知情况，一般有以下 3 种状态。

- 无假设："用户流失看起来很严重，我不知道原因。"
- 有假设，不确定："可能是产品问题，也有可能是用户问题"。
- 有假设，确定："我猜是产品更新太慢，用户已经饱和了。"

对于无假设的状态，应该先进行数据梳理，确认问题的发生时间、发生区域、发生群体，是事件型问题、系统型问题还是持续型问题？这样能帮助业务方形成假设，聚焦到某些问题点上。

对于有假设但不确定的状态，应该先梳理多个假设之间的逻辑关系，排除那些逻辑上相互交叉、相互重叠的假设，留下独立的、可检验的假设。比如有以下两条假设。

- 产品假设：产品缺少新功能，老用户玩腻了。
- 用户假设：老用户玩腻了，想换换游戏。

这两条假设本质上就是一个问题：产品缺少创新，老用户玩腻了，因此可以合并处理。

又比如下面的两条假设。

- 产品假设：游戏有升级断层，新用户在第 30 关会卡关。
- 用户假设：第 80 关后老用户缺少游戏点，想换换游戏。

这样两条假设不重叠，就是独立问题，可以单独解决。

如果业务方有明确的假设，就能直接验证假设。

注意： 验证假设，应首先从内部数据进行验证，缩小问题范围。验证点包括问题的真假、问题对应的用户群体、问题的具体形态。比如对于本案例，可以从以下几个角度构建分析逻辑树，先锁定当前主要的问题，集中形成假设，如图 11-4 所示。

- 新手 / 非新手流失（上手难度）。
- 玩家饱和度（是否把玩点都玩过了）。
- 是否卡关（卡在某个关卡玩不过去）。
- 是否无资源（没有金币、钻石、道具）。

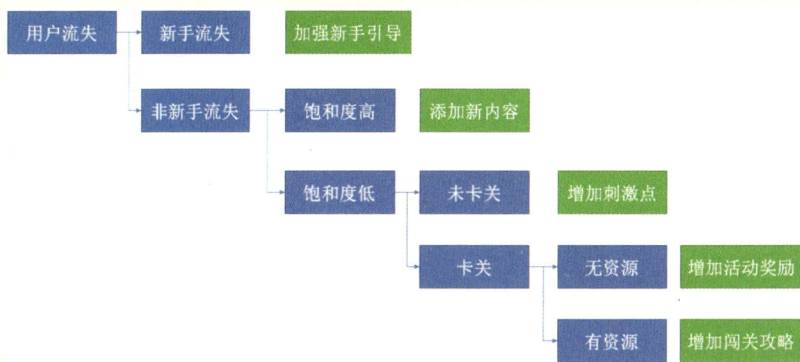

图 11-4

注意： 有可能在流失用户的群体中，同时出现几种问题。比如对比上个月同期用户流失数据，在用户关卡分布上，很有可能存在多个问题点，如图 11-5 所示。

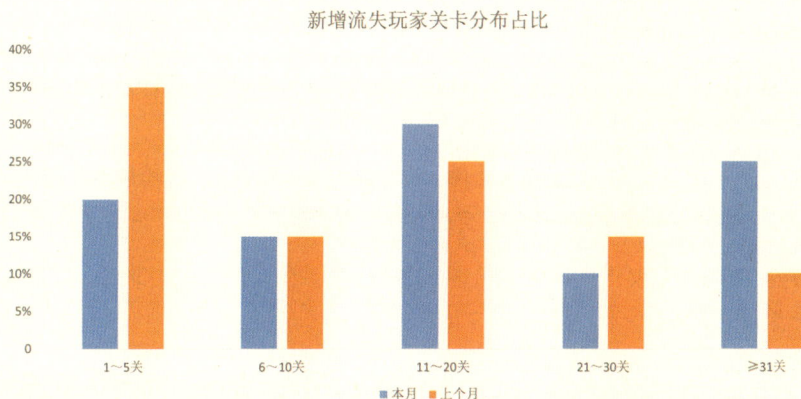

图 11-5

此时就可以选择主要问题先进行突破，之后分步骤解决其他问题。比如，锁定了"用户饱和度高"这个主要问题，可以进一步丰富假设。用户饱和度也能用多个维度进行数据描述，比如等级高、成就多、资源收集多、关卡基本都通过了……有了这些更丰富的描述，就可以进一步进行分层分析了，比如是否流失的用户就是等级高的，是否流失的用户就是成就多的……进一步锁定问题点进行验证，如图 11-6 所示。

图 11-6

这样锁定问题点后，再采集用户数据时就有目标了。

- 清晰了采集数据的对象：避免大海捞针，可以分类找人。

- 清晰了用户问题：在问问题时先进行假设，如果用户的回答符合假设，则可证实自己的判断；如果用户的回答不符合假设，则可以发现更深层的问题，也是有收获的。

- 避免反馈出现偏差：对于特定群体用户，哪怕会多花时间也得找到。

对于外部问题也能做类似的梳理，逐步找到原因。

- 整体行业不景气：意味着全行业都有用户流失严重的问题，可以找行业专家、同行交流确认。

- 行业景气，品类不景气：意味着只有自己的产品品类有问题，可以找行业专家、同行交流确认。

- 行业景气，品类景气，竞品有大动作：意味着行业没有问题、品类没有问题，但自己的产品在竞争中处于下风，可以从竞品数据、流失用户访谈等多个方面来验证。

如果排除了行业、品类、竞品的因素，剩下的就是用户的问题，此时再做调研，要研究的问题非常聚焦，也能事半功倍，如图 11-7 所示。

综上所述，通过从内部、外部、用户态度、用户行为等多个角度进行问题梳理，能形成清晰的思路，指导分析的开展，从而避免"大海捞针"式地采集数据。之后可以开始做进一步地分析了。

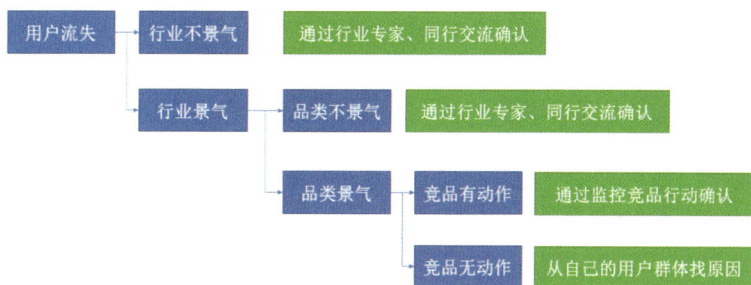

图 11-7

11.3　从内部数据角度分析

先不管各种复杂的外部因素或一些深层次因素，单纯站在内部可采集的数据角度看，用户流失率走势数据可能存在 3 种情况，如图 11-8 所示。

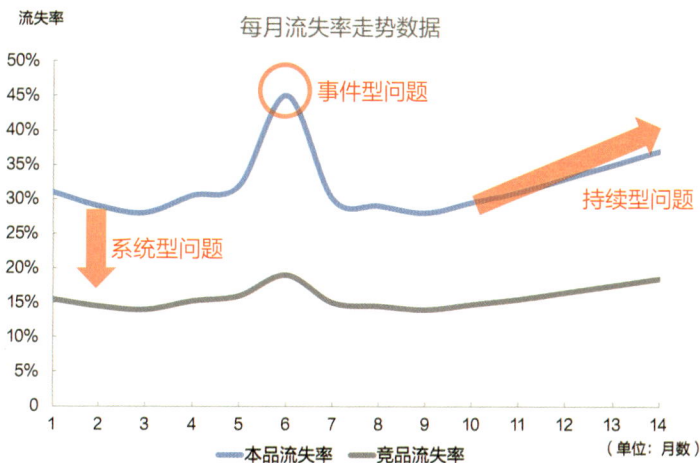

图 11-8

（1）事件型问题

由一次 / 多次事件引发的短期流失率波动。在数据上表现为有一个 / 几个用户流失率特别高的点。

（2）系统型问题

公司的产品、流程、团队存在系统性缺陷，导致竞争力不足。在数据上表现为公司整体的用户流失率高于同行水平，并且居高不下。

（3）持续型问题

因为某个不可知原因，用户逐步流失。在数据上表现为用户流失率从某段时间开始持续增高，未见好转迹象。

受事件影响，用户活跃率会在事件发生后随即下降，但因尚未到流失用户定义的节点，因此未被统计。在3个月（或者达到流失用户定义的节点）后，用户流失率才开始突然增长，如图11-9所示。

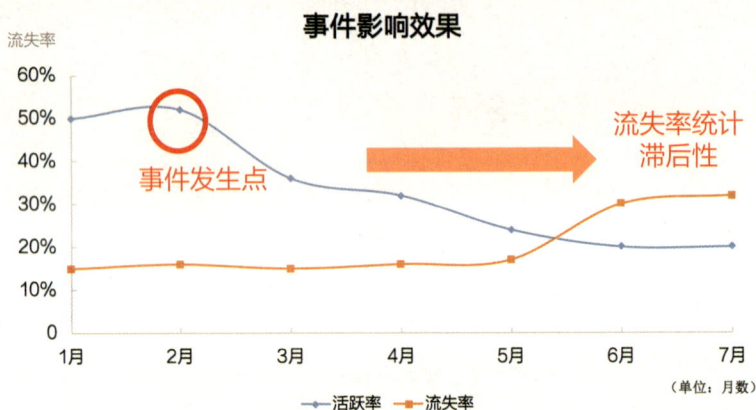

图 11-9

因此，在发现有事件型问题的数据特征时，需要做以下工作。

- 收集并密切注意相关事件。
- 做好事件归类（内部/外部、系统/价格/产品……）。
- 锁定受影响用户群体（打标签以备观察）。
- 关注受影响用户活跃变化情况。
- 观察事件对整体流失的影响。

这样就事论事更容易看出结果。在设计用户挽留方案时，也更容易对症下药，找到真正让用户不满意的原因比单纯地塞优惠券更能挽留住用户。

> **注意：** 正面事件也会提升用户流失率。单纯地提高非消费类软指标，最容易引发数据上的"虚假繁荣"。客观地说，只要有优惠活动，就会吸引一部分用户参加，而这部分用户天生流失率就高。主观上讲，运营人员为了制造好看的数据，也会减少活动的限制，从而留下一些漏洞。这两方面的作用，往往会使得正面活动的效果打折。

比如在吸引新用户注册时，由拉新活动带来的用户的流失率明显高于自然来的用户的流失率。

因此，在做活动的时候，就得提前考虑相关后果。想跟踪后续效果，方法也是相同的。

- 收集并密切注意相关事件。

- 做好事件归类（内部 / 外部、系统 / 价格 / 产品……）。

- 锁定受影响用户群体（打标签以备观察）。

- 关注受影响用户的活跃变化情况。

- 观察事件对整体用户流失的影响。

这样才能正确评判活动效果，避免过度营销等问题。

如果发现数据呈现系统型问题的形态，则说明自己的业务很有可能做得比对手差。此时，诊断业务问题、改善业务才是核心。找出到底哪个业务环节出了问题，才能对症下药，着手改进。

用户在用户生命周期的各阶段的流失原因有所不同，分析的侧重点也不同，如表 11-2 所示。

表 11-2

用户生命周期	用 户 行 为	流 失 原 因	应 对 策 略
进入期	接触、体验、适应新产品	传统企业：产品 / 门店 / 导购员缺少吸引力，兴趣不足，缺少体验感 互联网企业：下载→注册→新手指引流程缺失，体验不佳、存在 BUG	缩短流程、增加体验、增加新人吸引力
成长期	初步体验到核心卖点、需求得到一定满足	非核心用户：早期活动吸引力已耗尽 核心用户：遭遇负面事件 / 竞品吸引	区分用户，集中精力服务核心用户 减少负面事件，应对竞品打击 增加交叉推荐，扩展用户体验
成熟期	已充分体验核心卖点，满足其他需求	传统企业：产品线宽度不够，除主打产品外缺少其他亮点，产品更新慢 互联网企业：功能单一，缺少新功能、新内容、新活动，用户体验停滞	研发新产品、开展新活动

在应对系统型问题时，不同阶段考虑的重点不同。

在进入期，用户实际上还没有体验到我们提供的核心卖点，因此需要无差别改善流程，让用户尽可能体验到我们的核心卖点。在互联网行业中，往往关注"黑色一分钟"（用户从产品下载到注册的一分钟）；而在传统行业中，往往强调迎客话术，尽快让用户做一次体验，试用一下产品。

用户生命周期在进入成长期后，需要分类对待用户。进入成长期后，边缘用户、"羊毛用户"会被淘汰，用户价值也开始分化。非核心用户就应该让其流失，一味挽留只会浪费经费，还会因为打折频繁而让品牌贬值。这时要特别关注的是核心用户的流失，核心用户的活跃率下降、生命周期缩短、新用户中的核心用户占比下降，都是大问题，需要细致梳理原因和解决。因为有可能在流失率涨上来之前，用户就已经开始流失了。

系统型问题不是一步就能解决的，而是持续迭代的过程。虽然通过分析能诊断出问题点，但解决方案并不见效，不能改善数据表现。因此，如果发现存在系统型问题，则需要进行以下操作。

- 选好参照产品，找准差距。

- 设计解决方案，投入测试。

- 记录测试结果，观察数据变化。

- 积累经验，保留有效方法。

最终，如果方法见效，就能看到用户留存曲线越来越接近竞争对手的用户留存曲线了，用户流失率持续下降，这时候可以说系统型问题已得到解决。这中间可能要进行很多次试验、尝试，因此需要做好观察和记录。

持续型问题往往最难解决。因为用户流失率、用户活跃率、用户留存率等数据经常出现不规则的小幅度波动，而不是大幅度地持续增长。这就是真正的"鸡肋"问题：放着不管，但是领导总询问；想管一管，但是没有头绪。甚至还有用户流失率已经涨了几天了，可分析报告还没写出来，用户流失率就又跌回来了。在现实工作中，这种情况常常让人"头疼不已"。

综上所述，通过内部数据进行分析并排除问题的顺序是：事件型问题≥系统型问题≥持续型问题。因为单次的重大事件最容易被识别，容易通过数据看清楚。同时，往往一系列事件是导致系统型问题、持续型问题的根源，能识别出具体事件对处理其他问题也有帮助。

对于系统型问题，在业务方经验丰富的情况下，能找到合适的标杆产品，因此相对容易处理。

最难处理的是持续型问题，因为用户流失率往往不会持续变化到特别严重的情况，而是小范围反复波动。在缺少经验、数据积累不足的情况下，很难完全识别这些小波动。所以针对持续型的小波动，如果真的在短期内分析不清楚，就设立观察指标先追踪，等到一定程度可能就可以找到线索。并且，在问题持续发展的过程中，有充足的时间寻找更多解决问题的手段。

11.4　从行业、竞品角度分析

行业分析由 14 个固定的板模内容构成，做行业分析时可以先分模块采集数据，如表 11-3 所示。

表 11-3

一级模块	二级模块	内　容	形　式	用　处
行业规则	产业链情况	上游、下游有哪些企业，如何合作	定性描述	了解行业基本做法
	商业模式	供应、生产、销售、营销如何组织	定性描述	
	进入壁垒	新用户进入行业，所需资质、资金、技术、场地、人员	定性描述	
行业现状	潜在空间	面对的潜在群体数量，消费能力，产品需求	预估数据	潜力空间＋市场规模可以判定行业还能做多久；
	市场规模	实际消费的群体数量，消费能力，产品需求	定量数据	
	地域／人群分布	在国内／国外范围内覆盖了哪些区域、人群	定量数据	地域／人群分布用于判断细分领域机会
	产品结构	高／中／低档产品配置，每一类对应的市场份额	定量数据	竞争手段与竞争战术
	集中度	头部玩家（Top3，Top10）所占的市场份额	定量数据	
	差异化程度	同质竞争（价格战）差异竞争（档次、人群、功能差异）	定性描述	
发展趋势	增长趋势	用户、销售额、产品增长态势	预估数据	对于新用户，判断进入机会；
	进入／退出情况	进入／退出行业的企业数量	定量数据	对于老用户，判断是否扩张／收缩
	资金流入／流出	行业内追加投资、撤离投资情况	定量数据	
	结构变化	行业各细分领域发展趋势	定量数据	细分领域是否有机会
标杆企业	标杆企业	标杆企业的做法、数据	定性描述	如果复制，就用这个

做分析时，罗列事实和数据仅仅是第一步，如何基于数据和事实做判断更重要。做行业分析，要先清晰对象：对于一个行业的新用户／老用户，需要关注的点是不同的。

（1）对于行业的新用户的核心关注点

- 这个行业在做什么（基本做法）。
- 这个行业有多大的价值（是否值得做）。
- 进入的难度有多大（能不能做）。
- 要以何种方式进入（怎么做）。

因此，具体的分析逻辑如图 11-10 所示。

第一步：先了解基本做法	产业链情况	商业模式	进入壁垒		
第二步：判断是否有机会的5个关键指标	潜在空间	市场规模	增长趋势	进入/退出情况	资本流入/流出
第三步：细化，看具体机会在哪里	集中度	差异化程度	地域分布	产品结构	结构变化
第四步：找一个可复制的对象	标杆企业				

图 11-10

第一步是前提，不懂做法，"新手必死"。

第二步是做出进入／退出判断的重要依据。

出现以下特征往往是明显的进入信号。

- 潜在空间大＋市场规模小。

- 增长速度快，增长曲线陡峭。

- 大量新用户进入，资本大量涌入。

至于具体怎么进入，进入哪个领域，进入后做什么，则要靠第三步和第四步的分析。

需要注意的是，在第三步和第四步，数据本身并不能讲明到底该怎么做，只能呈现出目前是何种态势，有几个细分领域，哪个成长快，哪个成长慢。具体怎么做，要看决策人的个人能力与发展意愿。

（2）对于老用户的传统的关注点

- 面对多大的市场。

- 要和谁竞争。

- 要在哪里打败他。

具体的分析逻辑如图 11-11 所示。

对于老用户的分析思维更接近博弈思维，其中关注的是和谁竞争，采用什么策略竞争，在哪里竞争，因此会更早关注到市场集中度，关注标杆企业，选中对手后再考虑策略。这其实也是竞争对手分析的思路。

图 11-11

还有一些因素会影响到行业发展的大环境，可以从"PEST"角度来分析。

- P（Political）：政策。政策对行业的影响往往是立竿见影且致命的。

- E（Economic）：经济走势。经济大趋势对行业的影响非常明显，上下游企业受影响，都会"城门失火，殃及池鱼"。

- S（Social）：社会群体。用户的数量、需求、爱好的变化，会引起产品的销量、地域分布的变化。

- T（Technological）：技术。新技术会催生新商业模式、新产品品类、新细分市场。

注意：这 4 种影响因素表现在数据上是有差别的。

- 政策的影响不言而喻，往往是"断崖式"下跌或"风口式"起飞。

- 对于经济趋势的影响，要具体看对行业的哪一端带来影响，再量化估计，如图 11-12 所示。

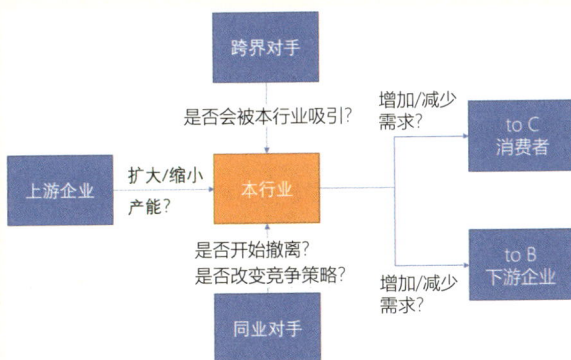

图 11-12

- 社会群体的影响，往往体现在目标用户群体数量、需求、购买力的变化上。这些变化直接影响的是细分品类的市场，不会像政策、经济趋势影响因素那样在短期内释放巨大的影响力，但是会表现为长期的变迁，比如细分品类需求减少、新品类的产生等。

- 技术的影响，往往体现在对商业模式、供应链，营销渠道的变化上，如图 11-13 所示。

图 11-13

> **注意：** "新的" 不代表就是 "好的"，新技术可能是机会，也有可能是陷阱，特别是还没看到成功商业个案的时候。盲目鼓吹新技术，只会徒增成本，拖累企业经营。所以对成本、产量的评估，对卖点的市场接受度的定量评估，对营销模式的定量评估非常重要。

以上就是最传统的行业分析与竞品分析方法了。但是这种传统的分析方法也面临着越来越多的挑战。因为现在跨界竞争越来越多，比如智能手机颠覆了传统的消费电子产品，电子签约技术严重打击了快递市场（因为使用电子签约技术后，就不再需要邮寄纸质文书了），因此，仅仅盯着业内的对手布局，很可能被跨界来的对手 "打趴下"。每当有新技术、新环境出现的时候，行业研究人员往往会关注新业务的业务逻辑，从业务逻辑的角度来推演对自身的影响，而不是等着数据出现变化时再来解读——那时可能已经晚了。

从以上分析过程可以看出：行业研究重在趋势分析，因此很难对产品的某一个具体功能点进行细致的分析。实际上也不需要细致到这个程度，因为行业大环境带来的影响往往是长期的、深远的、反响巨大的。如果整个行业真的要 "变天"，则一定会在内部数据上有明显的表现：行业内实力强劲的企业的业绩波动弱于行业整体波动，而实力不济的企业的业绩波动会高于行业整体波动。此时，内部数据一定会有体现，且同行会有明确的表态，因此很容易识别到行业大趋势的变化，如图 11-14 所示。

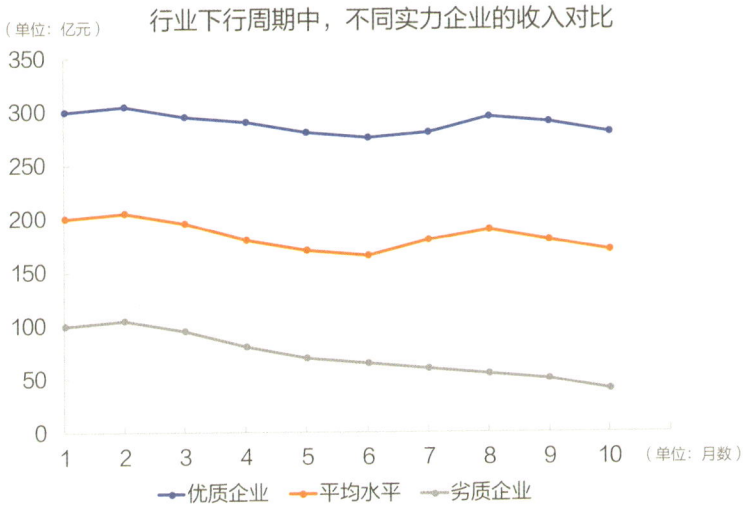

图 11-14

　　至于竞争对手的影响，一般而言，在只有几个寡头垄断的市场中，才会有明显的竞争对手博弈效应。在大部分情况下，只要没有明显遭遇行业寒冬期（上游断链、下游萎缩、用户大量出逃），在众多企业分散竞争的市场中，行业因素影响非常小，竞争对手也很少直接撞车。通过观察行业内前 3 名 / 前 10 名企业的业绩与其他企业的业绩差距，可以识别出到底市场是处于哪种竞争态势，如图 11-15 所示。

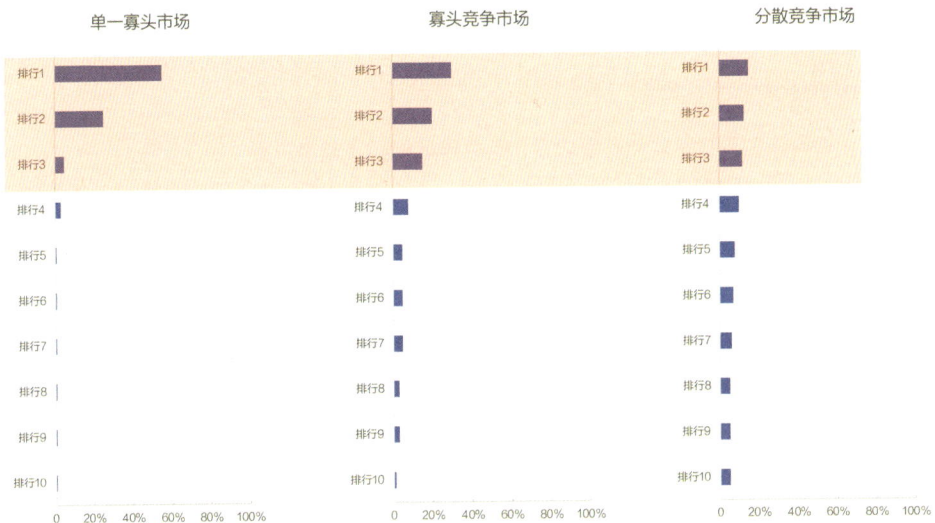

图 11-15

特别是类似本案例的情况，受行业的影响更小。本案例的用户数仅有十几万人，相比用户数为上亿人的游戏市场来说根本就是九牛一毛。这个时候远远谈不上所谓的"受竞争对手影响"，自己产品/运营做得好不好才是关键。特别是游戏是一个创意性极强的产品，很容易通过研发设计实现差异化，避免同质化竞争，为自己争取到生存空间。所以，可以直接排除宏观因素的影响。下面具体看看用户到底为什么会流失。

11.5　从用户态度角度分析

很多人会认为用户访谈很简单："不就是问问题吗，我也行。"于是便经常出现以下画面。

访问者："你幸福吗？"

用户："我姓焦……"

即答非所问，场面非常尴尬。

想避免这种问题，就得提前设计好问题，做好访问计划。

1. 第一步：了解基础数据

在访问用户前，要对用户的情况有基础的了解。比如在本案例中，要访问的是流失用户，则对于用户在流失以前的情况，如下载游戏渠道、是轻度用户还是重度用户、是否付费、最后登录时间、成就获得数量等要有基本的了解，最好能形成假设：

- 用户过于饱和，所以流失。
- 用户卡关，所以流失。
- 用户是学生，自然流失。

这样在询问流失用户时才能有所侧重，避免随意提问造成用户答非所问。

2. 第二步：做好用户分层

为了避免反馈出现偏差，在事前要做好用户分层（比如根据游戏等级、付费等级、成就获得数量划分用户），各个分层的用户都要覆盖。对于在内部数据研究中发现问题严重的用户群体，可以多设置样本，但问题较轻的用户群体，也要有代表样本，避免调查群体过于单一。

在邀约用户访谈的阶段，可以关注是否有太多用户来自同一群体。比如在访谈用户的时候，发现用户主要来自学生，一方面，在做内部数据分析的时候，可以多关注是否在9月初这个开学节点，会流失大量用户；另一方面，在邀约用户访谈的时候，得更加注意找非学生的代表用户。

3. 第三步：设计访谈问题

这是最考验商业分析师功力的部分，设计访谈问题时要避免以下几个方面的内容。

（1）避免多重口径，避免时间模糊

比如不要问"您最近为什么不玩游戏了"，这个说法太含糊。可以问"您的手机上是否还有 ×× 游戏""最后一次玩 ×× 游戏是什么时间"，这样就清晰多了。

（2）避免专业术语，避免诱导型问题

比如不要问"您为什么流失了"，流失是公司的内部术语，不是用户所用的语言。可以问："您最后一次玩 ×× 游戏是什么时间，在此时间后是否还玩过"。不要问"您为什么觉得我们的游戏不好玩"，这是诱导型问题（引诱用户讲"游戏不好玩"），可以问"您在 ×× 时间以后，不玩游戏的原因是什么"。

（3）避免用形容词，用能还原场景的具体描述

比如用户回答"因为游戏不好玩"，"好玩"是一个形容词，或者回答"因为游戏不好看"，"好看"也是一个形容词。此时不要停止询问，而是让用户指出具体的不好玩 / 不好看的场景。比如打开游戏，指着游戏界面问哪里不好玩，还原操作。或者打开用户认为好看的游戏场景，直接截图，记录用户喜好。

（4）尽量现场操作，不要只用口头描述

即使做了以上动作，口头描述的准确度还是很低的，最好能让用户现场体验产品，当场做评价。更好的是让用户拿出替代自己产品的竞品，现场演示，记录用户的反应。

（5）按照一个时间线，从头到尾访问，不要跳跃

比如按照最初怎么下载游戏，之后怎么玩，再之后又换了什么游戏的顺序逐一访问，避免东扯一句，西扯一句。

以上只是一些基本的注意点，这些注意点是为了尽可能多地获取准确的用户意见，避免用户的回答被人为干扰。总之，访谈的技巧需要长期的训练才能有提升。

4. 第四步：执行访谈计划

根据之前设计好的人群、问题进行访谈。在访谈中，如果有额外的发现，则可以临时增加样本。比如发现游戏中不使用道具的用户流失严重，则可以增补使用道具的用户样本，了解这些使用道具的用户是如何学会使用道具的，再针对不使用道具的用户进行测试，看他们学会使用道具以后，是否对游戏更有兴趣。

5. 第五步：总结访谈结论

> **注意：** 访谈的用户数量不是无限的。如果分析人员亲自做访谈，那么其一周最多可以访谈十几个人；如果找专业的调研公司，那么每个访谈都需要付出成本。所以不能指望无限制地进行用户访谈，而是要及时总结结论。

比如，通过访谈发现"50关"以后，游戏难度突然增加，用户过关压力大，道具效果不明显是用户流失的主要原因，则可以得出3个后续分析线索。

- 线索1：如果让产品降低难度，那么可能会减少用户流失。
- 线索2：如果让运营开展活动，多送道具，那么可能会减少用户流失。
- 线索3：能力强（不会在一关卡很久，道具使用数量少）的用户流失率更低。

这3个线索都能支撑后续的分析和运营工作了。这种阶段性结论要及时输出，再结合内部数据获得更准确的结果。

6. 第六步：检验访谈结论

有了后续分析线索就能做检验。检验包括数据测试层面的检验与数据分析层面的检验。

数据测试层面的检验针对线索1和线索2。如果分析得够准确，则对应开展活动后能有效遏制用户流失。当然，数据测试需要做分组测试（比如分为有道具增加组/无道具增加组），并且需要运营和产品的配合。

- 数据分析层面的检验针对线索3，可以直接用内部数据验证。如果按单一关卡停留时间分层，发现单一关卡通关时间越短且道具使用率越低的用户，流失概率明显减少，则可直接验证假设。
- 数据检验与数据测试是非常重要的一步，只有通过这一步才能把访谈调查回来的结论与内部数据联系起来，进而推导出正确的结论。

11.6　小结：商业分析的6种基本工具

解决商业分析问题可以使用以下6种基本工具。

- 报表跟踪：最基础的工具，以固定格式跟踪数据。
- 专题分析：针对单个问题的深入分析。
- 算法模型：对某些特定问题（预测/分类）进行的建模。
- 数据测试：通过A/B测试、增长实验等手段，检验结论。

- 用户调查：弥补内部数据不足，主要采集用户态度 / 体验数据。

- 行业研究：弥补内部数据不足，主要采集行业 / 竞品数据。

实际上，在解决商业问题时，在大部分情况下数据是不够用的。通过本案例也能看出来，即使是互联网企业，也无法采集完所有的数据，也得依靠用户调查，配合测试手段才能最终得到准确的结果。

这 6 种基本工具本身各有特点，如表 11-4 所示。

表 11-4

工　　具	技 术 难 度	所 需 时 间	所 需 经 费
报表跟踪	低	短	低
专题分析	中	中	低
算法模型	高	长	低
数据测试	中	中	高
用户调查	中	短	中
行业研究	低	短	中

根据这些工具的特点，建议用下面的方法分配任务。

（1）报表跟踪要做好

业绩监控、用户情况监控、活动监控要及时做，并且业务方在监控中发现的问题、处理问题的经验、用户的基本特征、业绩的基本走势都要有经验积累，这样才能及时发现问题，遇到问题也有经验可以参考。

（2）针对特定问题的专题分析、算法模型要不断积累

对于同一个问题，第一次分析时尽量做深、做透，把分析维度、结论、算法模型积累下来，遇到同样的问题时就不会再不知所措。

（3）数据测试要预留费用、人员

有需要的话，就投入生产系统 / 业务团队进行测试，测试过的结论才是正确的结论。

（4）用户调查 / 行业研究要避免突击性工作

在短期内很难收集到大量的数据，只能通过花大价钱向第三方 / 专业调研机构去购买合法的数据。其实在平时，可以慢慢采集数据，这样既节省成本，又能在行业内建立起采集信息的渠道。

整套工具体系的运作流程如图 11-16 所示。

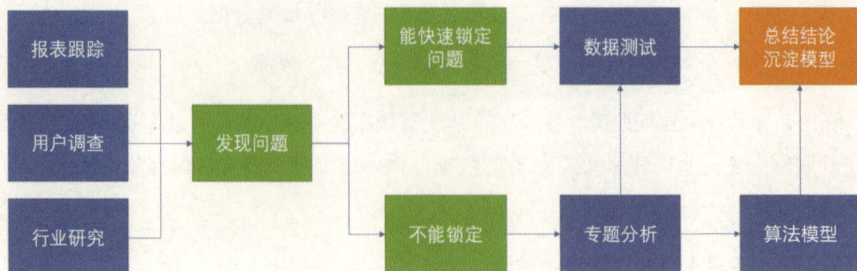

图 11-16

- 常规的报表跟踪，定期的用户调查 / 行业研究要做好。

- 遇到问题，如果能快速锁定，则提交数据测试，检验解决问题的效果。

- 不能快速锁定，则做专题分析，深入研究。

- 所有分析结论均需通过数据测试检验效果，沉淀经验。

- 在积累了足够的数据，有了清晰的应用场景以后再通过算法模型分析，总结结论，沉淀模型。

这是最理想的状态了。

但很有可能，企业的数据建设起步晚，已经积累了一些历史数据，而一些基础建设的数据不多。怎样结合企业业务现状，选择及使用这些工具呢？商业分析工具的选择和具体的问题场景有很大的关系。商业分析项目也是企业的项目，所有企业的项目都要牢记"时间、成本、质量的铁三角"原理：

- 一分钱一分货

- 时间短 + 成本低 = 质量差

- 时间短 + 质量好 = 成本高

- 质量好 + 成本低 = 慢慢磨

- **时间短 + 成本低 + 质量好 = 不存在**

商业分析也是如此，在商业分析中有以下几个方面需要注意。

- 时间：留给分析人员的时间有多少？

- 成本：数据丰富程度、数据质量、数据开发人员的数量。

- 质量：分析的深入、精确程度。

"时间短 + 成本低"，意味着分析必然不精确。既没有丰富的数据，又被领导催着出结果，这个时候最好的办法就是采用报表 + 用户调查（而且是内部用户），通过报表快速锁定问题点，然后直接打电话问对应的业务方："到底出了什么事？"

"时间短 + 质量好"，意味着成本必然很高，这时需要做以下工作。

- 平时就有完善的数据建设，丰富的数据采集。

- 用户分层、用户偏好、用户特征标签提前做好。

- 业绩、活动、库存等报表运转正常。

- 对典型用户体验的访谈有固定的开展模式。

- 消费预测、流失预警等模型提前建好。

- 在分析结论上有充足的积累，对于常见问题有现成的结论。

- 对行业趋势、竞品动作、企业内部业务动作定期收集。

- 数据部门有独立行动权限和独立测试预算。

在这么多资源的支持下，才能在短时间内对问题做出响应，从多个维度论证问题，并且及时开展测试，最后得到正确的结论。这里列出来的每一项工作均有意义，表 11-5 所示列出了如果少了某项工作，会带来的后果及需要弥补的难度，供读者参考。

表 11-5

资源要求	重要程度	缺失后果	弥补难度
平时就有完善的数据建设，丰富的数据采集	★★★★★	巧妇难为无米之炊	非常高，几乎不可能在短期内补上
用户分层、用户偏好、用户特征标签提前做好	★★★★★	根本没法做深入的分析	非常高，几乎不可能在短期内补上
业绩、活动、库存等报表运转正常	★★★	根本不知道问题出在哪里	高，需要追回来大量报表
对典型用户体验的访谈有固定的开展模式	★★★	花钱临时做	高，需要时间 + 经费
消费预测、流失预警等模型提前建好	★★★	缺少预测力，分析不深入	高，需要时间 + 精力
在分析结论上有充足的积累，对于常见问题有现成的结论	★	只能从头开始慢慢分析	中，需要大量人力 / 精力支持
对行业趋势、竞品动作、企业内部业务动作定期收集	★	花钱买现成的结论	中，需要经费、经费，还是经费
数据部门有独立行动权限和独立测试预算	★	无法验证分析结论	中，需要经费、经费，还是经费

总之，在基础建设上欠下的功课，一定会在某个方面体现出来，并且除了补课，别无其他方法。而且，如果问题出在基础的标签建设、数据采集上，在短期内基本上没有办法补齐。所以，请读者牢记商业分析所需的资源，要想做好分析，这些早晚得补上。

那么是不是没有丰富的资源，就无法分析了呢？也不是，即"质量好 + 成本低 = 慢慢磨"。

如果不想投入很多资源，又想分析得很精准，就只能慢慢扩充数据、慢慢积累经验、慢慢分析问题了，这样也能做出好成果，就是花时间而已。

11.7　深思：缺少工具，无法做出深入的分析

11.6 节讲过，商业分析有 6 种基本工具。可在现实工作中，完全是另一番景象。专业的数据分析师 / 商业分析师经常会遇到以下尴尬的局面。

- 报表跟踪：太简单了，没技术含量，领导也不重视，不想做！

- 专题分析：被业务方牵着鼻子走，非得把差的说成好的，做不好！

- 算法模型：数据质量太差，难度太高，没处落地，没得做！

- 数据测试：自己手头没资源，业务方不想配合，还是没得做！

- 用户调查：没有专业的团队，随便做做，业务方又不认可，做了也是白做！

- 行业研究：很想做，可没有数据，只能搜几个统计的粗略数据，白做！

以至于数据分析师 / 商业分析师经常自我调侃："想了解业务方是不可能的，建模算法又不会，就只能靠着写个'环比下降 3%，建议提高'，把 PPT 版面填满，这样才能维持自己在工作的样子……"

所以相当多的数据分析师 / 商业分析师每天沉迷于"文字游戏"，埋头整理内部数据。他们名为"商业分析师"，实则一不懂商业、二没有分析，如果问他们下面的问题：

- 本行业商业模式是什么？

- 用户生命周期有多长？

- 行业内留存率是多少？

- 核心用户是什么群体？

- 核心卖点是什么体验？

- 竞争对手有多大差异？

- 运营当期目标是多少？

- 当期实际完成是多少？

- 最近已做了什么行动？

- 最近还要做什么行动？

- 出现了哪些意外 BUG？

- 最新改动有什么影响？

则回答通常是不太知道，甚至是统统不知道。你问他们知道什么？他们只知道写代码、分析数据指标，然后按用户年龄、性别、注册渠道、购买频次等指标做一大堆交叉表，最后对着一组组数据发呆：这到底说明什么了呢？

然而，在业务方那边，完全是另一种场面。

- 报表跟踪：不就是一行数吗，懒得看！

- 专题分析：就怕领导怪罪，所以必须夸大！

- 算法模型：这个厉害，总之自己不会做的，就用模型！

- 数据测试：什么叫测试？为什么还要测试？为什么要我测试？

- 用户调查：我就是用户！还要什么调查！我说了算！

- 行业研究：我就是专家！还要什么研究！我说了算！

面对数据，业务方经常处于盲目自信和盲目自卑之中：没出问题，就蔑视数据，觉得自己经验丰富，包打天下；出了问题，不去深入思考，不做测试验证，就指望高级算法工程师来做一个模型，把问题"一炮"解决。在这种状态下，反而失去了实事求是的态度，失去了总结成果、积累经验的机会。平时对业务的基本形态缺少细致的分析和经验的积累，遇到复杂问题时，当然束手无措了。

以上现象在各个企业里都普遍存在，这也是商业分析很难在企业里做出成效的根本原因。

商业分析是一个细致、烦琐、具体的工种，如果一定要类比，它更像一位建筑工，从采集数据开始打地基，采集各种行业、公司、员工、用户的信息作为建筑材料，细致耐心的逻辑梳理是它的图纸，最后才能搭建出各种壮丽美好的建筑。

商业分析工作需要的从来不是一个"高手"，而是一个用事实说话的团队，一个完整的数据系统，以及一群认真梳理问题、积累经验的人。

第12章

用商业分析指导决策

　　看完前面章节介绍的例子，是不是已经有读者开始摩拳擦掌，准备一试身手了呢？这里给读者提个醒：为了完整展示商业分析思路，本章列举的两个例子都是假设的最理想状态。本章中的例子要让读者感受到真实的商业分析。

12.1　典型问题：如何提高销售业绩

　　已知某企业的商业背景如下。

- 卖私家车的经销商（属于 B2B2C 模式），在 A 城市新设立了分公司，目前有 20 名销售员。
- 每位销售员一个月内签约意向客户能力有上限（平均每人签约 50 个客户）。
- 签约意向客户后，销售员还要打电话跟进客户来试驾、商谈直至最终付款。
- 20 名销售员每月可签约 1000 个有意向客户，其中有 400 人试驾，最终有 200 人购买。
- 若每辆车单价为 5 万元，则 20 名销售员一个月可实现销售金额 1000 万元。

　　下个月的销售金额目标是 1200 万元，请分析一下如何才能达成目标？

　　补充信息如表 12-1 所示。

- 每月签约的客户来自 5 个渠道，分别命名为 A 渠道、B 渠道、C 渠道、D 渠道、E 渠道。
- 每个渠道的有意向客户数量、试驾客户数量、无促销时客户数量都不同。
- 根据过往经验，如果采取降价 1 万元的大力度促销，则客户购买率也不同。

表 12-1

客 户 来 源	有意向客户人数（人）	试驾客户人数（人）	无促销时购买客户人数（人）	预计有促销时购买率
A 渠道	200	160	100	60%
B 渠道	200	120	50	40%
C 渠道	200	40	20	15%

续表

客 户 来 源	有意向客户人数（人）	试驾客户人数（人）	无促销时购买客户人数（人）	预计有促销时购买率
D 渠道	200	60	20	28%
E 渠道	200	20	10	8%
整体加和 / 平均值	1000	400	200	30%

备注：

① 预计有促销时购买率 = 促销时购买人数 ÷ 有意向客户人数，后同。

② 促销方式为试驾以后才展示优惠价格，不提前展示。

③ 根据题目的实际意义和具体要求，本章所含表格中的部分数值采用了取近似数的计算方法。

以上是商业背景信息，请读者自行思考：该如何分析这个问题呢？之后再看后续的讲解。

12.2　整体思路：围绕投入 / 产出做分析

首先审题，案例题目要求是"如何达成 1200 万元的销售金额目标"，这是一个典型的"怎么做"的问题。因此，要给出的答案不是"销售金额同比增长 ××%，环比增长 ××%"这种简单的数字陈列，而是要给出下面的答案。

- 下个月可以通过增加 15 名销售员来完成目标。

- 下个月可以通过投入 100 万元成本做促销来完成目标。

- 下个月可以通过寻找 300 个优质客户来完成目标。

当分析结果能驱动决策的时候，就不再是单纯地解读数据或寻找原因，而是要落实到一个具体、清晰的业务动作上。

> **注意：** 题目提到的是"下个月"如何达成目标，下个月还未到来，因此这是一个预测问题。预测问题必然涉及预测的假设前提，先明确假设再讨论。因此，下面的所有分析都是在 ×× 假设成立的前提下进行的。

在案例场景中，需要达成的目标已经知道了，但投入多少资源尚未明确。编写一个销售话术或设计一个活动，是销售、运营、策划应该做的事。作为商业分析师，主要是解决执行问题，而不是直接想业务方案。

商业分析师首先要从投入 / 产出的角度看，先梳理现有的做法，看现有做法的投入 / 产出情况如何，帮助业务方梳理清楚大方向：是从现有做法里挑一个，还是创造新方法。找到大方向，再考虑细节。这样才突出了"基于数据决策"，而不是"基于业务经验决策"。一旦方向选错，即使业务细节设计得再精密，最后也是南辕北辙。因此，站在投入 / 产出的角度来看，先选大方向对业务方的开展是非常重要的。

在本案例里，产出的要求是已经确定的，但并没有明确对投入的约束。因此，申请多少资源完成任务是可以谈的。基于此，可以形成的思路如下。

- 如果管理层允许直接追加投入来完成目标，就直接申请资源。
- 如果管理层不允许直接追加投入，就得思考是改造旧的做法，还是增加新的做法。
- 改造旧的做法，又有两个方向：改变投入方向和改造工作环节。
- 增加新的做法，得从目前的做法里总结经验，以及发现经验不足。

总结以上思路如图 12-1 所示。

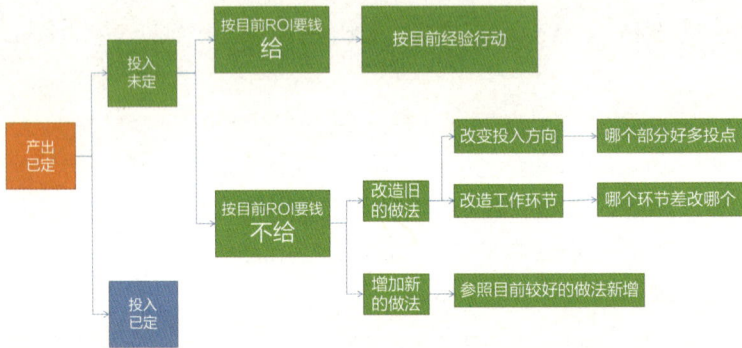

图 12-1

带入案例中的场景思考会发现，有 4 个分析方向可以考虑。

（1）增加销售员

案例里提及每位销售员每月最多签约 50 个有意向客户，目前 20 名销售员一个月可以签约 1000 个有意向客户，已经达到工作能力上限，因此不增加销售员是很难再增加有意向客户人数的。没有足够的有意向客户，购买人数肯定更少。

（2）开展促销

认真的读者通过计算案例中的数据就会发现，在开展促销的情况下，客户购买率有明显的提高，因此开展促销似乎是一个好主意，只是要核算开展促销带来的收入，是否足以覆盖促销成本，如表 12-2 所示。

表 12-2

客 户 来 源	有意向客户人数（人）	试驾客户人数（人）	无促销时购买客户人数（人）	无促销时购买率	预计有促销时购买率
A 渠道	200	160	100	50%	60%
B 渠道	200	120	50	25%	40%

客 户 来 源	有意向客户人数（人）	试驾客户人数（人）	无促销时购买客户人数（人）	无促销时购买率	预计有促销时购买率
C 渠道	200	40	20	10%	15%
D 渠道	200	60	20	10%	28%
E 渠道	200	20	10	5%	8%
整体加和 / 平均值	1000	400	200	20%	30%

（3）集中发展优质客户

认真的读者还会发现，各个渠道的客户质量不一样。A、B 渠道的客户质量明显优于 C、D、E 渠道，同样是 200 个有意向客户，无论试驾人数还是购买人数，A、B 渠道的客户人数都更多。因此在理论上，可以让销售员集中发力寻找更多 A、B 渠道的客户，从而在同样多的有意向客户的情况下，提高购买人数。

（4）提高转化率

另外，读者通过计算案例中的数据就会发现各个渠道的转化率不一样。那么在理论上，通过销售话术培训、邀约试驾方式优化也能提高这两个环节的转化率。转化率高了，购买人数也会增加，如表 12-3 所示。

表 12-3

客 户 来 源	有意向客户人数（人）	试驾客户人数（人）	有意向→试驾转化率	无促销时购买客户人数（人）	试驾→购买转化率
A 渠道	200	160	80%	100	63%
B 渠道	200	120	60%	50	42%
C 渠道	200	40	20%	20	50%
D 渠道	200	60	30%	20	33%
E 渠道	200	20	10%	10	50%
整体加和 / 平均值	1000	400	40%	200	50%

经过梳理，能得到下面 4 条提高业绩的思路。

- 增加销售员。

- 开展促销。

- 集中发展优质客户。

- 提高转化率。

很多新手分析师在找到这 4 条提高业绩的思路以后，就直接把这 4 条思路作为分析结论递交给领导了！分析报告上写着："我们一要……；二要……；三要……；四要……"，看着很全面。可这种报告最容易被领导、业务部门同事批评："这些都是废话，你做了什么分析？"

为什么会这样？因为"面面俱到，等于什么都没说"。业务人员的精力是有限的，在分析时不可能做到面面俱到。同时，每种方案都有对应的时间、成本要求，到底可不可行，尚需论证。

- 增加销售员，能保证新来的销售员也能做得同样好吗？

- 开展促销，到底要多花多少钱，值不值？

- 集中发展优质客户，为什么之前不集中？是不想、不知道还是不能？

- 提高转化率，到底能不能提高？能提高多少？

对于以上这些都没有结论。

所以，基于分析提建议，切忌面面俱到。特别是在预测的前提下提建议时，提得越全面，混杂的因素越多，就越难分析清楚。这时候应该针对这 4 条思路，单独完善各自的假设与论证，之后再看如何组合应用。

> **注意：**这 4 条思路对应的主要负责部门、工作内容是不一样的。
>
> - 增加销售员：销售部，招聘工作。
>
> - 开展促销：市场部，活动策划。
>
> - 集中发展优质客户：数据部，专题分析。
>
> - 提高转化率：销售部，销售培训。
>
> 因此，对单一假设分析得越深入、清晰，对应的主要负责部门越知道自己该做什么。这样在设计组合策略的时候，业务部门才知道谁是主力，谁是配角。

12.3　用商业分析指导销售

在以上 4 条思路中，有两条和销售有关，因此，下面先看如何用商业分析指导销售。

销售是执行类工作，要提升销售业绩，有两种基本方法。

- 增加人手：多找一些人来做，理论上就能多做一点。

- 增加技巧：多做一些培训，让每个人的成功率高一些。

在上述案例场景中，要完成 1000 万元的销售金额，对应 20 名销售员，每名销售员平均要完成 50 万元的销售金额。通过简单的计算就能知道，要完成 1200 万元的销售金额，就需要增加 4 名销售员。

因此，可以建议销售部增加 4 名销售员来实现目标，对吗？

答：不对！

这里隐藏了 3 个问题。

问题一：是否所有销售员水平一致？如果所有销量员水平一致，当然可以直接增加 4 名销售人员；如果销售员水平不一致，甚至 80% 的销售金额是由 20% 的优秀销售人员完成的，那么直接增加 4 名销售员就不能完成任务。因此，在此需增补销售业绩数据，看销售员的水平是否一致，如图 12-2 所示。

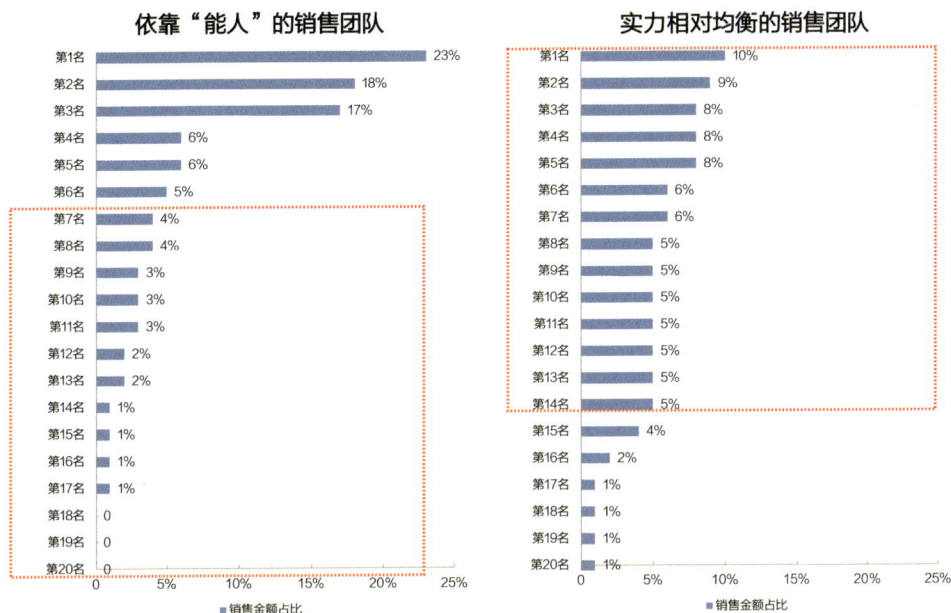

图 12-2

如果销售团队是依靠"能人"的队伍，那么招聘来的人，其销售能力可能低于平均水平，这时候指望通过招人来带动销售业绩就是空谈；如果销售团队是实力相对均衡的队伍，那么招聘来的人可以完成平均任务，通过招人来带动销售业绩就是可行的。

问题二：招聘 4 名合格的销售员需要多长时间？招聘是需要时间的，越是招聘精英人才，需要的时间就越久，甚至完全得靠碰运气。因此，招聘需要花费时间成本。同时，招聘有一定的失败概率，即使是实力相对均衡的销售团队，每招进来 20 个销售员，依然有 5 个（25% 的概率）是低于平均水平的。也就是说，为了达成目标，需要多招一些人，按 75% 的合格率计算，要想招到 4 个合格的销售员，至少得招 6 个销售员才行。这又增加了招聘时间，这些成本都要考虑。

问题三：增加团队人数以后，是否可以保质保量完成任务？注意：增加人手能完成任务，是建立在增加人手以后，每个渠道的有意向客户人数、试驾转化率、购买转化率不降的前提下，而这些前提不见得成立。因为人手增多，团队内部的新人与老人之间需要磨合。因此要有监控指标，观察客户结构是否有变化，转化率是否降低，如表 12-4 所示。

401

表 12-4

客户来源	增加人手后有意向客户人数（人）	增加人手后试驾转化率	增加人手后购买转化率	试驾人数（人）	购买人数（人）	购买金额（万元）
A 渠道	240	80%	63%	192	120	600
B 渠道	240	60%	42%	144	60	300
C 渠道	240	20%	50%	48	24	120
D 渠道	240	30%	33%	72	24	120
E 渠道	240	10%	50%	24	12	60
整体加和/平均值	1200	40%	50%	480	240	1200

总结一下，通过增加人手来提升销量，需要满足的条件如下。

- 新招聘的销售员水平高，能直接提供贡献。

- 有充足的时间，可以招聘到足够的人手。

- 团队扩充背后，工作效率不降。

这 3 个条件，可以转化为以下 3 个数据问题。

- 销售团队业绩分布是否均衡？新销售员首月业绩区间在什么范围？

- 按招聘成功率反推，需招聘多少人？需花费多少时间？

- 上一次团队扩充以后，是否出现转化率，客户结构是否有变化？

通过这 3 个数据的补充分析，可以支持/否定增加人手的结论。

同时，如果方案通过，则可以先增加以下过程监控指标。

- 团队招聘进度，招聘完成率。

- 新销售员的首月表现。

- 团队整体转化率的表现。

通过增加过程监控指标，可以监控执行过程是否会出现问题，从而保障方案的顺利落地。

如果方案通过还可以增加技巧。理论上，可以通过以下技巧来提高业绩。

- 增加拜访技巧，提高有意向客户签约数量。

- 增加邀约技巧，提高有意向客户试驾率。

- 增加谈判技巧，提高试驾客户成交率。

> **注意：** 案例开头已经给了限制，即单人签约有意向客户有上限，因此再提升技巧只能往邀约技巧和谈判技巧上考虑。将其转化为数据问题，就是提升试驾转化率和成交转化率。

那么问题来了，这两个转化率应该优先提升哪一个呢（见表12-5）？

表 12-5

客 户 来 源	有意向客户人数（人）	有意向→试驾转化率	试驾→购买转化率
A 渠道	200	80%	63%
B 渠道	200	60%	42%
C 渠道	200	20%	50%
D 渠道	200	30%	**33%**
E 渠道	200	**10%**	50%
整体加和 / 平均值	1000	40%	50%

这里会有两种不同的态度。

一种态度认为：A 渠道客户的各个环节转化率都比较好，理论上这一类客户最好转化，应该提升该类客户的转化率。

但是另一种态度认为：D 渠道客户的购买转化率最低，应该提升 D 渠道客户的购买转化率；E 渠道客户的试驾转化率最低，应该加强 E 渠道客户的试驾转化率。

问：到底该参考哪种态度呢？

答：都不参考。

对于提升技巧，当前现状是高是低并不重要，重要的是可提升的幅度与提升方法。

目前转化率低可能因为这个群体整体就低，也可能是因为没有用好的方法才导致转化率低；目前转化率高，也有本身转化率高和因为目前做得好转化率才高两种可能。所以，得总结现在的做法，或者用新方法尝试才能找到真正提升的办法，而不是只盯着目前的转化率高 / 低下判断。

因此，解决问题的思路可以从以下两个方面着手。

- 一方面：做标杆分析。比如针对 E 渠道的客户，看目前是否有销售员能把该群体的试驾转化率做得很好。如表 12-6 所示，明显有销售员小张能把该群体的试驾转化率做高，这时候可结合小张的做法深入分析，论证小张仅仅是运气好才做得好，还是真有办法能持续做好。如果小张真有办法能持续做好，那么就找到了提升 E 渠道客户试驾转化率的方法了。

表 12-6

销 售 员	本月 E 渠道有意向客户人数（人）	试驾转化率	购买转化率	最终转化率	最终购买人数（人）
小张	20	**50%**	50%	25%	5
小李	20	10%	50%	5%	1
小王	20	10%	50%	5%	1

- 另一方面：做A／B测试，测试新方法。比如针对E渠道的客户，现有的邀约话术为版本1，经过讨论，部门研发了新话术版本2。测试的时候，可以让同一个销售员分别用不同的话术邀约，检验客户到店试驾效果（用同一个销售员，主要为避免因销售员本身能力的不同引发的结果不同）。若结果如表12-7所示，则说明话术版本1邀约效果确实好，可以试着让其他销售员使用，持续观察效果。

表 12-7

销 售 员	有意向客户人数（人）	邀约试驾话术	试驾转化率	购买转化率	最终转化率	最终购买人数（人）
小张	20	版本 1	50%	50%	25%	5
小张	20	版本 2	10%	50%	5%	1

经过事前分析＋事后测试，可以总结出改善技巧的方法。但是这样做非常消耗时间，往往需要数个月的循环观察及总结，才能得出一套适合普遍推广的方法。因此，如果是在短期内追求销售金额的提升，则很可能要放弃这种做法。

以上就是用数据指导销售的基本思路。读者可以看到，没有任何一条思路是可以仅仅凭着一张数据表就下结论的。所有的做法都是结合具体场景，综合考虑多个数据才得出的。

12.4　用商业分析指导运营

在以上4条思路中，找优质客户是直接与数据分析有关的。通过分析指出优质客户的特征，可以帮助销售员更精准地找到目标群体，从而提高销售金额。

> **注意：** 优质是一个形容词，请注意形容词皆涉及标准问题，因此，要先定义清楚什么是优质客户。目前仅有正常购买率与促销购买率两个数据，利用这两个数据，可以先计算出促销提升度：促销提升度 = 促销购买率 − 正常购买率（见表12-8）。

表 12-8

客 户 来 源	有意向客户人数（人）	试驾转化率	购买转化率	无促销 最终转化率	有促销 最终转化率	促销提升度
A 渠道	200	80%	63%	50%	60%	10%
B 渠道	200	60%	42%	25%	40%	15%
C 渠道	200	20%	50%	10%	15%	5%
D 渠道	200	30%	33%	10%	28%	18%
E 渠道	200	10%	50%	5%	8%	3%
整体加和／平均值	1000	40%	50%	20%	30%	10%

理论上，优质客户应该是不管有没有促销都会购买的。因此，优质客户应符合"正常购买

率高＋促销提升度低"的特点。这是一个典型的两维度分类问题，因此，可以用矩阵法进行分类，如图 12-3 所示。

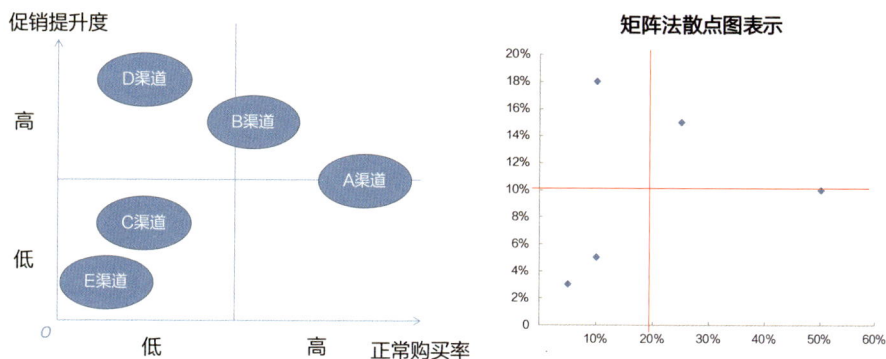

图 12-3

其中，

- A 渠道客户的促销提升度低且正常购买率高，是最优质的客户。

- B 渠道客户的正常购买率高于整体，促销提升幅度也高于整体，属于可争取客户。

- D 渠道客户的正常购买率低，促销提升度高，属于促销敏感型客户。

- C、E 渠道客户均表现较差，属于劣质客户，E 渠道客户尤其劣质。

很多新手分析师看到这里就下结论了：因为 A、B 渠道客户质量高，所以要重点发展 A、B 渠道客户。这是非常鲁莽的。想让数据指导业务，得抛弃这种只关注一个数据就下结论的做法，每一步结论都需要数据支撑。比如看到 A 渠道客户质量高，第一个问题就得反问：为什么明明 A 渠道客户质量高，但是销售员不去做呢？是不知道？是不想做？还是不会做？

这里可能存在一些明显的原因。

- A 渠道太小众，只有这么多人。

- A 渠道已经开发了很久，剩下的潜在客户不多了。

- A 渠道只是这个月表现好，平时表现不怎么样。

这里有一些原因可以直接通过数据排除。比如"仅仅本月表现好"，可以直接查看历史数据，是否仅本月表现良好。比如 "A 渠道已经开发了很久，剩下的潜在客户越来越少"，可以查看 A 渠道从刚开发到目前为止的有意向客户人数、购买客户人数，如果客户人数和最终转化率都没有变少，就不能支持这个观点。

还有一些原因可能需要深入业务一线进行了解。比如，经过与销售员沟通发现，A 渠道是定向合作渠道，销售员通过长期的合作关系可以赢得很多订单。现在有合作关系的单位已经基本开发完毕，所以预计以后不好做了。对于这些细节情况，很有可能没有详细的回收数据，只能通过沟通了解，但掌握了这些情况后可以做更多的指导。比如，其他渠道是不是都能复制此类渠道的做法？这些建议用试点的方式进行落地验证。

如果检验完了发现 A 渠道确实可行，则是否可以直接下达命令"所有销售员全部做 A 渠道客户"呢？

答：不建议这么做。

因为给执行部门下达限制过于严格的指令，会造成适得其反。比如下达命令：全力开发批发城的客户，销售员很有可能直接去批发城驻点，对商户老板开始推销，这样适得其反，浪费很多精力在非目标客户身上。同样，用性别、年龄、职业、消费特点等客户画像指标指导销售员工作，都不建议限制太严格，否则最后都会起反作用。

因此，最好是给销售员一个客户范围，比如"优先发展 A 类政企渠道，如四大银行、本地农商行、城市银行……"在数据上，给一个客户群体组合比例比单方面强调做一类客户群体更好，建议如表 12-9 所示。

表 12-9

客户来源	有意向客户人数 1（人）	有意向客户人数 2（人）	试驾转化率	试驾人数（人）	购买转化率	购买人数（人）	购买金额（万元）
A 渠道	200	**300**	80%	240	63%	150	750
B 渠道	200	**300**	60%	180	42%	75	375
C 渠道	200	200	20%	40	50%	20	100
D 渠道	200	200	30%	60	33%	20	100
E 渠道	200	0	—	—	—	—	—
整体加和 / 平均值	1000	1000	50%	520	50%	265	1325

建议：优化客户获取渠道，放弃 E 渠道的客户群体开发，将省下的精力用于同等幅度扩大 A、B 渠道的客户群体，A、B、C、D 渠道的客户群体的比例为 3：3：2：2。这样经测算，理论上也是能完成任务的。

小结：基于客户分析提升销量，主要是通过发现优质客户群体，指引销售员改变获取客户渠道的方法来实现的，基本思路包括以下 4 步。

- 定义优质客户。

- 分析优质客户的来源。

- 检验扩大客群的可行性。

- 提供行动指向。

12.5　用商业分析指导促销

促销形式虽然多种多样，但本质是一样的：以降低利润来提高销量。通过给予客户补贴，在压低单客户毛利的情况下，通过提高销售产品的件数，来提高总销售额和总毛利。只是不同的促销形式，给予客户补贴的方法、打折的方法也不同。

比如：

- 给予新客户 / VIP 客户优惠券，是以客户为单位，对所有购买金额打折的。
- 对特定产品进行限时抢购、团购、捆绑销售的优惠，是以产品为单位，针对特定产品打折的。
- 买够指定金额可享受折扣，是以订单为单位打折的。

这些形式虽不同，但是本质是一样的。

因此，想做好促销活动，就得遵循"送出去的东西越少越好，吸引来的客户越多越好"的原则。如果给了优惠，吸引不来足够的客户，那也是得不偿失。除了特殊目的的促销（比如拉新人，清存货），一般促销都不会这么做（见表 12-10）。

表 12-10

	价格（元）	购买人数（人）	总收入（元）	变　化
原定价	100	1000	100,000	
成功的促销	90	1200	108,000	8000
失败的促销	70	1300	91,000	−9000

在对外宣传促销时，又有两种基本形式。

- 大促销：公开宣传，人人皆可参加，类似"全场买 1 送 1""全场打 9 折"这种活动。
- 精准营销：针对特殊客户群体的专属优惠，比如新注册会员，过生日的会员或不解释原因，反正给特定客户的价格便宜一些。

这两种促销形式带来的效果是不一样的。如果是大促销，则宣传力度会非常大，且人人皆可参与，因此会吸引更多的人参与活动，直接带来的销量更多。但总是进行大促销，会严重减少利润，让本来有刚需的客户也捡了便宜，且会给人一种"这个牌子经常打折，没优惠我就不买了"的负面印象，导致以后的销售更难做。

因此，企业会倾向于做精准营销。但精准营销也是有条件的，精准营销需要企业有必要的数据采集手段，比如微商城、会员卡等，能识别客户身份信息，且能够相对私密地与客户沟通，这样才能一对一地把优惠的价格给客户。否则，一旦让客户发现不同人有不同的待遇，又没有例如"这是金卡会员特殊优惠"一类的合理解释，轻则会引发客户投诉，重则遭受某管理机关处罚，后果是很严重的。

回到本案例，我们能看到在客户试驾以后谈价格时才给他们优惠，是一种相对隐秘的促销方式：没有大张旗鼓打价格战，但是悄悄地给了客户很大的优惠，并且已经达到了在其他地方用同等力度促销的结果，因此可以直接计算促销结果，如表 12-11 所示。

表 12-11

客户来源	有意向客户人数（人）	试驾人数（人）	促销购买率	促销购买人数（人）	促销购买金额（万）
A 渠道	200	160	60%	120	480
B 渠道	200	120	40%	80	320
C 渠道	200	40	15%	30	120
D 渠道	200	60	28%	55	220
E 渠道	200	20	8%	15	60
整体加和 / 平均值	1000	400	30%	300	1200

看起来，只要用上促销手段，此店铺就能完成 1200 万元的销售目标了。

在前面的分析中，我们发现有一类客户——D 渠道客户，对促销的响应率非常高。所以在理论上，这里存在精准营销的可能性。比如将 D 渠道客户集中起来，以开展销会或内部特供的形式，只针对他们给予优惠可以在很大程度上节省营销成本。但是如何做才能避免其他渠道客户投诉，或者避免其他渠道客户混入 D 渠道套取优惠，是业务部门需要面对的挑战，如表 12-12 所示。

表 12-12

客户来源	有意向客户人数（人）	试驾转化率	购买转化率	无促销最终转化率	促销最终转化率	促销提升度
A 渠道	200	80%	63%	50%	60%	10%
B 渠道	200	60%	42%	25%	40%	15%
C 渠道	200	20%	50%	10%	15%	5%
D 渠道	200	30%	33%	10%	28%	18%
E 渠道	200	10%	50%	5%	8%	3%
整体加和 / 平均值	1000	40%	50%	20%	30%	10%

经过以上分析，此时可以综合评估得出结论了。

12.6 小结：综合型商业建议

经过以上 3 个方面，即销售、客户、促销的单维度分析，可以计算出最早提出的 4 个思路的投入 / 产出情况及可行性。假设 4 个思路都可行，那么预计的结果如表 12-13 所示。

表 12-13

编　号	方案名称	相关部门	有意向客户人数（人）	最终购买人数（人）	最终销售金额（万元）	投入成本（万元）
方案 1	开展大促销	市场	1000	300	1200	促销补贴
方案 2	精准找目标客户	数据	1000	265	1325	劳动成本（等于没加）
方案 3	提升销售技能	销售	1000	245	1225	劳动成本（等于没加）
方案 4	增加销售人手	销售	1200	240	1200	4 个销售员的工资＋提成

这样看来，理论上最优的是方案 2：利用数据精准找到目标客户，然后重点挖掘目标客户。在这种情况下需要投入的资源最少且获得的销售金额最多。看到这里，读者是不是明白了，为什么企业热衷于搞大数据精准营销呢？如果真的能满足精准营销的种种苛刻条件，确实能起到四两拨千斤的作用。

> **注意：** 如果这 4 个思路真的同时成立，那么需要满足以下苛刻的条件假设。
>
> - 假设 1：已知预期促销效果，且开展促销实际效果和预期效果一样。
> - 假设 2：已知有高质量客户群体，且不存在该客户群体已开发完毕／客户总数太少的问题。
> - 假设 3：已知有一种销售技巧，可以提升转化率，且其他销售员可以学习。
> - 假设 4：已知销售团队能力均衡，且新招聘的销售员可以按时就位。

如果 4 个假设都符合，为什么不采用综合策略，这样既能精准找到目标客户，又能优化技巧，还能增加人手呢？当然可以！如果 4 个条件假设都成立，最优的其实是综合后的方案 5，如表 12-14 所示。

表 12-14

客户来源	意向客户人数（人）	意向客户优化后人数（人）	销售人手增加后（人）	试驾转化率优化后	试驾人数（人）	购买转化率	购买人数（人）	购买金额（万元）
A 渠道	200	300	350	80%	280	63%	176	882
B 渠道	200	300	350	70%	245	42%	103	515
C 渠道	200	200	250	40%	100	50%	50	250
D 渠道	200	200	250	40%	100	92%	92	368
E 渠道	—	—	—	—	—	—	—	—
整体加和／平均值	800	1000	1200	60%	725	60%	421	2015

方案 5 包括如下信息。

- 精准找到目标客户：不发展 E 渠道客户，A、B 渠道客户数量增长 50%。
- 优化技巧：通过培训，提高试驾后的转化率。

- 精准营销：针对 D 渠道的客户单独投放优惠。

- 增加人手：增加 4 个销售员，新增 200 个有意向客户。

这样得到的结果就是下个月销售金额直接增加到 2015 万元了，比目标 1200 万元多了 800 多万元，看起来真是成绩斐然。当然，这也说明了这个城市过往的销售人手不足，培训不够，销售方向不清晰——现在问题解决了，业绩自然就提高了。

以上就是用数据驱动决策产生实际效果的全过程，整个过程里没有用到比加减乘除更复杂的计算，然而产生的效果是非常明显的。在现实企业的工作中就是这样的，**并非方法越复杂越有效，而是方法越能解决业务实际问题越有效**。所谓高级的、有效果的分析决策，并不是靠一个复杂的公式直接计算出来的，而是通过一步步梳理问题、排除问题，最后得到结论的。

然而，看完整个案例，很多读者会起疑惑：真的这么简单吗？既然是小学生都能做出来的加减乘除计算，那为什么企业还要高薪聘请专业的分析人员，甚至有了一堆人，还无法改善效果呢？

因为以上都是在理想状态下的情况，企业的真实情况在第 13 章为读者揭晓。

第 13 章

总结：理解商业分析的真实难处

13.1　典型问题：在真实场景里，商业分析的四大难点

已知有一个销售汽车的公司，其在 A 市设有分公司。至于分公司有多少名销售员、历史表现如何、有没有促销活动，分析师一概不知。

该公司的领导对 A 市分公司的销售情况很不满意，请分析师分析一下为什么其销售情况不好。

亲爱的读者，看到这个场面，你是不是满脑子问号，你是不是怀疑本书中少了叙述？

不要怀疑！企业里真实的场景就是这样的！

如果你真的是某汽车销售公司的分析师，则很有可能出现如下的场面。

某一天，你正在整理当天的日报，忽然被组长叫了过去。

总部数据中心的数据分析组的组长对你说："刚刚听市场部的人说，A 市分公司的销售情况不好，请分析一下。"

你脑子里一片空白，问组长："要分析什么呀？"

组长回你一句："具体的情况你找市场部的人问问。"

你是不是还是脑子里一片空白？

然而，这还不是最坏的情况。最坏的情况是，当你打电话开始问市场部、销售部、A 城市分公司的相关负责人问题的时候，你听到了以下这些回答。

- 总部市场部："是不是 A 市分公司整体销售策略都错了？反正销售部做得很差。"
- 总部销售部："A 市分公司情况很复杂呀，要全面分析才行。"
- 管理 A 市分公司的销售部大区总监："这个城市的用户需求就这么多，我们做得没毛病！"

- A市分公司的城市经理："A市经济比较好，本地竞争太激烈了。"

- A市分公司的销售部："没有促销活动支持，产品卖不动。"

- A市分公司的市场部："数据分析不能精准锁定用户，所以产品卖不好。"

听出来这些人都在说什么了吗？

没听出来的话，这里有个通俗的说法。

- 总部市场部："都怪销售部！就是他们的责任！"

- 总部销售部："随便你怪谁，反正不能只怪我。"

- 管理A市分公司的销售部大区总监："谁敢怪我？"

- A市分公司的城市经理："都是外部环境的问题。"

- A市分公司的销售部："都是总部没有活动支持。"

- A市分公司的市场部："都是数据部门支持不给力！"

那么，问题又来了，这么多种说法你信谁？如果你信了某一个人的，那么你打算怎么面对其他人？

于是，面对这些乱哄哄的意见，你焦虑地去找领导。

你问领导："我该怎么分析呀？"

领导回答："你自己想想……"

你继续问领导："那我从××方面进行分析，可以吗？"

领导回答："你做做试试……"

你做完了，问领导意见，领导说："你发给同事征询一下意见……"

你发给同事征询意见，被某些部门的人批评："不符合实际！""考虑不周全！"。你回头问领导咋办？领导说："你自己再想想……"

此时此刻，你是不是觉得迷茫、沮丧，不知所措？恭喜你，你已经从一个理想主义的求学者，逐步转变成了一个真正面对困难的数据人。

这才是企业在经营中会遇到的真正复杂的、不知道该怎么分析的、真实的问题。

无论是国企还是私企，无论是一线互联网大公司还是创业小公司，几乎每个数据人都遇到过类似的问题。如果企业在以下几个方面都表现得很好，那么自然没有上述问题。

- 企业的数字化经营做得特别好。

- 各种数据采集齐全。

- 各种管理规范，落实到位。

- 各种业务活动都用数据来考核。

- 各位同事都主动承担责任。

但是，下面这些都是普遍发生的事情，正是这些乱糟糟的事情，让原本可记录、可总结、可分析的结果变成了无数个空白。

- 数字化建设落后于业务发展。

- 数据采集不完整，分析结论没有积累。

- 数据小组基层员工离职率高，没有经验可以传承。

- 数字化管理水平低下，只会强压基层员工完成 KPI。

- 管理规范不到位，为了凑 KPI 而"八仙过海各显神通"。

- 本位主义严重，各人只为保住自己，不顾大局。

更糟糕的是，企业里的员工是有各自的预设立场的。

- 可能市场部历来和销售部关系不和，即使做得好，也要互相挑刺儿。

- 可能销售部大区总监和城市经理关系非常好，即使销售部做得不好，也会强行保护。

- 可能分公司习惯了"等、靠、要"，遇到困难就知道向总部请求援助，不会自己思考。

- 可能数据部门的领导明哲保身，不想在部门之间发生争吵的时候表态站队。

这些都是很可能发生的事情。

这样的预设立场和基于自己立场（而非基于事实）的辩论，会让分析更难进行。如果只是听销售部、市场部的员工发表意见，那么他们之间的意见将呈现相互抵触的情况。原本可以清晰开展的分析，也会变得扑朔迷离。

在真实的商业环境里，没有高级的分析方法，只有高难度的复杂问题。统计学、运筹学、的公式、代码是一成不变的，但人是活的。只有充分发挥分析师的主观能动性，才能破茧成蝶，找到解决问题的办法。

13.2　整体思路：用数据说话，以数据服人

面对这种复杂的局面，估计读者会发出一声呐喊："把我的数据还给我！"回头看看，在各种已知条件很清晰的时候，感觉真是太好了。确实如此，数据分析最大的作用就是对抗不确定性，要把丢掉的数据捡回来，才能客观进行分析，并且，在对各部门解释时，完全不需要一对一和他们争论，只要把事实罗列清楚，用数据说话，用事实去说服他们即可。

这里包含 3 个关键动作。

- 梳理商业场景，清晰业务流程，检查可用数据。

- 梳理问题要求，把必要的数据整理好，准备分析。

- 梳理各种做法，列清支持 / 否定说法的证据，用事实说话。

第一个关键动作、第二个关键动作在前面已经有充分的讲解，这里重点讲解第三个关键动作。在梳理问题要求的时候，一定要区分清楚哪些是原始问题，哪些是别人对问题的评价、态度、立场。想要分析清楚问题，要先把评价、态度、立场放在一边，把原始问题梳理清楚。

在案例中，原始问题是"刚刚听市场部的人说，A 市分公司的销售情况不好，请分析一下"。这里推荐用"名词（Noun）、动词（Verb）、形容词（Adjective）"分析方法，即 NVA 分析方法，一点点梳理。按 NVA 分析方法拆解，此问题可以分为 3 个方面。

- **名词**：A 市分公司。

- **动词**：销售。

- **形容词**：不好。

这就是数据采集的起点。

1. **名词**：对应的是问题主体

主体是谁？有哪些特征？基础情况如何？这些都可能影响结论，因此先把名词梳理清楚。针对 A 市分公司，可以采集以下信息。

- A 市处于哪个地区（东 / 中 / 西部城市），属于哪个级别的城市（一 / 二 / 三级城市）？

- A 市分公司是新开的分公司还是已正常经营的分公司？

- A 市分公司在所有公司里，排名如何（靠前 / 居中 / 靠后）？

- A 市分公司的领导之前负责哪一块业务？绩效如何？

通过层层深入梳理，先掌握与问题相关的基本数据。这些数据要么是基础信息，要么是日常报表中都有的数据。

2. **动词**：对应的是业务行为表现

> **注意：** 所有的业务动作都不是孤立存在的，而是有前因后果的。因此，想了解一个业务动作，得看一段时间内的业务发展态势，不要只关注一个数字。针对 A 市分公司的销售情况，可以采集以下信息。
>
> - A 市分公司近 3 年来整体销售业绩走势如何？

- A 市分公司近一年来整体销售业绩走势如何？

- A 市分公司在所有分公司中的排名变化如何？

- A 市分公司主要销售的商品的结构如何？

- A 市分公司主要销售的商品是否有变化？

- A 市分公司主要客户的结构如何？

- A 市分公司主要客户的结构是否有变化？

- A 市分公司销售队伍有多少人？

- A 市分公司销售队伍实力均衡与否？

- A 市分公司最近一次业绩波动是什么时候？

  这些数据在日常报表里能查到，因此不需要问其他人。在收到问题的时候，分析师要能对问题场景有独立的观察，从而形成一些基础假设。

"名词＋动词"可以形成至少 4 种基础假设。

- 对 A 市分公司基础情况的初步判断：A 市分公司基础情况如何？发展态势如何（好/坏）？

- 对 A 市分公司近期可能出现的问题的初步判断：A 市分公司近期变化方向如何（好/坏）？变化周期如何（短期/长期）？

- 对 A 市分公司可能存在的问题点的初步判断：A 市分公司销售情况变坏，是哪里发生了问题（商品/客户/销售队伍）？

- 对评价 A 市分公司的人的立场进行初步判断：明明 A 市分公司看起来问题不大，为什么还有人说不好呢？明明看起来 A 市分公司有问题，为什么还有人护短呢？

这些判断能让分析师先掌握一手资料，从而避免被其他人的意见带偏。然而，现在还不是下结论的时候。因为还有很多部门对这个问题有意见，要和他们一一确认。这就涉及了形容词：好/不好的问题。

3. 形容词：对应的是判断标准

见到形容词必须找判断标准是一个合格的分析师的基本素质。既然提了"不好"，那么对什么是"不好"要有明确的定义。

> **注意：** 不同的人对标准问题的看法不同，因此为了避免在争吵中迷失方向，分析师要提前把可能的标准梳理出来。这样当不同的人提到不同的标准时，心里可以有个判断标准，如表 13-1 所示。

表 13-1

标准来源	参照物	实际	结论
KPI 考核法	本月销售额目标是 1200 万元	本月销售额 1000 万元	不好
老板期望值法	老板觉得销售额目标应该是 1200 万元	本月销售额 1000 万元	不好
整体目标分解法	为了整体达标，甲公司必须做到 1200 万元	本月销售额 1000 万元	不好
环比趋势法	过去每个月的销售额都是 1200 万元	本月销售额 1000 万元	不好
走势分析法	过去 3 个月的销售额是 1300 万元、1200 万元、1100 万元	本月销售额 1000 万元	不好
同比趋势法	去年这个月的销售额是 1200 万元	本月销售额 1000 万元	不好
同类相比法	和甲公司类似的乙公司的销售额是 1200 万元	本月销售额 1000 万元	不好
投入反推法	乙公司 20 名销售员成交了 1200 万元	投入 100 万元经费，产出 1000 万元	不好
投入 / 产出比法	甲公司投入 / 产出比是 1：10，平均值是 1：15	投入 100 万元经费，产出 1000 万元	不好

有了通过 NVA 分析方法得到的基本判断以后，可以去听听其他部门同事的说法了。在听取说法的时候，也要针对每个人的说法区分对应的"NVA"内容，特别是 A 市分公司对应的判断标准。越是面对复杂问题，越要先搞清楚判断标准，避免"鸡同鸭讲"，如图 13-1 所示。

- 总部市场部：是不是这个 A 市分公司整体销售策略都错了？反正他们做得很差。 **已表态，做得差**
- 总部销售部：A 市分公司情况很复杂呀，要全面分析才行。 **模棱两可**
- 管理 A 分公司市的大区总监：这个城市的用户需求就这么多，做得没毛病！ **已表态，没问题**
- A 市分公司的城市经理：A 市经济比较好，本地竞争太激烈了。 **模棱两可**
- A 市分公司的销售部：没有促销活动支持，产品卖不动。 **已表态，做得差**
- A 市分公司的市场部：数据分析不能精准锁定用户，所以产品卖不好。 **已表态，做得差**

图 13-1

可以看出其中明显有 3 类人。

- 已表态：做得差。
- 模棱两可：不表态。
- 已表态：没问题。

作为分析师，不要提前表态以免加入"混战"。遇到态度有冲突时，最好的办法是让参与讨论的双方不要光讲论点，而是要把论据摆上来，基于某个标准，判断做得好还是不好。

判断标准是可能被推翻的，设置不合理的标准被推翻也是很正常的。要基于事实，而不是立场、态度推翻标准。比如之前举例的 9 种标准，都可以被更有力的事实证据推翻，如表 13-2 所示。

表 13-2

标 准 来 源	参 照 物	推 翻 方 法	推翻难度
KPI 考核法	本月销售额目标是 1200 万元	KPI 定高了	高
老板期望值法	老板觉得销售额目标应该是 1200 万元	更大的老板说不用这么想	高
整体目标分解法	为了整体达标，甲公司必须做到 1200 万元	整体上已不需要这么高的目标了	高
投入反推法	乙公司的 20 名销售员成交了 1200 万元	甲公司的成本和乙公司不一样	中
投入 / 产出比法	甲公司的投入产出比只有 1：10，其他公司的平均水平为 1：15	甲公司所在地的成本提高了，ROI 保不住	中
环比趋势法	过去每个月的销售额都是 1200 万元	过去 3 个月是旺季，现在转为淡季	低
走势分析法	过去 3 个月的销售额分别是 1300 万元、1200 万元、1100 万元	过往同期趋势就是连续跌，正常	低
同比趋势法	去年这个月的销售额是 1200 万元	今年整体销售额都比去年差	低
同类相比法	和甲公司类似的其他公司的销售额是 1200 万元	虽然看起来类似，实则有巨大差异	低

越是基于数据定出来的标准，越是容易被推翻。因为单纯地看同比、环比趋势，不一定代表了真正的商业规律。反而越是基于高层领导的意志、基于公司整体目标定出来的标准，越难被推翻。因为在公司里，就是老板说了算！

梳理完标准以后，最关键的一步就是达成共识。只有所有与问题相关的人对于标准形成统一的判断，才能推动下一步的深入分析：如果判定为好，就分析为什么做得好；如果判定为差，就分析为什么做得差，逐步深入。

> **注意：** 这里还有一个特殊情况，在没有 KPI 考核一类的刚性判断标准的时候，人们会从不同的维度提出判断标准，导致对于判断始终无法达成共识。比如甲公司是一个新开的分公司，今年没有业绩考核，但是希望它能多吸引新客户。
>
> • 市场部站在多吸引新客户的角度，认为甲公司吸引新客户少于其他公司，所以差。
> • 销售部站在不考虑业绩 KPI 的角度，认为甲公司并没有问题，所以不算差。
>
> 这就是典型的"鸡同鸭讲"问题，两个维度并不完全相等。如果实在无法取得共识，只能暂时放下争议，从两个维度进行分析，最后再汇总结论。

对问题使用 NVA 分析方法进行梳理后，就完成了基础准备工作，可以进行下一步的分析了。

13.3 第一步：用 MECE 法构建解题逻辑树

在各个部门已经对问题表态的情况下，对各个部门表态时所持的论据进行逐一验证，更容易得出结论，这里采用的方法还是用数据说话。如果论据本身不成立，论点也就不攻自破了，这样比争论要有效率得多。

这里有一个分析难点：有可能一个结果是由多种因素引起的。比如销量不好，可能是因为内部工作没有做好，也可能是因为确实当地市场没有需求。因此，分析师需要梳理好论证问题的逻辑，由浅入深，逐步论证。这样就需要用到 MECE 分析方法，即构建逻辑树。

1. 第一步：把所有人的论点分类，归纳为内因 / 外因（见图 13-2）

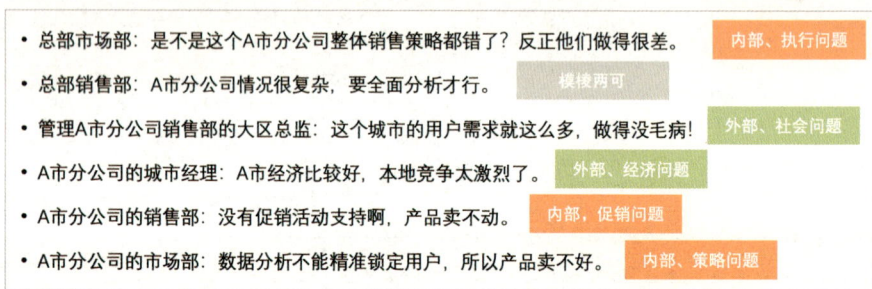

- 总部市场部：是不是这个A市分公司整体销售策略都错了？反正他们做得很差。   内部、执行问题
- 总部销售部：A市分公司情况很复杂，要全面分析才行。   模棱两可
- 管理A市分公司销售部的大区总监：这个城市的用户需求就这么多，做得没毛病！   外部、社会问题
- A市分公司的城市经理：A市经济比较好，本地竞争太激烈了。   外部、经济问题
- A市分公司的销售部：没有促销活动支持啊，产品卖不动。   内部、促销问题
- A市分公司的市场部：数据分析不能精准锁定用户，所以产品卖不好。   内部、策略问题

图 13-2

先区分内因和外因很重要。如果是外因，如当地经济不行，政策收紧，当地居民消费能力弱，对单个企业而言，这些都是不可抗拒的因素。外因变化只能影响到企业的宏观决策，且仅仅在突发性政策调整，或者经济、人口缩减到一定规模的时候才明显看到变化。

内因更可控，但其中常常是各种因素相互纠缠，很难分清楚。所以优先把外因排除后，才更容易把内因分析清楚。同时，即使在经济一般、消费能力一般的城市中，照样有做得很好的业务。

2. 第二步：建立论证顺序

原则上，应该从明显的、容易排除的地方入手。因此建议优先从排除外因开始，先外后内；内部要先看工作执行问题，再检讨策略问题（参见第 1 章的讲解）。

针对本案例中的问题，可以梳理出如图 13-3 所示的论证顺序。

3. 第三步：对每一个论点，罗列可量化的支持论据

对于每一个论点，可能有 3 种情况。

- 完全无论据：提论点的人仅凭个人感觉，提不出论据来。

- 有事例，无数据：提论据的人，只能讲出具体的事，如"下雨天太多，门店没客人""我前天还听到好多客人抱怨价格贵"之类的事例，无法拿出数据论证自己的说法。

- 有数据：提论据的人能清晰地说出"今年公司支持的促销活动从 5 次下降到 2 次，每次的促销活动优惠力度降低了 20%"。

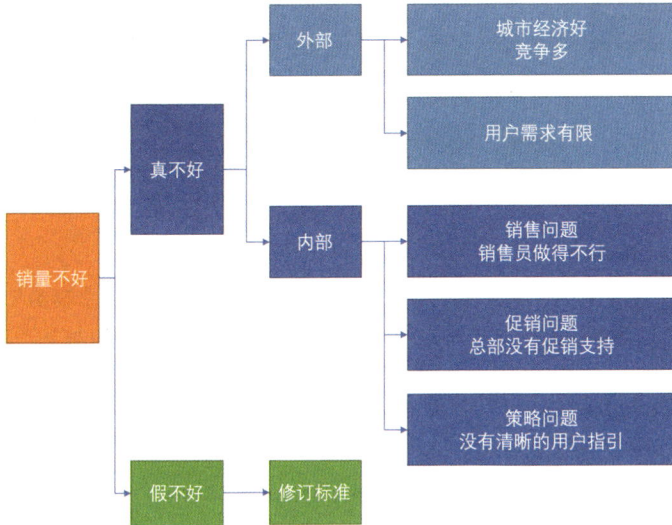

图 13-3

针对不同的情况，可以有不同的应对方法。

- 完全无论据的：确认论据可以采用哪些数据，如果始终无法具体到一个数据，则可以直接认为这种说法只是凭感觉，不予采纳。

- 有事例，无数据：将事例抽象成可以量化的指标。比如对于"下雨天客人少"，可以把当月日期按实际天气分为下雨日 / 非下雨日，对比论证判断该说法是否成立；比如对于"客人抱怨没优惠"，可以看销售员申请价格的优惠次数、优惠比例，侧面验证客户对价格的敏感程度。

- 有数据的：检查该数据是否真实，如是真实数据，则可以直接采纳。

经过这一轮梳理，可以得到如图 13-4 所示的分析过程。有了清晰的论点和论据，再进行讨论就轻松了很多。

4. 第四步：代入数据，验证论点，导出结论

有了第三步的梳理，再验证结论就轻松了很多。只要代入数据，一眼即可以看出来对错。

图 13-4

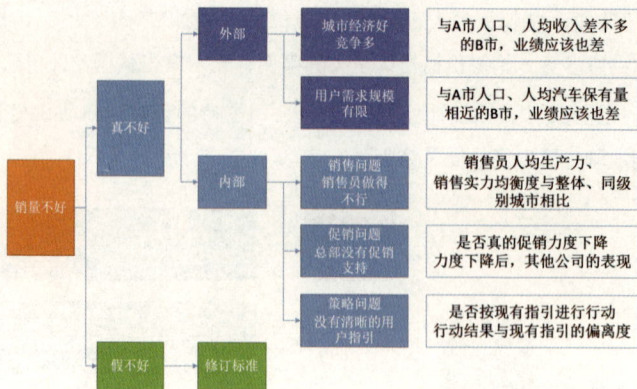

> **注意：** 这里更多的是想驳斥明显无依据、无事实的"歪理邪说"，不需要穷举所有可能，只要能证明对方的论点不正确即可；如果是其他复杂的情况，则要找到足够的反例，才能推翻"歪理邪说"（见图 13-5）。

图 13-5

做完了逻辑树的梳理与验证，可以把明显不合理的说法排除，这样既可以说服他人，又能进一步清晰思路，找到正确的分析方向。在进行梳理的时候，优先按照从大到小、从外到内的顺序进行。越宏观的因素，越容易被证伪。

13.4 第二步：用 PEST 法分析外部因素

一提及宏观环境分析，人们总喜欢提及 PEST 分析方法，即分析宏观问题的 4 个方面。

- P（Political）：政策。

- E（Economic）：经济。

- S（Social / Demographic）：社会。

- T（Technological）：技术。

这些外部影响大部分是不可抗的负面影响。但是要注意，这些因素太过宏大，很难对应到具体一个指标上，更无法像数据模型一样，对每个指标量化计算。因此，常用的办法是把 PEST 分析方法具体应用到某个事件上，再观察该事件对业绩指标的影响。

比如某公司销售部的大区总监表示"A 市的用户需求就这么多"，这句话听起来是一个理由，但是需要找一个具体指标与其对应。可以用以下方式。

- 从城市的角度看，找 GDP、人口、城市等级、人均可支配收入等指标与 A 市接近的 B 市作为参照，B 市分公司的业绩就是理论上的正常业绩。

- 从人群的角度看，先定位目标用户群体，比如月收入 2000 元以上的人群，或者房价为 5000 元 / 每平方米及以上的小区居民等，之后通过统计年鉴 / 实地调查等手段，确认是否 A 市的目标用户群体比其他城市少。

- 从供给的角度看，A 市里竞争对手的门店数量如何，如果其门店数量明显比其他城市少，说明 A 市的用户需求确实少。

可能有读者会问：原问题是在问用户需求，为什么不对 A 市做人口普查，一个个调查用户背景信息，获取准确的用户需求呢？因为这样做成本太高，很多公司都做不到。宏观分析的最大障碍，即在数据的获取难度上。例如，对于某一个县级市，人口大都在 20 万人以上，即使抽样 2000 人调查，也不能实现有效覆盖。因此，人口普查不可行，抽样覆盖的面积小，需要用多种手段获取相对靠谱的数据，避免孤证不立。

假设采集的数据如表 13-3 所示，找到了与 A 市情况接近的 B 市，发现虽然 A 市比 B 市看起来门店收入高一些，竞争对手开店数量多一些，但不至于差到 A 市分公司的销售业绩只有 B 市分公司的 1/3 这么夸张。因为如果 A 市分公司的销售业绩真的只有 B 市分公司的 1/3，则竞争对手也不会开这么多店。所以这个所谓 "A 市用户需求只有那么多" 的结论可以驳回了，不成立。

表 13-3

	A 市	B 市	A 市 / B 市差异
分公司月销售金额（万元）	1000	3000	**−67%**
城市人均可支配收入（元 / 月）	7000	6000	17%
城市常住人口（万人）	30	22	36%
竞争对手门店数（店）	60	50	20%

同样，对于 PEST 分析方法的每个方面都需要进行这样的问题转化才能进行具体分析。例如：

- P：因政策导致业务停滞、客户流失、生产停顿。

- E：因经济导致上游供给减少，下游需求下滑。

- S：因社会群体变迁，导致目标用户减少，用户需求转移。

- T：因技术升级，导致老产品失去竞争力，销量下降。

在 PEST 分析方法中，"P"的影响经常是决定性的。往往一纸政策就能决定一个领域的业务是"如鱼得水"还是"戛然而止"。所以反映在数据上，常常是数据突然波动，例如呈"地震式"下跌。但"E"和"S"方面的影响则是渐变的，例如呈"瘟疫式"下跌。具体表现为经营越来越难，核心用户越来越少，常规的举措已无法再挽回业绩。因此，在使用 PEST 分析方法监控时，需要结合具体指标长期进行，不然就会忽视这些渐变的危机，如图 13-6 所示。

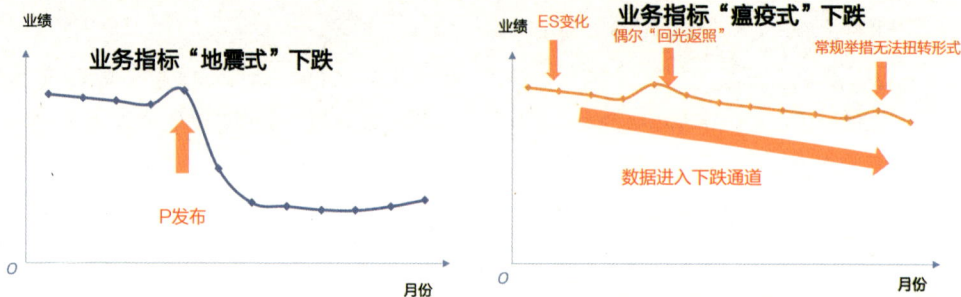

图 13-6

> **注意：** 宏观因素是各个业务部门推卸责任时最喜欢使用的借口。当企业中有人说"就是大环境不好"的时候，很多人的第一反应就是"这个人想甩锅"。在相当多的情况下，宏观环境只是"压死骆驼的最后一根稻草"。如图 13-7 所示，看似在某项政策发布后业绩发生严重下滑。可实际上早在此之前，业绩已呈下跌态势，这时候怪罪于"政策变化"，就是在推卸责任。

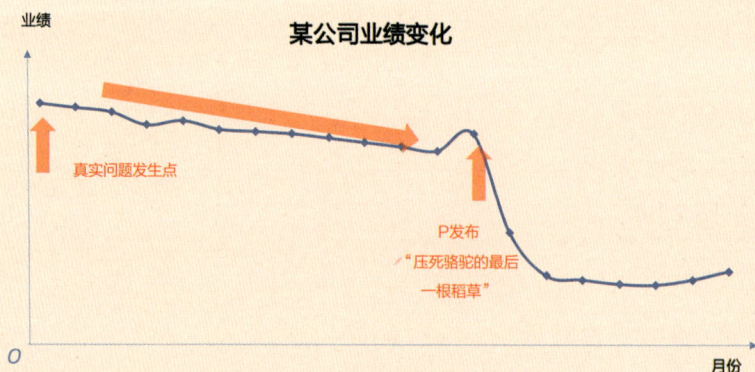

图 13-7

如果业绩真的是受宏观因素影响，那么在细分数据上，应该呈现"无人幸免"的态势。即所有城市、所有渠道、所有客户人数，均出现同样下跌／上升走向。当然，可能因为个体质量的差异，下跌／上升的程度不同，但大体走势应该是相同的，如图 13-8 所示。

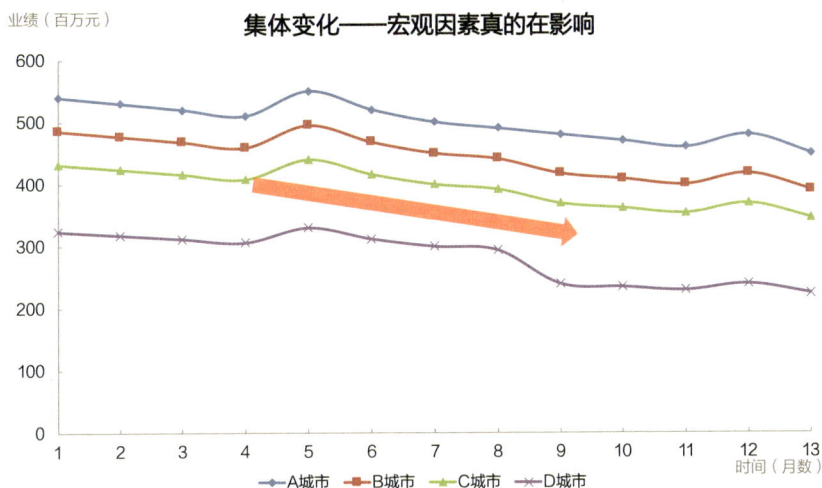

集体变化——宏观因素真的在影响

图 13-8

如果数据出现不同走势，则说明宏观因素不是主要原因，或者即使在这种宏观环境下，仍然存在提升业绩的办法。如图 13-9 所示，看似各市分公司的业绩都在下跌，但 B 市分公司成功实现了止跌回升，其发展甚至超过了 A 市分公司。这就说明要么宏观因素不是最大的影响因素，要么 B 市分公司有在这个环境下生存的能力。

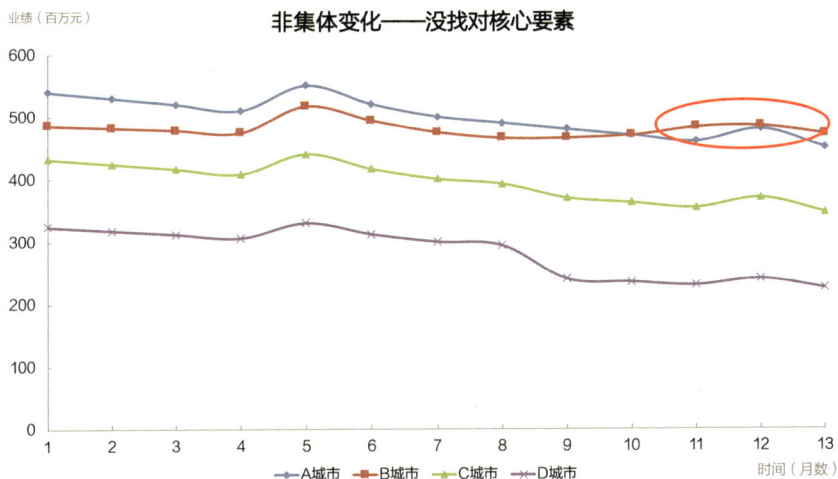

非集体变化——没找对核心要素

图 13-9

这种排除法的意义非常重大。大环境始终都有影响，能找到应对方法才更有意义。只靠运气"吃饭"，本身就意味着业务能力低下。

排除大环境的影响，其实分析还算相对简单。真正复杂的是内部因素分解，因为各种内部因素经常交织在一起，难以拆分。

13.5 第三步：用逻辑树法拆解内部因素

对内部因素进行分析时，其中的大多数因素都是相互交织的：到底是销售员不会卖造成的产品不好卖，还是产品不好卖造成的销售员不会卖，对于这种问题会无休无止地争论下去。因此，为了引发争论，从一开始就不应该把分析方向引向"谁没有做好"，而是应该把分析方向引到"到底怎么做能达成目标"上，即寻找达成目标最有效的手段。

在分解内部因素时，首先要判断是否是整体策略有问题。如果是整体策略有问题，那再优化细节也是南辕北辙。例如，A 市分公司是一个新开的分公司，不但缺少历史数据累积，而且新开的分公司本身就容易出问题，想要从数据层面讲清楚，就更得结合整体情况，参照标杆来看。

一般可以从 3 个方面观察整体策略。

（1）领导人经营风格

如果领导人在公司内长期任职，则可根据其过往带领的分公司业绩走势，总结其经营特点。通过与其之前的下属沟通，了解其经营风格。

（2）整体发展规划

有可能公司有整体发展规划，比如今年在一、二、三级城市新开多少个分公司，以及不同等级的分公司要求的经营规模，客户数量，配置团队规模、资源等，这些信息一般在业务部/市场部年度计划里可以查找到。

（3）新市场扶植政策

有可能新市场有扶植政策，包括产品优惠、促销活动、品牌宣传、业务员奖金等，这些政策可以在市场部制订的计划/分公司开展的活动里得到证实。

采集到信息以后，可以将这些信息打包整理，并与 A 市分公司的实际情况进行对照，可以做出下面的判断（见图 13-10）。

- 是整体政策不行，还是政策在 A 市分公司没有落地成功。
- 政策在 A 市分公司没有落地成功，是执行没到位，还是执行到位了但是不见效。

- A 市分公司的领导一贯业绩不佳，还是仅仅这一次"马失前蹄"。

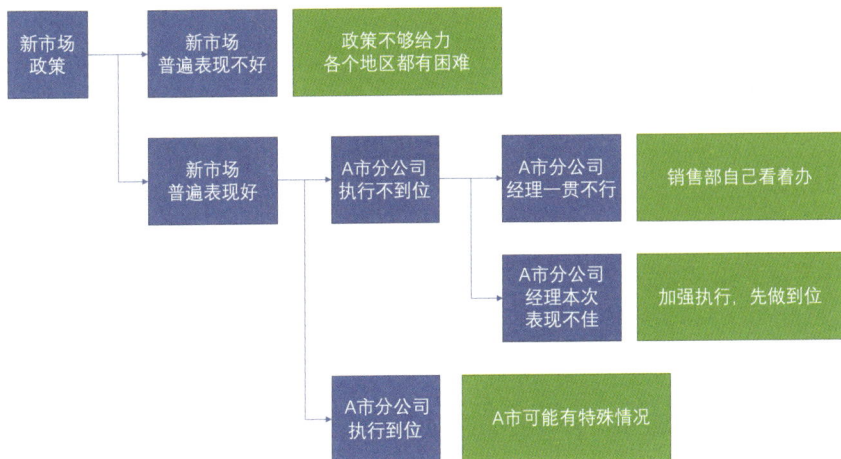

图 13-10

越是整体性问题，影响越大，也越容易排查。如果真的是整体政策都不见效，则意味着各个新开的公司表现都欠佳，A 市分公司可能仅仅是表现最差当了"出头鸟"。在这种情况下，只要把数据摆出来，销售部就会直接反驳说市场部支持不力。同理，如果真的是 A 市分公司执行不到位，该做的活动没做，该组建的队伍人员不齐，该做的行动进度拖拖拉拉，甚至 A 市分公司经理本身就是过往业绩平平，只要把数据摆出来，市场部就会反驳说销售部执行不力——所谓数据本身会说话，就是这个意思，根本不需要分析师陷入争吵的漩涡。

当然，以上这些问题还都是明显的问题，更难解决的是整体政策没问题，其他人做得都好，A 市分公司领导也不是庸才，A 市分公司执行也到位了，可业绩就是起不来……该怎么进一步处理呢？

此时说明 A 市分公司有一些特殊情况，其所表现的结果证明其他地区的经验在 A 市分公司不起作用。因此，要对这个所谓"经验"进行总结，梳理出有待进一步验证的假设。如图 13-11 所示，如 B 市分公司的产品生命周期发展趋势分为 3 个阶段。

- 第一阶段：进行 3 步促销，快速打开市场，建立知名度。
- 第二阶段：降低促销频率，逐步积累稳定客源。
- 第三阶段：结合促销，稳定日常销量。

从本质上看，这是一种促销驱动的策略。而 A 市分公司显然也试图复制这个策略，已经组织了两波促销，但效果都不明显。在这种情况下，纠结 A 市分公司某个月的业绩好 / 坏是没有意义的，目前的真命题是 A 市分公司复制 B 市分公司的策略失败，以后该怎么做。

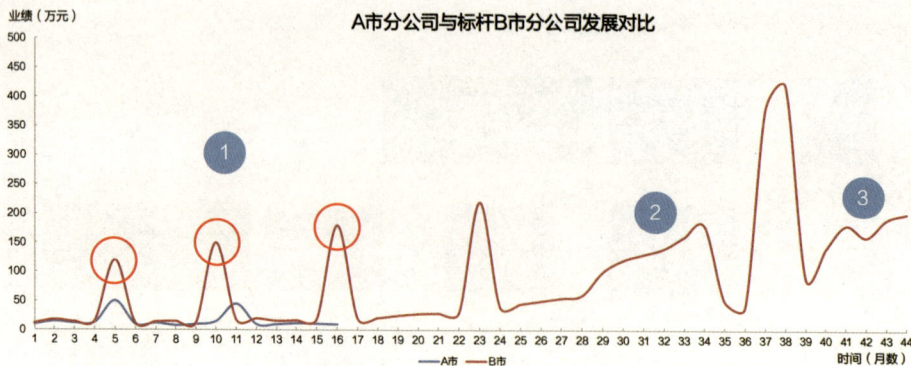

图 13-11

此时第一要考虑的是还要不要坚持 B 市分公司的策略，这里又有 3 种情况。

- 坚持：再做 1 次促销（B 市分公司做 3 次才打开市场），之后观察效果。

- 修改：继续用 B 市分公司的策略，但是加大力度，观察效果。

- 放弃：放弃 B 市分公司的策略，找其他方法。

这里是否要坚持 B 市分公司的策略，是人为选择的结果，领导完全可以选择继续尝试。站在数据层面，更多的是为这种选择提供支持论据。如果修改和放弃 B 市分公司的策略，则意味着 A 市分公司的情况和 B 市分公司的情况不一样。接着需要进一步梳理分析假设，有什么证据能证明 A 市分公司的情况和 B 市分公司的情况不一样呢？

可能包含的证据如下。

- A 市分公司获取优质客户的渠道尚未打开（意味着需要开发渠道）。

- A 市分公司的优质客户质量更差（意味着需要变更客户群体）。

- A 市分公司的客户对促销的敏感性更高（意味着需要加大促销力度）。

这些证据可以在 A 市分公司的销售转化漏斗与 B 市分公司的销售转化漏斗对比中发现。

此时，可以根据 A 市分公司的情况，整理销售转化漏斗，并且和标杆分公司比较。如果有数据记录，则可以用第 12 章介绍的分析方法，进行逐一分析，排除 / 支持某些假设，从而推导出行动策略。

如图 13-12 所示，出现的情况如下。

- 情况 1：A 市分公司获取优质客户的渠道尚未打开。在观察数据时，可以看到相比标杆分公司，A 市分公司的 A、B 渠道的客户人数会明显偏少。

- 情况 2：A 市分公司的优质客户质量更差。在观察数据时，可以看到相比标杆分公司，A 市分公司的无促销最终转化率会更低。

- 情况 3：A 市分公司的客户对促销敏的感性更高。在观察数据时，可以看到相比标杆分公司，A 市分公司的促销提升度更高。

这样通过建立清晰的假设，就能从数据变化中找到 A 市分公司的问题所在，从而推动业务行动。

客户来源	意向客户人数（人）	试驾转化率	购买转化率	无促销最终转化率	促销最终转化率	促销提升
A渠道	200 情况1	80%	63%	50%	60%	10%
B渠道	200	60%	42%	25% 情况2	40%	15%
C渠道	200	20%	50%	10%	15%	5% 情况3
D渠道	200	30%	33%	10%	28%	18%
E渠道	200	10%	50%	5%	8%	3%
整体	1000	40%	50%	20%	30%	10%

图 13-12

但是要注意，即使做到这个层面，也只是找到了改进方向，很有可能换了策略也不见效果。所有策略的质量都得通过数据测试来验证，因此还需要配合后续的数据测试。

13.6　第四步：用数据测试验证方案效果

如果发现问题只是存在于某一个方面，则很容易找到对策及测试效果。

- 如果是渠道没打开，则集中开发客户渠道。
- 如果是客户质量差，则做大客户群体，以量换质。
- 如果是客户对促销敏感，则加大促销力度，薄利多销。

这样就很容易形成单独的方案。

- 为打开客户渠道可采取的策略：A 渠道目前有 3 个，每个月有 100 个客户，下个月新开发客户渠道 3 个，单个新渠道的客户人数在 100 个以上。
- 为做大客户群体可采取的策略：目前每个月开发新客户总数有 300 人，下个月开发新客户总数需要到 600 个，扩大到 1 倍。
- 为实现薄利多销可采取的策略：目前促销力度是优惠 20%，下次活动时将促销力度加大到优惠 30%，检验促销效果。

这里有一个问题，就是目标定到多少合适。在设定测试方案的时候，测试目标非常关键，对于事后评估政策的效果有重要的意义。注意：由于是新开的分公司，缺少数据积累，因此这里无法使用更复杂的预测手段，只能使用简单的数据推测法。比如 A 市分公司目前客户购买率为 60%，B 市分公司客户购买率为 80%，则原本 B 市分公司只需要 100 个客户就有 80 个客户购买，现在若要实现 80 个客户购买，A 市分公司需要 80÷60% ≈ 134 个客户。A 市分公司的客户总数目标就从 100 个提高到 134 个了。

在数据测试中，哪怕是使用最粗浅的设定目标的方法，也好过没有目标，如空口一句"大家努力增加客户数量"。因为在数据测试以后复盘时，还是要纠结到底是策略有问题还是工作执行不到位，一开始不设定好目标，不分解任务，到头来还是说不清楚问题出在哪里。

测试的结果可能有 3 种情况。

- 完全没有改变。

- 有改变，但幅度达不到预期。

- 有改变，且幅度达到预期。

理论上，只要能看到业绩改进就表明有希望，可以持续推进。但最终选择权还是在业务部手里，作为分析师，只要记好数据变化，交还给业务部门决策即可。

这类设想有一种最糟糕的情况，就是 13.5 节中所有假设的问题同时出现了，数据如图 13-13 所示。

		客户人数（人）	试驾人数（人）	购买人数（人）	试驾率	购买率	促销购买率
A市分公司	A渠道	100	60	36	60%	60%	65%
	B渠道	100	40	20	40%	50%	55%
	C渠道	100	20	4	20%	20%	25%
B市分公司	A渠道	300	270	216	90%	80%	90%
	B渠道	0	—	—	—	—	—
	C渠道	0	—	—	—	—	—

图 13-13

这是最纠结的情况了，看起来 A 市分公司是哪个方面都不行，怎么办呢？

- 优质客户渠道也没打开，A 渠道进来的客户人数很少。

- 优质客户也没那么优质，A 市分公司最好的客户质量也比 B 市分公司的差。

- 促销效果也没有那么明显，促销购买率提升很低。

这时候可能又有新手分析师想说"我们一要加强渠道推广，二要加大优惠，三要提高数量……"，牢记：面面俱到等于什么都没说。特别是在这 3 条政策里，有两条需要销售部执行，1 条需要市场部执行，遇到跨部门执行的时候，一定会遭遇部门间的推脱。

在这种情况下，最优解一定是协同增效。试想让市场部拨资源加大力度，让销售员带着最新的活动介绍上门拜访客户，同时发力肯定能取得最大化的效果。但是万一两个部门谈不妥怎么办呢？作为夹在中间的分析师，可以把两个部门单独努力能实现的效果分别展示给双方。

- 如果销售部多开发几个优质客户渠道，则预计实现的收益是 ×× 元。

- 如果市场部加大力度，则预计实现的收益是 ×× 元。

这样把决策权给业务部，让他们自行决定是否向对方争取资源，是否和对方合作。

13.7　第五步：基于分析结果，提出综合性的应对策略

至此，可以回答最初的问题："公司的领导对 A 市分公司的销售情况很不满意，请分析一下为什么其销售情况不好。"

回答的顺序如下。

- 陈述现状：A 市分公司的销售情况是……领导口中的"不好"指的是作为新开的分公司，A 市分公司未能复制之前的成功案例，如图 13-14 所示。

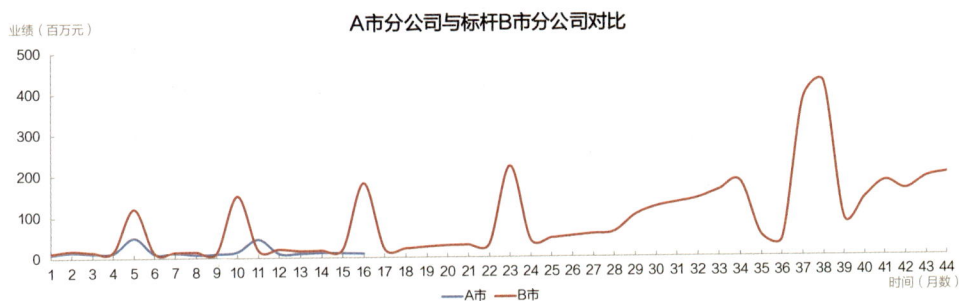

图 13-14

- 针对 A 市分公司的问题，市场部 / 销售部领导有不同的见解。经过梳理，可用数据支持的有 5 种情况，如图 13-15 所示。其中，A 市分公司的用户情况 / 销售队伍情况，无法完全用数据验证，需要市场走访 / 市场调查确认。

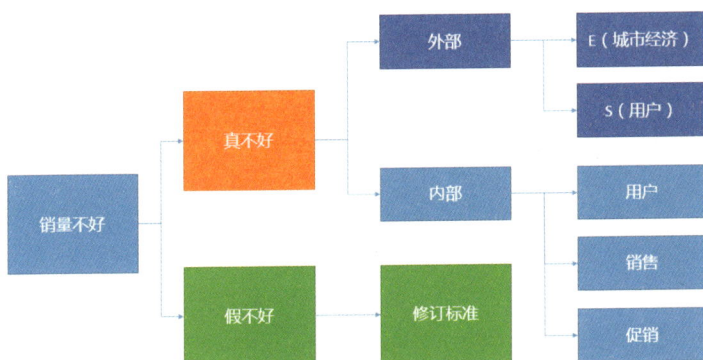

图 13-15

- 进一步分析发现，A市分公司存在3个机会点：扩宽优质客户渠道、提升客群数量、加大促销力度，以上结果已向市场部/销售部分别反馈，如图13-16所示。

		客户人数（人）	试驾人数（人）	购买人数（人）	试驾率	购买率	促销购买率
A市分公司	A渠道	100	60	36	60%	60%	65%
	B渠道	100	40	20	40%	50%	55%
	C渠道	100	20	4	20%	20%	25%
B市分公司	A渠道	300	270	216	90%	80%	90%
	B渠道	0	—	—	—	—	—
	C渠道	0	—	—	—	—	—

图 13-16

- 经过市场/销售部思考和讨论，已决定主要在渠道上发力，预计下一阶段会加强渠道开发，培训更多的优质销售员，预计会对两个数据产生影响，如图13-17所示。

		客户人数（人）	试驾人数（人）	购买人数（人）	试驾率	购买率
A市分公司	A渠道	100	60	36	60%	60%
	B渠道	100	40	20	40%	50%
	C渠道	100	20	4	20%	20%

图 13-17

- 改善行动预计在×月×日开始，同步有数据监控，最新的数据反馈会在×月×日给出。

这样的汇报已经非常完整了。

一个完整的分析报告要讲清楚以下3点。

- 问题是什么？问题的定义、背景、现状、各方态度。
- 问题从哪里来？问题的原因，包括主要原因、次要原因。
- 问题到哪里去？问题会被怎么处理、什么时候有结果、没有结果怎么办？

这样才能发挥商业分析的作用，读出数据背后的商业含义永远比数据本身重要。

可以看到，即使是看起来很容易处理的、很直白的问题，站在商业分析的视角，都会不厌其烦地做排除法，尽量梳理清楚各种情况。这种思维模式是数据分析部门与业务部门的本质区别。业务部门可能习惯了某些操作，看到业绩不行就条件反射性地提出"要促销！要换人！"而分析师则是由粗到细进行细致的梳理。

这样做有三重好处。

- 对问题梳理得越细致，找理由推辞的空间就越小，越能驱动决策。

- 对问题从大到小进行梳理，更容易做排除法，先排除大问题，再纠结小问题。

- 这是专业能力的最佳体现，分析做得粗糙，无法体现专业性。

打个比方分析师就类似古代的军师。军师给主公提建议，需要尽量穷尽各种可能，永远是上、中、下 3 种大策略，不会只有 1 种大策略。而这上、中、下 3 种大策略，还要分上上策、上中策、上下策；中上策、中中策、中下策；下上策、下中策、下下策，一共 9 种小策略，几乎穷尽了各种可能。之后，主公就能在这里随意选择。主公选择下下策的机会多吗？当然多！归根到底，商业决策不见得是理性的，理性的决策也不见得都是效果最好的。**但提供丰富的理性决策给"主公"，是一个专业的分析师必备的能力。**毕竟，"拍脑袋"做决策人人都会做，能细细梳理问题，才是真本事。

13.8　小结：最高级的分析技巧是体系化作战

回顾整个案例，为什么在第 12 章中可以如此简单顺畅地进行商业分析，而在第 13 章的真实场景中，商业分析推进如此艰难呢？核心差距就是起点不同。此时，再回头看 12.1 节所给的信息，这是多么珍贵的资料呀（见图 13-18）。

- 已知：

① 卖私家车的公司，在某城市有**20名**销售员；

② 销售员签约意向客户能力**有上限**，签约后还要打电话跟进客户来试驾，最终付款；

③ **20名**销售员每月可签约**1000个**意向客户，其中400人试驾，200人最终购买；

④ 私家车单价为5万元每辆，20名销售员一个月可实现销售金额1000万元；

⑤ 本月销售**目标**是1200万元，请分析下如何达成目标。

图 13-18

这份看似平平无奇的资料，里面却含有多种信息。

- 基础信息：门店销售员人数、销售业绩。

- 目标信息：未来销售业绩目标是多少元。

- 分析结论：销售员能力有上限，这是需要分析验证后才落实的结论。

- 过程信息：销售线索、过程转化率、促销前后响应率等。

这看似平平无奇的基础信息，反映了企业数字化必须完成的四大核心任务。

- 基础信息：需要订单系统、客户系统、办公系统等数字化系统记录。

- 目标信息：需要企业贯穿数字化管理理念，所有人按量化目标完成。

- 分析结论：需要对业务能力、促销响应、转化率等基础数据进行分析，沉淀经验。

- 过程信息：需要对业务数字化有规范、有执行才能回收过程数据，没有遗漏。

试想：如果没有完成这些任务，会是什么样的场面呢？

- 基数建设匮乏，底层数据缺失，分析无从谈起。

- 数字意识淡薄，目标随意更改，部门推诿争论。

- 缺少经验积累，事事从头分析，结论不切实际。

- 过程缺乏管控，私下动作不断，数据严重失真。

其中任何一个任务没有完成，对商业分析来说都是灾难性的危害，对企业经营也是严重的破坏，最后只能回到"拍脑袋、碰运气"的老路上。

在企业中，**商业分析的最高境界就是做好基础数字化建设，然后做好基础分析工作**。这些分析工作包括以下内容。

- 清晰现状、明确目标，计算现状和目标的差距。

- 了解常用手段，对每种手段的适用范围、能力范围、投入/产出有了解。

- 对当前现状下，每种手段的可行性、预计效果进行评估。

- 在可行范围内，优化、组合各种手段，推导出最优效果。

- 要监督指标、监督执行过程，根据效果调整手段。

这个过程就如同开车时打开导航软件。

- 软件自动显示起点、手动输入终点。

- 软件显示有几条可以走的路线。

- 软件显示预计到达时间，由司机选择路线。

- 在行车过程中，软件监控拥堵情况，提示司机其他线路。

看似简单、轻松的功能，极大地减轻了司机的负担，如图 13-19 所示。

所以希望读过本书的读者，能牢记这个简单的道理：如果是业务方，要能积极推动业务数字化，用数据说话；如果是数据从业者，要能积极配合业务方，做好经验积累，这样才是适应数字化大时代的破局之路。

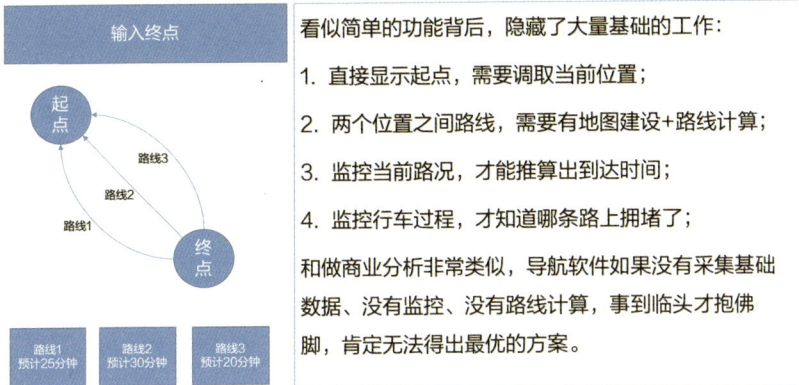

看似简单的功能背后，隐藏了大量基础的工作：

1. 直接显示起点，需要调取当前位置；

2. 两个位置之间路线，需要有地图建设+路线计算；

3. 监控当前路况，才能推算出到达时间；

4. 监控行车过程，才知道哪条路上拥堵了；

和做商业分析非常类似，导航软件如果没有采集基础数据、没有监控、没有路线计算，事到临头才抱佛脚，肯定无法得出最优的方案。

图 13-19

第 6 篇

高阶实践篇

解决商业分析中的疑难杂症

第14章

分清真实分析需求与伪分析需求

第10章至第13章的4个案例，是4个很具体的商业问题场景。可能有读者会有疑问："这4个案例的分析思路，都和商业场景有密切的关系。有没有不那么依赖商业场景，适用性更广的分析思路呢？"为了解答这个问题，作者找了3个背景简单的场景，为读者展示如何构建分析思路，解决实际问题。

14.1 典型问题："帮忙分析一下我的财务状况吧。"

你分析过你的财务状况吗？

- 如果让你分析一下你的财务状况，你会怎么分析呢？
- 如果有人请你分析他的财务状况，你会怎么分析呢？

请读者花10分钟的时间，思考一下这两个小问题。

陈老师举办了一场讲座，主要是讲数据分析方法的。在互动环节，有一位年轻的听众A自告奋勇道："老师，请帮我分析一下我的财务状况吧。可以给大家现场展示一下怎么分析吗？"

这是一个非常典型的问题。很多情况下，需要做分析的人不会对问题有很具体的描述，就是简简单单抛过来一句：

- "帮忙分析一下我的财务状况。"
- "帮忙分析一下我的感情状况。"
- "帮忙分析一下我的求职状况。"

那么，我们该怎么进行分析呢？此处，强烈建议读者放下书，拿起纸和笔，写下自己的分析思路，之后再来看这一章的内容。

14.2 整体思路：从名词含义出发，步步为营

听到有人提问，现场听众的积极性一下子被调动起来了！大家都以为这位老师会脱口而出："朋友，我看你今天穿了 ×× 牌子的衬衫、×× 牌子的裤子，你应该是一个刚毕业的学生，那么你的收入是……"总之，他们认为只要老师用眼睛一扫，各种情况就会被分析得明明白白的。

然而这一切并没有发生，陈老师反问了听众 A 一个问题："你得先说清楚，问题里的'我'字，到底指的是谁？"

这是因为不同的主体，对应的财务状况不同。

- 如果"我"仅仅是一个人，那么他关心的有可能是个人的收支情况。
- 如果"我"是一家之主，那么他关心的有可能是家里的财政情况。
- 如果"我"是一个企业主，那么他关心的有可能是企业的财政情况。

不能因为提问的是一个年轻人，就默认要解答的是他个人的收支情况。如果他是一家之主，那么还得具体了解这一家到底有多少口人，以及整个家庭的收支情况；如果他是一个企业主，那么还得了解企业的规模、经营状况等。不具体了解，给出的分析是不准确的。

这位听众 A 听完陈老师的分析，支支吾吾地说："其实我目前是处于从一个人向一家人的过渡阶段，已经和女朋友谈婚论嫁了，正在头疼买房的事，可买房又不舍得让自己的爸妈掏太多钱……"听众 A 说了一堆背景，现场听众一起惊呼："原来有这么多顾虑，为什么不早说呢？！"

因为真实的分析过程就是这样的！来求助的人默认分析师是很懂行的。懂行的人，自然不需要别人多说，很快就能推导出结果，且大部分人没有受过专业的数据分析训练，在提问前不会梳理问题，所以叙述的情况自然支离破碎。

做分析的第一步，就是梳理清楚各种情况：

- 描述问题的指标口径。
- 产生问题的业务场景。
- 哪些是真需求，哪些是伪需求。
- 判断问题严重程度的标准是什么。

经过这样的梳理，很多简单的问题，甚至能直接在梳理的过程中得到答案。

14.3 第一步：确认指标口径

对于前面听众 A 提出的问题，商业分析师还要再问一句："你这里说的财务状况的含义是

什么？"如果去查资料，得出的财务状况的含义是企业在某一时刻经营资金的来源和分布状况，包含资产和负债两部分。

虽然资料上有财务状况的相关含义，但现在是在帮助听众 A 分析问题，故不能生搬硬套。因为听众 A 已经说了他不是企业主，所以不能生搬适用于企业的理论。我们可以在基础理论的框架下，针对听众 A 的情况做一些改进，如图 14-1 所示。

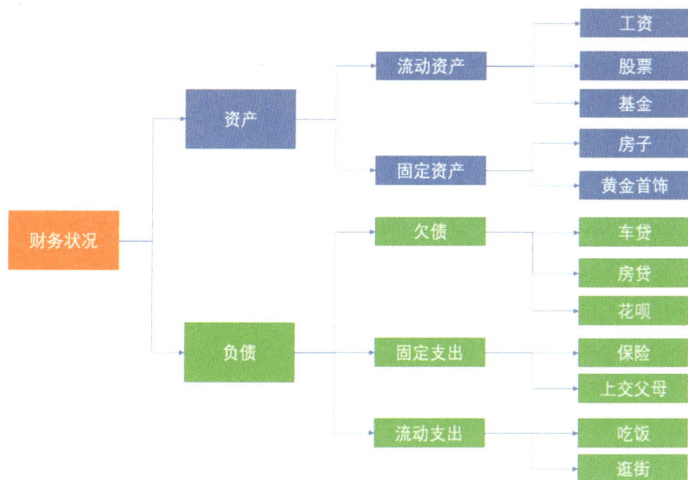

图 14-1

• 注意：不同的人，对资产和负债的判断也是不一样的，所以要确认清楚眼前讨论的资产和负债的标准，我们需要在对标准达成共识以后再继续讨论。

- 房子算资产还是负债：有些人认为房贷是负债，因为还房贷很辛苦；可有些人视房子为资产，因为房子能升值。

- 汽车算资产还是负债：有些人认为汽车是资产，很值钱；可有些人将汽车视为负债，买回来就贬值。

- 保险算资产还是负债：在卖保险的人口中，保险都是资产，他们还经常能算出来很大一笔收入给买保险的人看；可买保险的人没看到那一大笔收入进来，却只知道每个月要把钱交出去，认为保险是负债。

这些涉及大金额且不同人理念差异大的东西，商业分析师一定要事先确认清楚，不能想当然。否则，讨论问题的双方认知不同，必然造成对分析结果的看法也不同。比如，如果视房子为投资，那为什么不肯找家人借钱买房子呢？这也是家人投资的一个渠道；如果视房子为负债，那不好意思让家里人多背债务也是情理之中的事。既然是为听众 A 做分析，就得明确他的判断标准。

当然，有些负债明显是公认的，比如欠了花呗 3000 元，或者请朋友们吃一顿饭花了 1000 元；有些投资也是公认的，比如买了 1 万元基金。这些含义清晰、普遍被公认的行为，就不需要细致确认，一笔带过即可。

在专业分析领域这叫指标口径确认。通俗地说，就是确认所有参与分析的人谈论的指标是同一个含义。即使这个指标在学术上、书本上、字典上有明确的含义，此时也要确认清楚。因为很有可能同样的名词，不同人有不同的理解。这种理解上的偏差会从根本上造成计算出来的数据不符合分析需要，从而导致分析失败。

14.4　第二步：了解问题背景

介绍完财务状况的含义，听众觉得：现在可以开始分析了吧？不！还不行，还有几个小问题得提前说清楚。

"分析财务状况"到底是分析什么时间的财务状况？这场讲座是在 2019 年 6 月 1 日举办的，那么对应的时间有 3 种状态。

- 过去：2019 年 5 月 31 日及以前的财务状况。
- 现在：2019 年 6 月 1 日当天的财务状况。
- 将来：2019 年 6 月 2 日及以后的财务状况。

明确时间点也非常重要。因为已经发生的是既成事实，只要有数据记录，是可以通过数据进行计算、分析的。只要数据记录完整，那么对过往的数据分析相对轻松。眼前发生的，则需要监控当前的行动，而监控行动是有成本的。比如听众 A 出门带了几百元钱，晚上和朋友聚餐喝酒，随手买了单。结果第二天起来，把这件事忘得一干二净，这就是典型的监控缺失导致的数据缺失。

> **注意：** 随着时间的推移，当天记录的数据会变成第二天的分析对象。如果当天都没有认真记录数据，那么第二天也没法分析了。如果每一天都不认真记录数据，那么累积缺失的数据就会越来越多，可能早已忘记几个月前买了什么，以后再想梳理，也无从梳理了。

未来发生的事情连数据都还没有，因此需要进行预测。预测的结果又会反向影响听众 A 的行为。比如预测听众 A 这个月将入不敷出，那么听众 A 就会节省开支，或者找别人借钱，这样原先预测的结果就会不准确，所以听众 A 到月底不至于会饿肚子。因此，如果是预测结果，必须提前讲清楚预测的前提，考虑预测本身是否会改变行为，不然分析必然不准确，如图 14-2 所示。

除此以外，听众 A 为什么想要分析财务情况？分析的目的也很重要。了解目的，才好"对症下药"。好在听众 A 解释得已经很清楚了："正在头疼买房的事，可买房又不舍得让自己的爸妈掏太多钱……"

过去			现在	未来	
5月29日	5月30日	5月31日	6月1日	6月2日	6月3日
已经发生，只要有记录，就能做分析			及时监控	有预测方法，才能算结果	

图 14-2

14.5　第三步：区分真实需求与伪需求

专业分析就要具体问题具体分析。听众 A 虽然说了一大堆问题，但是对于以下这些问题，都没有说明白：

- 到底要买哪里的房子？
- 买多少平方米的房子？
- 买总价为多少钱的房子？
- 目前手里有多少钱？
- 缺多少钱？
- 还能筹备多少钱？

所以，这不算是一个完整的分析需求。想要具体问题具体分析，就得把这些信息补充完整，如表 14-1 所示。习惯上，我们也把没有完整信息的需求叫作不清晰需求或伪需求。

表 14-1

需 求 描 述	需求类型	需 求 应 对
我想买房子	伪需求	"想"买就买啊
我想买房子，但是钱不够	不清晰需求	想买哪里的房子钱不够？说具体点
我想买房子，还没看过房子，感觉钱不够	完整需求	先看房子！看中了再算钱
我想买房子，已看中甲房子（320 万元，两室一厅，80 平方米）	完整需求	看看怎么凑钱

需求梳理到此，听众 A 忽然愣住了，然后支支吾吾地说："其实，我还没有认真看过房子，我就是看新闻说房子贵，买一套要几百万元，感觉自己买不起。"

问题到此，就发生了转变。

- 最初的问题："帮我分析一下我的财务状况。"

- 第一次梳理后的问题："我想买房子，但我不清楚目前的房价，也不知道缺不缺钱。"

经过第一次梳理后，下一步的分析就不是对财务状况进行分析了，而是先让听众 A 去了解一下房子的价位，不同类型的房子价格有什么差异。为了加快讨论进程，听众 A 下载了一款买房中介软件，搜索附近小区房子的价格，以此为参照。

听众 A 看到了一套自己喜欢的房子：小区环境很好，两室一厅，80 平方米，售价 320 万元。然而，听众 A 继续表示："虽然喜欢，但是还拿不出 320 万元全款购买。虽然分期付款的话月供还得起，但首付要 3 成，也就是 96 万元，太多了。目前手头只有 36 万元，还缺 60 万元呢！"

于是，问题又有了第二次转变。

- 最初的问题："帮我分析一下我的财务状况。"

- 第一次梳理后的问题："我想买房子，但我不清楚目前的房价，也不知道缺不缺钱。"

- 第二次梳理后的问题："我想买总价为 320 万元的房子，但首付还缺 60 万元，怎么办？"

现场的听众听到这里都惊呆了：居然还有这种变化！不过细细回味一下，工作生活中有太多这样的场景：嘴上说的是一件事，可后面牵扯到很多件事，不深挖背景，是不会找到真正待解决的问题的。

14.6 第四步：树立判断标准

"我想买总价为 320 万元的房子，但首付还缺 60 万元，怎么办？"

如果有人这么问你，你会怎么答？

你是不是会脱口而出："去借 60 万元呀！"

现场的很多听众都是这么回答的。然而，这里忽略了一个重要的细节：听众 A 到底喜欢的是这套房子，还是喜欢两室一厅的 80 平方米的房子呢？我们只是听到了听众 A 说想买"两室一厅，80 平方米，小区环境不错，总价为 320 万元"的房子，他看上了房子的哪一点我们并不清楚。这就是缺少判断标准。

判断标准会直接影响到后续的分析思路。

- 如果非这套房子不买，则后续思考如何借到 60 万元。

- 如果想要两室一厅的 80 平方米的房子，则后续思考在买得起的范围内，找到自己中意的两室一厅的 80 平方米的房子。

- 如果想要小区环境好的 80 平方米的房子，则后续先搜集数据，看看哪里有同时符合这两个条件的房子，再看看那些房子分别都需要多少钱。

只有明确了判断标准以后，才能开始具体分析到底是借钱买这套总价为 320 万元的房子，还是继续寻找其他房子。

生活中有相当多的问题是因为标准不明确、标准混乱、不同的人标准不一致导致的摩擦。

当然，也有可能听众 A 找了一圈也没找到同时满足这两个条件的房子，那么问题可能就有了第三次转化。

- 最初的问题："帮我分析一下我的财务状况。"
- 第一次梳理后的问题："我想买房子，但我不清楚目前的房价，也不知道缺不缺钱。"
- 第二次梳理后的问题："我想买总价为 320 万元的房子，但首付还缺 60 万元，怎么办？"
- 第三次梳理后的问题："我想买两室一厅同时小区环境好的房子，但是所有符合条件的房子都超出了预算，我是增加预算还是降低买房条件？"

做分析工作就是这样一步步由浅入深，逐步找到问题的症结并不断解决问题的。想做得细致、精确、有用，就不要怕麻烦。在这个过程中，可以用 MECE 方法来厘清思路，如图 14-3 所示。

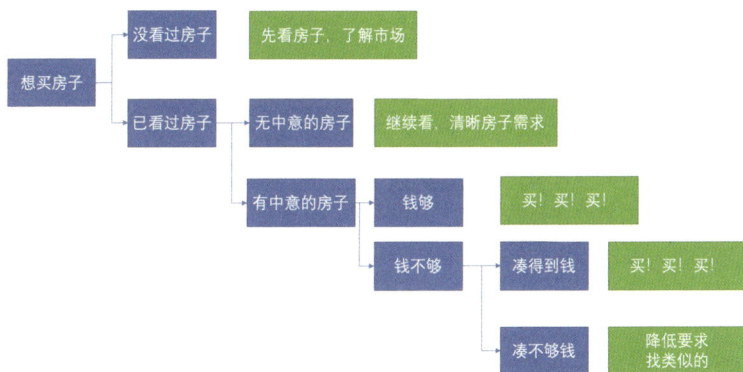

图 14-3

14.7　第五步：推导分析结论

经过上一步的提示，听众 A 认真想了想，重新讲出了他的需求：

- 总价为 320 万元的甲房，非它不买！
- 不打算找父母借首付款。
- 不打算让女友家出钱。

- 手头上缺 60 万元的首付款。

- 若贷款买房，我能还得起月供。

现在终于可以开始分析了。

听众 A 话音刚落，现场的听众便争先恐后地向他支招。

- 听众 1："那现在就要看可以去哪里借钱！父母？朋友？亲戚？"

- 听众 2："或者你可以考虑推迟结婚，限制条件里又没有提出必须今年结婚！"

- 听众 3："或者你可以重新考虑判断标准，为什么非甲房不买，条件接近且便宜的房子也行呀。"

- 听众 4："或者你可以考虑取消一些限制条件。再说房子也可以作为资产呀，既然是资产，为什么不让父母参与投资呢？"

哪个听众说得有道理呢？实际上每个人说的都有道理。

区别来源于解决问题的思路不同。

- 听众 1 是一个"乖宝宝"，严格地在判断标准的限制下寻找答案。

- 听众 2 和听众 3 则在判断标准上做了一些改变，标准是人定的，既然是人定的就有探讨的空间。

- 听众 4 则直接修改了标准。不过本身标准也是人定的，修改标准也不是不行，只要当事人能接受就行。

每一条思路会得到一个答案，至于这些答案能不能让听众 A 满意，这就需要他自己进行决策了。于是讲座现场的听众激烈地讨论了 10 分钟。此刻，在场的人都能做分析了，做分析原来是这么轻松的一件事呀！

然而回忆一下本章开头，有多少听众在一开始就想到这些了呢？

- 很多听众一听到"财务状况"，就想着"哎呀，我不是学财务的，要怎么分析呢？"

- 很多听众一听到"财务状况"，脑子里立马冒出来的是跟财务管理有关的知识。

- 很多听众，已经开始默默背诵书中讲的财务数据指标了。

在不梳理问题的情况下，只是参照教科书，人们很有可能给出"你年龄 24 岁，月入上万元，无车、无房、无贷款，属于潇洒青年"这种听起来似乎全面，可实际上是与提问人真正关心的问题相差甚远的答案。很多人会把这种偏差归罪于提问人："你为什么不说清楚呢？"可在提问人看来："我就是不懂分析，所以才来提问的呀，专业的分析师怎么连这点技能都没有呢？"

包括在看本书的读者，可以拿出自己看本章开头时在纸上列下的不清晰问题的清单，看看以下内容中自己罗列了多少项。

- "我"的身份是什么?

- "财务状况"具体指哪些指标?

- 为什么要分析"财务状况"?

- "财务状况"对应的时间状态是什么?

如果你意识到了要明确这 4 个问题,那么恭喜你,你的意识里已经有了分析思维的萌芽,后续可以多加利用以便继续进步。如果你遗漏了某些点,甚至以为这个问题已经很清楚了,就有可能和现场观众一样,做一个"想当然"的分析。

即使省去了开头的问题梳理,还有后续的其他干扰因素。如:

- 很多听众一听到"我要买房子结婚",思路就偏离到"买新房时女方到底要不要掏钱"。

- 很多听众一听到"我不想让父母掏钱买房",思路就偏离到"到底该不该让父母掏钱买房"。

- 很多听众一听到"我还差一笔首付",就想当然地认为听众 A 没有钱。

有些人甚至都不会先去确认听众 A 到底是不是真的了解过房价。

思路被情绪、立场、态度带歪,主观臆断,"想当然"——这些都会在分析过程中发生。在缺少专业分析技能的时候,这种事经常发生,而这种事情正是专业分析师要极力避免的。

14.8　小结: 专业分析的工作应这样做

以上就是对专业分析工作流程最通俗的解释。之所以举这个简单的例子,如此细致地讲述分析过程,就是想揭开所谓"大数据分析"的神秘面纱。读者会看到专业的分析技能原本并不神秘,也并不"高大上",它很具体、很细节、很琐碎,它建立在详细、真实的数据之上,核心是逻辑性,通过一步步地推导最终得到答案。

商业数据分析本质上对抗的是不确定性,不光是来自外部经营环境的不确定性,更多的是来自企业内部的不确定性。如情绪化的决策、"拍脑袋"的决策、不了解细节就下手等问题。

商业数据分析是解决这些问题的手段,其有一套完整的流程,包括 10 个环节。如果对应前文中所讲的,听众 A 需要"帮我分析一下财务状况"的例子如下。

- 清晰主体: 确认听众 A 的身份。

- 清晰时间: 确认分析哪个时间段的"财务状况"。

- 清晰指标: 确认"财务状况"是什么意思。

- 了解原因: 确认为什么要分析"财务状况"。

- 厘清问题：从表象的"财务状况"到实际的"如何买房"。
- 收集数据：听众 A 不了解房价，要先收集房价，看意向房。
- 明确标准：确认听众 A 到底想要什么样子的房子。
- 评估分析：标准 + 现状，推导出是否缺钱。
- 深入分析：借钱？改标准？
- 输出结论：可以从 ×× 地方借钱；可以调整 ×× 标准。

以上就是商业分析的全过程，其中前 5 步是单纯的问题梳理工作，通过一步步梳理，聚焦到真正要解决的问题；后 5 步更多的是"分析"的工作，通过逻辑推导得到答案。题目的问题很简单，用加减乘除算法即可，更复杂的问题会使用统计学、运筹学等专业方法来辅助分析。

真实企业中的商业分析和这个过程是一模一样的，甚至会更曲折。已经参加工作的读者大多会遇到这样的情况，在企业里做数据分析的时候，业务部门都会提下面的问题：

- "请分析一下销售情况。"
- "请分析一下用户情况。"
- "请分析一下活动效果。"

至于以下问题，则统统不清楚：

- 是谁需要分析？
- 为什么需要分析？
- 分析的是什么时间段的问题？
- "销售情况"具体指什么？
- 数据分析师理解的"销售情况"和财务、运营、销售、售后、生产口中的"销售情况"是不是一回事？

甚至财务、运营、销售、售后、生产等部门之间，在提到"销售情况"时，思考问题的角度、想得到的答案都完全不一样。

- 财务部门："这个月利润指标不达标，我要从收入 / 成本两头追查原因。"
- 生产部门："看着销售业绩不好，产品肯定积压严重，我得缓缓再进原料。"
- 运营部门："这个月销售业绩不是很好，我可以做什么事来帮帮忙？"
- 销售部门："哎呀，业绩不达标，要扣奖金了！得想办法多销售产品啊！"

这时候如果不具体梳理问题，只是泛泛而谈报给各个部门："昨天销售业绩为 100 万元，前天销售业绩为 120 万元，大前天销售业绩为 150 万元……"所有部门都会一起批评："你做了什么分析？你的分析有什么意义？你的分析有什么价值？"简单地陈列数据，不能解决商业问题，也不能满足各个部门的需求，所以掌握问题梳理的方法、掌握沟通技巧非常有必要。

如果在自己不熟悉的领域进行分析，则更需要梳理问题。

- 去面试。
- 入职了新公司。
- 乙方公司去甲方竞标。
- 在同一个公司内换了业务部门。
- 接收了一个陌生项目的分析需求。

对于以上情况做数据分析的人有可能不清楚：到底我要分析什么。具体到一个公司的一类问题，有很多种可能，这时候就不能指望用一套通用模板来解决问题了。认真梳理某公司的商业模式、部门架构、工作流程，再落实到具体问题上就显得格外重要了（见表 14-2）。

表 14-2

分 析 步 骤	听众 A 买房案例中的分析	商业中的分析
清晰主体	确认听众 A 的身份	确认公司、商业模式、部门、工作流程
清晰时间	确认分析哪个时间段的问题	确认待分析问题的时间
清晰指标	确认财务状况如何度量	确认问题的相关指标，指标现状、走势
了解原因	确认为什么要分析财务状况	确认汇报对象、当前问题、下一步的计划
厘清问题	从表象的"财务状况"到实际的"如何买房"	从"你来分析一下"到"我们部门的问题是……"

但这样的流程会让分析师太被动，需要做大量的沟通，并且需要分析师和业务人员面对面交流。是否有办法能够在业务人员不提问题的情况下，分析师也能主动发现问题呢？当然有！第 15 章为读者揭晓。

第15章

通过数据主动发现问题

15.1 典型问题："看到这些数字，我很慌！"

2018 年的某一天，陈老师在广州工作的同事老张，忽然神情紧张地找陈老师帮忙。老张递过手机，用颤巍巍的声音说："老陈呀，你快来看看，我老婆发了这一堆数字给我，她想干什么呀？！"陈老师看了一下手机，信息显示有一堆数字（见表 15-1）。

表 15-1

日　　期	金额（元）
4 月 1 日	2500
4 月 2 日	180
4 月 3 日	51
4 月 4 日	200
4 月 5 日	526
4 月 6 日	469
4 月 7 日	980

陈老师问道："看起来像在记账，知道这是谁记的吗？"

老张答："我老婆说这是她这几天花的钱，我没记账的习惯，我也不敢问。你能从这堆数字里看出什么来吗？"

亲爱的读者，你能从这一堆数字里看出什么来吗？

强烈建议读者认真研究一下这一堆数字，再继续往下看！

第一眼能看到的数据如下。

• 最多的一笔消费金额：2500 元。

• 最少的一笔消费金额：51 元。

如果稍加计算，还能计算出下面的信息。

- 总金额：4906 元。

- 平均每天消费的金额：701 元。

- 有 5 天的花费小于平均值。

然而，这些数字又说明了什么问题呢？似乎到这里我们就陷入僵局了。因为这些只是单纯的计算数据，丝毫没有思考这些数据有什么现实含义。

15.2　整体思路：读出数据含义，判断数据走势

商业分析能不能未卜先知？当然不能。但如果分析师做过数据分析，就有可能推断出未来的情况。因为数据反映的是一个具体场景下的业务问题，业务问题本身有它的发展规律，这种规律又能通过数据展现出来。因此，通过商业分析判断走势，需要分 4 步走。

- **获取数据**。这是最基础的条件，获取数据，掌握基本情况。

- **解读含义**。数据是业务的体现，数据背后到底反映了什么问题，要解读出来。

- **建立假设**。到底解读得对不对，还需要持续跟踪验证，因此要建立待验证假设。

- **跟踪验证**。最好的检验就是通过实践检验，持续跟踪问题，以便检验假设对错。

以上 4 个步骤，不是一蹴而就的，而是一个循环的过程。通过不断的获取数据、解读含义、建立假设、跟踪验证，最终淘汰不合理的假设，保留合理的假设，这样随着时间的推移，事情就能越来越接近真相，如图 15-1 所示。

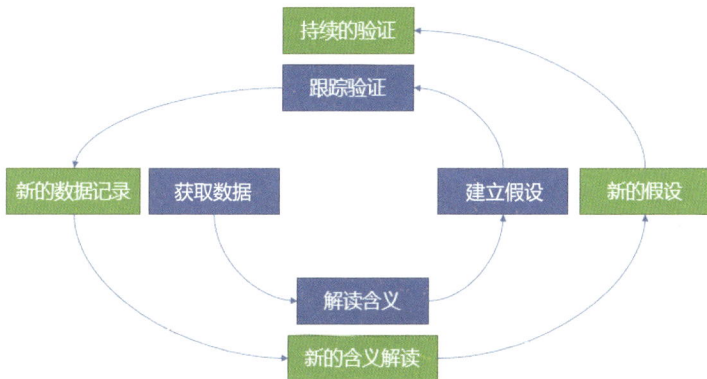

图 15-1

因此，如果读者对前面提到的数据没有思路，不妨结合自身的消费情况思考一下：这可是一个人每天支出的费用统计呀。请读者想想看，自己上一次一天花 2500 元是什么时候，花在哪里了？一天仅花 51 元又是什么时候，花在哪里了？这样一对比，是不是就有思路了？

15.3　解读含义：从结合场景开始

- 有多少读者注意到老张在哪个城市？答：广州。

- 有多少读者又注意到，这是哪一年发生的事？答：2018年。

那么，问大家一个简单的问题：2018年广州市城镇居民人均收入是多少元？通过在网上搜索就能看到，根据国家统计局广东调查总队发布的：2018年广州市城镇居民人均可支配收入为4 4341元每年，平均每月可支配收入为3695元。

有多少读者注意到，老张老婆4月的第一周花了多少元？答：4906元。这么一对比，是不是看出问题了。"才一周时间就花了别人一个月的收入，这消费能力很高呀！你老婆的收入一定不错啊！"陈老师感慨道。

老张说道："不！并没有！她一个月的收入才8000多元（税后）。我们家的大件物品的支出、房贷是我在出，其他东西是我老婆在买，我每个月还得给她8000元呢！"

听到这里，读者是不是又发现新的问题了。不需要用什么高深的方法，可以简单推算：如果1周消费4906元，那么按这个算法4周的消费就是4906×4=19 624元，大于老张老婆的工资8000元加老张给老婆的8000元的总和。看起来，老张老婆应该是隐隐觉得自己每个月入不敷出了，所以才开始记账的，至于发给老张看，多少想表达某些意思。

"这么看起来，你的零花钱保不住了呀！"陈老师调侃道。

"哎呀！这可怎么办呀……能再深入解读一下吗？"老张瞬间更加紧张了。

那么，更深入的解读需要怎么做呢？

15.4　深入解读：建立分析假设

> **注意：** 入不敷出的结论是有前提假设的，就是4周的花销一模一样，但是这个假设不一定成立。

首先，这1周的时间是2018年4月1日至7日。4月1日是月初，也是本周最大的一笔开支花出去的时间，很多家庭都有月初花一大笔钱交各种费用的习惯。所以，很有可能4月1日的2500元之后不会再有了。

其次，2018年4月5日至7日，有3天是清明节假期，这3天的支出明显高于4月2日至4日3个工作日的支出，所以可以假设节假日全家一起出去玩，这笔钱也是老张老婆出的；4月2日至4日这3个工作日的支出，则是她的个人消费。通过计算后便发现：老张老婆的个人日均消费仅 144 元，节假日日均消费却高达 658 元。

这样一对比似乎又能推出一个让老张害怕的事情了。老张老婆应该是想表达："你看，我自己花的钱好少，钱都是补贴家用和全家一起出去玩时花的，所以老张你必须多给我一些钱了！"

分析至此，可以推导出 3 个假设。

- 假设 1：月初的 2500 元消费，之后不会再出现，最多月底会有一笔。
- 假设 2：节假日日均消费（658 元）远高于工作日日均消费（144 元）。
- 假设 3：节假日的消费会持续高于工作日的消费。

基于这 3 个假设和第一周的数据，可以计算一下老张的零花钱是否需要都给老婆。

- 工作日的消费金额：144×5=720 元。
- 非工作日的消费金额：658×2=1316 元。

所以，预计第二周的总消费金额为 2036 元。

预计全月总消费金额为 4906+2036×3+2500（月底有一笔项目款）=13,500 元。

预计全月总消费金额为 13,500 元，小于老张老婆每月 16,000 元可支配收入。

所以这么算起来，老张还能保住自己的零花钱！

然而，老张对这个结果一点都不满意！他想控制一下消费，以便保住自己的零花钱。工作日的消费是老婆的个人行为，难以控制。那就从周末开始吧！以后周末的消费能压缩就压缩，看看能省多少。老张信心满满地说道："就从下周开始，不带孩子出去逛街了，找个公园也能玩玩，还能省钱！"

老张推导出的假设正确吗？不知道。老张能成功吗？不知道。一切都得等待时间的检验。所以后续得继续跟踪数据走势才行，做分析从来都不是一蹴而就的。

15.5　持续跟踪：验证分析假设

4 月的第二周平静地过去了，第三周的周一，老张急匆匆地来分享最新的数据（见表 15-2）。

表 15-2

日　　期	金额（元）	日　　期	金额（元）
4 月 1 日	2500	4 月 8 日	160
4 月 2 日	180	4 月 9 日	369

续表

日　　期	金额（元）	日　　期	金额（元）
4 月 3 日	51	4 月 10 日	278
4 月 4 日	200	4 月 11 日	80
4 月 5 日	526	4 月 12 日	566
4 月 6 日	469	4 月 13 日	106
4 月 7 日	980	4 月 14 日	77
总计	**4906**	**总计**	**1634**
预测值	—	预测值	2036
误差百分比	—	误差值	25%

注：百分比是四舍五入保留两位小数后所得，后同。

读者自行思考一下，从这个数据里你能读出什么信息？

有了最新数据后怎么办？当然是拿出假设来对照一下。

- 假设 1：成立！月初的 2500 元的消费确实没有了，可以持续观察。

- 假设 2：不成立！工作日的消费明显增长了！到底是为什么呢？

- 假设 3：不成立！这是老张人为控制的结果，周末没出去玩，所以省了钱。

当假设不成立的时候，就得继续追问背后的原因。老张垂头丧气地说道："周一回去我就宣布'这个周末我们不去逛街了，要省点钱。'谁知道老婆每天晚上临睡前都要去网上买东西，结果尽管周末没去逛街买东西，但是算下来消费一分都没少，哎！"原来如此！

等等，这里似乎忽略了一个细节。仔细对比两周的数据，如图 15-2 所示，周五明显有异常值。虽然是工作日，但是支出明显比其他工作日的支出高。而且在老张如此心急火燎控制支出的时候，这一天的支出居然没有减少。是不是有问题呢？老张是不是隐瞒了什么？

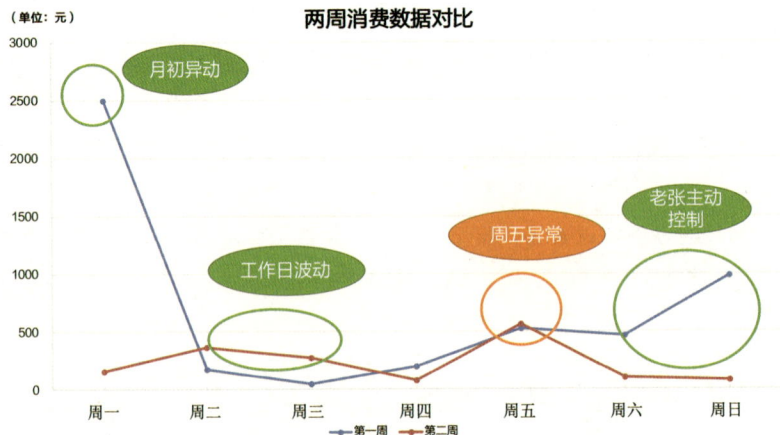

图 15-2

追问之下老张才吐出真言：周五有特殊活动。周末是全家一起出去逛街买东西的时间，可周五一般是老张和他老婆过二人世界的时间（孩子交给爷爷奶奶照顾），所以这个钱是万万不能省的。

这么算起来，老张可能真的黔驴技穷了，根本没什么可以压缩支出的空间了！唯一能指望的是继续周末不出去玩。可是，老张说道："也不能总带孩子在公园玩吧？就算去郊区，吃个农家饭，还是得花钱，哎！"这样，老张就只能听天由命了，他能保住他的零花钱吗？

15.6　复盘总结：发现问题规律

到了 5 月 1 日，4 月份的最终支出数据出来了，如表 15-3 所示。

强烈建议读者自己先看看这个数据，思考一下老张能保住他的零花钱吗？

表 15-3

时　间	第一周消费金额（元）	第二周消费金额（元）	第三周消费金额（元）	第四周消费金额（元）	第五周消费金额（元）
周一	2500	160	46	267	2249
周二	180	369	80	382	87
周三	51	278	32	100	—
周四	200	80	30	627	
周五	526	566	1054	506	
周六	469	106	696	370	
周日	980	77	200	38	
总计	4906	1634	2137	2290	
预测值	—	2,036	2036	2036	
误差百分比	—	25%	−5%	−11%	

问：老张老婆一个月一共花了多少元？答：13,300 元。13,300 元小于可支配收入 16,000 元，还剩余 2700 元。很有可能，老张老婆在开始记账的时候，也只是单纯地感觉到钱花多了，但没有真正计算过，到底花了多少钱。这么计算来看老张还是有希望保住自己的零花钱的。果然，老张反馈老婆只是默默地继续记账，并没有说什么，看起来老张的零花钱暂时是安全的。

然而一个新的问题是：老张的零花钱未来会继续安全吗？想通过过去发生的事情推测未来的情况可不是一件容易的事情。没有人能"拍胸脯"保证过去发生的事情未来一定会再发生。但是，通过数据分析，可以从过去发生的事情里找到一些端倪。比如老张老婆的消费，其实有几条明显的规律。

- 规律 1：每个月的月初、月末各有一笔大额开支，猜测是固定的水电气的费用或伙食费一类的支出。

- 规律 2：在周末出门逛街的前提下，工作日的支出非常少，甚至最少的一天只消费了 30 元！有在广州生活经历的读者可能都觉得不可思议，猜测可能老张老婆的公司有食堂，午饭解决了才能靠如此少的消费过日子。
- 规律 3：每周五，夫妻的二人世界是万万不能少的。
- 规律 4：周末如果不出去消费，就会分散到平时，总之每周支出少不了多少。

当然，以上规律是基于一个月的观察总结出的，也有可能受到个案影响有偏差。没关系，只要持续观察，看假设是否成立即可。所谓规律，即经过长期观察检验，发现其在特定条件下稳定出现的现象。数据能总结、验证规律。

假设这 4 条规律全部经得起检验，那么就能推导出一个结论：未来老张被没收零花钱的风险并不会降低。他既不愿意放弃每个周五的二人世界，也不敢阻止老婆花钱，又不能长期控制周末的消费，那么他对于这个支出数据几乎没有什么控制能力。考虑到老婆每月只剩下 2000 多元，短期内收入又不会增加。那么一旦出现大额支出（比如生病、旅游）等就得动用自己的零花钱了。

老张长出一口气，叹息道："这就是中年男人的命呀！"

陈老师说道："放心，你老婆很有可能对记账坚持不了多久的，继续这样过日子，就什么麻烦也没有了。你甚至可以打着项目发奖金的名义，不定时地多给她一点钱，缓解她的焦虑感，这样说不定她就更不会记账了。"

15.7　小结：商业分析，这样做到未卜先知

看到这里读者会好奇：为什么要花这么长的篇幅讨论一个中年男人的家庭收入问题呢？答：因为这个场景和数据分析师在企业里工作的场景实在太相似了。这里出现的 4 个角色，刚好对应企业里的 4 种角色，如图 15-3 所示。

图 15-3

老张老婆：对应业务部门的领导。在企业里，领导不会很详细地跟下属解释他想做什么。

很多时候，就是看似轻描淡写地给了几个数字，实际上却心有所想。这时候，考验的就是下属的工作能力了。

老张：对应着业务部门的同事。

面对领导：

- 领导的想法不敢问——到头来，他也没敢问老婆为什么要记账。

- 领导的意见看不懂——到头来，他也没明白老婆记账的真实动机是什么。

- 领导的命令必须听——到头来，他也没敢阻止老婆花钱。

面对数据分析师：

- 自己心里揣着小心思——周五的小活动，老张是不会主动说的。

- 张口讲不清分析需求——"你看看这堆数字，我老婆为什么发给我这个啊？"

- 不等分析完就行动了——"我不能坐以待毙！周末不逛街了！"

面对用户：

- 短时间可以委屈用户——周末不出去玩了！

- 短时间可以扭转数据——果然周末不出去玩之后，就花钱少了。

- 长时间还是得找出路——只能委屈宝宝一周，下周还是得出去玩（见图 15-4）。

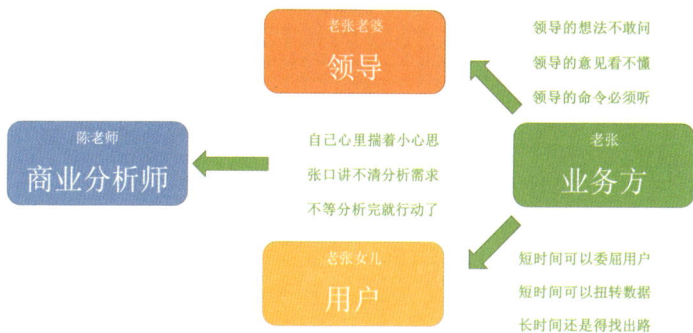

图 15-4

这几乎是所有企业里业务部门的工作状态。在这种情况下，分析师是无法指望业务方能完全清晰、准确地把真实问题表达出来的。他们可能不想表达或不能表达，也可能自己都是丈二和尚摸不着头脑。如何揣摩形势，从数字中解读出状况就变得格外重要了。

故事里的陈老师，就是典型的商业分析师的角色（见图 15-5）：

- 无法直接跟领导沟通，不知道真实的问题背景是什么。

- 业务方自己也稀里糊涂的，只有零散的数据，没有思路，这里面隐藏了很多信息。

- 只能通过数据观察用户的变化行为，可这些数据又是业务方人为制造出来的。

这才是商业分析师在企业里的真实处境。有句古话：战场上，真理第一个阵亡。虽然在数据分析领域有数学、统计学、运筹学等学科做支撑，但在真实的企业环境中，如何应对这些复杂的情况，才是数据分析师先要掌握的能力。不然，就如同泥巴地里盖高楼，再科学的理论也无从谈起。

图 15-5

故事讲完了，下面总结一下故事中包含的道理。

分析师想在一无所知的情况下，解读出数据背后的商业含义需要做到以下这几步。

- 理解问题的业务背景。
- 理解问题中数据指标的含义。
- 为指标寻找判断标准。
- 输出初步判断的结论。
- 输出进一步分析的假设。
- 基于分析假设，预测问题走势。
- 建立跟踪标准，追踪问题走势。
- 根据问题走势，验证假设真伪。
- 总结经验，输出结论。

这里前 5 步是一个不断寻找数据所反映的商业含义的过程，这里需要把数字与具体的场景联系起来，从而解读出含义。比如，4 月 1 日只是一个普通的日期，但也可以解读为"月初"，4 月 1 日的消费，就对应着月初的开支；4 月 5、6、7 日分别也是一个个普通的日期，但也可以解读为是清明节假期，4 月 5、6、7 日的消费，对应的消费是假期消费。通过场景关联，可以解读数据背后的含义。

同样，数字本身不会说话，要结合标准才能得出结论，这里以下面的标准进行对比。

- 居民平均收入对比个人支出。
- 单月总支出对比老张老婆全部支出。
- 周末家庭支出对比个人支出。

多个标准配合导出待分析假设。

后 4 步则是逐步验证假设，形成结论的过程。牢记"**稳定的规律，会在同样的场景下重复出现**"这个原则。如果一个规律是固定的，则一定会在持续的观察中反复出现。所以，由数据得出结论的过程也不是一蹴而就的，而是长期的、持续的观察过程。其中稳定出现的、经得起验证的部分，才会被记录下来；不稳定的部分则会引出新的思考。这种持续的观察和验证，可以沉淀经验，使得出的结论逐步趋向正确。

在这个反复验证的过程里，即使业务部门有隐藏的内容，也能通过数据发现，就像老张的"周五快乐日"被发现一样。分析师能做到这一步，就真正实现了未卜先知、洞察清晰。当然，这需要分析师在一个业务领域有长时间的积累和思考才能实现。

15.8　最后一个小问题：商业分析的最大痛点

故事到这里就全部讲完了。然而，还有几个看似简单的小问题要问读者：

- 你有记账的习惯吗？
- 你记得昨天、上一周、上个月花了多少钱吗？
- 你知道你的钱具体花在哪里了吗？花了钱以后自己满意不满意呢？

理论上，每个人都希望有一张消费记录表，有了它，就能准确地掌握每一笔钱的用途了，还能分析出哪些钱是浪费的，哪些钱花得很值（可真是有用呀！），如表 15-4 所示。

表 15-4

消费日期	消费时间	订单ID	消费场所	购买产品	金额	是否有优惠	实际支付	购买后满意度（满分为 10 分）
2019 年 4 月 2 日	12:20	122	开饭	雪花叉烧王	58 元	无	58 元	8 分
2019 年 4 月 2 日				金沙脆皮芝麻鸡	78 元	无	78 元	5 分
2019 年 4 月 2 日				火山石烧花胶	48 元	无	48 元	9 分
2019 年 4 月 2 日	14:20	456	喜茶	多肉葡萄	28 元	有，买 1 赠 1	0 元	8 分
2019 年 4 月 2 日				芝士梅梅	36 元	有，买 1 赠 1	36 元	8 分

制作这张消费记录表的技术难度很小，只要有个小账本，随手一记就好。可问题是技术难度如此小，又如此有意义的工作，有几个人真正能做到呢？

答：只有少数人可以做到！

对于具体到某天、某个小时、某分钟到底花了多少钱？花在了什么地方？花得值不值？几乎没有人可以做到很详细的记录。这样才会使人们总感觉自己的钱花得很快。那么，一个更深入的问题来了：既然人们连自己的钱花到哪里了这么重要的事都记录不清楚，又怎么能指望他们能记住企业要求他采集的各种信息呢？！

实际上，数据采集永远是商业分析最大的"敌人"，这是因为在实际的业务开展中，经常存在以下情况。

- 需要人工填写、手动采集的数据，经常被错填、乱填，甚至不填。
- 需要埋点的数据，经常被业务方以"开发太慢，影响上线进度"为理由而忽略。
- 和交易有关的数据，经常被人们通过故意拆单、拼单、凑优惠金额等行为扭曲。

可以说数据不准确、不真实是常态。

因此，做商业分析必须学会用尽可能少的、接近真实的数据做出尽可能准确的判断。通过建立合理假设，观察数据走势来验证自己的判断，从而让假设越发趋近真实。这才是这个故事的终极寓意：如果有准确、全面、真实的数据，那每个人都会做判断；当现实情况错综复杂时，只有经历过专业训练的人才能拨云见日。这也是商业分析的意义所在：用越来越准确的数据来对抗不确定性的因素。

然而，在这个故事中商业分析还是显得太被动了，那么商业分析有没有手段能直接驱动业务进步呢？当然有，至于具体操作方法，请看第16章的内容。

第16章

通过商业分析驱动业务

16.1 典型问题："老师，我没钱了，怎么办？"

亲爱的读者：

- 你现在有钱吗？
- 你因没钱发过愁吗？
- 你没钱的时候，又是怎么办的呢？

在某次校园讲座中，陈老师被一个在校生问道："老师，我没钱了，怎么办？"亲爱的读者，如果换作你来回答这个问题，你会怎么回答呢？请读者先思考 5 分钟，再看下面的内容。

陈老师把这个问题抛回给现场听众，结果得到的答案五花八门：

- "学生本来就没钱呀！"
- "那你的钱花在哪里了？"
- "你怎么可能没钱？！"
- "没钱了，就不花了呗。"
- "打电话找你妈妈要钱呗。"
- "没钱了，就去做兼职挣钱啊。"

现场听众讨论得很激烈，回答中还夹杂着笑声，似乎人人都有一个好主意，但某些主意听起来并不那么靠谱。

那么，专业的商业分析师会如何看待这个问题呢？

首先，要注意这个问题对应的正确答案是什么。这个问题不是在问"为什么我会没钱"，也不是在问"我到底有没有钱"，而是在问"我没钱了，怎么办"。因此，正确的答案显然不应该反问"你到底缺不缺钱"或"你怎么可能没钱"，而是给出一个具体的动作，比如"你可

以通过做 ×× 事情来赚钱"。因此，在上面的回答里，那些明显答非所问的回答可以先排除。

其次，有很多回答是人尽皆知的，比如：

- 没钱了就不花钱——这是大部分人都知道的。

- 没钱了去挣钱——这也是大部分人都知道的。

相比之下，有意义的回答应该是"不花钱怎么生活下去"及"去哪里挣钱"。

再次，有些回答的可操作性需要提升。比如：打电话找你妈妈要钱——如果可以的话，肯定他已经打过电话了。现在站出来问这个问题，很有可能有更多的隐情，一个更好的答案是"用 ×× 理由向妈妈要钱，成功率更高"。

归根到底，这个问题是一个典型的"怎么做"的问题。"怎么做"的背后牵扯的问题非常广泛，到底是不想做？不能做？不知道？不会做？还是有其他隐情？目前我们一无所知。所以，这个问题不能被直接回答，而是要先梳理清楚问题的关键点在哪里，再看怎么入手，如图 16-1 所示。

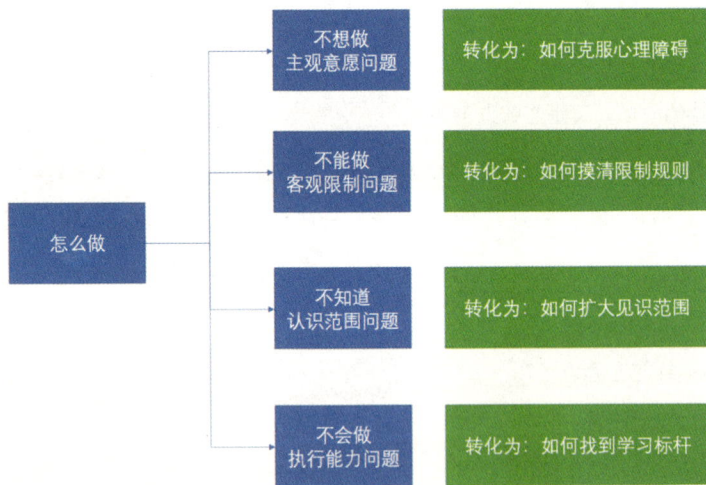

图 16-1

16.2　整体思路：分析原因，指导行动

商业分析能不能直接驱动业务方，给出业务方行动方向呢？当然可以。只不过商业分析基于事实和数据，因此在推导业务方行动建议时，较多依赖已发生的事实，从已发生的事实里提取经验，进而指导业务方未来的行动。

这里有两条基本的思路。

（1）找产生问题的原因

通过分析，找到产生问题的原因。从理论上来说，在消除产生问题的原因后，问题就会消失了。

（2）找解决问题的对策

有时候我们可能不清楚产生问题的原因，但使用了某个对策以后，问题就消失了。从理论上来说，再遇到类似问题的时候，再用同样的对策，也能消除问题。

找产生问题的原因或找解决问题的对策，都需要有参照物。原则上，有两种寻找参照物的方法。

- 从自身过往经历中寻找：如果自己过去发生过类似的情况，那么可以从过去积累的数据里分析原因。

- 从别人的经验中寻找：如果自己没有发生过类似的情况，可以套用别人的经验，检查一下自己是否有这个问题，从而学习别人的经验。

整个解决问题的逻辑如图 16-2 所示。

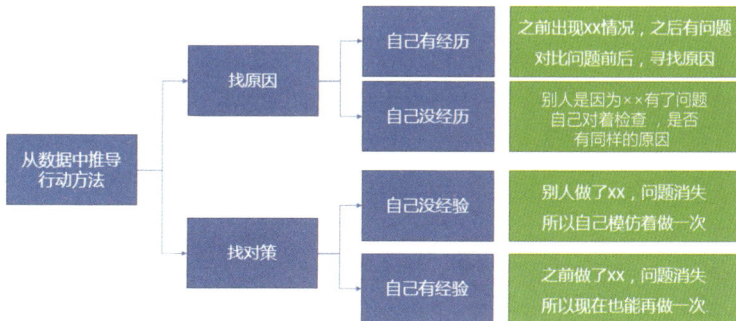

图 16-2

当然，在对这个看似简单的问题进行梳理时，也要遵守第 14 章、第 15 章里的准则。如第一个故事所讲的方法，遇到类似"我没钱了，怎么办"这样的问题，第一步该做的当然是梳理清楚情况，特别是对于以下基础问题更要提前梳理清楚。

- "我"是谁？

- 什么叫"没钱"？

- 已经试过哪些办法？

这里为了帮读者节省时间，我们已经完成了第一步的梳理，这位在校生的情况是："我一个月的伙食费有 2000 元，前半个月就花完了，为什么花得这么快？后半个月怎么办呢？"到这一步已经清晰很多了，但仍要确认一个细节：到底什么算"花得快"？

这一次是 15 天花完叫"快"，那 16 天花完呢？25 天花完呢？进而可以树立一个简单的标准。

- 30 天以内没花完的，都叫"慢"。
- 30 天以内花完的，都叫"快"。
- 30 天以内，花完时间越短，越叫"快"。

有了这个标准，问题已经很清晰了。从问题来看，这位在校生自己花费超支，每个人经济情况不一样，无法直接模仿别人的经验，那么可以从自身经历来分析，看看到底是什么原因造成花费超支。

16.3 总结原因：先看趋势，再谈个案

问题清晰以后，一般人都会直接进行分析："为什么花钱快？"或"怎样才能省钱？"但用商业分析的思路看问题，就会再多问一句："这种花费超支问题，到底是有规律的，还是临时性的？"因为凡是基于历史经验总结原因，都会遭遇"是个案还是普遍情况"的拷问。

某个问题出现的次数多少，直接反映了这个问题的性质。如果仅仅是个案，则很有可能是基于个案总结出的原因，指导意义有限，只能指导和个案相同的问题。但如果是基于普遍情况总结出的经验，则复用程度更高。当然，想要做这种细致的分析，需要像第 15 章的案例一样，有数据记录才能继续分析。

如果有过去 1 年的数据记录（见图 16-3），且有可能呈现出以下 4 种态势，那么每一种态势分别说明了什么问题呢？

2018年												2019年				
1月	2月	3月	4月	5月	6月	7月	8月	9月	10月	11月	12月	1月	2月	3月	4月	
慢	慢	慢	慢	慢	慢	慢	慢	快	快	慢	慢	慢	慢	慢	快	1
快	慢	慢	快	慢	慢	快	慢	慢	快	慢	慢	快	慢	慢	快	2
慢	慢	慢	慢	慢	慢	慢	慢	慢	慢	慢	慢	快	快	快	快	3
慢	慢	慢	慢	慢	慢	慢	慢	慢	快	快	快	快	快	快	快	4

图 16-3

明显：

- 情况 1 是突发型问题，大部分月份的支出情况都是正常的，只有偶尔几个月的情况有问题。

- 情况 2 是季节性问题，每个季节的第一个月都有"花得快"的情况。

- 情况 3 是短持续性问题，2018 年的支出情况还正常，从 2019 年开始就一直是 "花得快" 的情况。

- 情况 4 是长持续性问题，从 2018 年年底开始，"花得快" 的情况一直延续到 2019 年 4 月。

遇到问题时，先看趋势再看细节，这是一个好习惯，这样可以更容易找到问题的源头，发现普遍性问题，避免被临时发生的琐事或偶尔发生的个案干扰了视线。

常见的问题包含以下 4 类。

- 突发型问题：造成这种情况的原因常常是事件驱动。到底在这些时间点，发生了什么大事？只要弄清楚了，就能对症下药，解决病根。

- 季节型问题：问题周期性重复，要弄清楚这个周期有什么特殊含义，背后的驱动力是什么？

- 短持续型问题：从发生问题的起点开始追溯，到底是什么引起的，还要持续多久？

- 长持续型问题：从发生问题的起点开始追溯，到底是什么引起的，并且要特别注意引起问题的原因，为什么隐藏了这么久，是不是和某些临时因素重叠时被发现的？

对在校生来说，对应这 4 种典型的情况分析如下。

- 突发型问题：突然要报名考驾照或买电脑等大件产品。

- 季节型问题：每到换季就要买新衣服或囤生活用品。

- 短持续型问题：放假回家拿了钱，开学后就大手大脚地花完了……

- 长持续型问题：交了一个女朋友，支出增多……

很有可能单独关注一个月的情况就有几重因素夹杂，比如买了一批书，又交了女朋友，还遇到换季买了衣服，这些都是简单的突发型问题，似乎找妈妈伸手要钱就解决了。但将时间拉长，才能看到深层次的季节型 / 短持续型 / 长持续型问题，从而找到更多的应对手段。

当然，夹杂因素一多，就需要使用 MECE 方法拆分问题了。

16.4 指导行动：追溯源头，分类思考

注意：追溯问题源头，除了可以发现问题点，也能引出应对策略。

- 若发现是季节型问题，则不用紧张，这是正常波动，熬过这个月就好了。

- 若发现是短持续型问题（过节花太多），表明只是偶尔发生，熬过这个月就好了。

- 若发现是长持续型问题（交了女朋友），则分手就好了。

当然，这样分析很有可能直接导出一个馊主意，比如和女朋友分手。这就需要结合这个

在校生的具体需求做修正。如果不分手，谈恋爱注定又要花钱，那么可以往"怎么增加收入"的角度思考，寻找更多的分析思维。

但追溯源头并不能输出所有应对的策略，特别是在多种因素杂糅的时候。比如换季时、有正当的购物需求时、谈恋爱时……此时就得结合具体情况进行细节梳理，而细节梳理就需要用到 MECE 方法。

回忆一下第 15 章里列举的老张的故事，人们坚持详细记录每一笔开支是很困难的。因此在进行 MECE 分析的时候，应优先考虑采集数据的难度。一般在支出方面，大件产品的开支往往令人记忆深刻，比如交学费、买手机或电脑、旅游等；小件产品的开支往往记录不全，特别是吃饭时的消费，很可能直接用微信支付，事后完全想不起来了。因此，首先要区分的就是大件 / 小件产品支出，比如以单笔 100 元为分水岭进行划分。要记得，这位在校生一个月的伙食费是 2000 元，这意味着超过 67 元 / 天时，当天他就有亏空了。

划分出大件 / 小件产品支出以后，可以先对大件产品再进行细分。大件产品比较容易记录清楚，且可以区分出必需品 / 非必需品。如图 16-4 所示，区分出来以后，就能自然而然导出新的策略（图中的"大件"指"大件产品"，"小件"同理）。

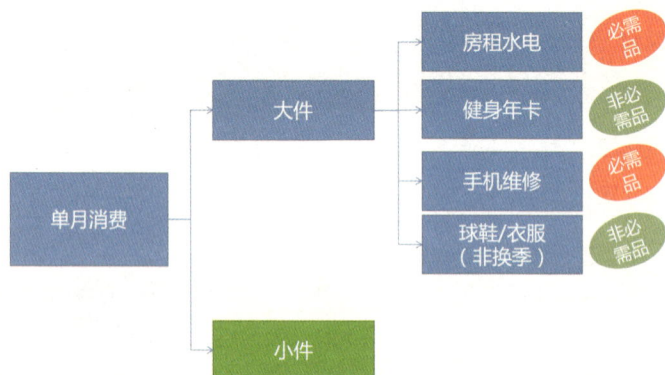

图 16-4

- 如果都是大件必需品，则本月超支是不可避免的，这位在校生直接向妈妈要钱好了，因为是本身就需要的支出。

- 如果是大件必需品又混合了非必需品，那么这位在校生在面对眼前的困境时，赶紧看看非必需品能不能退货，退货就有现金回流，本月也不会特别缺钱了。

- 如果都是非必需品，那么这位在校生就得认真反思一下，这些东西是在什么场景下购买的，是不是非理性消费，比如沉迷游戏而充值太多……从源头上切断这些不必要的支出行为。

小件产品的支出可能不会被一一记录，因此首先从时间上进行区分，如图 16-5 所示。

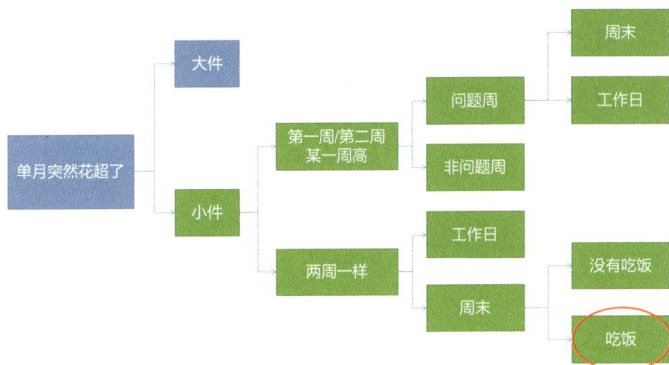

图 16-5

如果发生问题的时间点有集中趋势，则说明在某些场景下更容易出现问题，也很容易按图索骥找到问题发生的原因，从而推导出对策，如表 16-1 所示。

表 16-1

发生问题的时间	问题场景回顾	应 对 策 略
周末 + 白天	周末白天逛街多	周末待在家里看书或出去打球
周末 + 晚上	聚餐喝酒，冲动消费	吃饭 AA 制
工作日 + 白天	点外卖多，而且点的是套餐	在食堂吃饭，不点外卖
工作日 + 晚上	看视频看到美食，忍不住叫外卖	关掉视频软件

当然，还有一种可能的情况：数据非常分散，场景也无法聚焦，似乎就是花钱多了（见图 16-6）。如果确实出现数据分散，又找不到任何大笔消费、特定时间、特定场景的问题，则很有可能需要指向外界因素，比如物价涨了。这也是非常好确认的，只要去超市对比常见的产品价格即可确认该因素。如果确认属实，那么也能有比较清晰的策略：增加基础生活费。

当然，以上所有思路都是指向节流的。很有可能这位在校生并不会选择节流，而是更希望开源，此时分析的思路就完全调转了：

- 确认问题类型（突发型、季节型、短持续型、长持续型）。

- 确认问题会带来的资金缺口。

- 制定开源的目标：在多长时间以内，获得何种水平的收入。

- 梳理开源的方向。

站在商业分析的角度思考问题，上面这几步是必不可少的。基于分析厘清形势，并制定好目标再行动是分析思维的首要体现。缺少分析思维的人，常常一讲"挣钱"，第一时间冒出来的是具体的做法，比如做兼职等，这样的想法很有行动力，但完全回答不了当前的问题。

- 到底要挣多少钱？

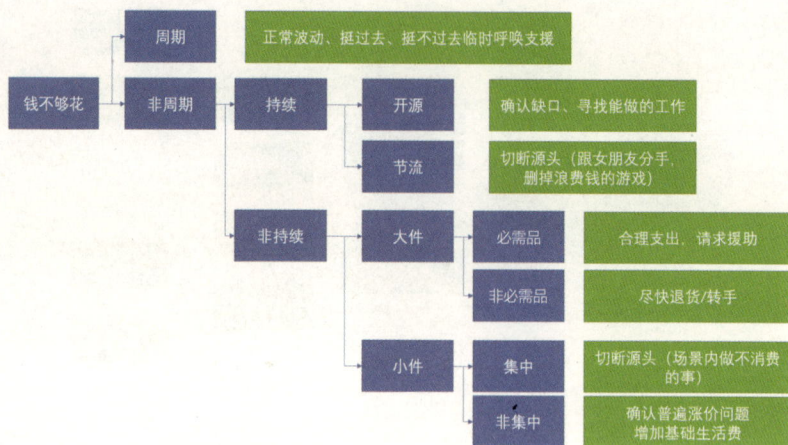

图 16-6

- 到底要干多久？
- 到底要多久才能挣到钱？

如果缺少清晰的规划，盲目行动，则很有可能挣不到足够的钱，或者钱挣到了，但每天忙于做兼职，冷落了女朋友。这些细节是事先要分析到的。

接下来，则是典型的"怎么做"的问题，并且已经排除了"不想做"和"不能做"的问题。既然已经下决心挣钱，剩下的问题就是"知不知道做什么"与"有没有能力做好"了。此时可以先采集其他同学的做法，了解具体的工作内容、工作时间、所需技能、收入多少，再从同学中挑出标杆，学习标杆的做法。整个思路如图 16-7 所示。

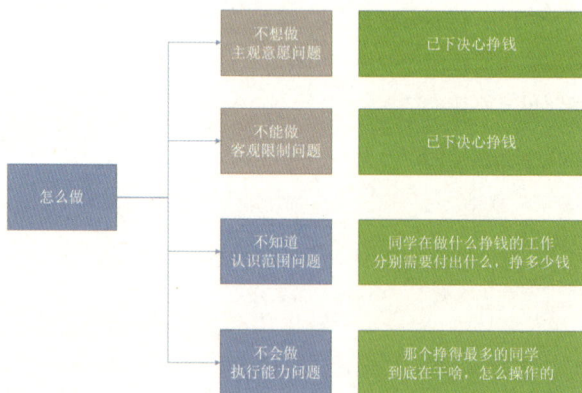

图 16-7

这样全套流程做完后，输出的建议就非常具体了。

而且，其中给到的解决方案能具体到场景，非常细致，具体如下。

- 非必需的产品要退货，下个月不要参加团购了。

- 必需的产品看以后是否需要，提前贮备 / 申请经费。

- 周末不逛街，可以待在家里看书、打球。

- 晚上提前入睡，9 点后关掉视频软件。

当然，很有可能像第 15 章里列举的老张的例子一样，这些措施在上线后并不那么管用。此时就得做好数据监控，及时发现新的问题。这再次表明商业分析不是一步可以完成的，而是一项长期、细致、艰苦的工作。

16.5　小结：从分析到业务行动，需要突破四大陷阱

本章为什么要列举一个这么平常的例子呢？因为这个场景和现实工作太像了。业务部门经常会问出这类看似平凡实则错综复杂的问题，具体如下。

- 日活跃用户数量下降了怎么办？

- 用户活跃率下降了怎么办？

- 销售额没达标怎么办？

- 转化率不行了怎么办？

这些问题很简单，以至于不用分析也能脱口而出一堆答案。

- "本来就会有日常波动呀！"

- "数据降了有关系吗？"

- "今天数据降了，可它明天又可能涨上去！"

- "数据降了就策划活动呀！"

- "数据降了就改页面呀！"

每一个答案听起来都很有道理，但每一个答案又经不起推敲。关键是这些答案即使不做分析也能"拍脑袋"想出来，那分析的意义何在。

实际上，能给出上面这种回答，说明这些人已经很有水平了。在现实中要真问一个数据分析师："日活跃用户数量下降了，该怎么办？"很有可能得到以下 3 种回答。

- 答非所问的回答："日活跃用户数量下降主要是注册 180 天以上的老用户数量下降了……"

- 毫无价值的回答："日活跃用户数量下降了，那么就策划活动！"

- 空洞无物的回答："一要加强引流，二要做好用户留存，三要促进用户活跃，四要打造好产品！"

所谓笔下似有千言，胸中实无一策。而且越是对统计学、机器学习算法精熟的数据分析师，越喜欢这么做。因为这些人将太多的精力都投入了数据本身，缺少对业务的基本了解，更缺少和业务人员的沟通协调能力，不能把理论知识融入商业环境，当然更提不出具体的行动方案了。

而再往下细看数据，又很容易陷入细节的陷阱。

- 缺少问题梳理，没有找到真正的问题。

- 只看眼前问题，忽视长期的趋势。

- 没有长期规划，定不出改善的数量。

- 不能用 MECE 分析方法，找不到应对方向。

这些问题都是缺少从大到小，从粗到细的层层梳理所致的。如果不经历这些过程，直接想应对策略，就很容陷入细节，得到的回答也难以服众，如表 16-2 所示。

表 16-2

脱口而出的质疑	脱口而出的解释
你肯定乱花钱了	没有乱花钱呀，每一元花得都很值
你购买了大件产品，所以缺钱了	以前也有购买大件产品
你平时点外卖太多了	可一顿饭也就 15 元呀
你周末和同学聚餐了	必须得去呀，一个月才几次而已

这种争论在企业里多不多？非常多！甚至大部分时候是这样的情况：办事的部门永远不可能承认是自己的问题，一定是把责任往外人身上推、往大环境上推、往常规情况上推。如果不做 MECE 分析方法分类，很有可能陷入无休无止的争论中。

有了清晰的梳理，不但能解答当前的问题，而且能为未来建立起监控标准。既能检验改进措施的效果，又能监控问题的发展趋势。正如同第 9 章介绍 MECE 方法里列举的某员工上班迟到分析的例子，很有可能随着时间的推移，问题发生了变化，建立监控标准后，就能洞察这些变化，做出应对适合当前形势的策划了。

但需要注意的是，商业分析的缺点也在这个案例里被暴露无遗。商业分析最基础的素材：数据，很有可能是不存在的——有记账习惯的男生少之又少，因此很有可能所有分析都无法进行。虽然本例中已经极大消减了所需数据，但数据不足，始终是最大的瓶颈。

最后，商业分析给出的解决办法也不见得是最佳的方法。回顾本书开头所列举的解决办法，很有可能这位在校生给家里打个电话，或者找到一个高薪兼职就把缺钱的问题解决了。商业分析依赖事实做判断，对于这种完全没发生过的情况，缺少预判能力，这也是商业分析方法的局限性。

第 17 章

总结：全面认识商业分析

17.1 商业分析适合解决的 5 类问题

商业分析方法最适合解决以下 5 类问题。

1. 第一类："是多少"的问题

这类问题常见的形式如下：

- "昨天的整体营业额是多少万元？"
- "上个月小程序渠道的新增用户有多少人？"
- "生产 A 产品的成本是多少元？"

这一类问题是用数据准确描述现状。这是数据最简单、最基础的用法，也是所有后续分析的基础。如果连现状是多少都不清楚，其他分析就更无从谈起了。

回答这类问题也很简单。

- "昨天的整体营业额是 10 万元。"
- "上个月小程序渠道的新增用户有 20 万人。"
- "生产 A 产品的成本在 20 元 / 件左右。"

标准的回答应包括对象、时间、指标、数值、单位，这 5 部分齐全，才是一个标准答案，如图 17-1 所示。

> **注意:** 有可能人们提出的问题比较随意，比如"销售额是多少万元？"问题本身并没有讲清楚对象是谁，时间是什么，只有一个指标。这时候回答问题的人要主动提示询问人问题对象和时间的缺失，避免稀里糊涂给出答案，导致误解。

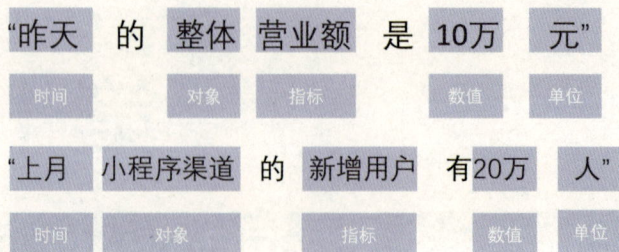

图 17-1

2. 第二类："是什么"的问题

这类问题常见的问法如下：

- "昨天的营业情况好不好？"

- "上个月小程序的用户增长做得好不好？"

- "A 产品生产成本控制得好不好？"

这一类问题是基于数据做判断：好/不好。单纯一个数据不能表明好/不好，只有数据 + 标准才能说明好/坏。比如"昨天的营业额是 10 万元"中"10 万元"本身并没有对错好坏之分。如果昨天的营业额目标是 12 万元，那么昨天的实际营业额为 10 万元，这个判断结果就是"不好"；如果昨天的营业目标是 9 万元，那么昨天的实际营业额为 10 万元，这个判断结果就是"好"。总之，标准变了，判断也要跟着变。

因此，在回答这类问题的时候，一定用数据 + 标准，这样才是一个完整的回答。

- "昨天的单日营业额目标是 9 万元，实际达成 12 万元，所以昨天表现很好。"

- "上个月小程序用户增长目标是 10 万人，实际达成 8 万人，所以做得不好。"

- "A 产品成本目标控制小于或等于 23 元，可实际为 20 元/件，所以做得好。"

> • **注意：** "是多少"的问题是区分是否有专业训练的关键。没有经过专业商业分析训练的人是不会主动去区分"是多少"与"是什么"这两个问题的。人们习惯上张口说出的问题就是。
>
> - "你看这个人怎么样？"
>
> - "你看这个事好不好？"
>
> - "你说做这个行不行？"
>
> 这些问题都不是基于事实，而是带了标准的判断。因此受过专业商业分析训练的人会第一时间讲清楚判断标准，之后再展示事实，最后才是判断结果。

> **注意：** 在很多情况下，可能没有硬性考核标准；可能有整体考核标准，但在某个局部、某个时间段上，没有细分的考核标准；可能有考核标准，但决策者在思考更多潜在问题。总之，不是时时刻刻都有刚性的判断标准。这就需要做分析的人有能力自己树立标准，并且与所有参与问题讨论的人达成共识。总之，标准不存在、不统一、不确定，都会导致决策失误。常见的寻找标准的方法，如表 17-1 所示。

表 17-1

标准来源	参 照 物	推 翻 方 法	推翻难度
KPI 考核法	本月目标是 1200 万元	KPI 定高了	高
老板期望值法	老板觉得本月目标应该是 1200 万元	更大的老板说不用这么想	高
整体目标分解法	为了整体达标，A 市分公司的销售金额必须达到 1200 万元	A 市分公司就是全力以赴也扛不住	高
投入反推法	B 市分公司有 20 名销售员，销售金额为 1200 万元	A 市分公司的成本和 B 市分公司不一样	中
投入 / 产出比法	A 市分公司投入 / 产出比只有 1：10，所有分公司平均投入 / 产出比为 1：15	整体成本提高了，业绩还是不能完成	中
环比趋势法	过去每月都是 1200 万元	过去 3 个月是旺季，现在转淡季	低
走势分析法	过去 3 个月是 1300 万元、1200 万元、1100 万元	过往同期趋势就是连续跌，正常	低
同比趋势法	去年这个月的销售金额是 1200 万元	今年整体都比去年差	低
同类相比法	和 A 市分公司类似的 B 市分公司的销售金额是 1200 万元	A 市分公司和 B 市分公司不在一类城市	低

在真实的商业经营中，有没有标准意识，能不能在没有标准的时候找到标准，是"是什么"类问题的核心分析内容，也是专业商业分析师与一般人之间最大的、最明显的区别。很多业务部门的人都是凭着感觉、经验、习惯做判断，他们脱口而出"好 / 不好"，却没有想清楚标准到底是什么。这种忽视"是什么"的分析行为，会导致企业决策存在众多问题。

3. 第三类："为什么"的问题

这类问题常见的问法如下：

- "为什么昨天的营业收入不达标？"
- "为什么上个月新增用户数量不达标？"
- "为什么产品生产成本控制不下来？"

这一类问题是在询问一个判断结果背后的原因，这是最常见、最符合普通人想象的数据分析内容。面对判断为"好"的事情，人们常常想知道"为什么好""有没有什么成功经验"；

面对判断为"不好"的事情，人们常常想知道"为什么差""哪个地方出了问题"。当然，想得到问题的答案，需要很多的数据分析过程。

而且，这些问题的答案可能由很多种因素组合而成，每个都回答出来的话，可能答案会很长。因此当分析中发现有多种因素时，需要对因素的重要性进行排序，即按照影响从大往小进行叙述。比如，要回答"为什么昨天的营业收入不达标"的问题，可以按以下顺序回答。

- 首先，因为昨天突然下大雨了，影响了客流。
- 其次，门店本身吸引客户手段单一，除了依赖自然人流，没有线上引流手段。
- 再次，没有应对临时问题的举措，下雨了所有人只是待在店里等着，没有主动联系客户。

> **注意：**"为什么"问题，可能是一个很宏大的问题，需要分步骤解决，逐层深入。因此，在回答"为什么"类问题时，需要由浅入深，层层推进，这样才能得到答案。"为什么"类问题常常以一个可以执行的业务动作为结束。如果能找到应对问题的手段，"为什么"类问题就可以结束了，不需要像科学家一样，穷追不舍地刨根问底，如图 17-2 所示。

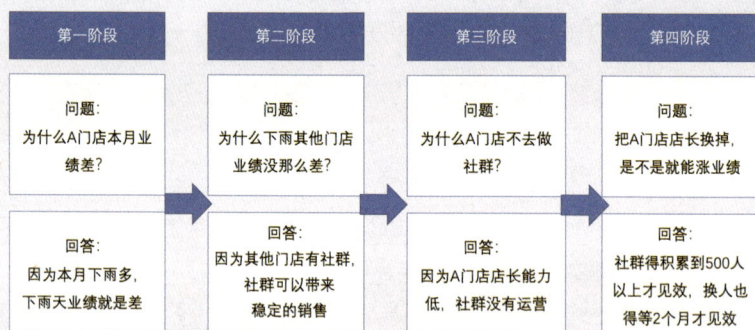

第一阶段	第二阶段	第三阶段	第四阶段
问题： 为什么A门店本月业绩差？	问题： 为什么下雨其他门店业绩没那么差？	问题： 为什么A门店不去做社群？	问题： 把A门店店长换掉，是不是就能涨业绩
回答： 因为本月下雨多，下雨天业绩就是差	回答： 因为其他门店有社群，社群可以带来稳定的销售	回答： 因为A门店店长能力低，社群没有运营	回答： 社群得积累到500人以上才见效，换人也得等2个月才见效

图 17-2

4. 第四类："会怎样"的问题

这类问题常见的问法如下：

- "明天的业绩预计是多少万元？"
- "下个月的用户增长数量预计是多少人？"
- "未来 3 个月产品的成本还能控在 20 元以内吗？"

这一类问题是询问在未来某个时间段内预计发生的情况，是一个预测问题。

> **•注意：** 所有的数据都有时间状态，可以简单地分为 3 种。

- 过去发生，已成定局。比如昨天的业绩是 20 万元。昨天已经过去，是一个确定数字，因此直接报这个数字就好了。

- 正在发生，不断变化。比如今天的业绩是 ×× 元。今天正在发生，因此讲到"今天"的时候，一般都会明确是"截至今天几点几分"的数据。标准的回答是"截至今天中午 12 点整，业绩是 10 万元"。

- 未来发生，需要预测。比如明天的业绩是 ×× 元。明天尚未发生，因此需要预测。具体的预测方法可以用统计学、机器学习或很复杂的方法，也可以用基于数据趋势的、基于经验的、基于逻辑推理的简单的方法。但是无论是哪种方法，都会明确标明这是一个预测结果，不是实际值。

> **•注意：** 预测都是有前提的，且要说明预测基于的假设前提。如果前提变了，则预测结果自然变化。因此，在回答此类问题的时候，标准格式是预测前提 + 预测结果。

举例如下：

- 如果经营手段不升级，且天气预报准确（明天会继续下雨），预计明天的业绩为 18 万元，仍然低于 22 万元的目标。

- 如果获取用户手段不改变，预计下个月新增用户 9 万人，仍低于 10 万人的目标。

- 因为成本降低源自工艺改进，所以在原材料成本不提价的前提下，预计下个月仍可以把生产成本控制在 20 元 / 件以内的水平。

> **注意：** 如果是采用机器学习的预测方法，则不见得能讲清楚预测前提，此时可以直接回复方法名称 + 模型训练的结果。

5. 第五类："又如何"的问题

这类问题常见的问法如下：

- "虽然业绩只差一点达标，但那又怎样，会不会有更深层的问题呢？"

- "虽然新增用户总人数不达标，但那又怎样，会不会有其他机会呢？"

- "虽然生产成本控制得很好，但那又怎样，会不会有其他问题呢？"

这一类问题是单一的指标评价问题，在评估维度不足以满足决策需求的时候会产生这类问题。人们常常担心使用简单的贴标签做法会掩盖一个机会，或者会忽视一些深层问题。因此想要从更多维度来进行评估，还原事情真相，发现深层次问题，这时候就会需要多维度、多角度、多方面地看问题。

解答"又如何"的问题，需要构建相对复杂的、多维度的评估体系。而且有可能需要从眼前的问题里跳出来，站在更高的层次思考。这样回答问题时，也会考虑得更全面。

比如评价门店业绩最简单的方法是直接看当月的销售金额。

- 单纯看销售金额这个指标还不够，得考虑毛利、货物损失、销售数量等指标。
- 单关注一个月的数据很容易被误导，得看连续 3 个月 / 半年 / 一年的数据表现是否稳定。
- 单看结果很容易只顾现在、不顾未来，因此要看支撑结果的"人、货、场"的情况。

这样一综合就涉及数十个维度，数十个时间段，要综合评价门店业绩，难度就大大提高了，如图 17-3 所示。

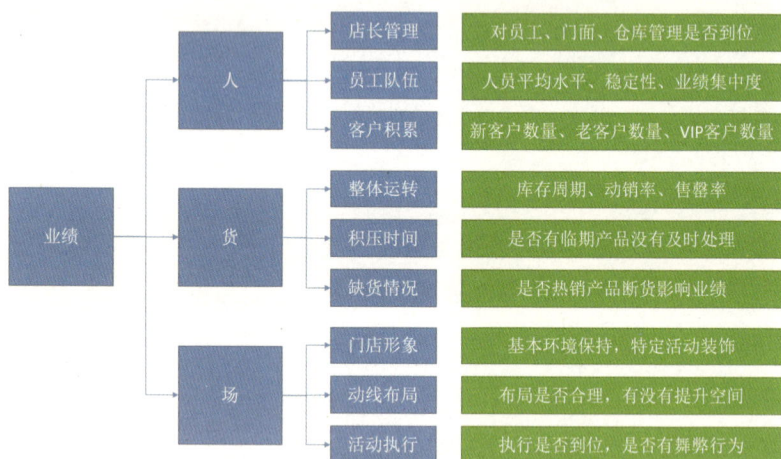

图 17-3

这 5 个问题在企业经营中是循环往复进行解答的，如图 17-4 所示。

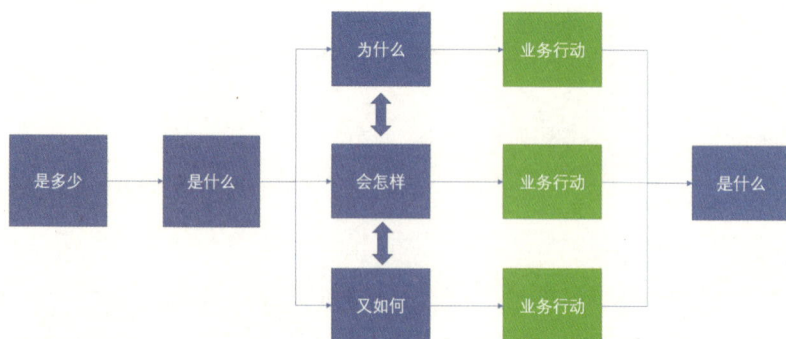

图 17-4

- "是多少"是所有问题的起点。先有对现状的了解，再进一步引出问题。

- "是什么"是推动问题深入的钥匙。如果判定为好，则下一步会往"总结经验→保持优势→持续观测→保持良好态势"的方向深入；如果判定为坏，则下一步会往"反思问题→寻找原因→准备改正手段→观察整改结果"的方向深入。

- "为什么""会怎样""又如何"是在判定了"是什么"以后，进行深入分析的 3 个具体转换如下：

① 在不清楚原因的时候，就从"是什么"过渡到"为什么"，先找问题原因；

② 想看一下事情走势轻重缓急，再决定要不要下手的时候，就从"是什么"过渡到"会怎样"，预测未来走势；

③ 想深挖问题背后的情况，就从"是什么"过渡到"又如何"，综合评估情况。

以上所有的分析最后会指向具体的业务行为——在 ×× 月 ×× 日，开展 ×× 行动。这样就把数据分析结论，推进到实际业务执行。业务行动会产生新的数据情况，就会有新的"是什么"问题出现，由此，商业分析进入下一循环阶段。就是这样，在一个个循环里，商业分析会推动企业不断地向前发展。

任何一种方法都不是万能的，商业分析方法也一样，它也有不足之处。

17.2　商业分析不能解决的 4 类问题

从本质上看，数据分析方法代表了理性、客观、有逻辑的思维。可在真实的工作与生活中，很多问题是主观的、感性的。这时候使用一般的数据分析方法会显得力不从心，在现实中有 4 类这种典型的问题。

1. 第一类："想不想"的问题

这类问题常见的问法如下：

- "我想换几个男性商务人员，怎么样？"

- "我就是看这个配色不顺眼，又怎么了？"

- "我喜欢这种宣传风格，有没有问题？"

这些问题有一个共同点：询问的是人的主观喜好。主观喜好问题纯属个人问题，非常主观、感性，和他人没有任何关系，和商业分析更是一点关系都没有。遇到这种问题最好的回答就是："你自己想喜欢就喜欢，不想喜欢就不喜欢，不关别人的事。"

2. 第二类："能不能"的问题

这类问题常见的问法如下：

- "帮我分析一下，我能不能这么宣传？"

- "帮我分析一下，我能不能这么修改工艺？"

- "帮我分析一下，我能不能不理处罚？"

这些问题有一个共同点：询问的是事情的客观限制。询问的目的是担心自己因为违反规则，导致受到处罚或出现事故。客观限制问题，和商业分析更是一点关系都没有。想要知道会不会遭受客观限制，得去了解具体的规则与限制。

- 有关宣传的法律法规是什么？

- 产品制造工艺的要求是什么？

- 相关部门处罚的规定是什么？

如果违反了以上原则，会有哪些法律制裁，会导致什么后果？了解清楚规则才是关键。

3. 第三类："懂不懂"的问题

这类问题常见的问法如下：

- "帮我分析一下，促销活动该怎么做？"

- "帮我分析一下，宣传文案该怎么写？"

- "帮我分析一下，产品推销该怎么说？"

这些问题有一个共同点：询问的是一项具体的业务技能。业务技能不是靠数据分析出来的，而是靠真抓实干，从业务中得出来的。

- 想知道促销活动怎么做，就去调研用户、学习营销理论、观摩同行做法。

- 想知道宣传文案怎么写，就去学习写作技巧、参考别人的爆款文章。

- 想知道产品推销怎么说，得去和一线销售员沟通、学习销售理论。

不深入业务，不深入一线，指望通过数据在办公室里闭门造车，是分析不出来结果的。

4. 第四类："好不好"的问题

这类问题常见的问法如下：

- "帮我分析一下，促销活动怎么做更好？"

- "帮我分析一下，宣传文案怎么写更好？"

- "帮我分析一下，产品推销怎么说更好？"

这些问题有一个共同点：询问的是一项具体的业务如何做得更好。要知道，好的业务一定是人做出来的，不是数学家算出来的。就像知名的销售员、艺术家、商业巨头，很少有人是学数学出身一样，如果不具备一流的专业能力，那么根本做不出好的结果。

总之，跟着业内一流的人才学习，不见得能学会别人的全部本事，但是不跟着一流的人才学习，试图用加减乘除算法算出一个最优方案，就纯粹是纸上谈兵了。

那么对于以上 4 类问题，商业分析就完全没有办法了吗？也不全是。商业分析只是不能直接突破这些问题，但是对问题稍加转换，就能在一定程度上进行解决，这是一种迂回包抄的思路。

17.3　将无解问题转换为可解问题

"想不想"的问题之所以会被拿出来讨论，是因为在很多时候，决策人担心自己的个人喜好是毫无依据的，会引发风险。因此，"想不想"的问题可以通过罗列支撑论据、测算可能结果的方式进行转换。

比如："我想换几个新销售员，怎么样？"可以让提问人先罗列支撑论据。如果提问人说支撑证据是："我觉得新销售员更有冲劲，在跑业务的时候更有优势，成功率比老销售员要高。"这个问题就能用商业分析的方法进行分析了，这是一个典型的"是什么"的问题。

从图 17-5 中我们可以了解下面的信息。

- 定义新的标准（可以让提问者自己先挑一些候选人）。
- 定义跑业务的成功率（比如签约数量、签约率）。
- 将待测试的商务，分为新人组/老人组进行测试。
- 输出测试结果，验证这个"新销售员成功率高"是否正确。

当然，测试中得考虑其他因素的影响。

- 新人组人员可能年轻，工作经验少，因此成功率更低。
- 新人组人员可能面对新客户成功率更高，面对老客户成功率更低。
- 新人组人员可能在非技术谈判中更有优势，技术类谈判无优势。

这些都可能影响结果，因此设计实验的时候，要充分考虑这些因素，排除相应的影响。这样不仅能支撑提问者"我想换几个新销售员"的想法，而且有可能找到真正影响成功率的因素，从而更好地支撑业务。

类似"我就是看这个配色不顺眼，又怎么了？"也可以同样处理。罗列支撑论据"因为这个配色更受年轻人欢迎"。有了这个论据，就能进行测算了。我们可以通过对过往销售数据进行分析，判断哪一种配色在年轻客户中销量好，也能在小范围内进行产品团购，测试是否年轻人组团来买得多。通过这种转换，就把一个纯主观的问题，转换为可以在一定程度上客观衡量的问题。

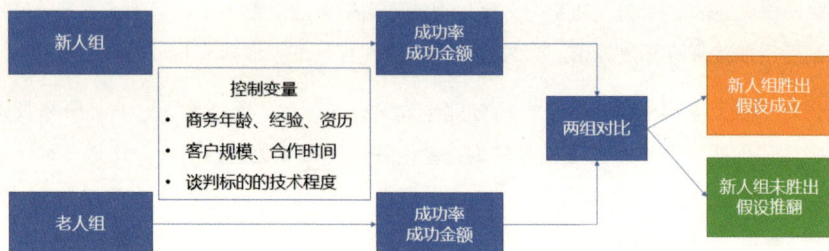

图 17-5

当然，最后决策者还是可能坚信自己的判断，如"我从业 20 年的商业直觉告诉我，这么配色就是对的！"——这种剧情相信读者在电视剧、生活中都见过太多了。即使是决策者一意孤行，至少也能通过这种转换分析，提示潜在风险（比如就测试结果看，新人组并没有显著提高成功率）。至于能不能化险为夷，就看决策者的运气和能力了。

"能不能"的问题之所以会被拿出来讨论，是因为有些时候客观标准不可知，或者客观标准已知，但是实际执行力度未知。这个时候决策人或者很疑惑"到底我会不会被平台处罚"或者心怀侥幸"如果我真这么做了，说不定不会有问题"，这时候可以用数据测试的方法，反推规则或者测试可行性，测探规则的底线。

比如"帮我分析一下，我能不能修改工艺，从而降低成本，客户还不知道"，此时可以进行下面的讨论。

- 到底工艺要改成什么样的。

- 客户不知道，用什么指标考核（口头反馈、退货、销售等）。

- 直接按修改后的生产工艺要求，把样品做出来。

- 进行小范围客户调查，产品盲测，观察用户反馈。

- 投放小部分市场进行测试，观察客户口碑、退货率、销量数据。

通过这样一套测试，可以验证最初的假设是否成立，如图 17-6 所示。

比如"帮我分析一下，我能不能这么宣传，会不会被封号"，可以把宣传文案做出来，然后发布一下，看看会不会受到平台处罚。如果真受到了平台处罚，再看看是哪个敏感词触发了平台处罚规则。

但要特别注意：这种无视规则用测试试探底线的做法是非常危险的，很有可能触及政策高压线，遭受严厉打击，或者无视生产、制造、建筑的基本法则，强行调整，导致巨大的损失。类似的耍小聪明的行为，在企业经营的历史上屡见不鲜。所以涉及规则问题，商业分析师一定要抱有高度的敬畏之心，不要以为只要测试了就行，否则后患无穷。

图 17-6

"懂不懂"的问题之所以会被拿出来讨论，是因为很多时候业务方真的会黔驴技穷。

- 新业务要上，上级只下达了目标，没有给方法，团队毫无经验。

- 老业务要改，团队习惯了一套做法，不知道还有什么办法可用。

这些情况都会导致商业分析师两眼一抹黑，连怎么做都不知道，更谈不上优化了。

此时，商业分析师能够先回答"是多少"的问题，帮助业务方采集信息。

- 事前情况：针对某个问题，有几种内部/外部方法，大致做法如何，数据结果是什么。

- 事中情况：在业务方有了方案以后，测试效果，监控执行情况及过程数据。

- 事后情况：帮助业务方复盘得失，区分是执行问题还是方法问题，找到答案。

这样虽然不能直接解决问题，但是能极大地刺激业务方思考，并且能有效地总结经验，快速找到应对方案。

"好不好"的问题之所以会被拿出来讨论，是因为在业务缺少办法的时候，大家都想当然地以为依靠"强大的数据"，能发现解决办法。数据肯定是不能发现办法的，但是数据可以找到有办法的人。所以，转换此类问题的思路就是通过数据找到标杆，让业务部门复制标杆的做法。

比如"帮我分析一下，宣传文案该怎么写才好"，此时可以参考图 17-7 的内容。

- 明确要写的文案类型、要求。

- 从过往文案中，挑选符合类型、要求的标杆。

- 检验该标签下的成功率（排除个案情况）总结成功案例。

- 拆解标杆，从标题、风格、长度、转化形式等提炼标签。

这样一套操作，可以找到大概率表现好的标杆，之后运营部门的同事对照着做就行了。

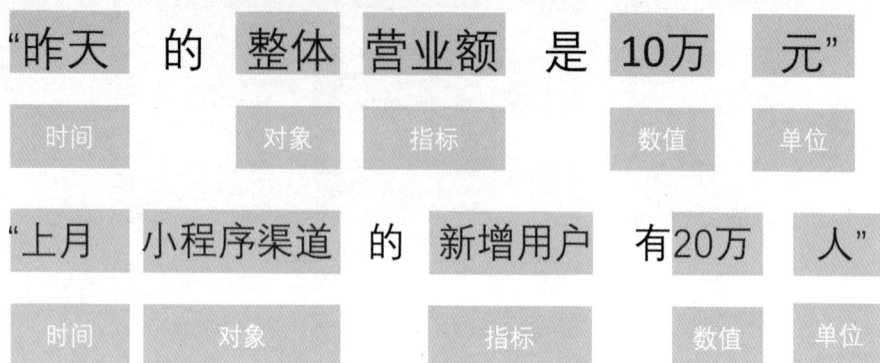

"昨天 的 整体 营业额 是 10万 元"

时间　　　　对象　　指标　　　　数值　　单位

"上月 小程序渠道 的 新增用户 有20万 人"

时间　　　对象　　　　指标　　　数值　单位

图 17-7

比如"帮我分析一下，产品推销该怎么说"可以通过数据，找到销售业绩特别好的销售员，然后跟踪记录他的销售话术，总结成功经验，供业务部门参考。当然，这种做法的局限性很大，完全无视了人的主观能动性，无视了专业素质，很容易引起"画虎不成反类犬"的问题。

真正有创新能力的销售员，少之又少。类似的找标杆、总结标杆经验的做法，反而比资质平庸的业务人员想出来的做法更好用。因此，经常做标杆分析的数据分析师，常常能做业务部门的老师，甚至只要看一眼，就能识别业务部门的好 / 坏。当然，这也要求数据分析师有比较高的分析能力，至少得能分辨出哪些标杆做法是可以复制的，哪些标杆做法是不可以复制的。

因此，大部分商业问题经过转换以后都和商业分析有关。商业分析方法的应用范围非常广，但要注意应用范围广，不代表它一定是最好的办法，商业分析方法有其自身的优点与缺点。

17.4　商业分析方法的优点与缺点

设想一个简单的场景：在一个百货门店中，有一个衣着很有品位的女客户进店了，她左看看右看看，最终并没有购买。店长问店员："你们分析一下，我们要怎么做才能让这位客户多买点东西？"这时候，不同的人有不同的方法，因此会给出不同的答案。

- "你看她在那边柜台上停留了很久，拿起一个口红看了又放下，这是自己有想法的表现，可以让我们的导购过去询问一下，发掘销售机会。"——这是基于心理学的方法，察言观色，寻找机会。

- "不！我觉得我们的导购员得再主动一些，客户一进门就上去笑迎客户，然后主动问客户需求。我们的化妆品体验很好，让导购员给客户推荐一个半边脸的化妆体验，一看见效果，客户就会买了。"——这是基于博弈的方法，通过主动提供服务，改变客户行为。

- "我从业 20 年，这种有品位的客户大概率会买我们的口红，不信你们看。"——这是经验主义的方法，从业久，当然很自信不会看走眼。

如果找一个商业分析师用商业分析的方法来分析，那么他很可能说："目前没有这个女客户的任何数据，我分析不了！能不能让店员去先沟通一下啊？"

通过这么一对比，我们可以对各种方法的优点与缺点都一目了然了。相比其他的业务方法，商业分析的核心是 4 个字：后发制人。别的手段可以根据客户现场反应，马上采取行动，马上见到效果。但商业分析需要一段时间的沉淀、积累、观察，才能有所发现。需要在发现问题以后制订方案，经过好几轮测试才能见到效果。这种后发制人的特点，使得商业分析方法有了它独特的优点与缺点。

相比其他方法，商业分析方法的缺点也非常明显：速度太慢了！前面提到的 4 种方法中，前 3 种都是能立马采取行动的。导购员直接笑脸相迎，热情服务客户便可见到效果。可是进行商业分析，还得先采集数据，再分析，最后再出策略，太慢了。

> **注意：** 在女客户进门的那一刻，是没有任何数据返回给系统的。没有数据，就无法用商业分析方法分析这位女客户。只有当女客户买单的时候，业务员在收银机扫描她的付款码或扫描她的会员卡时，才能有数据回收，才可以触发基于数据分析的产品推荐或会员卡优惠。

理论上，商业分析也能基于过往的消费记录给这位女客户提前算好会员等级，算好她可以享受的优惠。只要在这位女客户到门店的时候，导购员迎接上去，问一下她的姓名或扫一下她的会员卡，就能提醒她能获得的优惠。但是这样的反应速度依然很慢。导购员既然都上前去了，为什么不直接问这位客户的需求呢？为什么不直接邀请她做体验呢？可以做的事情太多了，都比尴尬地问"您的会员卡是……"有用。

当然，后发制人的方法有它的优势，那就是它能客观、公正地用数据评价各种方法的好坏。比如"让导购员推荐客户做体验，客户体验完了就会买"这种方式看上去很有道理，但实际上有没有用可以用数据来验证——可以下发一批非卖品体验装产品给门店试验，并统一设置体验流程，之后开始观察体验装产品的消耗速度与客户购买之间的数据关系。如果二者出现高度的相关性，则说明这个策略起效；如果二者没有相关性，甚至体验装产品本身都消耗不掉，就说明策略出了问题。听起来再有道理的策略，如果经不起数据考验，也是空中楼阁。

后发制人的方法还有另一个优势，就是有利于内部管控。无论是客户心理洞察，还是导购沟通，抑或是凭经验，在没有数据记录的情况下是无法检查过程的。除非现场有监督员，否则无论是店长还是远在千里之外的总部管理者，都不知道到底发生了什么。这种失控状态导致的结果就是无法优化业务过程，导购员有本事就做，没本事就不做，总部管理者与店长只能干着急。如果配合数字化导购工具，能在现场采集部分数据（比如皮肤测试、会员权益核销、体验申请）就能掌控过程，从而找到真正对业务有益的办法。

小结一下：商业分析方法在监控过程、检验效果、沉淀经验、迭代升级上的作用更大。因此，这不是一种适合急功近利的方法。想要快速有业绩，还是寻找简单、粗暴、"短平快"的手段为宜；想要通过商业分析提升业务效果，则是需要时间积累的。

在积累商业分析经验的时候，会面临三大挑战。

挑战一：数据采集困难。要先采集数据，才能做分析，所以所有的业务流程都要考虑数据采集环节，并且要保证数据质量，发现数据要即时处理，这样才能保证有数据可参考。

挑战二：人为扭曲数据。比如门店销售员没有录入客户数据；客户私下相互借 VIP 卡，消费混杂；门店为了给客户优惠，教客户如何拆单等。这些问题不仅仅是系统问题，更需要流程设计、规范管理、促销活动设计、业务监督检查等环节配合，齐抓共管才能见效。

挑战三：测试风险损失。只要有测试，就一定有损失。不肯承受损失就不会积累经验。因此，在设计测试方法时，要预留风险损失空间，在可控范围内做实验。

其实，以上问题在不做商业分析时也照样存在。只是以前没有用数据做衡量，让问题无法暴露而已。想要推动商业分析落地，就一定会把一些问题暴露出来。只有这样的暴露，才能真正推动企业经营向科学化发展。面对问题，讳疾忌医不是解决办法。

以上例子都是以传统实体店为例的，因为在实体店环境下做商业分析的难度更大。基于互联网的 App、小程序、线上商城等业务做商业分析，面临的阻力相对小一些，但其中依然会面对如虚假流量、业务迭代快、埋点跟不上导致没数据，基础数据质量差（特别是行为数据）等问题。所以，不管是什么类型的企业，要想做好商业分析，都得关注这些问题。